/ 当代世界农业丛书 /

美国农业

张广胜　主编

中国农业出版社
北　京

当代世界农业丛书编委会

本 书 编 写 组

主　　编：张广胜

编写人员（按姓氏笔画排序）：

王珊珊　王振华　江金启　宋宝辉　周　密

胡泉水　施　雯　韩晓燕　谢凤杰　蒲红霞

序

| *Preface* |

  2018 年 6 月，习近平总书记在中央外事工作会议上提出"当前中国处于近代以来最好的发展时期，世界处于百年未有之大变局"的重大战略论断，对包括农业在内的各领域以创新的精神、开放的视野，认识新阶段、坚持新理念、谋划新格局具有重要指导意义。农业是衣食之源、民生之基。中国农业现代化取得举世瞩目的巨大成就，不仅为中国经济社会发展奠定了坚实基础，而且为当代世界农业发展提供了新经验、注入了新动力。与此同时，中国农业现代化的巨大进步，与中国不断学习借鉴世界农业现代化的先进技术和成功经验，与不断融入世界农业现代化的进程是分不开的。今天，在世界处于百年未有之大变局、世界经济全球化进程深入发展、中国农业现代化进入新阶段的重要历史时刻，更加深入、系统、全面地研究和了解世界农业变化及发展规律，同时从当代世界农业发展的角度，诠释中国农业现代化的成就及其经验，是当前我国农业工作重要而紧迫的任务。为贯彻国务院领导同志的要求，2019 年 7 月农业农村部决定组织编著出版"当代世界农业丛书"，专门成立了由部领导牵头的丛书编辑委员会，从全国遴选了相关部门（单位）负责人、对世界农业研究有造诣的权威专家学者和中国驻外使馆工作人员，参与丛书的编著工作。丛书共设 25 卷，包含 1 本总论卷（《当代世界农业》）和 24 本国别卷，国别卷涵盖了除中国外的所有 G20 成员，还有五大洲的其他一些农业重要国家和地区，尤其是发展中国家和地区。

在编写过程中，大家感到，丛书的编写，是一次对国内关于世界农业研究力量的总动员，业界很受鼓舞。编委会以及所有参与者表示一定要尽心尽责，把它编纂成高质量权威读物，使之对于促进中国与世界农业国际交流与合作，推动世界农业科研教学等有重要参考价值。但同时，大家也切实感到，至今我国对世界农业的研究基础薄弱，对发达国家（地区）与发展中国家（地区）的农业研究很不平衡，有关研究国外农业的理论成果少，基础资料少，获取国外资料存在诸多不便。编委会、各卷作者、编审人员本着认真负责、深入研究、质量第一的原则，克服新冠肺炎疫情带来的诸多困难。编委会多次组织召开专家研讨会，拟订丛书编写大纲、制订详细写作指南。各卷作者、编审人员千方百计收集资料，不厌其烦研讨，字斟句酌修改，一丝不苟地推进丛书编著工作。在初稿完成后，丛书编委会还先后组织农业农村部有关领导和专家对书稿进行反复审核，对有些书稿的部分章节做了大幅修改；之后又特别请中国国际问题研究院院长徐步、中国农业大学世界农业问题研究专家樊胜根对丛书进行审改。中国农业出版社高度重视，从领导到职工认真负责、精益求精。历经两年三个月时间，在国务院领导和农业农村部领导的关心、指导下，在所有参与者的无私奉献、辛勤努力下，丛书终于付梓与读者见面。在此，一并表示衷心感谢和敬意！

即便如此，呈现在广大读者面前的成书，也肯定存在许多不足之处，恳请广大读者和行业专家提出宝贵意见，以便修订再版时完善。

何欣荣

2021 年 10 月

前 言
|Foreword|

　　纵观全球，由于资源禀赋、政治制度和经济发展阶段不同，不同国家和地区农业发展水平和发展方式存在着较大的差异。改革开放以来，中国农业发展取得举世瞩目的成就，现代农业建设取得重大进展，脱贫攻坚任务如期完成，实现全面建成小康社会目标。中国农业发展走出了一条具有中国特色和中国经验的发展道路。在中国经济转型升级发展阶段，农业发展迎来新机遇。《国民经济和社会发展第十四个五年规划和 2035 年远景目标纲要》提出，要坚持农业农村优先发展，全面推进乡村振兴，提高农业质量效益和竞争力。

　　他山之石，可以攻玉。全面推进乡村振兴、提高我国农业质量效益和竞争力，不仅要总结国内农业发展的经验和规律，也要汲取他国农业发展的经验和教训。美国是当今世界经济强国，不仅经济总量长期位列世界第一，其农业也以现代化水平高闻名于世，在世界农业生产、贸易中占据非常重要的地位，是名副其实的世界农业大国和农业强国。美国现代化农业发展之路源于何处，其农业发展实践能够提供什么样的经验、教训，对于处于高质量发展阶段的中国加快现代农业发展步伐有何借鉴，这些问题值得广大农业经济理论和政策研究者、农业经营者和政府决策者了解思考。美国现代农业的发展体现了资源禀赋、市场经济、制度创新、技术进步、组织变革多种因素共同作用的巨大力量，也反映了乡村和城市人口集聚与反集聚的动态调整过程，更是市场、社会与政府博弈的结果。因此，美国现代农业发展的历程提供了独特的农业发展变迁史，既有令人羡慕的成就和经验，也有发展的烦恼和教训。其经验虽可能提供有益的借鉴，但也不宜脱离实际盲目效仿。时至今日，美国现代农业的特征可以粗略地用一些关键词来概括，即市场化、家庭化、社会化、规模化、专业化、组织化、机械化、科学化、信息化、精准化、高效化、国际化。由于美国农业的重要性，学术界对美国农业的研究成果可谓汗牛充栋。早期比较系统研究美国农业经济的著作有徐更生研究员的《美国农业政策》，美国学者利用其丰富的数据资料也做了大量的研究。这些研究对于认识美国农业、借鉴美国农业发展经验取得了很好的效果。在本书编写过程中，农业农村部领导、相关司局和有关专家给予了大力支持和帮助。谨向关心支持本书出版的所有人士表示衷心感谢！本书的编写还得到美国加州州立大学奇科分校（California State University，Chico）宋宝辉教授的大力支持，特此一并感谢！

　　本书的编写者均为高校从事农业经济管理研究的教师，编著此书历时数年，作者收集整理了大量的美国农业统计数据、农业普查数据和相关文献，力图全面、完整地给读者提供系统有用的参考，但由于美国农业的复杂性，加之由于编者掌握资料的局限性和学术水平，本书必定有诸多不足之处，恳请广大读者朋友批评指正。

编　者

2021 年 10 月

目 录

| Contents |

第一章 CHAPTER 1
美国农业资源概况 ▶▶▶

第一节　国土资源

一、国土面积

美利坚合众国（以下简称美国）共 50 个州，本土 48 个州，另加两个海外州：阿拉斯加和夏威夷。整个国土面积列俄罗斯、加拿大之后。如果仅算陆地面积，不算水面面积，则美国是世界第三大国家，仅次于俄罗斯和中国（维基百科，2014）。

由于不同时期内，美国国土面积的统计口径不一，其数值存在差异。从时间来看，在 1989—1996 年，美国相关部门只计算了陆地和内陆水面面积。此时，全部国土面积约为 9 372 610 平方公里。1997 年以后，由于把五大湖区及沿海水面统计入内，其国土面积逐渐增加。1997 年是 9 629 091 平方公里；2004 年是 9 631 418 平方公里；2006 年是 9 631 420 平方公里。2007 年又把领海面积增加进来，其国土总面积则达到 9 826 630 平方公里，2010 年变更至 9 826 675平方公里，2016 年变更至 9 833 517 平方公里。而这也导致今天不同部门、不同出版物认定的国土面积也不一致。如美国中央情报局发布的世界数据大全中国土面积是 9 826 675 平方公里。美国国家统计署的数据则是 1997 年的数值，即 9 629 091 平方公里。而在《大英百科全书》中，该数值仅为 9 525 067 平方公里（维基百科，2016）。

如果采用 1997 年的统计数据，美国国土约占全世界土地面积的 6.3%。这当中，本土 48 个州的总面积为 782.3 万平方公里，海外两个州的面积为 155.3 万平方公里（刘志扬，2003）。由于东西南三面临海，美国的海岸线很

1

长，达 22 680 公里，其东部为大西洋，西部为太平洋。陆地北临加拿大，西南部与墨西哥接壤，全部陆上国界线长约 9 000 公里。

二、国土资源构成

根据联合国粮食及农业组织整理的统计数据，2020 年美国国土总面积为 9 833 510 平方公里。其中，陆地占 93.02%，为 9 147 590 平方公里；江河、湖泊等内陆水面占 6.98%，为 685 920 平方公里（表 1-1）。

此外，正如前文所述，美国国土面积的统计口径和统计内容有过调整和扩大。受此影响，美国国土面积的统计值已从 1990 年的 962.91 万平方公里提高到 2020 年的 983.35 万平方公里，增加 20.44 万平方公里。构成国土面积的陆地和内陆水面面积数值因此也发生了变化和调整。从表 1-1 数据来看，陆地面积的统计口径在缩小，其数值已由 1990 年统计时的 915.90 万平方公里下降到 2020 年的 914.76 万平方公里，减少了 1.14 万平方公里，并导致它占国土面积的比重从 95.12% 下降为 93.02%。与之相反，内陆水面的统计面积在扩大，已由 1990 年的 47.01 万平方公里上升到 2020 年的 68.59 万平方公里，增加了 21.58 万平方公里。其占国土面积的比重因此由 4.88% 提高到 6.98%。

表 1-1　美国国土构成

年份	1990	2000	2007	2018	2020
面积（平方公里）					
国土总面积	9 629 090	9 632 030	9 632 030	9 831 510	9 833 510
陆地	9 158 960	9 161 920	9 161 920	9 147 420	9 147 590
内陆水面	470 130	470 110	470 110	684 090	685 920
比例构成（%）					
陆地	95.12	95.12	95.12	93.04	93.02
内陆水面	4.88	4.88	4.88	6.96	6.98

数据来源：联合国粮农组织（FAO）数据库；2020 年《美国中央情报局世界概况手册》和其他来源。

三、地形和区域划分（不包括两个海外州）

（一）地形概况

由于幅员辽阔，美国地形复杂，但丰富多彩，地貌也是各式各样。总体来说，美国东海岸（Eastern Seaboard）的大西洋沿岸（Atlantic Coast）区域包括西南的墨西哥湾沿岸（Gulf Coast），其地形相对很平坦。与东海岸不同，西海岸的太平洋沿岸区域受最近一次地壳运动所带来的大陆板块挤压影响，除少数地区外，基本都是丘陵连绵，高山起伏。而东部沿岸的低地和西部沿岸的丘陵和山地的地形特征基本决定了美国山脉分布的主体特征。

其中，东海岸主要是阿巴拉契亚山脉（Appalachian Mountains System）。整个山区沿大西洋海岸分布，呈南北走向，山中原始森林密布。整个山脉总体低矮狭长，但从北到南，山区渐宽。到了东南部和南部，整个山区变得宽阔平坦，并由此形成东部沿岸平原。整个东部沿岸平原从得克萨斯州与墨西哥的边境接壤地带（Texas-Mexico Border）一直延伸到纽约市（New York City），并包括南部的佛罗里达半岛（Florida Peninsula）。

同时阿巴拉契亚山脉还作为一条分界线，把位于美国中北部的五大湖区（Great Lakes）及密西西比河流域盆地（Mississippi Basin）与东海岸分隔开来。其中4个湖还是美-加国境线的重要构成。山脉的东南部则被大面积的亚热带森林所覆盖，近墨西哥湾地区，尤其是佛罗里达州，则遍布红树林湿地。山脉西部则主要是密西西比河流域盆地及它的两条东部支流，即俄亥俄河（Ohio River）和田纳西河（Tennessee River）。

科迪勒拉山系（Cordilleran System）占据着美国大陆的整个西部。整个山区山峰高耸陡立，山区分布较宽。该山系由两部分构成，分别是东部的落基山山脉（Rocky Mountain System）和西部的太平洋沿岸山脉（Pacific Mountains System）。夹在两个山脉中间的则是山间高原（Intermontane Plateaus）。哥伦比亚河（Columbia River）和科罗拉多河（Colorado River）作为该区域的两条主要河流，都是从科迪勒拉山系最东边的内陆地区发源，穿过整个高原和山间盆地最终注入太平洋。美国西部的太平洋西南海岸森林密布，但所有森林只分布在高寒带（Alpine Region）以下的较高山区。而山间河谷、高原和盆地则在总体上呈现出树木稀疏的荒凉景象，这片区域的西南角是一片沙漠地带。

夹在东西海岸中间的是中央大平原（Great Plains）。它从墨西哥湾开始一直向北延伸，越过美加边界直抵北冰洋（Arctic Ocean）。整个中央大平原根据陆地高度差异又可区分为加拿大和美国两个部分。其中美国部分位于密西西比河以西，落基山脉以东，南到墨西哥湾。它包括密西西比河上游及俄亥俄盆地的部分地区。该区域主要分布着一些半干旱草原。临近阿巴拉契亚山区的高

3

地，东部是大森林，西部是极为干旱的平原，少有生物存活，南部也几近荒芜。整个大平原又被划分为劳伦高地（Laurentian Upland）、内陆平原（Interior Plains）和内陆高原（Interior Highlands）三个部分。这一区域是美国的主要农产品生产区，在被大量开发为农田之前，是广袤的草原（Grassland）。

（二）区域划分

根据这些地形地貌差异，从北到南、从东到西，美国本土可划分为 8 个各具特色的区域。它们分别是：①劳伦高地，是加拿大地盾（Canadian Shield）延伸至美国北部大湖区的部分。②大西洋沿岸平原（Atlantic Plain），是指美国大西洋东部及南部沿岸区域，包括大陆架、大西洋海岸和墨西哥湾海岸。③阿巴拉契亚高原（Appalachian Highlands），位于美国东部，包括阿巴拉契亚山脉、华昌山脉（Watchung Mountains）、艾迪伦达克山（Adirondacks）和覆盖着东部大森林（Great Eastern Forest）的新英格兰省。④内陆平原，是美国内陆（次大陆）的一部分，主要由美国大平原构成。⑤内陆高原，也是美国内陆（次大陆）的一部分。这一区域主要是奥扎克高原（Ozark Plateau）。⑥落基山山脉，位于美国西部的内陆地区。⑦山间高原。它可划分为哥伦比亚高原（Columbia Plateau）、科罗拉多高原（Colorado Plateau）和盆地山脉省（Basin and Range Province）三部分。它是由位于落基山山脉和太平洋沿岸山系间的一连片高原、盆地、山脉和峡谷所组成。这当中有著名的科罗拉多大峡谷（Grand Canyon）、大盆地（Great Basin）和死亡河谷（Death Valley）。⑧太平洋沿岸山系，由一系列位于美国西海岸的小山脉所构成。

四、农业与区域划分（包括海外两州）

因农业生产和资源统计普查的需要，农业部下设的自然资源保护服务局、经济研究服务局、国家农业统计服务局等相关职能部门根据各州土壤、陆地坡度、地形、气候、主要农产品及居住模式等特征差异，对美国农业生产进行了区位划分，并形成两套相互联系的区域划分体系。

（一）农业普查的 9 区位划分

在由国家农业统计服务局负责的 5 年一次的美国农业普查中，美国被分为北、南、西三大部分，具体又细分为新英格兰区、中部大西洋区、中央东北区、中央西北区、南部大西洋区、中央东南区、中央西南区、西部山区和太平洋区等9个农业区。其中，新英格兰、中部大西洋、中央东北、中央西北四区合称为北部；南部大西洋、中央东南、中央西南三区合称为南部；西部山区、太平洋区、阿拉斯加州和夏威夷州合称为西部。

在这个划分体系中，新英格兰区包括缅因（Maine）、新罕布什尔（New Hampshire）、佛蒙特（Vermont）、马萨诸塞（Massachusetts）、罗得岛（Rhode Island）和康涅狄格（Connecticut）6个州。这里气候比较寒冷，农作物生长期只有140天左右，土质也较差，但雨量相当充分，适合牧草生长。同时该地区工业发达，城市人口多，需要大量鲜牛奶和其他副食品，因此，农业生产以乳牛、家禽、蔬菜为主。农作物主要是牧草、燕麦等饲料作物，产量较少。

中部大西洋区包括纽约（New York）、新泽西（New Jersey）和宾夕法尼亚（Pennsylvania）三个州。它的气候和新英格兰区相差不远，雨量充沛，全年无霜期在140~190天。在没有开发中西部以前，这里生产谷物较多，以后由于中西部生产谷物的成本比这里便宜得多，而这里的工业和城市又迅速发展，因此，农业转变为着重生产牛奶、家禽、水果和蔬菜等产品，是美国主要乳业区之一。

中央东北区包括俄亥俄（Ohio）、印第安纳（Indiana）、伊利诺伊（Illinois）、密歇根（Michigan）和威斯康星（Wisconsin）5个州。密歇根和威斯康星位于北部大湖区，气候较冷，是乳业发达地区；其他3个州是肉用牛、猪、玉米和大豆产区。这个区的威斯康星、密歇根和新英格兰区的6个州、中部大西洋区的3个州，以及明尼苏达州，乳业都比较发达，是美国的乳业区。

中央西北区包括明尼苏达（Minnesota）、艾奥瓦（Iowa）、密苏里（Missouri）、北达科他（North Dakota）、南达科他（South Dakota）、内布拉斯加（Nebraska）和堪萨斯（Kansas）7个州。这个区的大部分年降水量在600~1 000毫米，春夏空气潮湿，很适宜玉米生长。南、北达科他州雨量较少。这个区是肉用牛和猪的主要产区，又是美国的谷仓。艾奥瓦、密苏里、明尼苏达西南部、内布拉斯加东部和中央区东北区的伊利诺伊、印第安纳和俄亥俄的一部分盛产玉米，因此它们被统称为玉米带（Corn Belt）。

南部大西洋区包括特拉华（Delaware）、马里兰（Maryland）、弗吉尼亚（Virginia）、西弗吉尼亚（West Virginia）、北卡罗来纳（North Carolina）、南卡罗来纳（South Carolina）、佐治亚（Georgia）、佛罗里达（Florida）8个州

和哥伦比亚特区（District of Columbia）。这个区南部属亚热带气候，全年无霜期在 200 天以上，农产品种类较多，其中一部分是综合农业区，一部分是烟草产区，还有一部分是棉花产区。

中央东南区包括肯塔基（Kentucky）、田纳西（Tennessee）、亚拉巴马（Alabama）和密西西比（Mississippi）4 个州。这个区在密西西比河东面，属温带和亚热带气候，是专业化的棉花和烟草产区，牛养殖规模也不小。

中央西南区包括阿肯色（Arkansas）、路易斯安那（Louisiana）、俄克拉荷马（Oklahoma）和得克萨斯（Texas）4 个州。该区位于美国正南面，无霜期长，是美国的主要水稻产区。南部是棉花和亚热带作物区。俄克拉荷马和得克萨斯两州北部是小麦产区。阿肯色州是综合农业区。

西部山区包括蒙大拿（Montana）、爱达荷（Idaho）、怀俄明（Wyoming）、科罗拉多（Colorado）、新墨西哥（New Mexico）、亚利桑那（Arizona）、犹他（Utah）和内华达（Nevada）8 个州，西部山区南北地区较长，从美国北部邻接加拿大边境地区，南部邻接墨西哥边境地区，故彼此的自然条件和社会经济条件都有较大的差别，因此农作物也各有不同。由于多山、多沙荒，各州农业偏重于畜牧业。

太平洋区包括华盛顿（Washington）、俄勒冈（Oregon）、加利福尼亚（California）、阿拉斯加（Alaska）和夏威夷（Hawaii）。前面的三个州是美国主要的灌溉农业区。加利福尼亚是农产品产值占全国第一的农业州，也是农业资本高度集中，大农场最多的州，大量生产水果、蔬菜及其他农、畜产品。华盛顿与俄勒冈是专业化的小麦产区。阿拉斯加气候寒冷，农作物很少。夏威夷主要生产甘蔗和水果。

（二）经济研究服务局的 10 区位划分

在经济研究服务局、自然资源保护服务局的数据统计和研究报告中，美国通常被划分成东北区（Northeast）、湖区（Lake States）、玉米带（Corn Belt）、阿巴拉契亚山区（Appalachia）、东南区（Southeast）、三角洲（Delta States）、北部平原（Northern Plains）、南部平原（Southern Plains）、山区（Mountain）和太平洋区（Pacific）等 10 个农场资源区，由此形成一套相异于农业普查的区位划分体系。

这当中，东北区和湖区各州是美国最主要的牛奶产区。由于这些州的气候和土壤条件非常适合谷物和饲草作物生长，因而能够为畜牧业养殖提供丰富的饲料和牧草资源。位于这两个地区的缅因州、特拉华州和马里兰州则是美国肉鸡养殖（Broiler Farming）的最主要地区。水果和蔬菜种植在这两个地区的农业生产中同样也占有重要地位。东北区包括新罕布什尔、宾夕法尼亚、缅因、马里兰、罗得岛、马萨诸塞、特拉华、康涅狄格、佛蒙特、纽约和新泽西等11个州。湖区则包括明尼苏达、密歇根和威斯康星3个州。

阿巴拉契亚山区是美国的主要烟草产区，它包括西弗吉尼亚、田纳西、北卡罗来纳、弗吉尼亚和肯塔基5个州。此外，花生、肉牛和牛奶也是这一地区的主要农产品。

东南区主要包括南卡罗来纳、亚拉巴马、佐治亚和佛罗里达4个州。牛肉和肉鸡是最主要的畜禽产品。水果、蔬菜和花生产量也相当大。位于该区的佛罗里达州则是美国柑橘（Big Citrus）和越冬蔬菜的主要供应基地。棉花生产在这里一度萎缩，近些年在该区域正得到逐步恢复。

在密西西比河三角洲，路易斯安那、阿肯色和密西西比等3个州的主要经济作物是大豆和棉花，其次是水稻和甘蔗。随着牧场质量的改良，畜牧业生产在这一地区的地位也日益突出。此外，它也是美国肉鸡的主要产区。

玉米带的土壤肥沃、气候宜人，是一个非常理想的农业种植区。它主要由俄亥俄、爱荷华、密苏里、印第安那和伊利诺伊5个州所构成。玉米、牛肉、猪和牛奶产品是这一地区农场的主要产品。饲用谷物、大豆和小麦也是该区的主要农产品。

北部平原包括北达科他、南达科他、堪萨斯和内布拉斯加4个州。而南部平原则仅有得克萨斯和俄克拉荷马两个州。它们从北往南贯穿整个美国大陆的中间区域。在这两个区域，夏秋作物的生长受西部降水量、寒冬气候以及北部短暂生长季节的很大限制，于是越冬小麦、春小麦成为这两个地区的主要产品，产量约占全国的3/5。小粒谷物、高粱、饲料作物和牧草等作物也在这两个地区大面积种植，而这为肉牛养殖提供了良好的条件。此外，区域的南部则种植有棉花。

山区的地形地貌丰富，特征明显，有科罗拉多、犹他、亚利桑那、新墨西哥、怀俄明、内华达、爱达荷和蒙大拿8个州。这里的大部分地区适宜于饲养牛羊。小麦是北部的重要产品。山谷的灌溉系统为牧草、甜菜、马铃薯、水果和蔬菜的生长提供了水源。

太平洋地区包括俄勒冈、加利福尼亚和华盛顿 3 个沿岸州及阿拉斯加和夏威夷两个海外州。其中，华盛顿州与俄勒冈州的农场是小麦、水果和大豆的专业化生产农场，加利福尼亚州则是水果、棉花和蔬菜的最主要产地之一。肉牛在整个区域都有养殖。夏威夷州主要种植甘蔗和菠萝，温室苗圃和牛奶则是阿拉斯加州产量最大的两种农产品。

第二节 土地资源

一、土地资源的总量及构成

（一）土地资源总量

虽然表 1-2 中各个年度全美土地总面积的统计值存在较大差异，但这并不意味着各个时期美国土地面积发生了增大和缩小的实际变化。之所以会出现这种情况，要么是各时期土地面积度量方法或统计口径调整的结果，要么是度量精度差异的结果。根据 2012 年的统计结果，美国拥有的土地资源总量是 22.60 亿英亩[①]。其中，本土 48 个州（不包括阿拉斯加和夏威夷两个海外州）拥有的土地资源总量约占全美土地总面积的 83.67%，总计 18.91 亿英亩。2018 年，美国的土地资源总量为 22.60 亿英亩（表 1-2）。

表 1-2   1945—2018 年美国及本土 48 州的土地资源

年份	1945	1949	1954	1959	1964	1969	1974	1978
全国（百万英亩）	1 905	2 273	2 273	2 271	2 266	2 264	2 264	2 264
本土 48 个州（百万英亩）	1 905	1 904	1 904	1 902	1 900	1 897	1 897	1 897
占全国的比重（%）	—	83.77	83.77	83.75	83.85	83.79	83.79	83.79
年份	1982	1987	1992	1997	2002	2007	2012	2018
全国（百万英亩）	2 265	2 265	2 263	2 263	2 264	2 264	2 260	2 260
本土 48 个州（百万英亩）	1 896	1 896	1 894	1 894	1 894	1 894	1 891	—
占全国的比重（%）	83.71	83.71	83.70	83.69	83.66	83.66	83.67	—

注：1945 年的土地面积是只统计了本土 48 个州土地面积的数值，而余下各年的数值都是包含全部 50 个州的数值。

数据来源：联合国粮农组织数据库，美国农业部经济研究局；https://www.ers.usda.gov/data-products/major-land-uses/；美国国家资源储量 2012 年要报（2012 National Resource Inventory Summary Report）。

---

① 英亩是面积单位，1 英亩＝4 046.86 平方米。——编者注

（二）土地资源的构成

1. 全美（包含海外两个州）**的土地资源及构成**

根据农业土地、森林及其他用地等的分类标准，利用联合国粮农组织整理的统计数据，按照此分类体系，2018 年三种类型土地的实际面积分别为 405.81 万、309.795 万和 199.14 万平方公里，各自占到美国土地资源总量的 44.36％、33.87％和 21.77％，占到整个国土面积的 41.27％、31.51％和 20.25％（表 1 - 3）。

从三类土地资源的比重变化来看，20 世纪 90 年代以来，美国用于农业生产的土地在总量上相对减少程度较大，森林和其他用地的面积则有小幅扩大。具体而言，农业土地总面积已从 1990 年的 426.95 万平方公里下降到 2018 年的 405.81 万平方公里，减少了 21 万多平方公里。森林和其他类型陆地的面积则分别从 1990 年的 296.34 万和 192.61 万平方公里上升到 2018 年 309.795 万和 199.14 万平方公里，分别增加了约 13 万和 7 万平方公里。反映到三者所占比重值上就是，农业用地占土地的比重从 1990 年的 46.62％下降到 2018 年的 44.36％，森林和其他用地的比重由 32.35％和 21.03％小幅提高到 2018 年的 33.87％和 21.77％（表 1 - 3）。

表 1 - 3　1990—2018 年美国土地资源的构成

年份	1990	1995	2000	2005	2007	2008	2012	2018
面积（平方公里）								
农业用地	4 269 480	4 201 390	4 143 990	4 128 780	4 111 280	4 112 000	4 030 810	4 058 100
森林	2 963 350	2 982 650	3 001 950	3 021 080	3 028 736	3 032 564	3 092 700	3 097 950
其他	1 926 130	1 974 920	2 015 980	2 012 060	2 021 904	2 002 856	2 023 910	1 991 370
比重（％）								
农业用地	46.62	45.87	45.23	45.06	44.87	44.95	44.06	44.36
森林	32.35	32.57	32.77	32.97	33.06	33.15	33.81	33.87
其他	21.03	21.56	22.00	21.96	22.07	21.90	22.13	21.77

数据来源：联合国粮农组织（FAO）统计数据库。

在具体用途方面，土地可划分为耕地、草地、林地、特殊用途用地和其他等五种类型。根据美国农业部经济研究局和国家农业统计服务局给出的指标界定，耕地主要包括种植用耕地、闲置或休耕地和农田牧场。草地是指农场内那些可用于放牧的草原和无森林覆盖草地及农场外的公共牧场和无森林覆盖牧场，但不包括用于畜牧业生产的农田牧场和可以牧用的林地。特殊用途用地包括城镇用地、农村道路用地、农场房舍、乡村公园、野生动植物保护区、国防工业用地及其他特殊用途用地等。其他土地则是那些无明确用途分类的湿地、沼泽、裸露岩石区、沙漠、苔原（冻土地带）及其他等。

在美国，林地和草地是土地资源的两大主体，其次是耕地。具体来说，耕地约占全部土地资源的 1/5。从 1945 年至今，耕地约占全部土地资源由 23.7% 下降到 17.3%，其比重虽然有所下降，降低了 6.4 个百分点，但实际面积却减少了 0.59 亿英亩，约合 23.88 多万平方公里。当然，这并不意味着美国可耕种土地资源很少。在全美存在着一个相当数量的草地、放牧地和沼泽地等可通过清除杂草、排除积水和引水灌溉等途径开发为可耕种的土地。但在当前美国农业较为严格的国内保护及美国自然生态保护日益受国内民众关注的现实条件下，耕地增加的情形实际上很难再发生。美国用于农业生产的耕地面积 20 世纪 70 年代以来呈长期缓慢下降态势。

与耕地的变化有所不同，主要用于畜牧业生产的草场草地等牧场资源所占比重从 1945 年至今经历了先长期下降而后在近期微弱上升的变化。1945 年，它的面积是 6.59 亿英亩，所占比重高达 34.6%，在五类土地资源中所占比重最大。但到 1997 年，它的面积下降到最低点，净减少 0.79 亿英亩，所占比重也下降为 25.6%，排名落在林地之后，名列第二。目前，草地面积又逐步恢复，达到 6.55 亿英亩，所占比重超过林地。

与 1945 年相比，林地、特殊用途用地及其他用地的面积到 2007 年都有一定增加，但三者在整个期间内的变化过程有所差异。这当中，林地面积在 20 世纪 50 年代快速上升。特殊用途土地面积一直呈持续上升变化。其他土地面积变化则表现为 1945—1978 年持续上升，其后波动式下降。在所占比重上，虽然林地面积已从 1945 年的 6.02 亿英亩，增加到目前的 6.32 亿英亩，净增加 0.3 亿英亩，但其比重却由 31.6% 下降到 27.9%。得益于面积的总体持续扩大，特殊用途用地的比重增长了一倍还多，由 5.3% 提高到 14.0%，净增加了 8.7 个百分点。其他用地的比重在 20 世纪 60 年代以前由 4.9% 迅速提高到 12.9%，之后逐步趋于稳定，基本维持在 11%～12% 的水平上。

2. 本土 48 州的土地资源及构成

目前，美国本土 48 州共有土地资源约 18.91 亿英亩，占全美土地总量的

83.67%（表 1 - 2）。草地、林地和耕地是美国本土土地资源的三大主体，三者分别占到总体的 34.6%、28.5% 和 20.8%。1945 年至今，耕地面积在 1949 年以前是扩大的，但在这之后耕地面积开始逐步缩小，其统计值由最高时的 4.78 亿英亩下降到目前的 3.92 亿英亩，减少 0.86 亿英亩。与面积变化相一致，耕地所占比重也呈现出先增加而后缩小的变化过程，但比值变化不大，在 2002 年以前基本都在 24% 的水平，目前较之 2002 年减少 2.5 个百分点。草地面积基本呈一直下降态势，其总量已由 1945 年的 6.6 亿英亩下降到 2002 年的 5.84 亿英亩，共减少 0.76 亿英亩，之后有所回升，提高了近 0.7 亿英亩。受此影响，草地占本土土地面积的比重由 34.6% 下降为 30.8%，而后又提高到 34.6%。较之草地，林地面积稍小些，二者比重相差无几。林地面积和比重的变化与耕地相类似。在 1959 年以前，它都是扩大的，其后是逐步缩小并趋于稳定。

与前三者在近几十年的下降不同，受经济和社会发展等多种因素的影响，美国本土对特殊用途用地的需求一直在扩张。比如受政府鼓励城市化和交通事业发展政策导向的影响，城市规模扩大，高速公路占地增多，使特殊用地需求增大。再比如为创造良好的生态环境，美国政府规划扩大了森林公园和野生动物保护区，仅 1960—1980 年的 20 年间，这一特殊用途的土地面积就由 0.17 亿英亩迅速增加到 0.95 亿英亩。而这些需求的扩张最终导致特殊用途用地的面积由 1945 年的 0.01 亿英亩提高到目前的 1.68 亿英亩，所占比重由 1945 年的 5.2% 提高到目前的 8.9%。无论是面积还是比重，上升幅度都较大。同时我们需要注意到，本土特殊用途用地的总量和比重扩张速度在 20 世纪七八十年代后开始放缓的事实，特别是 2002 年以后还有较大下降。

二、土地资源的区域分布

土地利用格局在美国各个农业区域存在着极大的差别。本部分将根据经济研究服务局的 10 区域划分体系来描述美国土地资源的区域分布（即各区域的土地利用情况）。

从土地资源总量来看，北部、南部和西部三大区域中，西部拥有的土地资源最多，达 11.2 亿英亩，几乎是北部（5.91 亿英亩）和南部（5.48 亿英亩）的面积之和，仅其所属的山区的面积（5.47 亿英亩）基本与北部和南部的面积相当。从其构成来看，北部耕地所占比重最大，能达到本区面积的 40.4％，其次是林地，为 26.9％，其他土地和草地的份额相当，分别是 18.8％ 和 13.8％；南部林地的比重最大，为 40.4％，其次是草地和耕地，分别是 28.8％ 和 16.5％，其他土地最少，为 14.4％；西部则以其他土地、草地和林地为主要构成，三者分别能占到该区域土地资源总量的 37.6％、34.5％ 和 22.4％，耕地比重最小，仅为 5.6％。

而在北部、南部和西部三大区内，北部的耕地资源主要分布在湖区、玉米带和北部平原，其中又以玉米带和北部平原的比重最大，分别能占到各自区域土地面积的一半还多。草地分布则主要集中于北部平原，其能占到该区土地资源总量的 41.1％。而在东北区、湖区和玉米带，草地资源相对都很少，比重最大的玉米带，其份额也不过 10.0％。在东北区和湖区，林地资源则非常丰富。其中东北区，林地几乎占到本区土地资源总量的 60％。相较而言，湖区要稍小些，但也达到本区土地总量的 42.6％。此外，由于很多美国大城市都主要集中于北部的东北区和湖区，致使在这两个区域内包含城镇用地的其他土地所占的比重都比较大。

对于南部而言，林地资源在其内部各区都十分丰富，所占比重除南部平原约为本区域的 1/4 以外，其余各区的比重全部都在 50％以上，东南区更是高达 3/4。相较而言，耕地资源在南部各区则要少得多。比重最高的南部平原也只是 19.8％，而最低的东南区，仅为本区土地面积的 9.7％。而草地资源，除南部平原非常丰富（能占到本区土地的 58.9％）外，其余南部各区都非常少，其所占比重也基本都在 8％左右。

对于西部各区，其属于美国大陆本土的山区和太平洋区，由于受自然气候和地形条件等因素的影响，致使两地的草地和林地资源很丰富。这当中，山区以草地资源为主，林地和其他土地为辅，耕地最少。在这里，草地能占到本区土地面积的 59.7％，林地占 18％，二者之和占近本区土地的 80％。而太平洋区则是其他类型土地比重最大，为 31.8％，接下来是林地和草地，分别为 29.1％ 和 28.4％。耕地比重最低，刚过 10％。阿拉斯加州由于靠近北极，天气等自然条件极为恶劣，土地除了可归入其他的冰原、苔地和冻土，就是森林。二者几乎占据该州土地资源的全部。位于太平洋中的夏威夷州基本是由一些面积较大的岛屿（礁）所组成，岛上土地资源基本是由森林、草地和其他土地所构成。

三、农业土地资源

（一）农业土地资源的总量和构成

表 1-4 数据表明，截至 2017 年，美国农场土地面积净减少 3.017 8 亿英亩。与 1950 年相比，2017 年美国农场土地的实际面积约下降了 25.11%。这说明，用于农业生产的土地资源在很久以来就经历了一个总量减少的过程。

表 1-4　1950—2017 年美国农场土地

单位：百万英亩，%

年份	1950	1960	1970	1980	1990	2000	2002	2007	2012	2017
面积	1 202.0	1 175.6	1 102.4	1 038.9	986.9	943.0	938.28	922.10	914.53	900.22
总变化					-301.78					
变化百分比					-25.11					

数据来源：美国农业普查，美国普查局，美国农业部国家统计服务局。

美国农业土地资源按其利用方式不同，同样可分为耕地、草地、林地和特征用途用地四大类。其中，用于畜牧业生产的草地牧场能占到全部农业土地面积的一半，是美国最大的农业土地资源，共有 6.55 亿英亩；其次是耕地，全国共有耕地 3.92 亿英亩，约占全部农业土地的 33.30%；剩下的就是 11% 的牧用林地，以及 0.7% 的农场房屋道路用地。

（二）耕地资源

就总量而言，美国耕地资源按照利用方式不同可分为种植用、放牧用和闲置休耕三部分。种植用耕地始终是耕地资源的主体构成，占到全部的 86% 还多，较之 1945 年有所下降，20 世纪 90 年代以来，基本稳定在 3.4 亿多英亩，进入 21 世纪后，种植用耕地面积略有下降。休耕闲置耕地和放牧用耕地的面积相对都不大，二者的面积之和不足 0.6 亿英亩，还不足种植用耕地面积的 1/6。放牧用耕地的面积基本保持稳定。

（三）牧场草地资源

根据美国农业部经济研究服务局和国家农业统计服务局的数据，美国有牧场草地 6.55 亿英亩左右，占全部农业土地的一半。虽然根据《美国农业普查》发布的最新统计数据，这一指标值要小不少，但到 2017 年牧场草地还是有 4 亿英亩，能占到全部农场土地面积的 44.5%（表 1-5）。这些都说明美国是世界上草场资源十分丰富的国家之一。从分布来看，美国西部山区和中部的大平原是草地资源的集中分布区。

表 1-5　美国牧场草地资源

年份	1997	2002	2007	2012	2017
农场土地（百万英亩）	955	938	922	914	900
牧场草地（百万英亩）	398	395	409	415	400
占农场土地的比重（%）	41.7	42.1	44.3	45.4	44.5

数据来源：《美国农业普查》（1997 年、2002 年、2007 年和 2017 年）。

四、森林资源

（一）森林资源总量

在北美洲大陆刚被发现时，从大西洋到太平洋，除了中西部是草原外，大部分覆盖着茂密的森林和灌木。原始森林面积共有 8.2 亿英亩，占全部土地面积的 40% 以上。经过 300 年的砍伐和垦殖，不少原来的草地和原始森林（包括林地）变成了耕地、牧场，或作其他用途。

据历史数据估计，在 1630 年，美国的森林面积为 4.20 亿公顷多一点，占陆地面积的 46%。1630 年以来，大约有 1.16 亿公顷的森林被转化为其他用途，主要是由农业开垦所致。将近 2/3 的净开垦量出现在 19 世纪下半叶，那时平均每天有 34 平方公里的森林被清除。这种情况持续了 50 年。到 1910 年，森林面积下降到约 3.05 亿公顷，占陆地面积的 34%。到 2018 年，美国的森林面积约为 3.1 亿公顷，占陆地总面积的 33.84%。从时间上，美国森林面积 1910 年以来基本保持稳定（表 1-6）。林地面积的稳定并不意味着森林的特性没有发生变化。既有农业用地转换为林地，也有林地转换为农业用地的情况，还有一些林地用途发生永久改变，用于城市发展。

表 1-6 美国森林面积的变化

单位：百万公顷

年份	全国	北部	南部	西部
2018	310			
2012	310	71	99	140
2007	304	70	87	148
1997	301	69	87	145
1987	295	67	85	143
1977	297	66	88	143
1963	305	67	92	146
1938	302	64	90	148
1910	305	54	100	151
1850	378	92	133	153
1630	419	120	143	156

数据来源：美国森林资源概要及历史趋势，世界银行。

（二）森林资源和区域划分

美国的林地，不仅比重大，而且分布均匀，严格地说，除了大草原和西部内陆高原盆地地区无树林外，美国全国各地几乎都分布有森林。根据主要森林体系的分布，美国农业部森林服务局将全美划分为北方地区、落基山地区、西南地区、山间地区、太平洋西南沿岸地区、太平洋西北沿岸地区、南部地区、东部地区和阿拉斯加地区等9个林区。

（1）北方地区（Northern Region）的国土面积达到2 500万英亩，横跨5个州。整个区域分布有12个国家森林，分别坐落在华盛顿州（Washington）的东北部、爱达荷州（Idaho）的北部和蒙大拿州（Montana）的境内。而国家草原则主要分布在该地区的北达科他州（North Dakota）和南达科他州（South Dakota）的西北部。

（2）落基山地区（Rocky Mountain Region）分布着17座国家森林和7个国家草原。这些森林和草原遍布整个科罗拉多州（Colorado）、堪萨斯州（Kansas）、内布拉斯加州（Nebraska）全境及南达科他州和怀俄明州（Wyoming）的大部。

（3）西南地区（Southwestern Region）主要包括亚利桑那州（Arizona）、

15

新墨西哥州（New Mexico）、田纳西州（Tennessee）和俄克拉荷马州（Oklahoma）。整个区域的国土面积共 2 230 万英亩，有 11 座国家森林及 3 个国家草原。而这 3 个草原当中，有 1 个草原在新墨西哥州、1 个在田纳西州及 1 个在俄克拉荷马州。该区域的地理海拔差异很大，从高于海平面 1 600 英尺*一直到最高的惠勒峰（Wheeler Peak）可达 13 171 英尺。降水量的差异也很大，最少的是亚利桑那州的索诺兰沙漠（Sonoran Desert），年均降水量仅为 8 英寸**，而在新墨西哥州的北部，年降水量超过 35 英寸。

（4）山间地区（Intermountain Region）是指从美国落基山脉的东部一直到内华达州（Nevada）的 Cascades 和 Sierra 以西的广大区域，它包括犹他州全境、亚利桑那州、内华达州和科罗拉多州邻近犹他州的区域、怀俄明州的西部、爱达荷州的东部，以及蒙大拿州西南部的小部分地区。

（5）太平洋西南沿岸地区（Pacific Southwest Region）包括加利福尼亚州（California）、夏威夷州（Hawaii）及其他西南太平洋附属岛屿。在该地区有 8 个国家森林，区域面积为 2 000 万英亩。

（6）太平洋西北沿岸地区（Pacific Northwest Region）有 17 个国家森林，1 个国家风景区，1 个国家草原和 2 个国家火山遗迹。整个地区都在俄勒冈州（Oregon）和华盛顿州境内。

（7）南部地区（Southern Region）覆盖 13 个州，从弗吉尼亚州（Virginia）一直到佛罗里达州（Florida）和俄克拉荷马州。美属波多黎各也在该地区。它拥有 14 个国家森林和 2 个特别单元，森林面积为 1 330 万英亩。

（8）东部地区（Eastern Region）有 1 200 万英亩国家森林。整个区域包括：康涅狄格州（Connecticut）、特拉华州（Delaware）、伊利诺伊州（Illinois）、印第安纳州（Indiana）、艾奥瓦州（Iowa）、缅因州（Maine）、马里兰州（Maryland）、马萨诸塞州（Massachusetts）、密歇根州（Michigan）、明尼苏达州（Minnesota）、密苏里州（Missouri）、新罕布什尔州（New Hampshire）、新泽西州（New Jersey）、纽约州（New York）、俄亥俄州（Ohio）、宾夕法尼亚州（Pennsylvania）、罗得岛州（Rhode Island）、佛蒙特州（Vermont）、西弗吉尼亚州（West Virginia）和威斯康星州（Wisconsin）。

---

* 英尺为长度单位，1 英尺＝0.304 8 米。——编者注
** 英寸为长度单位，1 英寸≈2.54 厘米。——编者注

（9）阿拉斯加地区（Alaska Region）虽只有 2 个国家森林，但每个森林的面积都居于美国各大森林面积前列。

第三节 劳动力资源

一、农村劳动力非农转移历程

美国实现大多数农业人口向非农产业和城市的转移，先后经历了约 100 年的时间。从表 1-7 可以看出，在 1860 年美国的农业就业人数占全国就业总人数的 59.4％，到 1960 年变为 10.4％。从图 1-1 我们可以看出，美国农村劳动力转移的总体进展情况，可大致分为四个阶段。

表 1-7 1860—2019 年美国农村劳动力转移情况

单位：万人

年份	总人口	全国就业总人数	其 中	
			农业就业人数	占总就业比例（％）
1860	3 144.4	1 053.0	626.0	59.4
1870	3 855.8	1 292.0	691.0	53.5
1880	5 015.6	1 739.0	870.5	50.1
1890	6 294.7	2 374.0	1 017.0	42.8
1900	7 599.5	1 907.0	1 092.0	57.3
1910	9 197.2	3 673.0	1 159.0	31.6
1920	10 571.1	4 161.0	1 140.0	27.4
1930	12 277.5	4 740.0	1 030.0	21.7
1940	13 167.0	5 330.0	814.0	15.3
1950	15 069.8	6 009.0	991.4	16.5
1960	17 932.3	6 764.0	703.5	10.4
1970	20 321.2	8 080.0	452.4	5.6
1980	22 654.6	10 091.0	373.3	3.7
1990	24 963.3	11 891.0	285.4	2.4
2000	28 323.0	14 133.0	210.9	1.5
2010	30 874.6	13 906.4	220.6	1.6
2011	31 155.7	13 986.9	225.4	1.6
2012	31 383.1	14 246.9	218.6	1.5
2013	31 599.4	14 392.9	213.0	1.5
2014	31 830.1	14 630.5	223.7	1.5

(续)

年份	总人口	全国就业总人数	其中	
			农业就业人数	占总就业比例（%）
2015	32 063.5	14 883.4	242.2	1.6
2016	32 294.1	15 143.6	246.0	1.6
2017	32 498.6	15 333.7	245.4	1.6
2018	32 668.8	15 576.1	242.5	1.6
2019	32 824.0	15 753.8	242.5	1.5

数据来源：《美国历史统计》、《美国统计摘要》、联合国粮农组织数据库。

（一）1860 年以前传统农业国家

据统计，1800 年美国的总人口为 530.8 万人，其中农业就业人口为 498.6 万人，占总人口的比重为 93.9%。尽管之后的一段时间里，不断有农业就业人口向非农产业和城市转移，但发展速度很慢，直到 1860 年，全国的总人口达到 3 144.4 万人，农业就业人口中仍有 626 万人，接近总人口数的 60%。1800—1860 年，美国农业生产总值增加 5 倍以上，人均粮食产量近 1 吨。在迅速发展的农业基础上，工业以更快的速度发展。1810—1860 年，工业总产值增加近 9 倍。这阶段工农业就业人数都迅速增多，但工业人数增长速度快于农业。工农业迅速发展需要的大批劳动力，这时期主要靠高出生率和大量移民得到解决。1820—1860 年，入境移民达 500 万人。移民中除少数能工巧匠直接进入工厂外，很多移民因缺少创办农场的费用和农作经验而聚集于城市。从就业方面看，1860 年全国的总就业人数为 1 053 万人，其中农、林、渔业为 626 万人，占总就业人数的 59.4%。据统计，1855 年纽约市 62.3 万人口中移

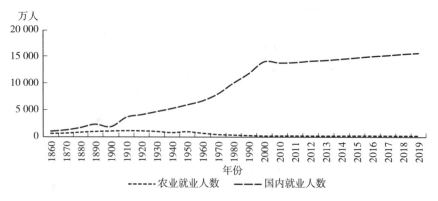

图 1-1 1860—2019 年美国农业就业人数和国内总就业人数的变化及对比

数据来源：《美国历史统计》、《美国统计摘要》、联合国粮农组织数据库。

民占 52%，其他大城市也有不少移民。大批移民补充了城市劳动力的不足，从而帮助了东部人口的西迁，扩大了农业劳动力的数量。因此，无论从农村人口所占的比重还是农业就业人数所占比重来看，不难看出，美国都是一个以农业为主的国家。

（二）1860—1920 年的大规模转移阶段

南北战争后美国工业的迅猛发展和这时期欧洲各资本主义国家工业化的发展，增加了对美国农产品的需求。《宅地法》颁布后，西进运动更加广阔地发展。中西部地区的开发，使手工耕作更加不能满足需要，迫切要求实行机械化。第一次世界大战前的半个世纪，正是美国基本实现工业化时期。美国的钢铁产量在 19 世纪 80 年代超过英国而居世界首位，1913 年，生铁和钢的产量都超过了 3 100 万吨。强大的钢铁工业为机器制造业奠定了基础。美国的农机具产值从 1850 年的 684 万美元猛增到 1910 年的 17 060 万美元，提高近 24 倍。1910 年，仅用作动力的马、骡达到 2 400 万匹，基本实现了农业半机械化。据美国农业部统计，1870—1910 年，农业劳动生产率提高了 32%。

1870 年以后，随着大量南方农民流向城市和英国移民大量涌入美国，使美国开始了以电力、钢铁等先导工业为主的工业革命，进一步吸引农村劳动力向城市流动，大量农村人口流动到城市，城乡人口分布发生了较大变化。进入 20 世纪，更是出现了农村人口转移的高潮时期，流动数量多、流动地域广，持续时间长。到 1920 年，美国城市人口已超过农村人口，城市人口结构发生了历史性转变，初步实现了城市化。1870 年以后，美国农村人口城镇化的速度不断加快，美国城市人口从 1870 年的 990 万增加到 5 430 万，城镇化水平超过 51%。

这段时期，不仅城乡人口结构发生变化，美国的产业结构也发生了较大改变，美国的二三产业总产值已大大超过第一产业的总产值，这标志着美国由一个传统农业国转变为工业国。美国从农村社会向城市社会的转变仅仅用了 50 年。在这么短的时间内完成整个社会结构的转型，而社会组织和管理手段不可能随之发生相应的变化，从而产生了大量问题，比如交通拥堵、住房紧张、社会不稳定和犯罪率上升等，而这又推动了美国郊区化和小城镇化。

（三）1920—1970 年的人口流动高峰

一战后，接踵而来的 20 世纪 20 年代农业危机迫使农场主纷纷采用机器生产，以降低成本增强竞争力。1920—1945 年，拖拉机从 24.6 万台增加到 235.4 万台，增加 8.6 倍。谷物收割机从 4 000 台增加到 37.5 万台，增加 92.8 倍。机械动力在农用动力中所占的比重由 1920 年的 23.1% 上升为 1940 年的 93%。20 世纪 30 年代后，伴随着农业机械化进程，施用化肥，改良和培育新品种，防治病虫害等先进技术一定程度上的推广，使农业劳动生产率大大提高。从 1910 年起，农业劳动力的绝对数已开始下降。全国范围内的农业劳动力向非农业部门的转移开始了。1910—1945 年，美国农业生产所用全部工时从 325.47 亿个下降到 188.38 亿个，减少了约 42%。据美国农业部估算，1920—1930 年，有 600 多万农村人口离开农业，占 1920 年全部农村人口的 19%。1930—1940 年，又有 350 多万人离开农业，占全部农业就业人口的 13%。

值得注意的是，由于农村中非农业部门的发展，20 世纪 30 年代以后农村人口的就业结构发生了变化。1920 年，农村人口在农业就业比重为 62%，1940 年减少到 53%。非农业就业的比重从 38% 上升到 47%。这表明农业中转移出来的劳动力除大部分进入城市非农业部门外，还有一部分进入农村的非农业部门，农村人口的非农民化出现了。大批农业就业人口的转移，改变了城乡人口的比例。1910 年，美国农村人口占总人口的 54.3%，1940 年下降为 43.5%。城市人口的比重相应地从 45.7% 上升为 56.5%。二战使美国农业摆脱了长期危机。由于科技革命的推动，在发达的工业、交通运输业等有利条件的基础上，美国农业机械化迅速向高程度发展。1940—1980 年，美国农场资产构成中，机器与车辆的价值增加了 30 倍。到 1959 年，谷物种植的机械化程度达到 100%，几乎所有农场都使用了电力。化肥和良种的使用更加受到重视。20 世纪 20 年代培育成功的高产玉米，到 1960 年几乎使单产增加一倍。二战后在农业机械化、化学化和生物化三大技术革命推动下，美国农业逐渐向机械过程和生物过程相结合的工厂式生产发展，特别是畜牧业已摆脱土地和自然的束缚，实行完全工业化生产。畜牧业的工业化程度高于种植业，畜牧业劳动生产率提高也快于种植业。1945—1970 年，尽管畜牧业在农业中的比重略有提高，畜牧业总工时还是稳步下降。这样，不仅种植业不断有大批劳动力转移出来，畜牧业的过剩劳动力也开始增多了。1940—1950 年，农村净转出的人口超过 900 万，占 1940 年农村人口的 31%。1950—1960 年，净转出的人口大致也是 20 世纪 40 年代的水平。1950—1979 年，美国农业就业人口从 2 300 万降到 624 万，农业劳动力从 546 万降到 330 万，到 1984 年，直接从事农业的劳动力只有 270 万人了。

1920 年以后，伴随美国工业化的加快和西部大开发，美国出现了城市化后期的农业就业人口流动高峰。自 1930 年至 1970 年的 40 年间，美国的农村人口只缓慢地增长了 660 万人，这完全是出生多于死亡的自然增长。到 1960 年，农村人口只占总人口的 30.1%，这一时期，农业上的从业人口所占比例迅速减少，只占总人口的 10.4%，但是，另一方面，城市人口趋于饱和状态。大量的人口迁徙发生在 20 世纪 70 年代。

（四）1970 年以后的相对稳定

根据 2000 年人口普查，有 5 500 万美国人居住在农村地区，他们占美国总人口的 20%，分布在 4/5 的国土上，于 1980—1990 年增长了 130 万人，1990—2000 年美国的非大都市地区人口增长了 7.6%，出现了大城市人口向乡村和小城镇迁徙的趋势。但是，从总体上看，由于出生率较高、死亡率较低和迅速增多的外国移民等原因，大城市的人口比非大都市地区的人口增长得快。另外，在这一段时期，出现了钟摆式流动的现象，即许多人口从城市迁移到农村，过一两年之后，又返回到城市。

全国农村人口回升在 1994—1995 年达到顶峰。此后，在一段国家空前繁荣的时期中，非大都市地区人口增长逐渐放慢，因为来自大都市的新居民减少了。但从 10 年为一个单位的角度来看，农村人口还是明显出现了回升。部分城市居民到农村进行休闲活动或购置第二处住房，以及许多人因拒绝大城市生活而逃离都市。另外，在城市中，大多数少数种族裔密度大的社区出现经济地位不利的迹象。他们所居住社区的贫困程度通常很高、就业机会少，进一步教育和培训产出的经济效益有限。如同过去一样，今天许多在这些社区长大，掌握了可获得成功的技能的人不得不在别处找到用武之地，使得贫困的社区更趋贫困，因此，他们选择到农村，出现了人口的回流。

二、农业劳动力数量及结构

（一）农业劳动力数量现状及变动趋势

1. 美国农业劳动力数量的现状

从图 1-1 我们可以看出，美国农业劳动力的数量在 20 世纪 50 年代以后呈现出逐年下降的趋势。21世纪之后，美国的劳动力数量变动趋势可从表1-8和图1-2看出，从中我们发现，农业劳动者数量呈现季节性变动，而且农业劳动者的数量呈逐年下降的趋势，但是从图1-3我们可以看出，美国农业雇工的工资率却在不断增加。美国农业雇工的数量在不断降低，这一方面与工资率不断上升，劳动力需求下降，造成雇工数量不断降低有关；另一方面也是由于城市化的扩张，造成劳动力的机会成本增加，农民选择在农村打工所放弃的城市打工收入在不断增加，造成了农村雇工的工资率在上升，从而导致雇工的数量在不断降低。

表1-8　2001—2020年美国农业劳动力数量的变动

时间点	农业劳动者数量（千人）	农业雇工数量（千人）	雇工工资率（美元/小时）	时间点	农业劳动者数量（千人）	农业雇工数量（千人）	雇工工资率（美元/小时）
2001年1月	165	691	8.66	2006年1月	180	614	10.1
2001年4月	215	804	8.31	2006年4月	241	720	9.78
2001年7月	335	1 039	8.29	2006年7月	320	876	9.72
2001年10月	262	991	8.59	2006年10月	286	800	9.96
年平均数		873.3	8.45	年平均数		751.8	9.87
2002年1月	183	707	8.97	2007年1月			
2002年4月	189	890	8.83	2007年4月	253	736	10.2
2002年7月	256	1 006	8.57	2007年7月	363	843	9.99
2002年10月	271	940	8.95	2007年10月	329	817	10.38
年平均数		885.7	8.81	年平均数		746.5	10.23
2003年1月	160	729	9.34	2008年1月	179	594	10.81
2003年4月	157	781	9.16	2008年4月	219	700	10.57
2003年7月	320	943	8.88	2008年7月	345	828	10.34
2003年10月	306	891	9.05	2008年10月	316	804	10.7
年平均数		836	9.08	年平均数		730.8	10.59
2004年1月	185	662	9.41	2009年1月	190	595	10.93
2004年4月	257	827	9.23	2009年4月	223	680	10.84
2004年7月	343	961	9.04	2009年7月	363	875	10.64
2004年10月	324	851	9.32	2009年10月	285	807	10.91
年平均数		825.2	9.23	年平均数		739.25	10.83
2005年1月	185	589	9.78	2010年1月	180	587	11.06
2005年4月	247	753	9.35	2010年4月	261	737	10.82
2005年7月	408	936	9.38	2010年7月	350	894	10.82
2005年10月	294	842	9.61	2010年10月	331	826	11.13
年平均数		780	9.51	年平均数		761	10.96

（续）

时间点	农业劳动者数量（千人）	农业雇工数量（千人）	雇工工资率（美元/小时）	时间点	农业劳动者数量（千人）	农业雇工数量（千人）	雇工工资率（美元/小时）
2011年1月	205	602	11.29	2016年1月	202	582	12.83
2011年4月				2016年4月	276	703	12.75
2011年7月	350	836	10.9	2016年7月	386	840	13.02
2011年10月	313	828	11.15	2016年10月	319	798	13.25
年平均数		755.33	11.11	年平均数		730.75	12.96
2012年1月		575	11.52	2017年1月	191	533	13.43
2012年4月		748	11.41	2017年4月	273	673	13.23
2012年7月		906	11.36	2017年7月	402	879	13.23
2012年10月		872	11.76	2017年10月	352	870	13.42
年平均数		775.25	11.51	年平均数		738.75	13.33
2013年1月		596	12.02	2018年1月	200	534	14.08
2013年4月		732	11.91	2018年4月	263	648	13.72
2013年7月		906	11.68	2018年7月	390	843	14.28
2013年10月		871	11.96	2018年10月	330	784	14.47
年平均数		776.25	11.89	年平均数		702.25	14.14
2014年1月		540	12.23	2019年1月	168	499	14.96
2014年4月		688	12	2019年4月	244	629	14.71
2014年7月		838	11.96	2019年7月	374	802	14.91
2014年10月		782	12.12	2019年10月	352	809	15.02
年平均数		712	12.08	年平均数		684.75	14.9
2015年1月	184	549	12.53	2020年1月	194	568	15.28
2015年4月	276	687	12.27	2020年4月	269	688	15.07
2015年7月	404	872	12.47	年平均数		628	15.175
2015年10月	358	841	12.82				
年平均数		737.25	12.52				

数据来源：NASS，Economic，Environmental and Demographics Branch。

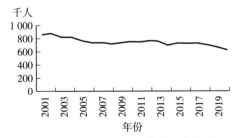

图1-2　美国农业雇工数量变化情况

数据来源：《美国历史统计》、《美国统计摘要》、联合国粮农组织数据库。

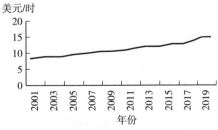

图1-3　美国农业雇工工资率的变化情况

数据来源：《美国历史统计》、《美国统计摘要》、联合国粮农组织数据库。

2. 美国农业劳动力数量的变动趋势

为进一步对比美国农业劳动者的数量和雇工数量的变动趋势，我们进行了剔除趋势分析，结果如图1-4和图1-5所示。从图中我们可以看出，近些年来，美国农业劳动者的数量略有上升，这与许多文献的研究结论相一致，即由于城市化规模过大，城市病突出，造成大量城市居民选择向农村回流。

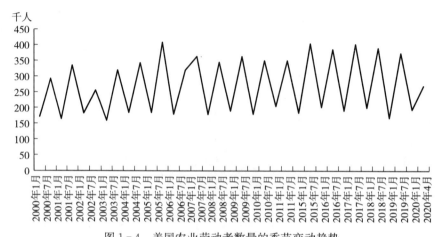

图1-4　美国农业劳动者数量的季节变动趋势

数据来源：《美国历史统计》、《美国统计摘要》、联合国粮农组织数据库。

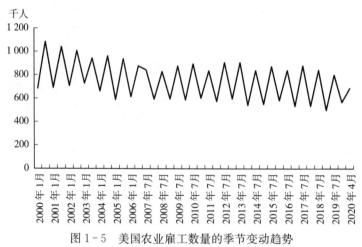

图1-5　美国农业雇工数量的季节变动趋势

数据来源：《美国历史统计》、《美国统计摘要》、联合国粮农组织数据库。

但是，图1-4的结果显示，在剔除了季节变动趋势的影响之后，美国农业雇工数量在不断下降，究其原因与前文的分析是一样的，随着工资率不断上升，对农业雇工的需求数量不断下降；而且，农业现代化程度不断提高节省了大量的劳动力，他们选择到城市迁移，造成了农村劳动力总量下降，因此，也造成了农村雇工数量的下降。

（二）农业劳动力的结构及变动

1. 美国农业劳动力的性别结构

从图 1-6 我们可以看出，美国的农业劳动力中男性占主要地位，但是女性所占的比重近些年有所提高。这与农业机械化程度的提高有关，同时也与城市就业存在性别歧视有关，来自农村的女性打工者在城市获得工作的机会要远远小于男性，造成农村的女性打工者留在农村的相对比例增加。

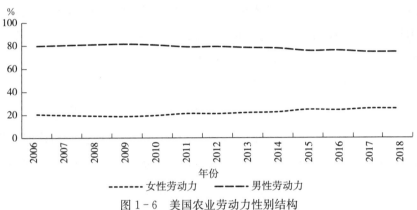

图 1-6　美国农业劳动力性别结构

数据来源：《美国历史统计》、《美国统计摘要》、联合国粮农组织数据库。

2. 美国农业劳动力结构的变化

1989 年，美国农业及关联产业就业人数达到 2 320 万人，其中直接从事农业生产活动的劳动力只有 320 万人，仅占 13.8%。图 1-7 显示，农业劳动者所占的比重逐渐加大，农业劳动雇工数量在减少。

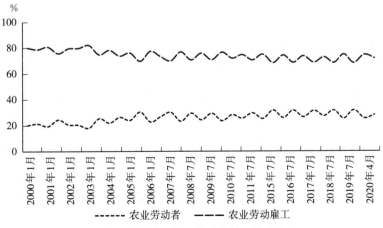

图 1-7　美国农业劳动力结构的变化

数据来源：《美国历史统计》、《美国统计摘要》、联合国粮农组织数据库。

第四节 其他农业自然资源

一、水资源

美国水资源概况。总体而言，美国水资源人均占有量丰富，但东多西少。美国本土年平均降水量约为 760 毫米，水资源储量约为 2.9 万亿立方米，人均储量接近 1.2 万立方米，居世界前列。水资源分布以南北走向的落基山为界可划分为东部地区和西部地区。东部地区多属于湿润和半湿润地区，降水丰富，年平均降水量多在 1 000 毫米以上。西部地区多属于干旱和半干旱地区，降水较为稀少，除太平洋沿岸各州外，年平均降水量多在 500 毫米以下。美国本土河流众多，按照水流方向可分为三大水系：墨西哥湾水系、太平洋水系、大西洋水系。其中流域面积最大的是墨西哥湾水系，主要包括密西西比河、格兰德河等，流域面积占美国国土面积约 2/3；太平洋水系主要由科罗拉多河、哥伦比亚河和萨克拉门托河等；大西洋水系主要包括波托马克河、哈德逊河等。此外，阿拉斯加州还包括北冰洋水系和白令海水系。美国拥有世界上最大的淡水水域：五大湖群，分别是苏必利尔湖、休伦湖、密歇根湖、伊利湖和安大略湖，总面积约 24.5 万平方公里，流域面积约为 76.6 万平方公里。

美国水利工程。美国政府历来重视农业水利工程建设。作为美国最大的河流，密西西比河经常发生洪水灾害，淹没土地，冲毁农田。为控制洪水和发电，1917 年，美国政府开始在田纳西河流域开展实验性工程：马瑟肖尔斯工程，但在当时，其另一个重要目的是制造火药原料。1933 年，美国政府设立田纳西流域管理局，把威尔逊大坝和马瑟肖尔斯工程合并起来，统筹规划水利设施建设、管理、水土保持、粮食生产、发电等工程。1938—1944 年建立肯塔基大坝，对农业土壤保护、防洪抗旱等发挥了重要作用。根据统计数据，20 世纪 30 年代，美国政府共建设 30 多个灌溉工程：1934 年开始兴建的全美灌溉工程，引水能力达每秒 430 立方米，每年引水量达 45 亿立方米；1937 年兴建的中央河谷调水工程，年引水量约为 87.3 亿立方米；1931—1936 年建成的胡佛大坝，有调节库容 196 亿立方米、防洪库容 117 亿立方米。截至 20 世纪 70 年代，美国大规模灌溉工程建设基本完成，为美国农业生产提供了坚实的水资源保障。

美国水资源管理。美国政府重视通过立法加强水资源管理。1902 年，为管理和开发干旱地区水资源，美国政府颁布《水利垦殖法》；1928 年，为治理和开发密西西比河流域，美国政府修订《防洪法》；1935 年，美国政府颁布《水土保持法》，成立农业部水土保持局；1936 年，为建设防洪灌溉工程，美国颁布《防洪法案》。上述法律法案的颁布，为美国水资源管理提供了基本的制度保障。不仅如此，为了强化水资源管理，美国还建立完整的水资源管理责任考核制度。在管理主体方面，水质的管理主要由联邦政府管理；水量配置由各州政府管理，各州政府根据各州水法取得水量或水权，但联邦政府享有再分配权。在跨流域水量分配和水资源治理方面，州政府发挥着关键作用，州政府之间根据协议、协商、调解、仲裁和诉讼等法制原则协调水资源配置。完善的水资源管理法律法规，为农业生产提供了制度保障，有效地保护了美国农业生产。

二、气候资源

美国气候条件适宜。美国本土主体纬度在北纬 25°到北纬 49°之间，以温带和亚热带气候为主，气候差异明显，气候类型多样，温度适宜，适合发展农业生产。东北部地区属于温带气候区，冬季较冷，1 月份平均温度为－6℃左右，夏季温暖，7 月份平均温度为 16℃左右，年平均降水量达 1 000 毫米。东南部属于亚热带气候，温暖而湿润，1 月份平均温度 16℃左右，7 月份平均温度 25℃左右，年平均降水量达 1 500 毫米。中央平原区属于大陆性气候，冬季寒冷，夏季炎热，1 月份平均温度－14℃左右，7 月份平均气温 30℃左右，年平均降水量 1 200 毫米。西部高原属于内陆性气候，干燥少雨，温差较大，年平均降水量不足 500 毫米。太平洋沿岸属于海洋性气候，冬暖夏凉，降雨充沛，1 月份平均气温 4℃左右，7 月份平均气温 21℃左右，年平均降水量 1 500 毫米左右。美国光热资源丰富。美国本土全年日照时数在 2 000～4 000 小时，太阳辐射量为 4 000～6 000 兆焦/平方米，无霜期 90～240 天，南部地区多达 350 天。

适宜的气候条件为美国农业多样化、专业化和规模化发展提供了便利条件。美国各种差异化的气温、降水、光热条件为农业生产提供了得天独厚的自然条件，使得美国农、畜产品种类丰富，产量高品质优。如小麦、玉米等农作物品种齐全，且产量均居世界前列，粮食总产量约占世界总产量的 1/5。此外，多样化的气候条件还有利于专业化的农业生产。美国政府根据气候特征，将全国划分为 10 个主要农业生产区域，例如北部平原主要生产小麦、中部平原主要生产玉米、南部平原和西部山区主要以畜牧业为主、大湖地区主要生产乳制品、太平洋沿岸主要生产水果和蔬菜、东北部地区主要生产肉制品、西部地区草原主要以饲养牛马羊为主等。

第二章 CHAPTER 2
美国农业生产 ▶▶▶

第一节　农业生产概述

一、农业发展简述

（一）早期农业

美国农业最早可以追溯到印第安人的原始农业。据估计，到 15 世纪末印第安人已在这里生活了一万年左右，已达到 100 多万人口，正处于原始公社瓦解的社会发展阶段，人们主要以渔猎为生，有些部落已经开始从事原始的农业生产，培育了玉米、马铃薯、烟草、南瓜等 100 多种农作物，后来这些农作物传播到了全世界，至今仍是世界上最重要的作物。17 世纪以后，欧洲移民又把欧洲的作物和牲畜品种带到美洲，也带来了先进的生产工具和耕作方法等，与印第安人的传统技术结合起来，加上拥有良好的自然条件，成为美国农业发展的基础。

美国是以农业立国的。在 17 世纪殖民地经济时期，从事农业生产的居民达到 90％以上。各殖民地建立情况和自然条件不同，以不同的方式分配土地，形成了不同的土地占有制度，农村经济关系形成了三类不同地区：在北部，普遍建立起来的是由移民中劳动者经营的、自耕农性质的小农场；中部占统治地位的是由英国贵族拥有的大土地所有制，盛行着出租小块土地给贫穷移民的代役租；南部建立起来的是贵族或富商经营的奴隶制种植园经济，奴隶的来源是白人契约奴和日益增多的从非洲贩运来的黑奴。这种情况给后来美国农业发展带来了很大影响。

1775—1783 年美国独立战争爆发，美利坚合众国在 1776 年宣布成立。这也是美国农业资本主义化和商品经济进一步发展的开端，列宁称之为"美国式"的资本主义发展道路。"地主经济已经不再存在，或者已经被没收和粉碎封建领地的革命捣毁了。农民在这种情况下占着优势，成为农业中独一无二的代表，逐渐转化为资本主义的农场主"是这条道路的特点。这条道路和缓慢改良的"普鲁士式"道路相比，是一条革命的、进步的道路。这一时期，美国商品农业有了重要发展，主要表现是，商品农业发展、普遍使用雇工、农业区域化和专业化发展、农业集约化程度提高。

（二）农业现代化

现代化大农业是美国农业的主要类型，农业机械化是美国农业现代化的起点。1910—1940 年，是美国农业的基本机械化时期，其主要标志是拖拉机的普及和机械动力日益代替了畜力。这种变化不仅得益于现代化大工业的发展结果，还是农业资本主义化的结果。1910 年美国有 1 000 台拖拉机，至 1940 年增加到 156.7 万台，农业中载重汽车由 1911 年的 2 000 辆增为 104.7 万辆，谷物收割机从 1 000 台增至 19 万台。农业动力的构成也发生了质的变化，1940 年机械动力已有 17 460 万马力*，占全国农用动力的 93.5%，畜力动力从相对下降到 1918 年以后开始绝对下降，1940 年畜力动力占 6.5%。这一时期，田间主要作业基本机械化了。如整地机械化程度达 80%，小麦机播达 79%，联合收割机收获小麦超过 50%。但经济作物和畜牧业机械化程度还较低。由于美国农业基本机械化时期，遇到了沉重的农业危机，同时又没有采取其他相应农业技术，所以虽然提高了农业劳动生产率，但对单产提高没有显著作用。

1940 年以后直到现在，是美国农业全面的高度机械化时期，其主要标志是已经形成比较完善的农业机械化体系，使农业生产各项作业几乎全部采用了机械，并在一些部门出现了自动化和工厂化生产。二战以后，美国农业机械数量和种类继续增加。农业各产业的作业环节都有了相适应的机器，一些难以使用机械的作业也得到突破，如马铃薯、棉花、黄瓜、番茄、甘蓝以及柑橘等的收获机械。1993 年美国拥有拖拉机 480 万台，平均每千公顷耕地有 25.8 台，每个农业劳动力配备有约 1.3 台。随着经济和技术的发展，拖拉机朝大型化发展，同时性能越来越完善。2003 年美国每千公顷土地拥有拖拉机 27 台，每千

---

* 马力为功率单位，1 马力≈735 瓦特。——编者注

公顷拥有收割机和脱粒机 4 台。2003 年在农业不动产中,机械仅次于土地和建筑位居第 3 位,占到 28% 的比重。2017 年美国农场的机械设备总值 2 722.97 亿美元,约为 2002 年的近两倍。随着农业生产的发展,为了适应新的农作制度,农业机械也不断地开发出新产品。如适用于花生秸秆覆盖还田的挖掘式专用机械,且已具有多种规格;适用于养鸡场粪便处理的起粪机,一个 10 万只的鸡场只需 1.5 小时可以全部清理完成,效率很高。随着新科技革命的到来,高新科技技术不断与机械技术结合,如遥感技术、地理信息技术等,产生了具有超高性能的精准农业机械。

农业生产技术的科学化是美国农业现代化和农业生产力水平高的另一基本因素,主要包括良种、化肥、农药、除草剂、水利和其他新技术。采用优良品种是美国农业单产上升的重要因素。通常所说的美国农业第二次革命(一战到二战初期),其主要标志就是农业实现了基本机械化和杂交玉米等技术的改良。20 世纪 50 年代以来,机械、技术、管理的全面改革促成了第三次美国农业革命,也使美国农业成为具有很高劳动生产率的现代农业。随着现代科技尤其是生物技术的引入,新品种的不断出现,作物单产继续攀升,例如玉米在 20 世纪 90 年代出现超过每公顷 8 500 千克的单产水平,2004 年单产达到了每公顷 10 064.8 千克,虽然有小幅波动,但近年来玉米单产仍有显著提高,2017 年达到 11 875.4 千克/公顷,2018 年为 11 863.9 千克/公顷。

化学化和机械化是美国农业科技革命的主导。二战后美国化肥使用不仅数量增加而且品质和施肥方法日益科学化,在持续农业生产方式的影响下美国还逐步重视有机肥料的使用。1950 年每公顷按有效含量计算约施用化肥 42 千克,1980 年达到 112 千克。2002 年每公顷可耕地的化肥使用量为 109.6 千克,全国化肥消费 1 929.8 万吨。从 20 世纪 80 年代初到目前,美国化肥生产量有所减少,从 1979—1981 年的 2 171.2 万吨降到 2002 年的 1 810.6 万吨,占世界总产量的百分比由 17.94% 降到 12.24%。美国农业非常重视环境保护,对农业化学品使用的管理比较严格,建立了比较全面的法律法规和管理制度。美国氮磷钾肥的使用近年缓慢下降,2018 年全国使用总量为 651 万多吨,比 2008 年减少约 15 万吨。杀虫剂的全国使用总量则从 2012 年开始保持在 407 779 吨;除草剂全国使用总量在过去的 20 年中小幅上升,近年维持在 255 826 吨。

美国农田水利事业相对落后,农田水利化水平不高,但在不断提高。美国农业是最大的用水产业,占到总用水量的 41%。美国农业灌溉面积占耕地比重不高，但在不断上升。1910 年灌溉面积只占耕地面积的 3.3％，1950 年上升为 6.1％，1993 年占耕地面积的 11％。2003 年灌溉面积上升到可耕地面积的 13％。从绝对数值看，农场土地的灌溉面积从 1969 年的 3 912.2 万英亩上升到 1987 年的 4 638.6 万英亩，2002 年和 2007 年再次上升到 5 531.6 万英亩和 5 659.9 万英亩，2017 年达到 5 801.39 万英亩。不过美国的灌溉技术发展很快，喷灌、滴灌等节水技术有很大发展，水的利用率很高，可以达到70％～80％。

美国现代农业的重要特征是农业生产日益社会化、专业化、商品化。美国农业的商品率早在 1910 年就高达 70％，1950 年达到 91％，目前几乎所有美国农场都是从事商品农产品生产的。生产的区域化、农场经营专业化、农艺过程专业化和农工商一体化是商品农业发展促进美国农业专业化和社会化的主要表现。

当前美国农业现代化已经进入一个新的发展时期，农业从高投入高产出的生产模式开始转为重视发展潜力的可持续模式。有机农业、生态农业等是美国在世界上率先倡导的，而且可持续农业正从理论探讨转入技术试验阶段。从实践角度讲可持续农业系统是一种具有生产性、竞争性、效率性并且保护自然资源、改善环境质量的农作系统。美国在这一理念下实施了轮作制度，包括作物轮作、休闲轮种、覆盖作物扦入轮作等。此外，还推广应用作物残茬覆盖少免耕法、病虫害综合防治等一系列新技术。例如免耕法是将作物秸秆粉碎直接还田并用免耕播种机直接播种作物。这种耕作方法可以增加土壤有机质、减少化肥用量、保持水分、防除杂草，目前美国有约 70％的农田采用这种技术。

二、农业生产主体

美国农业发展的成就不仅得益于它得天独厚的自然资源和条件，更得益于美国成熟的农业生产经营体系。家庭农场是美国农业的典型经济形式。

家庭农场是美国农业从起步开始就占统治地位的经济形式。列宁将美国资本主义农业发展过程称为农业中"美国式"发展道路，即指家庭农场成为农业中几乎唯一的代表，建立起农场主经济。自 1850 年为了农业普查的目的而做出规定以来，农场的定义已经变化了 9 次，目前使用的标准是 1974 年普查中使用的，在普查年生产并出售 1 000 美元或以上农产品就可定义为农场。家庭农场一词虽然使用频率很高，却没有像农场这样的明确标准。凡由农场主及其家属处理大部分日常工作和管理决策、提供资产和参加主要劳动者为美国农业部定义的家庭农场。但通常是，凡由农户家庭自己经营、自己决策、自负盈亏的农场都被视为家庭农场。美国农业部《1998 年农业年鉴》中，认为一个"家庭农场"是这样一个农业经营单位：生产一定数量拿来出售的农产品，可以被认为是一个农场而不仅仅是一个乡下住户；有足够的收入（包括非农收入）支付家庭和农业经营所需、支付债务、保持所有物；农场主自己经营管理；由农场主及其家庭提供足够的劳动力；可以在农忙时使用季节工，也可以雇佣少量的全职农工。美国农业普查将农场分为独占或家庭农场、合伙农场、公司农场（家庭拥有和非家庭拥有）、其他合作四种类型。但通常美国农业部认为家庭农场的类型不仅有独占农场，还有 85% 以上的公司农场，而且大多数合伙农场和委托给家庭经营的公司农场也被认为是家庭农场。因此，实际常用的家庭农场是一个广义的概念，而不是仅仅指特定的一种所有制形式。

以家庭农场为主体的美国农场制度是历史形成的。北美殖民地时期土地的无限供给的可能性为美国以家庭为单位的耕作提供了极其有利的自然和物质条件，以美国土地分配政策为基础的土地制度在家庭农场制度形成中起了决定作用，例如 1862 年《宅地法》。美国农场经历了数量上由少到多，又由多到少，规模不断扩大的过程，特别是随着市场竞争的加剧和农业资本的增加，家庭农场制度也在经历着深刻的变化。1860 年到 1910 年是美国农场大量建立的时期，农场数量从 200 万增加到 600 万个，之后增加速度减慢，1934 年达到顶峰 678 万个，之后数量开始下降，2006 年农场数量 207 万个。从全国范围看，二战以来，美国农场数量总体上呈下降趋势。但短期来看，也有小幅增加现象。2007 年美国有 220 多万个农场，比 2002 年增加了 4%，净增加了 75 810 个农场，从农场数量变化分布看有 11 个州出现了农场数量减少，39 个州农场数量增加。这种增长主要因为小农场的增加，从农业部门来看，谷物、油菜籽、园艺、养牛和养猪农场的数量都出现了减少。2007 年以后美国农场总数开始下降，2017 年达到 2 042 220 个。

农场规模不断扩大，营业额也不断膨胀是美国农场的另一个变化。1934 年农场平均规模仅 154 英亩，1964 年为 352 英亩，2002 年增加到 441 英亩，之后有所下降，但 2017 年又恢复到这一水平；农场平均出售农产品价值 1964

年为 11 176 美元，1974 年增加到 35 237 美元。普查数据显示平均每个农场总销售额 1997 年为 90 880 美元（统计数据为 102 970 美元）、2002 年为 94 245 美元，之后显著增加，2017 年达到 190 245 美元。近年，美国农场分化现象明显，小农场和大农场的数量都呈现增加趋势。2002—2007 年，销售额小于 1 000 美元的农场数量增加了 118 000 个，同期销售额超过 50 万美元的农场数量增加了 46 000 个。2012 年到 2017 年，销售额小于 1 000 美元的农场增加了 1 633 个，1 000 美元到 2 499 美元的农场增加了 1 758 个；销售额超过 500 万美元的农场数量增加了 389 个；销售额处于中间水平的农场数量则均有下降。

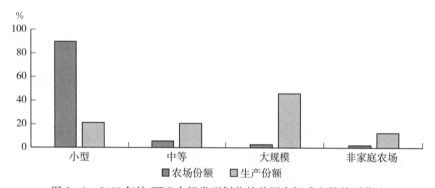

图 2-1　2018 年按 ERS 农场类型划分的美国农场或产量的百分比

注：ERS 指的是经济研究服务。非家庭农场是指主要经营者及其亲属不拥有大部分业务的农场。

数据来源：USDA. Economic Research Service and National Agricultural Statistics Service. Agricultural Resource Management Survey. Data as of November 27. 2019。

　　2018 年美国农场中，每年总现金收入小于 35 万美元的小农场，占到农场总数的 89.7%，占总产出的 21.1%；占农场总数 2.7% 的年现金收入超过 100 万美元的大规模农场，占总产出的 45.9%；中等规模农场数量占 5.5%，生产占比 20.6%。此外，美国还有占比 2.1% 的非家庭农场，也生产了总产出的 12.4%（图 2-1）。

　　2018 年美国农场收入水平方面，全部农场家庭的收入中位数为 72 481 美元，超过了美国全部家庭收入中位数水平的 63 179 美元。但几乎所有的农场都有相当比例的非农来源的收入。尤其是小规模农场几乎全部有赖于非农来源的收入，甚至年销售额不足 1 万美元的农场处于亏损中，完全依赖非农收入。中等和大规模农场收入的主要来源依然是农业，规模越大的农场，农业收入占比越高（表 2-1）。

表 2 - 1　2014—2018 年美国农场收入

单位：千元

项目	2014 年	2015 年	2016 年	2017 年	2018 年
农业总收入	483.1	440.5	411.7	429.5	433.0
产品价值	473.4	429.7	398.7	417.9	419.2
作物	206.0	184.0	188.6	189.6	188.5
牲畜和产品	214.4	194.2	165.6	177.3	176.4
服务业和林业	52.9	51.5	44.5	51.0	54.3
政府直接支付	9.8	10.8	13.0	11.5	13.8
生产费用合计	391.1	359.4	350.2	354.3	369.8
农场纯收入	92.0	81.1	61.5	75.2	63.1
现金总额	470.6	422.3	398.7	415.8	421.6
现金支出	339.0	315.9	303.8	314.8	330.3
现金纯收入	131.6	106.3	94.9	101.0	91.4

注：数据截止至 2019 年 3 月 6 日。包括与经营者住所相关的费用。

数据来源：ERS, Farm Income Team，（202）694 - 5 344. FarmIncomeTeam@ers.usda.gov. http://www.ers.usda.gov/data-products/farm-income-and-wealth-statistics.aspx。

三、农业生产水平和生产结构

美国是农业生产高度发达的国家，土地生产能力和劳动生产率都非常高，农产品产量持续稳定增长，其主要农产品产量占世界总产量的份额较高。2008年，美国主要农产品的总产量中，谷物达到 335.6 万吨，小麦为 6 802.6 万吨，占世界总产量的 9.96%[1]；大豆为 8 053.6 万吨，占世界总产量的 38.18%；玉米年产量为 30 738.6 万吨，占世界总量的 39.02%。2017 年美国谷物总产量 44 012 万吨，占世界总产量的 14.77%，小麦总产量 4 737 万吨，占世界总产量的 6.14%，稻谷总产量 808 万吨，占世界总产量的 1.05%；玉米总产量 37 096 万吨，占世界总产量的 23.14%。2017 年大豆总产量 11 952 万吨，占世界总产量的 33.89%；薯类总产量 2 164 万吨，占世界总产量的 2.44%；油菜总产量 142 万吨，占世界总产量的 1.86%；花生总产量 328 万吨，占世界总产量的 6.96%；棉花总产量 1 200 万吨，占世界总产量的

---

① 数据来源：FAS，Office of Global Analysis，（202）720 - 6301。

16.14%。美国在世界各国农产品总产量排名中始终处于前列，其中，玉米、大豆、奶类的总产量连续几十年遥遥领先居世界第一位。

美国是全世界农业劳动生产率最高的国家。2019 年，美国农业部统计的 2017 年农业普查数据显示，美国约有农业土地面积 9 亿英亩，有农场 204 万个，农业从业者 340 万人，平均每个农场的土地面积为 441 英亩，平均每个农场进行农业生产经营的人数只有 1.7 人，每个劳动力经营约 264.7 英亩。在美国近几十年的农业发展中，农业劳动力供养的人数是逐渐增加的，平均每个农业劳动力供养的人数，从 1920 年的 7 人增加到 1950 年的 40 人，1980 年提高到 87 人，到 2000 年则进一步增加到 146 人[①]，农产品劳动力人均综合生产量居世界第一。

美国种植业、畜牧业、林果业、渔业四部分从农业生产结构来看得到了协调发展。在美国，农业一般是指种植业和畜牧业。美国农业生产结构的基本特点是，农牧业历来并重，大体上得到平行发展。从产值来看，除 20 世纪初到 1935 年以前的二三十年外，19 世纪至今的 200 年间，美国的种植业产值要低于畜牧业产值。

受世界农产品市场变化的影响美国农牧业产业结构发生变动。例如 1970 年种植业占 40.2%，畜牧业占 59.8%，70 年代以后种植业受国外市场的刺激而扩大超过了畜牧业，1980 年畜牧业降为 43%，种植业上升为 57%，因为国外市场受阻，至 1990 年变动为种植业占 47.3%，畜牧业上升为 52.7%。2017 年，种植业和畜牧业实现农业产值 3 890 亿美元，其中种植业总产值为 1 940 亿美元，畜牧业总产值为 1 950 亿美元，美国农牧业结构基本处于约 1∶1 的分布（图 2 - 2）。

与此同时美国种植业和畜牧业内部产业结构也发生了非常大的变化。例如谷物的比重出现下降，大豆所占比重逐年上升，这主要是因为政府鼓励农民生产大豆以用于出口，而且种植大豆可以固氮，提高土地肥力。牛肉产量所占比重有所下降，禽肉所占比重不断上升，猪肉比重基本稳定。

美国农业生产结构的另一个特点是种植业和畜牧业产业内部产品的多样化。种植业中，主要谷物有玉米、小麦、水稻、高粱、大麦、粟、燕麦、黑麦；根茎类有马铃薯、番薯等；豆类有干豆、豌豆、鹰嘴豆、干豇豆、扁豆等；油料作物有大豆、花生、葵花籽、油菜籽、棉籽、橄榄、亚麻籽等；经济作物有甘蔗、

---

① 李典军 . 美国农政道路研究［M］. 北京：中国农业出版社，2004.

甜菜、籽棉、咖啡。主要畜产品有牛肉、牛奶、猪肉、羊肉、鸡肉等。

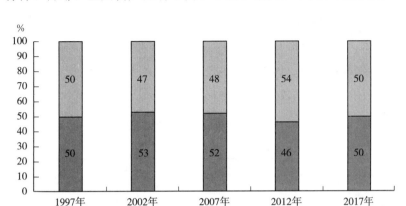

图 2-2 1997—2017 年美国农牧业产值结构

注：2017 年种植业总产值为 1 940 亿美元，比 2012 年下降 9%；畜牧业总产值为 1 950 亿美元，上升 7%。

数据来源：USDA. Economic Research Service and National Agricultural Statistics Service. Agricultural Resource Management Survey。

美国农业生产水平较高而且发展稳定，曾经带来严重影响的农业周期性危机基本消除。传统经济理论认为，在资本主义生产条件下，农业及其他产业是一台不可控制的"生产机器"，周期性的经济危机是不可避免的，美国也不存在例外。在 20 世纪的上半叶，一般只有几十个月的经济增长期，19 世纪后期一般为 40 个月左右，20 世纪 50 年代为 76 个月，然后便进入衰退期。应对这种情况从 20 世纪三四十年代以后，美国农业政策逐渐形成与成熟，通过国家强制性干预和不断调整，美国农业经济持续增长的周期逐渐增长。20 世纪 60 年代美国的经济持续增长时间达到 106 个月，80 年代连续递增 91 个月；从 1991 年 3 月到 2000 年 11 月，持续增长的时间达到 116 个月。"9·11"事件以后，虽然经济增长有所减慢，但农业经济也没有出现大萧条现象。

第二节 种 植 业

美国本土大部分地区处于温带和亚热带，佛罗里达半岛南端和夏威夷州属于热带，气候和降水适宜种植业发展。美国种植业非常多样化，几乎能生产世界上所有的农作物，同时农业专业化和规模化程度很高，大宗农产品生产处于优势地位。美国的种植业主要包括大豆、玉米、小麦、棉花、高粱、水稻、豆类、大麦、油菜、花生、向日葵、烟草、甜菜、甘蔗等产业。其中，大豆、玉米、小麦、棉花、高粱、水稻近年播种面积占有较大比例，超过农作物（包含果蔬类、坚果类）种植面积的 90%，前三位作物超过农作物总面积的 80%（表 2-2）。美国的糖料、园艺、烟叶、坚果等产业虽然面积占比不大，但在国际市场上很有竞争力，市场占有率很高。

表 2-2　2018 年美国主要农作物种植面积

单位：公顷

品种	面积	品种	面积	品种	面积	品种	面积
大豆	35 657 240	甘蔗	364 096	开心果	106 837	胡萝卜、蔓菁	32 290
玉米	33 079 360	燕麦	350 060	菜豆	89 640	甜瓜	30 590
小麦	16 027 750	鹰嘴豆	341 070	荞麦	80 332	橘子、小橘子、无籽橘	29 258
籽棉	4 261 590	干豌豆	326 950	亚麻	80 130	南瓜、笋瓜、冬瓜	26 669
高粱	2 048 140	小扁豆	290 560	花椰菜	63 859	李子和黑刺李	26 054
水稻	1 179 670	柑橘	206 349	红花籽	63 290	菠菜	24 868
干豆类	815 850	青贮玉米	191 460	甜马铃薯	58 437	啤酒花	22 272
大麦	800 480	坚果	172 720	绿豌豆	53 054	柠檬和酸橙	21 974
油菜	788 710	谷子	163 090	洋葱（干）	52 690	卷心菜和芸薹	21 934
花生	553 820	核桃	141 640	西瓜	45 082	辣椒	21 813
向日葵	494 730	番茄	130 280	黄瓜	44 880	鳄梨	21 707
甜菜	443 293	烟叶	117 940	子芥菜	39 460	柚子、西柚	20 113
杏仁	441 107	苹果	117 844	蓝莓	36 098	草莓	19 919
马铃薯	414 115	莴苣、菊苣	117 032	桃和油桃	35 815	梨	18 737
葡萄	379 190	黑麦	110 480	樱桃	34 398	榛子	17 806

数据来源：联合国粮农组织（FAO）统计数据库。

一、谷物生产

美国是世界上主要谷物生产国，2003 年和 2004 年其谷物总产量分别为 3.488 9 亿吨和 3.890 6 亿吨，分别占世界总产量的 16.73% 和 17.14%，仅次于中国居于世界第二位，2006 年谷物总产量突破 4 亿吨，达到 4.118 亿吨，2012 年为 4.043 亿吨。2017 年美国粮食产量 4.4 亿吨，大豆 1.19 亿吨。谷物生产在美国经济中有着非常重要的地位，不仅为农业其他部门发展奠定了基础，也是主要的出口农产品。美国主要的谷物品种有玉米、小麦、水稻、高粱等。

（一）玉米

玉米是美国产值最高的农产品和最重要的饲料谷物，也是美国重要的出口物资。美国玉米种植很普遍，共有 41 个州种植玉米。玉米种植主要集中在中北部平原，种植面积约占耕地面积的 24%。为了提高玉米的单位产出，玉米育种专家采用杂交育种等方法培育出品质优良的高产玉米品种，如堪萨斯红、滕马克、帕普斯等，降低了病虫害的威胁，提高了玉米对环境的适应性，使玉米产量稳步提高。

二战后美国玉米面积有所缩小，但在单产提高的作用下，总产有很大增长。1990 年美国玉米收获面积为 2 709.48 万公顷，其后除 1993 年和 1995 年面积有所缩减外，直到 2000 年美国玉米收获面积基本稳定在 2 900 万公顷以上，2001 年收获面积下降到 2 783.012 万公顷，其后玉米收获面积处于不断上升之中，2011 年为 3 398.59 万公顷。2012 年玉米收获面积 3 536.95 万公顷，其后出现了下降趋势。2019 年约 3 290 万公顷，2020 年又有所上升，达到 3 338.66 万公顷。

同期，美国玉米单产也保持了较高水平，常年产量在每公顷 8 000 千克以上，而且出现了上升趋势，其中 2004 年最高，其后 2009 年又是一个丰收年，之后由于灾害等原因大幅下降，直到 2014 年以后又开始缓慢上升。但总体上升幅度大、趋势明显，说明其玉米生产能力在不断提高（图 2 - 3）。

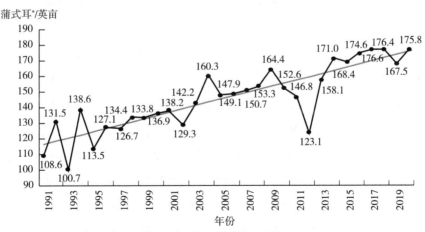

图 2 - 3　美国玉米单产情况

注：蒲式耳为容量单位，1 蒲式耳＝35.238 升。

数据来源：联合国粮农组织（FAO）统计数据库。

美国的玉米种植有一部分用来做青贮饲料。青贮玉米的种植面积 21 世纪初几年开始出现下滑趋势,但是单产增加明显,其后面积大致在 600 多万英亩上小幅变动。2002 年青贮玉米种植 712.2 万英亩,单产为每英亩 14.4 吨,总产 10 255.7 万吨;2011 年种植 592.8 万英亩,单产每英亩 18.4 吨,总产达到 10 907.5 万吨。2015 年收获面积 623.7 万英亩,单产每英亩 20.4 吨,总产达到 12 731.1 万吨。2019 年收获面积 661.5 万英亩,单产每英亩 20.2 吨,总产达到 13 352.2 万吨(表 2 - 3)。

(二)小麦

小麦是美国三大粮食作物之一,是最重要的食用谷物,无论在国内种植业还是在国际市场上都占有举足轻重的地位,在农作物种植面积和农场收入位列第三。小麦在美国的大部分地区适合种植,全美有 42 个州种植小麦。2008 年,种植面积最大的是美国中部的堪萨斯州,约为 960 万英亩,占总面积的 15.20%,位于第二位的是北达科他州,种植面积约为 923 万英亩,占总面积的 14.6%。其次分别为得克萨斯州、蒙大拿州和俄克拉荷马州,种植面积均超过 500 万英亩,合计占总面积的 27.14%。2011 年,全美小麦种植面积 5 440.9 万英亩,上述五个州的小麦种植面积分别为 880 万英亩、680 万英亩、530 万英亩、510 万英亩、510 万英亩,合计占总种植面积的 57.15%。2020 年,美国小麦种植面积为 44 250 万亩,同比变化率为 -2.0%。

1990 年以来美国小麦生产出现萎缩,种植面积逐渐呈现出递减趋势,直至 2006 年后才有所回升。1984 年,美国小麦的种植面积达到 7 921.3 万英亩,收获面积则高达 6 692.8 万英亩;到 1993 年,种植面积减少至 7 216.8 万英亩,收获面积为 6 271.2 万英亩,分别减少 8.89% 和 6.30%;到 2002 年,种植面积继续减少,为 6 031.8 万英亩,收获面积为 4 582.4 万英亩,与 1993 年相比,分别减少 16.42% 和 26.93%;从 2006 年始,小麦种植与收获面积略有增加,到 2008 年,共种植小麦 6 314.7 万英亩,收获 5 568.5 万英亩,与 2005 年相比,分别增加 10.37% 和 11.14%。2008—2011 年小麦种植面积和收获面积又继续下降至 5 440.9 万英亩和 4 570.5 万英亩,2012 年略有涨幅,种植面积升至 4 880 万英亩,之后小麦面积便又出现下滑趋势,2017 年跌落 4 000 万英亩,为 3 760 万英亩,2019 年和 2020 年分别为 3 740 万英亩和 3 670 万英亩。

因为收获面积和单产的共同作用,美国小麦总产量不稳定,出现了波动,

表 2-3 美国全国玉米基本情况

项　目	2020 年	2019 年	2018 年	2017 年	2016 年	2015 年
玉米（酒精或其他产品用途）总计（蒲式耳）		5 949 273 000	6 178 258 000	6 128 829 000	5 885 251 000	5 843 189 000
玉米（酒精合计）（蒲式耳）		5 448 694 000	5 666 236 000	5 606 935 000	5 394 807 000	
玉米（饮料酒精）（蒲式耳）		41 114 000	35 596 000	35 835 000	34 124 000	33 892 000
玉米（燃料酒精）		5 331 353 000	5 553 172 000	5 493 881 000	5 289 181 000	5 219 402 000
玉米（工业酒精）		76 227 000	77 468 000	77 219 000	71 502 000	75 590 000
玉米（除酒精外其他用途）		500 579 000	512 022 000	521 894 000		514 305 000
玉米（粮食用）收获面积（英亩）	82 527 000	81 337 000	81 276 000	82 733 000	86 748 000	80 753 000
玉米（粮食用）产量（蒲式耳）	14 506 795 000	13 619 928 000	14 340 369 000	14 609 407 000	15 148 038 000	13 601 964 000
玉米（粮食用）单产（蒲式耳/英亩）	175.8	167.5	176.4	176.6	174.6	168.4
玉米（青贮用）收获面积（英亩）		6 615 000	6 120 000	6 385 000	6 206 000	6 237 000
玉米（青贮用）产量（吨）		133 522 000	121 564 000	127 434 000	126 020 000	127 311 000
玉米（青贮用）单产（吨/英亩）		20.2	19.9	20	20.3	20.4

数据来源：USDA. Economic Research Service and National Agricultural Statistics Service. Agricultural Resource Management Survey。

总体表现为下降。1990 年美国小麦总产 7 429.4 万吨，由于收获面积和单产同时减少，1991 年小麦总产骤减到 5 389 万吨。然后小麦总产从 1992 年的 6 713.6 万吨持续下降到 1995 年的 5 940.4 万吨，经过四年的恢复增加到 1998 年的 6 932.7 万吨，其后又出现持续下降，2002 年产出只有 4 370.5 万吨，2003 年跃升到 6 381.391 万吨，然后又开始跌落，2005 年小麦总产 5 728.027 万吨。与 1984 年相比，2008 年小麦种植面积减少 20.28%，而总产量为 24.995 亿蒲式耳，仅减少 3.67%。同时，由于小麦市场价格的迅速提高，2008 年小麦总产值达到 165.68 亿美元，比 1984 年翻了将近一番。2011 年，小麦产量 19.99 亿蒲式耳，总产值达到 143.67 亿美元。2016 年小麦总产量出现峰值，达到 23.09 亿蒲式耳。2017 年以后，总产下滑到 17.41 亿蒲式耳，2020 年约为 18.26 亿蒲式耳（表 2-4）。

表 2-4 美国小麦情况

项目	2020 年	2019 年	2018 年	2017 年	2016 年	2015 年
收获面积（英亩）	36 746 000	37 394 000	39 612 000	37 555 000	43 848 000	47 318 000
价格（美元/蒲式耳）		4.74	5.14	4.44	4.11	5.28
总产量（蒲式耳）	1 825 820 000	1 932 017 000	1 885 156 000	1 740 910 000	2 308 663 000	2 061 939 000
单产（蒲式耳/英亩）	49.7	51.7	47.6	46.4	52.7	43.6

数据来源：USDA. Economic Research Service and National Agricultural Statistics Service. Agricultural Resource Management Survey。

美国小麦生产包括冬小麦、硬质小麦和春小麦。冬小麦种植面积和总产量都位于第一位。2008 年，冬小麦种植面积 4 628.1 万英亩，收获 3 961.4 万英亩，总产量为 18.679 亿蒲式耳，总产值高达 119.507 亿美元。2018 年冬小麦收获面积下降到 2 474.2 万英亩，总产量 11.839 亿蒲式耳，总产值超过 59.81 亿美元。位于第二位的是其他种类的春小麦，2008 年种植面积占小麦种植总面积的 22.38%，为 1 413.5 万英亩，总产量达到 5.467 亿蒲式耳。2011 年，其他春小麦 1 239.4 万英亩，总产量 4.551 亿蒲式耳；2018 年，收获面积 1 289.6 万英亩，总产量 6.232 3 亿蒲式耳，总产值 33.11 亿美元。硬质小麦也是重要的种植品种，2018 年收获面积 197.4 万英亩，总产量 7 798.5 万蒲式耳，总产值 4.053 亿美元。

（三）水稻

二战后美国水稻生产发展迅速。从单产看美国水稻生产连续跨越了几个台阶。1991 年，美国水稻单产为 5 731 千克/公顷，但是到 1993 年，美国水稻单产下降为 5 510 千克/公顷。其后美国水稻单产有所起伏，至 1996 年达到小高峰，为 6 120 千克/公顷。1997—1998 年，美国水稻单产连续两年下降，至 1998 年降低为 5 663 千克/公顷。从 1999 年至 2004 年，美国水稻单产经历了连续 6 年的增加，至 2004 年已达 6 988 千克/公顷。2004—2013 年，美国水稻单产在起伏中逐步增加，至 2013 年达到高峰，为 7 694 千克/公顷（图 2 - 4）。在此之后，美国水稻单产虽有起伏，但总体保持稳定，至 2020 年达到 7 560 千克/公顷。

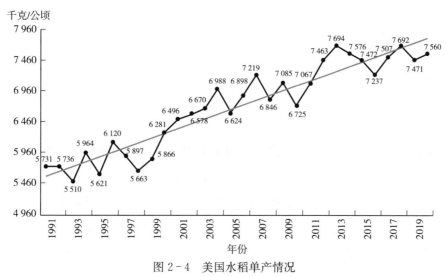

图 2 - 4　美国水稻单产情况

数据来源：USDA. Economic Research Service and National Agricultural Statistics Service. Agricultural Resource Management Survey。

20 世纪 70 年代前期美国水稻的收获面积大致保持在七八十万公顷，1974 年达到 102.4 万公顷，其后出现了近 10 年的波动，1984 年后在小幅震动中持续上升，近年的最高值为 142.12 万公顷，2004 年美国水稻收获面积为 134.555 万公顷，2005 年略有增加后表现出下降，2009 年再次增加，2010 年收获面积达到 146.29 万公顷，2011 年 105.94 万公顷，其后美国水稻面积一直处于年际间上下摆动状态。2016 年面积最大为 127.48 万公顷，2017 年最低为 95.91 万公顷，2020 年为 123.02 万公顷。

美国水稻总产量的变化特征为在小幅震动中持续迅速上升，2011 年美国水稻总产量为 1.85 亿英担，其后产生波动，在 2016 年和 2018 年达到峰值，均达到 2.24 亿英担。截至 2020 年美国水稻总产量已达到 2.26 亿英担（表 2 - 5）。

表 2 - 5 美国水稻产量

单位：10 亿英担*

年份	2011	2012	2013	2014	2015	2016	2017	2018	2019	2020
产量	0.185	0.200	0.190	0.222	0.193	0.224	0.178	0.224	0.185	0.226

注：* 英担为重量单位，1 英担＝50.802 千克。

数据来源：USDA. Economic Research Service and National Agricultural Statistics Service. Agricultural Resource Management Survey。

二、经济作物生产

大豆、棉花、油菜、花生、甜菜、坚果、烟叶、园艺作物等是美国的主要经济作物。

（一）大豆

美国的大豆产量居世界第一位，种植面积、收获面积和总产量都呈现逐渐上升的态势（表 2 - 6）。相对于玉米和小麦，大豆生产分布比较集中。种植面积和产量较大的两个州是美国南部的路易斯安那州和中东部的伊利诺伊州，2008 年，种植面积分别为 975 万英亩和 920 万英亩，总产量分别为 4.45 亿蒲式耳和 4.28 亿蒲式耳，占全国总产量的 29.49％。大豆是美国二战后发展的新作物，其产值已经居于经济作物的首位，尤其转基因大豆被批准商业化生产以后，美国大豆生产发展迅速。1948—1950 年美国大豆收获面积只有 471.7 万公顷，1972 年已经增长到 1 848.7 万公顷，收获面积增加了近 3 倍，从 20 世纪 70 年代初到 20 世纪 90 年代初美国大豆生产出现了波动中的大幅度上升，1979 年收获面积达到一个峰值 2 846.6 万公顷，1990 年降为 2 286.901 万公顷，其后保持了稳定上升，2004 年达到最大面积 2 997.956 万公顷，2005 年为 2 884.83 万公顷。其后继续增长，2015 年达到 3 307.98 万公顷，2017 年 3 623.63 万公顷，达到近年的峰值。受中美贸易摩擦等原因影响，2019 年面积减少到 3 032.67 万公顷，2020 年反弹超过了 2015 年收获面积。

在 20 世纪 50 年代末，美国大豆单产突破了 1 500 千克/公顷，20 世纪 80 年代中期以后稳定保持在每公顷 2 000 千克以上，1992 年首次突破 2 500 千克/

表2-6 美国大豆生产情况

项目	2020年	2019年	2018年	2017年	2016年	2015年
收获面积（英亩）	82 289 000	74 939 000	87 594 000	89 542 000	82 706 000	81 742 000
种植面积（英亩）	83 105 000	76 100 000	89 167 000	90 162 000	83 453 000	82 660 000
待种植面积（英亩）	12 101 000					
粉碎（吨）		62 574 532	62 971 231	57 547 269	57 079 294	
价格（美元/蒲式耳）		8.43	9.15	9.39	9.39	9.49
产值（美元）		31 202 680 000	36 819 008 000	41 308 740 000	40 694 573 000	35 195 882 000
产量（蒲式耳）	4 170 262 000	3 551 908 000	4 428 150 000	4 411 633 000	4 296 496 000	3 926 779 000
单产（蒲式耳/英亩）	50.7	47.4	50.6	49.3	51.9	48
生物技术抗除草剂区域占百分比（%）	94	94	94	94	94	94
后茬（双季）区域占百分比（%）	5	4	5	4	5	6

数据来源：USDA. Economic Research Service and National Agricultural Statistics Service. Agricultural Resource Management Survey。

表2-7 美国棉花生产情况

项目	2020年	2019年	2018年	2017年	2016年	2015年
收获面积（英亩）	9 005 300	11 612 500	9 990 800	11 100 400	9 507 800	8 074 900
种植面积（英亩）	12 115 500	13 735 700	14 100 300	12 717 500	10 073 500	8 580 500
产量（捆，480磅/捆）	17 092 500	19 912 500	18 367 000	20 922 500	17 169 900	12 888 000
单产（磅/英亩）	911	823	882	905	867	766
棉花不含高地棉用量（净交易权重下）（磅）		9 576 000	11 934 000	14 068 000	13 098 000	11 181 000
棉花不含高地棉用量（出口包）		19 296	23 981	28 037	26 119	22 387
棉籽产量（吨）	5 230 000	5 945 000	5 631 000	6 422 000	5 369 000	4 043 000
高地棉收获面积（英亩）	8 812 000	11 389 000	9 742 000	10 850 000	9 320 000	7 920 000
高地棉种植面积（英亩）	11 915 000	13 507 000	13 850 000	12 465 000	9 879 000	8 422 000
高地棉产量（捆，480磅/捆）	16 535 000	19 227 000	17 566 000	20 223 000	16 601 000	12 455 000
高地棉单产（磅/英亩）	901	810	865	895	855	755

数据来源：USDA. Economic Research Service and National Agricultural Statistics Service. Agricultural Resource Management Survey。

公顷，为 2 527.2 千克/公顷，其后在每公顷 2 500 千克左右徘徊，2005 年达到 2 889.9 千克/公顷。2010 年美国大豆单产 2 924 千克/公顷，2016 年达到 3 494 千克/公顷，2017 年为 3 299 千克/公顷。美国大豆收获面积增加和单产的提高使总产量也保持了持续上升，从 1948—1950 年的 690.1 万吨，1955 年为 1 017 万吨，1965 年、1968 年和 1978 年分别突破 2 000 万、3 000 万和 5 000 万吨，1997 年突破 7 000 万吨达到 7 317.7 万吨，2004 年和 2005 年总产量分别为 8 501.28 万吨和 8 336.8 万吨。2010 年美国大豆总产量 9 066 万吨，2017 年达到 11 952 万吨，2020 年有所下降，为 11 349 万吨。

（二）棉花

美国产棉区主要分布在南部 17 个州，这一区域被称作"棉花带"，具体可以分为西部棉区、西南部棉区、三角洲和东部四大棉区。面积较大的州有佐治亚州、田纳西州、密西西比州、俄克拉荷马州、阿肯色州、亚拉巴马州、北卡罗来纳州、密苏里州、加利福尼亚州、南卡罗来纳州、路易斯安那州等。

美国棉花种植面积基本保持在 1 000 万英亩左右的规模，甚至最大达到 1 693.1 万英亩。从 1984 年的 1 114.5 万英亩增加到 1993 年的 1 343.8 万英亩，增长了 20.57%；到 2001 年达到 1 576.8 万英亩，随后几年，种植面积略有减少，2006 年为 1 527.4 万英亩，从 2007 年开始，种植面积急速减少，2007 年为 1 049.3 万英亩，2008 年仅为 947.9 万英亩，与 2006 年相比，降幅达到 37.94%。其后继续下降，近年最低值是 2013 年，收获面积仅为 750 万英亩，然后开始在波动中反弹，2019 年为 1 161 万英亩，2020 年又降为 900 万英亩。

农业普查显示 2002—2007 年美国棉花产业经历了重要的变化，棉花农场数量在减少，收获面积也在减少，前者下降了 25%，后者下降了 16%。同时，剩余棉花农场平均收获面积规模增加了，棉花出售价值也增加到近 49 亿美元。2007—2017 年美国棉花农场从 18 605 个减少到 16 149 个。从棉花农场的规模分布看，大规模农场占有绝对优势，2017 年超过 2 000 英亩的农场有 5 606 个。

美国棉花生产的机械化程度较高，棉花品种优良，导致棉花单位面积产量较高。2020 年，美国棉花单产达到 911 磅/英亩。同时，美国 95% 以上的棉田一年只种一季，实行休耕制度，棉花总产量也呈现波动特征。2015 年，棉花总产量为 1 288 万捆，到 2017 年达到峰值，为 2 092 万捆。此后开始下降，2020 年，美国棉花总产量为 1 709 万捆（表 2 - 7）。

（三）油菜、花生和向日葵

油菜、花生和向日葵是美国主要油料作物。长期来看油菜种植面积稳定增长，从 20 世纪 80 年代的 1 万多公顷，增加到近年的 70 万公顷左右。近年收获面积较高年份是 2017 年，为 814 200 公顷（表 2 - 8）。总产量也从几十万吨迅速增长到百万吨以上。2017 年和 2018 年美国油菜总产分别为 1 394 190 吨和 1 644 170 吨。油菜单产增加也是总产量增加的重要原因。单产最高已经超过每公顷 2 000 多千克，常年产量达每公顷 1 800 千克左右。

表 2 - 8 美国油菜生产

年份	面积（公顷）	总产（吨）	单产（千克/公顷）	年份	面积（公顷）	总产（吨）	单产（千克/公顷）
1987	15 300	12 250	800.7	2003	432 695	686 462	1 586.5
1988	12 000	17 700	1 475	2004	338 240	612 533	1 810.9
1989	33 000	52 000	1 575.8	2005	451 634	718 484	1 590.9
1990	31 000	54 000	1 741.9	2006	413 593	632 948	1 530.4
1991	65 562	94 006	1 433.8	2007	468 070	649 519	1 387.7
1992	48 968	71 890	1 468.1	2008	400 320	655 610	1 637.7
1993	78 150	117 890	1 508.5	2009	327 350	665 100	2 031.8
1994	140 300	208 670	1 487.3	2010	579 880	1 112 120	1 917.8
1995	174 580	250 137	1 432.8	2011	418 570	694 370	1 658.9
1996	141 321	219 428	1 552.7	2012	696 165	1 086 862	1 561.2
1997	255 930	354 910	1 386.7	2013	512 431	1 003 550	1 958.4
1998	437 350	709 490	1 622.2	2014	630 846	1 140 892	1 808.5
1999	424 280	620 850	1 463.3	2015	694 000	1 306 000	1 881.8
2000	607 804	909 026	1 495.6	2016	686 860	1 405 370	2 046.1
2001	590 078	908 350	1 539.4	2017	814 200	1 394 190	1 712.3
2002	519 662	697 367	1 342	2018	788 710	1 644 170	2 084.6

数据来源：USDA. Economic Research Service and National Agricultural Statistics Service. Agricultural Resource Management Survey。

美国花生生产近年增长迅速。收获面积基本稳定在 100 多万英亩的水平，近年最高值出现在 2017 年为 177.56 万英亩，最低值出现在 2013 年为 104.3

万英亩，2020 年为 162.32 万英亩。但是花生总产上升显著，从 21 世纪初的三四十亿磅，几乎增长一倍，2019 年为 54.66 亿磅，2020 年达到 66.43 亿磅。单产增加是总产增加的主要原因，美国花生单产从 20 世纪 90 年代的每英亩 2 000 多磅已经稳定达到 3 000～4 000 磅。2019 年单产为每公顷 3 934 磅，2020 年为每公顷 4 093 磅（表 2－9）。

表 2－9　美国花生生产情况

项目	2020 年	2019 年	2018 年	2017 年	2016 年	2015 年
收获面积（英亩）	1 623 200	1 389 700	1 373 500	1 775 600	1 536 000	1 560 900
种植面积（英亩）	1 665 200	1 432 700	1 425 500	1 871 600	1 671 000	1 625 000
产量（磅）	6 643 320 000	5 466 487 000	5 495 935 000	7 115 410 000	5 581 570 000	6 001 357 000
单产（磅/英亩）	4 093	3 934	4 001	4 007	3 634	3 845

数据来源：USDA. Economic Research Service and National Agricultural Statistics Service. Agricultural Resource Management Survey。

美国向日葵生产长期来看是下降的，20 世纪 70 年代收获面积最高达到 1979 年的 541 万英亩，1988 年跌落 200 万英亩为 195.5 万英亩，其后在 180 万英亩左右波动，1991 年重回 267.3 万英亩，1995 年为 336.8 万英亩，然后进入新一轮下降中。2010 年为 187.3 万英亩，在波动中下降到 2019 年的 125.35 万英亩，2020 年为 162.25 万英亩（表 2－10）。其中，美国非油用向日葵最高收获面积超过 50 万英亩，近年较为稳定，约十几万英亩，2019 年为 12.25 万英亩，2020 年为 19.8 万英亩。

表 2－10　美国向日葵生产

项目	2020 年	2019 年	2018 年	2017 年	2016 年	2015 年
收获面积（英亩）	1 622 500	1 253 500	1 217 400	1 333 800	1 532 000	1 800 400
种植面积（英亩）	1 698 500	1 350 600	1 301 000	1 403 000	1 596 600	1 860 100
产值（美元）		358 408 000	370 446 000	375 077 000	464 015 000	574 481 000
产量（磅）	2 807 115 000	1 956 035 000	2 107 045 000	2 137 750 000	2 651 635 000	2 925 030 000

数据来源：USDA. Economic Research Service and National Agricultural Statistics Service. Agricultural Resource Management Survey。

（四）甜菜、甘蔗

甜菜是美国重要的经济作物之一，产值很高，曾经在经济作物中仅次于大豆。2015—2020 年，美国甜菜收获面积总体保持稳定，2015 年收获面积为

1 145 400 英亩，到 2016 年达到高峰，为 1 126 400 英亩。其后开始下降，到 2019 年降至低谷，为 979 300 英亩。至 2020 年美国甜菜收获面积达到 1 148 500 英亩。同时，在 2015—2020 年，美国甜菜单产基本保持稳定，约为 30 吨/英亩。其中，2015 年为 30.9 吨/英亩，2016 年增加至 32.8 吨/英亩，至 2020 年小幅下降到 29.6 吨/英亩（表 2-11）。

表 2-11 美国甜菜生产

项目	2020 年	2019 年	2018 年	2017 年	2016 年	2015 年
收获面积（英亩）	1 148 500	979 300	1 096 400	1 113 800	1 126 400	1 145 400
种植面积（英亩）	1 165 200	1 132 000	1 113 100	1 131 400	1 163 400	1 159 800
产值（美元）		1 099 574 000	1 177 992 000	1 456 165 000	1 318 267 000	1 669 310 000
产量（吨）	33 958 000	28 600 000	33 282 000	35 317 000	36 920 000	35 371 000
单产（吨/英亩）	29.6	29.2	30.4	31.7	32.8	30.9

数据来源：USDA. Economic Research Service and National Agricultural Statistics Service. Agricultural Resource Management Survey。

美国甘蔗收获面积近年来比较稳定。20 世纪 70 年代后半期从 20 多万公顷增加到 30 万公顷以上，此后缓慢增长。1999 年达到 401 980 公顷，直到 2003 年都稳定在 40 万公顷以上。2004 年后回落到 35 万公顷左右。近年又有缓慢回升，2018 年为 364 096 公顷。甘蔗单产长期看相对稳定，近年在低谷中缓慢回升，2018 年为 86 065.2 千克/公顷（图 2-5）。总产量除 1997—2007 年出现一个倒 U 形波动外，其余长期看为小幅的增加。

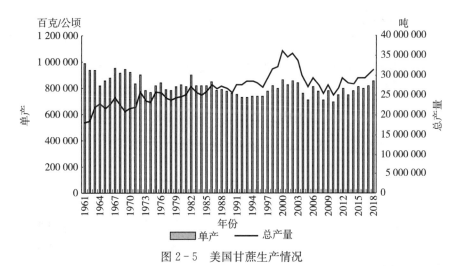

图 2-5 美国甘蔗生产情况

数据来源：USDA. Economic Research Service and National Agricultural Statistics Service. Agricultural Resource Management Survey。

<h1 style="text-align:center">第三节　畜　牧　业</h1>

一、畜牧业发展概况

美国畜牧业与种植业大体平行发展，但由于市场和生产条件等的变化，虽然畜牧业产值持续增长，但农牧业比例经历了较大变化。1910 年到 20 世纪 70 年代前期处于畜牧业产值稳定超过种植业产值的状态，其中，1951 年畜牧业产值 223 亿多美元，约为种植业的 1.59 倍，是两者比例的顶峰；20 世纪 70 年代中后期的十多年间，美国农牧业的比例出现种植业和畜牧业交替占优的局面，直到 1986—1991 年才再次出现畜牧业产值超过种植业产值的局面，此后除个别年份外，畜牧业产值一直低于种植业产值，2012 年畜牧业产值 17 042 457.5 万美元，与种植业产值之比约为 0.78：1。2017 年畜牧业年产值 1 950 亿美元，同比增长 7%，种植业年产值 1 940 亿美元，同比下降 9%，两者基本持平。

从畜牧业自身发展看，100 多年以来美国畜牧业产值增加了约 46 倍，长期增长态势明显，尤其在美国基本实现农业现代化的 20 世纪 60 年代以后，畜牧业基本处于稳定的增长趋势中，近年来虽有起伏但平均增长速度增加了。

美国畜牧业的主要生产部门，包括养牛、养禽、养羊、养猪等，其中养牛业在美国畜牧业中历来占有首要地位。牛肉、牛奶、鸡肉、猪肉、鸡蛋和火鸡肉等依次是美国产值最高的畜禽产品。美国人偏好牛羊肉，消费量较大，受需求的影响，美国畜牧业的生产规模和产品数量较大。2018 年，美国的牛肉类总产量约为 1 221.9 万吨，全脂鲜牛奶总产量 9 869 万吨，鸡肉总产量 1 956.8 万吨，猪肉总产量 1 194.3 万吨，鸡蛋总产量 646.6 万吨（表 2 - 12）。

表 2 - 12　美国主要畜产品产量

单位：吨

年份	牛肉	全脂鲜牛奶	鸡肉	猪肉	鸡蛋
2000	11 990 000	76 023 000	13 947 000	8 386 510	4 998 300
2001	11 635 000	75 068 200	14 271 000	8 435 000	5 086 100
2002	11 815 000	77 139 300	14 705 000	8 700 000	5 164 900
2003	11 755 000	77 289 400	14 927 000	8 755 000	5 180 200

（续）

年份	牛肉	全脂鲜牛奶	鸡肉	猪肉	鸡蛋
2004	11 100 000	77 475 400	15 516 000	8 960 000	5 278 300
2005	11 140 000	80 150 000	16 030 000	9 065 000	5 329 600
2006	11 242 845	82 454 915	16 331 289	9 558 699	5 436 000
2007	11 909 626	84 211 262	16 627 348	9 961 898	5 395 000
2008	12 030 872	86 172 596	16 994 092	10 598 969	5 344 000
2009	12 091 245	85 820 608	16 334 044	10 441 709	5 374 000
2010	11 818 953	87 487 560	16 970 632	10 185 656	5 437 000
2011	11 969 954	89 019 796	17 111 218	10 330 715	5 475 000
2012	11 916 067	91 009 706	17 035 082	10 554 200	5 589 000
2013	11 788 608	91 276 872	17 396 797	10 524 535	5 778 000
2014	11 689 116	93 464 549	17 729 278	10 368 277	5 974 000
2015	10 777 601	94 618 978	18 402 753	11 120 748	5 756 587
2016	11 470 607	96 3662 67	18 708 465	11 320 182	6 046 956
2017	11 907 239	97 761 519	19 1405 70	11 610 981	6 309 907
2018	12 219 200	98 690 477	195 680 42	11 942 965	6 466 263

数据来源：联合国粮农组织（FAO）统计数据库。

表 2 - 13　美国养禽业存栏情况

单位：千头

年份	火鸡	鸡	鸭	家禽总和
2009	247 359	1 926 000	6 800	2 180 159
2010	244 188	1 956 000	6 900	2 207 088
2011	248 500	1 932 000	7 000	2 187 500
2012	253 500	1 929 600	7 200	2 190 300
2013	240 000	1 945 900	7 300	2 193 200
2014	237 500	1 982 900	7 800	2 228 200
2015	233 100	2 006 102	7 577	2 246 779
2016	244 000	1 973 698	7 373	2 225 071
2017	245 200	1 973 073	7 319	2 225 592
2018	244 750	1 973 380	7 373	2 225 503

数据来源：联合国粮农组织（FAO）统计数据库。

表 2-14　美国养殖业存栏情况

年份	骡子	马	驴	牛	羊	山羊	羊和山羊	猪	蜂箱
	头（只）								个
2001	28 000	5 500 000	52 000	97 277 000	6 965 000	2 400 000	9 365 000	59 138 000	2 513 000
2002	28 000	6 000 000	52 000	96 723 000	6 623 000	2 530 466	9 153 466	59 721 600	2 574 000
2003	28 000	7 000 000	52 000	96 100 000	6 321 000	2 530 000	8 851 000	59 554 200	2 590 000
2004	28 000	8 000 000	52 000	94 888 000	6 105 000	2 525 000	8 630 000	60 443 700	2 556 000
2005	28 000	9 200 000	52 000	95 438 000	6 135 000	2 715 000	8 850 000	60 975 200	2 413 000
2006	0	9 500 000	52 000	96 701 500	6 230 000	2 837 000	9 067 000	61 448 900	2 392 000
2007	0	9 500 000	52 000	96 573 000	6 120 000	3 048 000	9 168 000	62 515 800	2 301 000
2008	0	9 500 000	52 000	96 034 500	5 950 000	3 118 000	9 068 000	68 176 800	2 342 000
2009	0	9 800 000	52 000	94 521 000	5 747 000	3 069 000	8 816 000	64 887 200	2 498 000
2010	0	10 000 000	52 000	93 881 200	5 620 000	3 038 000	8 658 000	64 925 000	2 692 000
2011	0	10 150 000	52 000	92 682 400	5 480 000	2 996 000	8 476 000	66 361 000	2 491 000
2012	0	10 250 000	52 000	91 160 200	5 365 000	2 862 000	8 227 000	66 412 800	2 539 000
2013	0	10 250 000	52 000	90 095 200	5 335 000	2 811 000	8 146 000	64 775 000	2 640 000
2014	0	10 260 000	52 000	88 526 000	5 245 000	2 611 000	7 856 000	67 776 300	2 740 000
2015	0	10 266 497	51 988	89 143 000	5 280 000	2 650 000	7 930 000	68 919 300	2 660 000
2016	0	10 452 605	51 977	91 888 000	5 295 000	2 615 000	7 910 000	71 345 400	2 775 000
2017	0	10 436 349	51 975	93 624 600	5 270 000	2 627 000	7 897 000	73 144 900	2 683 000
2018	0	10 479 246	51 973	94 298 000	5 265 000	2 639 000	7 904 000	74 550 200	2 803 000

数据来源：联合国粮农组织（FAO）统计数据库，该数据经过 FAO 整理修正与美国农业部公布的数据略有偏差。

　　美国具有很高的畜牧业集约化生产水平。在规模效益和利润的驱动下，全行业各畜种畜牧生产水平都很高。2009—2018 年美国养禽业存栏情况见表 2-13；2001—2018 年美国养殖业存栏情况见表 2-14。蛋鸡生产中每个鸡场的平均规模为 20 万～25 万只，其中最大的蛋鸡场饲养 1 800 万只蛋鸡，最大的肉鸡场可以年产上亿只肉鸡。1/4 以上的肉牛育肥场年出栏 10 万余头肉牛，最大的肉牛育肥企业年出栏 30 万头以上。

　　美国畜牧业完全实现了农场专业化，地区专业化也很明显，呈带状分布。如美国东北部、北部、中部的乳用畜牧业带集中了全美 70% 的奶业生产，肉用畜牧业带位于乳用畜牧业带以南及附近地区，集中了美国 50% 以上的肉牛生产和 80% 以上的生猪生产。美国最大的动物产品生产州是得克萨斯州，销售额已超过 135 亿美元，其次是内布拉斯加州和艾奥瓦州。美国畜牧业生产的高产出主要靠资源的高投入，粮食消耗量大。为了减少生产费用，取得资源的合理配置和最佳的经济效益，美国所有粮食消耗量大的畜牧业生产都位于粮食产区。例如养猪集中的伊利诺伊州、艾奥瓦州、印第安纳州、密苏里州等均位于玉米带上，全国 70% 的玉米出产在这里，为养猪生产提供了充足的饲料。

生产越来越工业化、专业化，各类畜牧养殖场的规模都在扩大而数量却在减少是美国畜牧业一个总体变化趋势。2017 年全美有 66 439 个猪场。1 000 头以上的规模猪场 11 534 个，生产的生猪占美国市场的 88.11%。规模变动使产业集中度和市场结构发生明显变化，如美国三家最大的肉鸡公司已能生产美国 42% 的肉鸡。

二、养牛业

二战后，美国饲养牛的头数有较快增长，存栏数从 1961 年的 730 万头持续增加到 1975 年的峰值 13 202.8 万头，此后在波动中下降，直到 1990 年牛的数量才开始新的增长，从 9 581.6 万头增加到 1996 年的 10 354.8 万头，其后又持续下降，2004 年下降到 9 440 万头，在经历了几年小幅回升后，2011 年和 2012 年牛的养殖头数再次下降到 9 288.7 万头和 9 116 万头。2015 年下降到近年最低值，1 月的存栏量为 8 917.3 万头。2016 年后出现反弹，2017 年和 2018 年 1 月的存栏量为 9 362.5 万头和 9 229.8 万头。

从构成看，近年来牛头数的下降主要是由于肉牛养殖头数下降所引致的。2003 年到 2012 年，肉牛从 3 298.3 万头下降到 3 028.2 万头，2014 年下降到 2 895.6 万头；奶牛 2003 年到 2012 年从 914.2 万头增加到 923.6 万头，2018 年增加到 943.2 万头；500 磅以上的牛中，更新肉牛的小母牛从 2003 年的 562.4 万头下降到 2012 年的 528.1 万头，其后开始反弹，出现连续增加，2017 年存栏量达到 636.3 万头，2018 年存栏量 610.8 万头。更新奶牛的小母牛从 2003 年的 411.4 万头增加到 2012 年的 461.8 万头，2018 年更新奶牛存栏量 476.8 万头。肉用公牛 2003 年为 1 655.4 万头，2012 年下降到 1 595.7 万头，2015 年降到 1 563 万头，2018 年增加到 1 652.8 万头，公牛 2003 年存栏 224.8 万头，2012 年下降到 210 万头，2015 年上升到 210.9 万头，2018 年增加到 225.2 万头；500 磅以下的小牛也从 2003 年的 1 554.5 万头下降到 2015

年的 1 352.3万头，2018 年增加到 1 440.1万头（表 2－15）。

表 2－15　2009—2018 年美国所有牛和小牛分类及数量

年份	所有牛和小牛①（千头）	产犊的母牛和小母牛		500 磅及以上					500 磅以下的小牛（千头）
		肉牛（千头）	奶牛（千头）	小母牛			肉用公牛（千头）	公牛（千头）	
				肉牛替代品（千头）	奶牛替代品（千头）	其他（千头）			
2009	94 721	31 794	9 333	5 550	4 410	9 644	16 809	2 188	14 994
2010	94 081	31 440	9 087	5 443	4 551	9 784	16 568	2 190	15 019
2011	92 887	30 913	9 156	5 135	4 577	9 938	16 394	2 165	14 610
2012	91 160	30 282	9 236	5 281	4 618	9 546	15 957	2 100	14 141
2013	90 095	29 631	9 221	5 429	4 546	9 281	15 931	2 074	13 983
2014	88 243	28 956	9 208	5 556	4 539	8 824	15 623	2 038	13 498
2015	89 173	29 332	9 312	6 086	4 710	8 469	15 630	2 109	13 523
2016	91 888	30 164	9 312	6 335	4 814	8 753	16 305	2 137	14 067
2017	93 625	31 170	9 369	6 363	4 754	8 995	16 374	2 244	14 356
2018	92 298	31 466	9 432	6 108	4 768	9 314	16 528	2 252	14 401

注：①由于四舍五入总数可能不相符。

数据来源：NASS，Livestock Branch，（202）720－3 570。

　　与养殖头数相伴下降的还有养牛场的数量。养牛场的数量 2003 年为 1 013 570 个，之后逐年下降到 2010 年和 2011 年的 935 000 个和 922 000 个，2012 年为 913 246 个，2017 年降到 882 692 个。从养牛场的规模分布看，农场规模与数量成反比例关系，规模越小的农场数量越多。2011 年，养殖数量 1～49 头的最小规模农场有 627 000 个，占农场总数的 68%；养殖 50～99 头的农场有 127 000 个，占 13.8%；养殖 100～499 头的农场 138 700 个，占 15%；养殖头数 500～999 的农场有 18 600 个，占 2%；其余的更大规模农场占农场总数的 1.2%。其中，养殖超过 20 000 头的最大规模农场数量为 200 个，占农场总数的 0.021 7%。2017 年，养殖数量 1～49 头的农场有 598 830 个，占农场总数的 67.8%；养殖 50～99 头的农场有 118 805 个，占 13.4%；养殖 100～499 头的农场 138 700 个，占 15.4%；养殖 500～999 头的农场有 17 634 个，占 2%；其余的更大规模农场占农场总数的 1.4%。养牛场一个重要的变化是养殖 49 头以下的各种规模的农场数量均在减少，养殖 50 头以上的各种规模水平的农场数量均在增加。

从牛存栏头数的分布看，2012年规模在100～499头和500～999头规模农场的存栏占全国总存栏头数的比重最大，分别为30.4%和13.5%。2017年该范围农场存栏量在全国的占比下降，分别为29.58%和12.85%，1 000～2 499头规模的农场存栏量占到12.06%，超5 000头的大规模农场存栏量占比增加到19.06%。2012年1～49头的最小规模农场的总存栏头数占11.6%，2017年比重下降到10.56%。因此从变动趋势上看，大规模农场存栏头数在全国总存栏头数的比重仍有上升趋势。

肉牛养殖场的情况和养牛场总体分布情况相似。2017年，1～49头的养殖场有576 735个，占农场总数的79.1%，其存栏量占27.2%；50～99头规模的农场有80 411个，占农场总数的11.03%，占存栏量的16.94%；100～499头规模农场总数为65 926个，占农场总数的9.05%，占存栏量的38.65%；500～999头规模的农场4 538个，占农场总数的0.622%，占存栏量的9.26%；其余的更大规模农场占农场总数的0.19%，占存栏量的7.98%。

美国畜牧业中最大的生产部门是肉牛养殖部门，约占畜牧业产值的25%。美国饲养的肉牛品种主要有安格斯牛（Angus）、海福特牛（Hereford）、婆罗门牛（Brahman）、西门塔尔牛（Simmental）、夏洛来牛（Charolais），此外还有短角牛（Shorthorn）、圣格鲁迪牛（Santa Gertrudis）等品种，每个品种都有品种协会，实行良种登记，负责品种选育。肉牛大部分是两个或两个以上品种杂交，充分利用杂交优势。杂种牛有生长快、易育肥、肉质好等特点。家庭农场饲养比较多的是安格斯牛和海福特牛的杂交一代，其生产性能好，后代适应性强，增重快，出栏率和出肉率高。南部地区多为安格斯牛或海福特牛与婆罗门牛杂交，也具有很好的生产性能。

与养牛数量和养牛场数量下降趋势呈现出鲜明对比的是，美国养牛业现代化程度很高，养牛业的生产率增长显著。2003年到2012年每头牛的价格从728美元增加到1 109美元，2018年增加到1 146美元；存栏量总价值也从699.52多亿美元增加到1 006.88多亿美元，2017年和2018年存栏总价值达到1 038.3亿美元和1 080.65亿美元。

肉牛屠宰量与存栏量变化一致，2002年到2011年，牛的屠宰量从3 588.8万头下降到3 422.9万头，小牛的屠宰量从108.2万头下降到88.6万头，2015年为波谷，肉牛和小牛的屠宰量分别为2 829.6万头和44.6万头，

2018年增加到3 251.8万头和58万头。2018年，肉牛和小牛平均活重分别为1 352磅和224磅。肉牛胴体重持续上升，2002—2015年，平均每头牛的胴体重从765磅增加到829磅，之后开始下降，至2018年降低为818磅（表2-16）。

表2-16　美国养牛业胴体重的变化

单位：磅

年份	牛					小牛
	全部的牛	肉用公牛	小母牛	奶牛	公牛	
2002	765	823	753	590	912	190
2003	745	803	732	590	904	194
2004	756	806	740	614	893	201
2005	769	817	750	621	905	216
2006	781	833	764	622	914	207
2007	776	830	764	617	893	182
2008	778	838	772	609	888	150
2009	784	847	782	610	878	147
2010	773	835	768	607	875	154
2011	773	841	773	596	868	154
2012	790	859	792	608	877	152
2013	796	863	794	620	880	146
2014	808	872	800	627	898	166
2015	829	892	818	644	915	183
2016	829	891	822	643	901	155
2017	817	877	812	642	896	145
2018	818	880	817	645	889	10

数据来源：美国农业部《农业统计2012》和《农业统计2019》。

美国奶牛养殖主要分布在美国太平洋沿岸、五大湖地区、南部平原区和东北部地区，形成著名的"奶牛带"，这些地方生产的牛奶，产量占全国的70%以上。2019年，加利福尼亚、威斯康星、纽约、宾夕法尼亚、明尼苏达、爱达荷、得克萨斯、新墨西哥、密歇根、华盛顿这10个州的奶牛头数持续保持占全国奶牛总数的70%以上。荷斯坦牛（Holstein）、娟姗牛（Jersey）和其他一些乳肉兼用型品种是美国奶牛的主要品种。全国建有数量众多的奶牛育种中心和种牛公司，进行高产奶牛的商业性培育和奶牛的繁育。无论是奶牛育种中心还是奶牛饲养场，奶牛的后裔测定工作都被十分重视，并对每头牛的血统和产奶量都作十分准确全面的记录，为培育高产奶牛提供了良好的基础。

美国奶牛场数量有所下降，2012 年奶牛场数量为 64 098 个，至 2017 年下降为 54 599 个。从奶牛场规模分布看，规模越大奶牛场数量越少，但其占全国总存栏头数和产量的比例越高。例如超 2 500 头的养殖场 2017 年全国有 714个，占奶牛场数量的 1.31%，占全国奶牛存栏头数的 34.99% 和产奶量的29.00%（表 2 - 17）。

表 2 - 17　美国奶牛场及其生产分布情况

头	奶牛场		占存栏百分比		占产量百分比	
	2017 年	2012 年	2017 年	2012 年	2017 年	2012 年
	个	个	%	%	%	%
1~9	16 932	16 463	0.4	0.44	1.1	0.083 9
10~19	12 556	3 762	0.3	0.56	3.5	0.412 5
20~49	8 923	14 107	3.27	5.28	10.6	4.25
50~99	12 137	15 351	8.64	11.12	11.3	9.585
100~199	6 757	7 359	9.35	10.56	12.6	9.744
200~499	3 830	3 712	11.99	11.99	12.7	12.36
500~999	1 511	1 537	10.72	11.3	15.5	12.22
1 000~2 499	1 239	1 231	20.31	20.31	32.7	21.83
≥2 500	714	576	34.99	28.40	29	29.52
合计	54 599	64 098	100.00	100.00	100.00	100.00

数据来源：由美国 2012 年和 2017 农业普查数据整理计算得到。

美国奶牛的生产力水平很高。2017 年全国平均每头奶牛生产牛奶 22 914磅和乳脂 880 磅，其中生产率最高的密歇根州，平均每头奶牛生产牛奶 26 302磅和乳脂 978 磅，全国牛奶和乳脂的总产量分别达到 2 155.27 亿磅和 82.723亿磅。2017 年美国实现乳产品总值 381.2 多亿美元。2018 年美国奶牛存栏939.9 万头，每头奶牛产奶 23 149 磅，产乳脂 900 磅，乳脂率 3.89%，奶总产量 2 175.75 亿磅，乳脂总产量 84.66 亿磅。

三、养鸡业

美国养禽业非常发达，主要包括肉鸡、蛋鸡、火鸡、鸭等。长期来看，美国养鸡的数量不断增长，鸡肉产值也超过猪肉产值成为继牛肉和牛奶之后的第三大畜产品，同时鸡蛋产量不断增长，此外火鸡肉也是单项产值较高的畜产品之一。美国养鸡业的存栏量 2016 年为 50 060.8 万只，产值 211 524.5 万美元，2018 年增长到 52 757.3 万只，产值 228 416.4 万美元，每只鸡的价格也从 4.23 美元增长到 4.33 美元。蛋鸡的存栏量也出现增长，2012 年为 35 497.7 万只，2017 年上升到 39 080.6 万只，2018 年上升到 39 687.0 万只。美国火鸡生产小幅波动略有上升，总体比较稳定，2012—2017 年养殖数量从 100 792 198 只增加到 104 322 709 只，全国总消费量从 50.28 亿磅增加到 53.52 亿磅，人均消费从 16.0 磅增加到 16.4 磅。不过美国火鸡产值却从 54.52 亿美元减少到 48.73 亿美元。

美国养鸡业专业化、规模化程度很高，生产设备和技术先进，产业一体化经营非常成熟。专业化的生产主要采用商品饲料，这使养鸡业与土地分离，早期美国养鸡业主要分布在城市的近郊。但由于地价、环境、超市及低价销售战略等原因，到了 20 世纪 50 年代以后，美国城市近郊的专业化养鸡开始衰退（胡定寰，2003）。研究表明，20 世纪 60 年代最小规模在 1 万～2 万只的养鸡场才能有经济效益，20 世纪 70 年代以后在养殖规模化的推动下自动化的平养鸡舍革新成了多层笼养，最小经济规模也扩大到 4 万～7 万只。专业化和规模化推动了产业一体化的发展。以肉鸡为例，其一体化发展是饲料企业为龙头提供雏鸡，通过与养鸡场签订合同约定质量管理、报酬、回购肉鸡产品等内容，而且在纵向生产方面，育种、孵化、饲料供应、饲养和屠宰处理也紧密一体化了。因此，20 世纪 80 年代以后几家大公司几乎垄断了美国养鸡业，形成了寡头市场局面。美国养鸡业生产效率很高，近年来仍在不断上升。从料蛋比和料肉比来看，2012 年地方市场一打*鸡蛋价值对应消耗的饲料为 5.4 磅，这一数字 2017 年增到 7.7 磅，一磅鸡肉或火鸡活重对应消耗的饲料分别从 3.1 磅和 4.7 磅增到了 5.4 磅和 7.2 磅。

四、养猪业

养猪业是美国畜牧业中另外一个重要的生产部门。美国是全世界猪肉生产大国之一，生猪存栏量和猪肉产量仅次于中国位居世界第二位，也是世界第二大猪肉出口国。二战后美国养猪业长足发展，但猪的存栏数出现波动起伏。

---

* 一打指 12 个。

2017 年全美猪的存栏量为 73 144.9 万头，到 2018 年增加到 74 550.2 万头。2017 年每头猪的价格和存栏总价值分别是 99 美元和 72.30 亿美元，2018 年这两个数字分别为 98 美元和 72.98 亿美元。

美国养猪场集约化、专业化程度较高，猪场大都没有围墙，没有专设的畜牧兽医技术人员，没有饲养加工厂等附属车间，种猪场只负责生产仔猪，保育场只负责保育，育肥场只进行育肥，分工明确，日常管理专业性强、难度较小、集约化管理、机械化、自动化、现代化程度高。饲喂系统全自动控制在养猪场得以实现，定时将饲料由舍外贮料塔输送至料槽，自动饮水系统可保证猪在 24 小时内都能喝到清洁的饮水，并在必要时可向饮水内添加药物，全漏缝地板减少了清理粪便的劳动强度。例如一个 1 200 头猪的农场，一个人利用一台电脑就可以进行所有日常管理工作了。

长白猪（Landrace）、大约克夏（Large Yorkshire）、杜洛克（Duroc）、汉普夏（Hampshire）及皮特兰（Pietrain）五个单一品种和两个配套系种猪 PIC 和迪卡是美国饲养猪的主要品种。其中，前四个单一品种是美国养猪业的主体品种；PIC 是美国同时也是世界最大的猪育种公司，在 26 个国家设有分公司和种猪基地，其种猪出口到世界 54 个国家，达到 670 亿美元年营业额；迪卡公司是美国第二大猪育种公司，在美国有 12 个种猪经销中心、13 个种猪场，并为了提高种猪产仔数，从中国进口梅山猪和东北民猪。

美国养猪业正在发生的一个变化是从 20 世纪 90 年代以后养猪场的数量在减少，规模化生产在加强。养猪农场由 30 万个减少到 7 万个，2017 年已经降到 66 439 个，但却从单场不到 200 头商品猪增加到平均单场 1 089 头，全美国母猪存栏由 1 000 万头降低到 580 万头，商品猪出栏量从 9 000 万头增至约 1.32 亿头。平均 1 头存栏母猪年供应上市猪 20 头以上。

五、养羊业

美国养羊业占畜牧业比重不大，主要是肉羊生产，羊肉自给率达到 90％以上，以专业化育肥羔羊规模大著称。近年来羊只存栏数量尤其是绵羊存栏数出现持续下降，羊肉产值自 1963 年起被挤出了全美单项农产品产值前 20 位的榜单。2009—2018 年美国全部绵羊存栏从 574.7 万只下降到 526.5 万只，不过由于价格飙升，每只羊的价格从 133 美元增加到 204 美元，全国存栏价值从

7.652 亿美元增加到 10.71 亿美元（表 2-18）。与其他畜牧场的变化不同，绵羊农场的数量是呈上升趋势的，2012—2017 年从 88 338 个增加为 101 387 个。同时，美国羊毛生产也出现了萎缩，2009—2018 年剪毛羊从 419.5 万只减少到 337.2 万只，每只羊的产毛量从 7.4 磅减少到 7.2 磅，全国羊毛产量也从 3 086 万磅减少到 2 440 万磅。

除绵羊以外美国山羊养殖也很发达，主要是安哥拉山羊、奶山羊等。2007 年全美有山羊养殖者约 144 510 个，得克萨斯州最多 26 400 个，其次的有田纳西州 6 800 个、俄克拉荷马州 5 700 个、北卡罗来纳州 5 600 个、肯塔基州 5 300 个、加利福尼亚州 5 000 个等。其中，全美肉用山羊的养殖者 123 200 个，奶用山羊的养殖者 27 400 个，安哥拉山羊养殖者 7 190 个。2012 年，全美奶山羊存栏 360 000 只、肉用及其他山羊 2 356 000 只。美国羊只存量近年有小幅缓慢下降趋势，2018 年美国羊只存栏量最高的州有得克萨斯州、加利福尼亚州、科罗拉多州、怀俄明州、犹他州、南达科他州、蒙大拿州等，分别达到 75 万只、57 万只、44.5 万只、34.5 万只、27.5 万只、25 万只、22.5 万只，全国总存量 526.5 万只；这几个州的养羊场的数量分别为 14 627 个、3 807 个、1 731 个、859 个、1 898 个、1 337 个、3 103 个，全国养羊场共 101 387 个；每只羊约价值 204 美元，总存栏价值达到 10.71 亿美元，羊只屠宰量近年基本稳定在 220 万只左右。

表 2-18　2009—2018 美国年绵羊和羔羊库存和价值

年份	库存（千只）	价值	
		平均每只（美元）	总计（千元）
2009	5 747	133.00	765 194
2010	5 620	135.00	761 115
2011	5 470	170.00	929 453
2012	5 375	221.00	1 187 730
2013	5 360	177.00	951 020
2014	5 235	188.00	982 316
2015	5 270	214.00	1 127 157
2016	5 295	202.00	1 071 467
2017	5 270	203.00	1 067 857
2018	5 265	204.00	1 071 378

数据来源：NASS，Livestock Branch，（202）720-3570。

美国羊毛产量近年有所下降，从 2009 年的 3 000 多万磅，下降到 2018 年的 2 440 万磅，存栏量减少和每只剪毛量下降都是导致这种现象的原因，剪毛的绵羊和羔羊存量从 2009 年的 419.5 万只降到 337.2 万只，剪毛量从每头 7.4 磅下降到 7.2 磅。但由于价格处于上升态势，从 2009 年和 2010 年的每磅 0.79 美分和 1.15 美分上升到 2018 年的 1.75 美分，因而羊毛总产值很高，2018 年达到 4 277.2 万美元（表 2 - 19）。

表 2 - 19   2009—2018 年美国羊毛产出情况

年份	剪毛羊和羊羔数量 （千只）	每只羊剪毛重量 （磅）	剪毛产量 （千磅）	每磅价格 （美分）	生产价值 （千美元）
2009	4 195	7.4	30 860	0.79	24 337
2010	4 180	7.3	30 360	1.15	35 013
2011	4 030	7.3	29 280	1.67	48 920
2012	3 790	7.3	27 630	1.52	41 972
2013	3 700	7.3	26 990	1.45	39 209
2014	3 680	7.3	26 680	1.46	38 909
2015	3 675	7.4	27 015	1.45	39 205
2016	3 585	7.3	26 050	1.45	37 721
2017	3 435	7.2	24 810	1.48	36 774
2018	3 372	7.2	24 400	1.75	42 772

数据来源：NASS，Livestock Branch，（202）720 - 3570。

美国养羊业的育种技术先进，良种化程度高，羊的营养和饲养标准方面世界领先，实现了批量生产肥羔。生产性能优良的肉用羊品种中，专门的父系品种有萨福克羊（Suffolk）、汉普夏羊（Hampshire Down）、南丘羊（Southdown）、蒙特代羊（Montadale）、雪洛普夏羊（Shropshire）等和专门的母系品种兰布里耶羊（Lambrier）、考力代羊（Corriedale）、兰德瑞斯羊（Landrace）、波利帕依羊等，兼用品种主要有陶赛特羊（Dorset）、林肯羊（Lincoln）等，通过二元或三元杂交生产的杂种羔羊，经育肥一般在 6 月龄左右、体重在 40 千克左右时上市。母羊繁殖效率高，普遍推行密集产羔技术即羔羊 30 日龄断奶、母羊一年二产或三年五产等，基本能做到全年均衡生产杂种羔羊。美国肉羊育肥主要有草地放牧育肥、易地式玉米地带育肥和开放式集约化育肥等三种形式。具有较高的集约化育肥程度，特别是一些大型羔羊育肥场，养育肥羊既不放牧也不喂青饲料，全价配合饲料及优质干草是日粮主要组成，完全按照羊的饲养标准实行强度育肥，每年可育肥羔羊5批左右。屠宰羊平均胴体重2018年达到70磅，平均活重139磅（表2-20）。

表2-20　2009—2018年美国绵羊和羔羊产出情况

年份	联邦检查								
	羊羔和1岁羊羔			成熟羊			总数		
	只数（千只）	占总数的百分比（%）	平均净重（磅）	只数（千头）	占总数的百分比（%）	平均净重（磅）	只数（千头）	平均净重（磅）	平均活畜重量（磅）
2009	2 165	93.2	70	158	6.8	64	2 323	70	139
2010	2 105	93.1	69	156	6.9	65	2 261	68	137
2011	1 860	93.0	71	141	7.0	66	2 000	70	141
2012	1 869	92.9	74	143	7.1	64	2 012	74	147
2013	1 988	93.7	69	133	6.3	64	2 120	69	137
2014	1 968	93.5	69	136	6.5	66	2 105	69	137
2015	1 885	94.3	70	113	5.7	67	1 998	70	139
2016	1 902	94.6	69	108	5.4	67	2 010	69	137
2017	1 836	94.8	68	102	5.2	67	1 937	68	136
2018	1 893	94.7	70	107	5.3	67	2 000	70	139

注：所有百分比和权重均使用未四舍五入总数来计算。

数据来源：NASS，Livestock Branch，（202）720-3570。

第四节　林业生产

美国作为一个林业发达的国家，森林资源丰富，是世界上主要的木材生产、消费和进出口国之一，林业在国际上具有举足轻重的地位，同时还对其发展进程和国民经济也发挥着重要的作用。美国拥有全世界约6%的林地，是继俄罗斯、巴西和加拿大之后的第四大林业国，从摆脱了19世纪乱砍滥伐之后，其森林植被100多年以来都很稳定。美国大约30%的土地被森林覆盖，2/3的国有森林不允许采伐，约7%的林地作为非木材用途而保留，它们由公共机构作为公园、荒地等管理。美国63%的林地由私人掌握，约占以商品林产品为目的的生产性林地的71%。森林工业拥有13%国家非保留的生产林，占森林采伐的30%，非工业所有者（主要是小农场主）拥有58%的非保留的生产林，占收获木材的59%。美国联邦土地约占国土面积的1/3，主要由林务局、土地管理局、国家公园管理局、美国鱼类和野生动物保护局、印第安事务署及国防和能源部管理。这些土地目前约产出全国木材采伐的 6%，远低于 30 年前的水平，美国约 9% 的林地由州或地方政府管理。

美国林业发达还体现在成熟、先进的林业管理上，表现为管理体系组织健全、体制稳定、政策和法律法规完善。从 20 世纪 60 年代起，自然资源的保护开始被美国全国关注，从而导致国有林管理的多次争论，并形成了许多环境保护法律，如《天然林保护法》《荒野法》《土地与水资源保护基金法》《国家野生与风景河流法案》《国家环境政策法》《清洁空气法》《濒危物种保护法》《退耕还林法》等。20 世纪 80 年代初，美国针对全球保护环境的浪潮，提出了"新林业"理论，发展多功能林业，重视森林经济效益、生态效益和社会效益的综合发挥。90 年代以后，美国林业进入了一个以森林生态系统健康与可持续管理为目标的现代林业发展阶段（柯水发等，2011）。

一、森林资源变化与现状

美国的森林资源演变经历了如下几个阶段：1600—1900 年，是森林资源采伐利用和破坏时期。1600 年美国森林占国土面积的 46%，约 4.2 亿公顷，在人口和工业快速增长的影响下，林地变为农田，采伐导致失去了约 80% 的森林。1850—1900 年的 50 年间，森林以每天 3 500 公顷的速度消失，北美大陆的森林覆盖率从 60% 下降到 25%，西部农业发达地区的森林覆盖率仅为 4%。1901—1960 年是森林资源复苏时期。一系列措施的实施使美国森林从 1900 年开始恢复。1920 年，美国森林面积首次不再减少，持续了近 300 年的乱砍滥伐宣告结束。美国政府为了保护和改善生态环境，在保护天然林的同时，也积极开展人工造林。在联邦政府的支持下，3 次大规模的人工造林在 20 世纪先后进行：第 1 次是 20—40 年代在弃耕地上造林，主要解决水土流失问题和增加就业机会，联邦政府在 1930 年大萧条时期从东部地区获得了大量用于造林和发展林业的土地；第 2 次高峰是 60 年代以营造速生丰产用材林为主；第 3 次是 80 年代末以营造水土保持林为主。1961—1990 年是森林资源多用途利用管理和保护时期。1991 年至今进入森林资源健康经营与可持续管理时期。1992 年美国森林面积已恢复到 2.94 亿公顷，占国土面积 32%，2009 年又增加到 3.03 亿公顷。美国的森林主要分布在 3 个地区：从西部的落基山脉到太平洋沿岸，以针叶林为主，主要树种有北美黄杉、西黄松、加州山松、恩氏云杉和科罗拉多冷杉；在南大西洋和海湾沿岸各州，以长叶松、火炬松、萌芽松和湿地松为主；以阔叶林为主的密西西比河东部地区生产的木材占美国的1/4，主要树种包括栎属、胡桃属、北美鹅掌楸和糖槭等（柯水发等，2011）。

2017年美国林地面积30 979.5万公顷（表2-21）。从森林林地的权属分布看，2015年公有部分占42％，共12 997.6万公顷；私有部分为18 011.9万公顷，私有林占林地总面积的58％，其中个人所有11 396.3万公顷，私营企业实体和机构所有5 968.0万公顷，当地、部落和土著社区所有647.5万公顷。

表2-21 美国森林面积

类别	森林面积（1 000公顷）				
	1990年	2000年	2010年	2015年	2017年
自然再生森林	284 512	280 976	283 156	283 731	282 274
人工林	17 938	22 560	25 564	26 364	27 521
人工林	6 090	8 722	12 601	13 144	14 029
其他类型人工林	11 848	13 838	12 963	13 220	13 492
合计	302 450	303 536	308 720	310 095	309 795

数据来源：FAO《世界林产品年鉴2018》。

美国林务局（US Forest Service）颁布的《2012年森林资源》显示，2012年美国国土总面积226 095.2万英亩，其中森林地76 623.4万英亩，其他有林地5 258万英亩；在森林地中有人工用材林6 514.5万英亩，天然用材林45 600.9万英亩，保留林地7 352万英亩。从森林地的权属分布看，公有部分占41.9％，为32 116.7万英亩，其中联邦公有部分为23 846.9万英亩，主要由国有14 522.9万英亩和国土局所有3 810.4万英亩构成，另外，州所有、县或地方市政所有各为6 947.7万英亩和1 322.1万英亩；私有部分为44 506.7万英亩，其中私人公司（社团）所有14 746.8万英亩，私人非公司（社团）所有29 759.9万英亩。

二、林业生产

美国是世界上林业产业发达的国家。尽管林产品部门相对于国民经济只是其中的一小部分，但是林业产业在整个国家制造业工作岗位中占的比例很高。而且美国人均消费林产品数额很高，约是其他发达国家的两倍，是世界平均人均消费的4倍。在1965—1999年美国人均消费林产品增加超过50%，从3.74亿立方米增加到5.66亿立方米。2018年美国仅原木一项消费就达到平均每千人1304立方米，超过世界平均水平的两倍，2018年中国该指标仅为282立方米。

美国木材加工业非常发达，机械化和标准化程度很高。木材加工业主要分为三类：一是纤维生产。即用木材纤维生产包装、新闻和办公用纸以及各类纤维板。二是建材生产。即用木材建造房屋，美国居民基本都是用木料造房。建筑商根据需要，任意选用木材加工厂通过木材加工而成的各种标准建材。三是家具生产。家具厂用木材制造各类办公或民用家具，美国国内需要很大量的纤维用材、建筑用材和家具用材。在东南部，很多农民把参加政府休耕计划的土地用来从事林业生产。

2018年，除原木以外美国在其他8个大类的林产品生产中均位于世界第一或第二位。其中，工业用原木采伐量占世界的18.16%；锯材和人造板产量分别占世界总产量的16.67%和8.68%（表2-22）；木浆、回收纸、纸和纸板的产量分别占世界总产量的26.08%、20.8%和17.5%。比较中国和美国林业产出，可见2018年中国锯材和人造板产量占世界总产量的18.32%和49.87%；回收纸、纸和纸板分别占世界总产量的21.53%和25.52%（表2-23）。中国在人造板、纸和纸板两类产量上占有优势。

表2-22 2018年世界林产品生产前五位国家和产量（一）

单位：千平方米

原木采伐量		工业用原木采伐量		锯材产量		人造板产量	
世界	1 943 364	世界	2 027 507	世界	492 543	世界	407 950
印度	303 339	美国	368 189	中国	90 252	中国	203 432
中国	162 918	俄罗斯	219 569	美国	82 112	美国	35 413
巴西	123 442	中国	180 237	加拿大	46 858	俄罗斯	17 334
埃塞俄比亚	111 875	巴西	158 081	俄罗斯	42 701	德国	12 713
刚果金	85 625	加拿大	150 714	德国	23 743	加拿大	12 659

数据来源：FAO《世界林产品年鉴2018》。

表2-23 2018年世界林产品生产前五位国家和产量（二）

单位：千吨

木制颗粒		木浆		回收纸		纸和纸板	
世界	37 313	世界	187 758	世界	229 461	世界	408 843
美国	7 468	美国	48 965	中国	49 392	中国	104 350

（续）

木制颗粒		木浆		回收纸		纸和纸板	
加拿大	3 048	巴西	21 695	美国	47 788	美国	71 554
越南	2 500	加拿大	16 790	日本	20 694	日本	26 056
德国	2 415	中国	13 272	德国	15 070	德国	22 666
瑞典	1 835	瑞典	11 942	韩国	8 471	印度	17 284

数据来源：FAO《世界林产品年鉴2018》。

美国原木生产方面，工业用原木采伐量占绝对优势，达到原木采伐量的83.9%，其中又以针叶类为主，占到工业用原木的74.9%。锯材和单板原木占工业用原木的50%，纸浆材占48.45%。从发展变化看，木质燃料增长迅速；工业用原木2014—2017年在减少，2018年小幅反弹，锯材和单板原木一直处于增加态势，纸浆材在减少。

三、农林复合生产

美国农林业由农业部下属的国家农林复合中心主管。《美国农业部农林业战略框架（2019—2024年)》指出：农林业是有目的地将乔木和灌木整合进种植业和养殖业农场，从而创造环境、经济和社会效益。农林业结合了农业和林业生产技术，能够创造出更综合的、更多样、生产效率更高、收益更多、健康并可持续的土地利用系统。美国农林业的实践聚焦于以可持续的方式使人们在自己的私有土地上满足经济、环境和社会的需求，既满足人们期望的目标、需求和价值，又保证对森林、树木和其他相关资源种植、管理、利用和保有具有科学性和可操作性。

美国农林复合生产形式多样、生产水平较高。美国常见的五类农林复合系统是：防风林系统，即为土地、农庄和牲畜提供防护屏障；沿水路的河岸林缓冲地带；树木草地系统，有树木、牲畜和饲料；森林系统，可在监管的林下生产食用的、草药用（植物）的、药用的和装饰用的产品；农林复合作物，生产一年生的作物和高价值的乔木和灌木。例如林农结合的有林粮间作、林草间作、林菜（瓜果）间作等，林业与养殖业结合有林下养牛等，此外还有林鱼混合农业，林下食用菌栽培等形式。

美国林果业生产水平和产量也很高，果品品种多。大宗产品主要有柑橘

类、葡萄、苹果、坚果等，不仅在田间管理和收获上都实现了全面的机械化，
而且在分级、加工、包装甚至销售上实现了紧密的一体化。美国不同品种的林
果业表现不同。橘子 2000—2004 年是产量的高峰期，其后呈现显著下降趋势，
从千万吨以上下降到了 2017 年的 467 万多吨，2018 年为 483 万多吨。苹果呈
现增长态势，20 世纪 60 年代产量约 200 万到 300 万吨，20 世纪 70 年代超过
300 万吨，20 世纪 80 年代超过 400 万吨，1998 年首次超过 500 万吨，其后
仅有 2014 年、2016 年和 2017 年超过了 500 万吨，大多数年份总产量仍处于
450 万吨左右，2018 年为 465.25 万吨。葡萄产量长期增长中近年有所下降，
总产量峰值出现在 2013 年，达到 783 万吨，2018 年总产量 689.10 万
吨（表 2 - 24）。

表 2 - 24　2018 年美国林果业主要产品品种和产量

品种	收获面积（公顷）	总产量（吨）
扁桃	441 107	1 872 500
葡萄	379 190	6 890 970
柑橘	206 349	4 833 480
坚果类	172 720	126 200
核桃	141 640	613 260
苹果	117 844	4 652 500
开心果	106 837	447 700
蓝莓	36 098	255 050
桃和油桃	35 815	700 350
车厘子	34 398	312 430
金橘和小柑橘	29 258	804 670
李子	26 054	368 206
柠檬和莱檬	21 974	812 840
牛油果	21 707	168 528
西柚	20 113	558 830
梨	18 737	730 740
榛子	17 806	46 270
越莓	15 904	404 880
橄榄	15 737	138 596

数据来源：联合国粮农组织（FAO）统计数据库。

美国的坚果业机械化生产和全自动加工装备先进，产量高且在国际市场具有竞争力。据美国、澳大利亚和欧盟产出预计全球巴旦木生产在 2020/2021 年度提高 15%，达到 170 万吨（带壳）。全球消费也将持续扩大到 150 万吨。全球出口将增长 15%，达到 95.1 万吨。主要出口去向是欧盟、印度和中国。美国是推高这一数据的主要力量。由于种植面积和单产增加，美国预计提高 18% 的产量，达到 140 万吨。预测出口将达到总产量的 60% 以上，同比增长 13%，增至 82.5 万吨。主要是扩大了对欧盟、印度和亚洲的出口。全球桃仁生产预计将继续扩大到 30 万吨（带壳），中国和美国的产量占到全球产量的 75%。桃仁的出口主要是美国，预计将增加 14%，达到 94.6 万吨；并且预计世界库存也将增加 20%，达到 14 万吨。2019/2020 年全球开心果的产量下降了 8%，为 71.7 万吨（带壳），主要原因是美国和土耳其由于转换作物循环进入了一个下降年度，而抵消了伊朗的强劲反弹。该年度美国生产下降了 25%，为 33.6 万吨，主要是二年生作物的小年造成的。产量下降和伊朗的竞争，使美国出口下降了 32%，为 18.9 万吨，向欧盟和中国的出口减少了。中国的进口增加了 15%，达到 12.8 万吨，主要来自伊朗。

第五节　渔业生产

美国渔业分布在沿海海域、美国独占经济区和遍布全国的河流湖泊之中，美国拥有世界 4% 的渔港，捕捞业和水产养殖业结合使美国成为世界渔业大国。从美国渔业产量上看，美国渔业出现了几年的小幅下降，2011 年再度增长，其后保持了大致稳定的态势。美国的渔业产量之所以下降，主要是因为20 世纪 60 年代以来，美国积极进行环境保护，力求实现生态平衡。在这一大的背景下，美国不鼓励过量地进行渔业捕捞，特别是对近海、湖泊、河流的渔业捕捞进行严格控制。另一方面，受环境保护和劳动力成本高双重限制，美国的水产品人工养殖开展不起来，而世界上其他水产品产量高的国家，有很大一部分是靠人工养殖所获。

美国渔业包括水产养殖业和捕捞渔业。美国水产养殖业在总量上并不大，但是很具有市场竞争力。中国鱼类养殖在全球居于首位，2018 年总产量 4 760 万吨鲜重，美国为 46.82 万吨鲜重，排名第 16 位。美国鱼类养殖的产业集中度很高，2018 年美国软体类海洋养殖产量 18.12 万吨鲜重，世界排名第 7 位，其中，双壳类养殖产量 18.11 万吨鲜重，占美国鱼类养殖的 38.7%；美国有鳍鱼类内陆养殖产量 19.18 万吨鲜重，世界排名第 14（图 2-6 至图 2-8、表 2-25）。

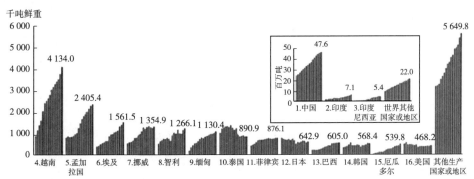

图 2-6 世界各主要生产国家或地区鱼类养殖产量

注：每组条柱为 2003—2018 年各年份产量。

数据来源：联合国粮农组织（FAO）统计数据库。

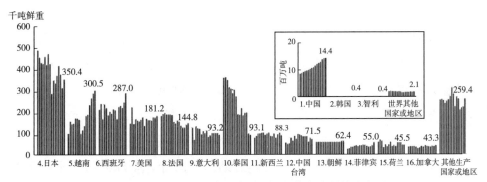

图 2-7 世界各主要生产国家或地区软体类海洋养殖产量

注：每组条柱为 2003—2018 年各年份产量。

数据来源：联合国粮农组织（FAO）统计数据库。

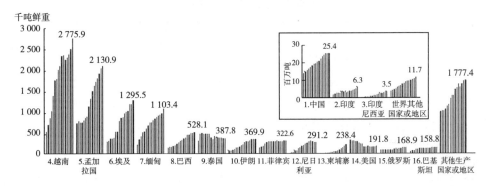

图 2-8 世界各主产国家或地区有鳍鱼类内陆养殖产量

注：每组条柱为 2003—2018 年各年份产量。

数据来源：联合国粮农组织（FAO）统计数据库。

表 2-25　2018 年双壳类在水生动物养殖总产量中占比

较高的全球和区域主要生产国或地区

国家或地区	总产量	双壳类产量	双壳类占比
	千吨鲜重		%
中国	47 559.1	13 358.3	28.1
智利	1 266.1	376.9	29.8
日本	642.9	350.4	54.5
韩国	568.4	391.1	68.8
美国	468.2	181.1	38.7
西班牙	347.8	287.0	82.5
中国台湾	283.2	75.8	26.8
加拿大	191.3	43.2	22.6
法国	185.2	144.8	78.2
意大利	143.3	93.2	65.0
新西兰	104.5	88.2	84.3

数据来源：联合国粮农组织（FAO）。

美国捕捞渔业非常发达。中国是世界上最大的捕捞国，2018 年产量为 1 268 万吨鲜重，在全球捕捞总量中占比约为 15%；美国则排在第 6 位，2018 年在全球捕捞总量中占比 6%，产量为 472 万吨鲜重（表 2-26）；排名前 7 的国家（地区）在全球捕捞总量中占比接近 50%，排名前 20 的国家（地区）占比则接近 74%。20 世纪 80 年代以来，全球捕捞业总产量长期一直保持相对稳定，年渔获量在 8 600 万～9 300 万吨波动。2018 年，全球捕捞渔业达到历史最高点 9 640 万吨，比前三年的平均值高出 5.4%。美国捕捞量相对稳定，产量最高值出现在 2015 年，为 502 万吨鲜重，2018 年为 472 万吨鲜重。

表 2-26　海洋捕捞产量：主要生产国家（地区）和领土

国家（地区）和领土	产量（年均）			产量				2018 年在总产量中所占百分比（%）
	20 世纪 80 年代	20 世纪 90 年代	21 世纪头 10 年	2015 年	2016 年	2017 年	2018 年	
	百万吨鲜重							
中国	3.82	9.96	12.43	14.39	13.78	13.19	12.68	15
秘鲁（总计）	4.14	8.10	8.07	4.79	3.77	4.13	7.15	8
秘鲁（不包括秘鲁鳀）	2.50	2.54	0.95	1.02	0.92	0.83	0.96	—
印度尼西亚	1.74	3.03	4.37	6.22	6.11	6.31	6.71	8
俄罗斯	1.51	4.72	3.20	4.17	4.47	4.59	4.84	6
美国	4.53	5.15	4.75	5.02	4.88	5.02	4.72	6
印度	1.69	2.60	2.95	3.50	3.71	3.94	3.62	4

数据来源：联合国粮农组织（FAO）统计数据库《2020 世界渔业和水产养殖状况》。

一、渔业管理

美国很早就开始了渔业管理。1871 年国会通过法令，决定成立渔业委员会来管理全国渔业，但由于领海的管辖权归州政府，其管理结果并不理想。20世纪 50 年代开始，美国制定了一系列关于渔业的法律，如：1956 年的《鱼类和野生生物条例》、1969 年的《美国环境政策条例》、1972 年的《联邦水污染控制法》等。一个综合性的渔业法——《马格努森—史蒂文斯渔业保护与管理法案》于 1976 年在美国颁布。该法案自颁布以来已经历十多次修订，最近一次是 2018 年。以科学为基础，监测、评估、统计渔业资源是该法案的立法目标，该法案制订了国家渔业管理计划，把捕捞量控制在最佳产量，可控制外国渔船捕捞量、防止过度捕捞导致的渔业资源衰退、恢复过度捕捞的鱼类种群、保护美国商业捕捞和游钓渔业、提高长期经济和社会效益。依据该法案，美国管理部门对其 200 海里①内渔业资源行使管辖权，并建立了 8 个地区渔业管理委员会，以参与美国 3~200 海里范围内的渔业决策制定。各个沿岸州则保留了从海岸线至 3 海里以内的覆盖渔业活动的管辖权。

美国联邦渔业管理权由《马格努森—史蒂文斯渔业保护与管理法案》授予商务部。美国海洋和大气管理局（NOAA）的渔业部门是从商务部获得委托权的联邦代理人，负责在联邦水域监督管理渔业活动。其有 5 个区域办公室，6个研究中心和超过 20 家遍布美国及其领地的实验室，并开展跨国合作。

全国范围内，在 46 个渔业管理计划基础上建立了一个管理 474 种渔业资源和复合资源的框架。这些计划的目标是在扎实的科学研究基础上管理美国和共享水域的渔业收获，最大化渔业机会，同时确保渔业和渔业社区的可持续发展。美国海洋和大气管理局的渔业部门与区域渔业管理委员会在《马格努森—史蒂文斯渔业保护与管理法案》下，合作评价和预测渔业资源状况、设置捕捞限制、进行渔业守则的编制、减少兼捕。区域渔业管理委员会在国内 8 个区域开发了区域渔业管理计划，这些计划需要商务部和美国海洋和大气管理局的渔业部门磋商后批准才能执行。表 2－27 为这 8 个区域管理委员会及管辖区域和区域渔业管理计划。

---

① 海里为国际度量单位，1 海里＝1.852 千米（中国标准）。——编者注

表 2 - 27   区域渔业管理委员会

名　　称	管理范围
北太平洋渔业管理委员会（MPFMC）	委员会管理阿拉斯加对应的专属经济区（EEZ）。该区域联邦渔业由该委员会和 NOAA 渔业部门管理，执行 6 个渔业管理计划（FMPs）
太平洋渔业管理委员会（PFMC）	该委员会管理加利福尼亚、俄勒冈、华盛顿三个州对应的 EEZ，与 NOAA 渔业部门，执行 4 个 FMPs
西太平洋渔业管理委员会（WPFMC）	该委员会和 NOAA 渔业部门一起在 5 个渔业生态系统计划（FEPs）下管理太平洋岛屿地区，包括夏威夷州、美属萨摩亚和关岛；北马里亚纳群岛联邦（CNMI）；太平洋偏远岛屿地区。这 5 个计划是以区域为基础的，而不是以品种或渔业为基础的管理
新英格兰渔业管理委员会（NEFMC）	新英格兰地区包括康涅狄格州、缅因州、马萨诸塞州、新罕布什尔州和罗得岛。该区域联邦渔业由 NEFMC 和 NOAA 渔业在 9 个 FMPs 下管理。其中，Spiny Dogfish FMP 和 Monkfish FMP 是与 MAFMC 共同制定，前者由 MAFMC 领导，后者由 NEFMC 领导
大西洋中部渔业管理委员会（MAFMC）	大西洋沿岸中部地区包括特拉华州、马里兰州、新泽西州、纽约州和弗吉尼亚州。联邦渔业在这个区域是由 MAFMC 和 NOAA 根据 7 个 FMPs 来管理。其中两个与 NEFMC 共同制定
南大西洋渔业管理委员会（SAFMC）	南大西洋地区包括东佛罗里达、乔治亚州、北卡罗来纳州和南卡罗来纳州。该区域渔业由 SAFMC 和 8 个 FMPs 来管理。沿岸洄游公海资源和带刺龙虾与 GMFMC 共同管理。与中大西洋和新英格兰渔业管理委员会合作管理大西洋海豚、刺鲅（wahoo）FMP
墨西哥湾渔业管理委员会（GMFMC）	墨西哥湾地区包括亚拉巴马州、路易斯安那州、密西西比州、得克萨斯州和西佛罗里达。联邦渔业这个地区由墨西哥湾渔业管理委员会（GMFMC）和 NOAA 渔业根据 7 个渔业管理计划（FMP）进行管理。沿岸洄游公海资源和带刺龙虾与 SAFMC 合作管理
加勒比海渔业管理委员会（CFMC）	加勒比海渔业管理委员会由美属维尔京群岛（Virgin Islands）和波多黎各自由联邦（Commonwealth of Puerto Rico）组成

数据来源：NOAA。

美国渔业管理内容具体细致。区域渔业管理计划指定测量标准和目标去决定一个渔业资源是否被过度捕捞或易遭受过度捕捞。474 个渔业资源和复合资源中有 316 个（约占 67%）存在足够的信息用于决策过度捕捞状况。这 316 个当中有 30 个（约占 9%）在已知的状况下是易遭受过度捕捞的。目前已知 474 个渔业资源和复合资源中有 235 个（约占 50%）处于过度捕捞状态。235 个当中已有 38 个（约占 16%）已被分类出来。

《马格努森—史蒂文斯渔业保护与管理法案》和这些区域渔业管理计划，是美国渔业资源状况比较稳定的很大一部分原因。每个渔业管理委员会都要建立科学和统计委员会，来提供最好、最科学有用的信息，帮助制定渔业管理计划。美国基本是金字塔式的渔业管理机构，美国海洋和大气管理局的渔业部门处于塔尖，其下是各区域渔业管理委员会，再下是各州的管理委员会。各个州虽然对领海内的渔业有一定控制权，但联邦不仅对领海外有绝对控制权，而且在领海内可削弱各州的管理权限。另外渔业管理保护法规基本都是由海岸护卫队来执行的。

美国渔业管理体制最大的优势在于它的机动性，不同的区域可以决定由谁、用什么方法、在什么地点、在什么时间来捕捞。通过许多管理人员和分析家经过科学的评估来推荐这些决定，并将其与政治化的配额限制分开。例如，北太平洋渔业管理委员会有这样的历史，即把捕捞量限制在科学和统计委员会推荐的配额之上。许多政策制定者认为这样做对地方渔业资源管理的成功进行至关重要。近些年，美国政府越发重视海洋资源的开发和利用，投入了巨大的人力和资金研究并开发海洋渔业经济，取得了较大的进展。

美国海洋和大气管理局的渔业部门还负责跨界和国际渔业保护、管理，包括允许捕捞的水平、渔业品种、监测和控制清单等。由国际渔业资源和渔业活动协调的多国组织叫作区域渔业管理组织。该组织最初目的是研究、评估和对特定目标采取保护和管理措施，现在也负责对非特定目标品种收集数据、评估和采取措施。美国海洋和大气管理局的渔业部门的另一个任务是管理非法、不报告和无管制捕捞活动（Illegal, Unreported and Unregulated Fishing, IUU）。专家估计，全球每年从非法、不报告和无管制捕捞活动中损失100亿～235亿美元，相当于0.11亿～0.26亿吨的鱼类。

此外，美国还有以市场为基础的管理工具。例如，船舶或许可证回购计划，该项目下政府购买渔业船舶或者许可，以减少渔业活动、释放海洋生物资源的压力。许可证限制计划也是一个进入限制项目，该项目几乎在所有联邦商业渔业和除加勒比以外的区域都实行了。

二、商品渔业

商品渔业指出售渔获换取利润的渔业经营活动，不包括咸水域以钓鱼作为运动和维生型的钓者，也排除了那些从事休闲渔的出租行业。商品渔业部分的经济内容主要包括经济影响（就业、个人收入、产出等）、出货收益、出货量、品类船上交货价格等。

从渔业物种的生产可以看到美国不同地区在商品渔业中的优势产业。《2016 年美国渔业经济》报告指出，阿拉斯加的商业渔民在 2016 年捕获了最多的鲑鱼（5.877 亿磅），利润为 4.073 亿美元。在夏威夷捕捞了大量的金枪鱼（2 350 万磅），带来了 8 850 万美元的上岸收入。缅因州的渔民对美国龙虾的捕捞贡献最大，2016 年捕捞量为 1.32 亿磅，价值 5.379 亿美元。在马萨诸塞州收获了 2 290 万磅扇贝，价值 2.814 亿美元。在路易斯安那州，蓝蟹（*Callinectes sapidus*）的捕获量（4 010 万磅）超过了其他任何一个州，收入超过 4 940 万美元。路易斯安那州也是 2016 年鲱鱼上岸数量最多的地区，渔民上岸的码头收入为 11 亿磅，价值 1.321 亿美元。2016 年，在主要种类和物种中，海扇贝的平均出港价格是最高的（每磅 12 美元），具体价格从纽约的 9.51 美元/磅到缅因州的 12.81 美元/磅不等。

美国渔业对经济有重要影响，一般从就业、销售、收入和增加值来体现。销售值指所有因渔业活动带来的商业活动的全部出售所得，既包括直接鱼类的出售也包括因最初鱼类生产而引致的企业或家庭的销售。收入包括工资和薪金等个人收入和来自自我雇佣等业主收入。增加值是对区域国内生产总值的贡献。就业包括全职和兼职，既包括直接和间接来自海洋食物产业销售引致的，也包括为该产业提供投入所带来的就业，美国海产品 2012—2016 年行业经济影响趋势见表 2-28，2016 年美国海产品行业产业的销售额、收入和增值影响见表 2-29。

表 2-28　美国海产品行业经济影响趋势

单位：10 亿美元

年份	就业（个）	销售额	收入	增加值	总收入
2012	1 270 141	140.70	38.70	59.00	5.29
2013	1 350 627	142.20	39.80	60.30	5.55
2014	1 394 833	153.30	42.00	64.10	5.53
2015	1 179 848	144.19	39.74	60.57	5.22
2016	1 190 092	144.29	39.90	60.76	5.34

数据来源：NOAA。

表 2-29　2016 年美国海产品行业产生的销售额、收入和增值影响

单位：百万美元

州	销售额	收入	增值
美国	144 293	39 905	60 758
加利福尼亚	22 776	4 912	8 141

（续）

州	销售额	收入	增值
佛罗里达	16 874	3 172	5 659
华盛顿	7 464	2 004	3 048
马萨诸塞	7 663	1 999	3 045
阿拉斯加	3 895	1 654	2 074
新泽西	6 226	1 413	2 282
纽约	4 412	950	1 567
缅因	2 582	856	1 236
路易斯安那	2 022	752	1 023
得克萨斯	2 091	597	899
弗吉尼亚	1 435	464	660
俄勒冈	1 190	416	584
新汉普郡	1 511	348	558
佐治亚	1 554	344	567
马里兰	1 241	335	504
罗得岛	1 375	335	529
北卡罗来纳	985	276	411
夏威夷	867	269	392
亚拉巴马	555	220	288
密西西比	218	87	113
康涅狄格	387	83	137
南卡罗来纳	118	39	55
特拉华	136	26	44

数据来源：NOAA。

2017 年商品渔业的经济影响继续增加，就业岗位达到 125 万个、销售 1 703 亿美元、增加值 692 亿美元，分别比 2016 年上升了 4.5%、15.3% 和 12.2%。2018 年是美国商品渔业的坚挺年份。商品渔业和海洋食品产业出货量共计 94 亿磅，比 2017 年减少 5.3%，但是出货值达到 56 亿美元，比 2017 年增加 2.8%。美国商品渔业中产出价值最高的品种是龙虾、蟹类、鲑鱼和大马哈鱼、扇贝和小虾（表 2-30）。从区域分布看，阿拉斯加占有绝对优势，出货量占全国的 58%，出货值占全国的 32%；大西洋区域在出货值上占有绝对优势，以出货量 14% 获得了出货值的 37%；墨西哥湾的出货量和出货值均占全国的 16%；太平洋区域出货量占全国的 12%，占出货值的 13%。2018 年出货量最高的渔港是阿拉斯加的 Dutch Harbor 港，出货量达到 7.63 亿磅，其价值达到 1.82 亿美元，排全国第 3 位；出货价值最高的渔港是马萨诸塞州的新贝德福德（New Bedford），其出货量为 1.14 亿磅，排全国第 13 位，出货值达到 4.31 亿美元。出货量和出货价值较高的渔港还有阿拉斯加的科迪亚克（Kodiak）、阿留申群岛（Aleutian Islands）、俄勒冈的阿斯托利亚（Astoria）、弗吉尼亚的里德维尔（Reedville）、夏威夷的火奴鲁鲁（Honolulu）、路易斯安那的埃姆帕尔（Empire-Venice）和因特拉科斯特尔城（Intracoastal City）等。

表 2-30　2018 年美国商品渔业中产出价值最大的品种

单位：亿美元

品种	龙虾	螃蟹	鲑鱼和大马哈鱼	扇贝	小虾
出货值	6.84	6.45	5.89	5.41	4.96

数据来源：NOAA。

三、休闲渔业

休闲渔业指为了消遣娱乐，而不是为了售卖鱼类以获取利润的渔业活动，也不是维生型渔业。休闲渔业部门经济主要包括垂钓、旅行、参与消费和经济影响。垂钓者通过出售所获、支持休闲渔业及相关行业的就业来影响经济。垂钓者还通过购买或租赁设备、准备垂钓期间的食物和消费品、购买燃气等能源、到旅馆住宿等参与经济活动。

美国休闲渔业的主要鱼类品种包括大西洋鲈鱼和斑点鱼、小金枪鱼和大西洋鲣鱼、太平洋大比目鱼、岩鱼和鲉鱼、太平洋鲑鱼、鲨鱼、条纹鲈鱼、夏季比目鱼和金枪鱼等。2016 年西佛罗里达的休闲垂钓者出行次数最多，为 1 320 万次，花费也最多，达到 6.663 亿美元。北卡罗来纳州在旅行上的花费位居第 2，为 4.467 亿美元。西佛罗里达也是参与垂钓人数最多的，有 370 万垂钓者。西佛罗里达捕获了最多的海鳟鱼，为 1 190 万条；弗吉尼亚州捕获的大西洋黄花鱼和斑点鱼最多，为 560 万条；新泽西州捕到的夏季比目鱼最多为 690 万条；阿拉斯加捕获的太平洋大比目鱼最多，为 4.3 万条；马里兰州捕获的条纹鲈鱼最多，为 510 万条。

2016 年休闲渔业活动带来的经济影响包括提供了 47.2 万个就业岗位，产生了约 679 亿美元的销售额，带来了约 243 亿美元的收入和约 387 亿美元的增加值（表 2 - 31）。耐用设备支出对就业的贡献占总就业贡献的 86%，占销售贡献的 85%，占收入贡献的 87%，占增加值贡献的 87%。娱乐垂钓主要有三种模式，租赁出钓、私人船只出钓和海岸垂钓。私家渔船的钓鱼旅游对经济的影响最大，占就业贡献的 5%，占销售贡献的 6%，占收入贡献的 4%，占增加值贡献的 5%。

表 2 - 31　休闲渔业经济影响

单位：10 亿美元

项　　目	2012 年	2013 年	2014 年	2015 年	2016 年
就业（个）	425 321	420 191	438 590	439 242	472 020
销售额	58.80	58.10	60.60	63.44	67.91
收入	21.40	21.10	22.00	22.68	24.33
增加值	34.40	34.00	35.50	36.08	38.69
旅行总量（百万次）	71.1	72.1	69.0	61.7	63.3

数据来源：NOAA。

　　休闲渔业就业方面贡献最多的州是西佛罗里达，其次是东佛罗里达和加利福尼亚。销售方面贡献多的州是西佛罗里达，其次是东佛罗里达和加利福尼亚。2016 年美国用于捕鱼旅行和耐用设备的支出总计达到 308 亿美元。这些支出中 43 亿美元是旅费，旅行总支出包括私人船只出钓（占 42%）、海岸垂钓（占 32%）和租赁出钓（占 26%）。2016 年耐用品支出总额为 266 亿美元，其中最大的开支项是船舶支出，为 154 亿美元。垂钓人员构成中，2016 年有 980 万休闲垂钓者，这个数字比 2007 年下降了 29%，但比 2015 年上升了 9%，其中沿海县居民占 86%，非沿海县居民占 14%。

　　从休闲渔业品种变化来看，海鳟鱼、大西洋鲈鱼和斑点鱼、夏季比目鱼是捕获数量最多的鱼，分别为 3 640 万条、1 930 万条和 1 420 万条。2016 年和 2007 年比较，岩鱼和鲉鱼的增加量最大，增加了 44%；大西洋鲈鱼和斑点鱼、太平洋鲑鱼、太平洋比目鱼减少最多，分别减少了 60%、44% 和 37%。

　　2018 年美国全国总计有 1.84 亿次垂钓旅行，850 万垂钓者，渔获的 55% 来自内陆水域，35% 来自州辖海域，10% 来自专属经济区。太平洋岸区、墨西哥湾岸区和大西洋岸区垂钓旅行的占比分别为 3%、29% 和 67%，渔获的占比分别为 2%、37% 和 60%。

四、海洋经济

海洋经济这里指直接依赖于海洋和大湖区的经济活动，主要包括两大部门，一是海洋食物销售和加工，二是运输、援助和海洋运营。2015 年美国海洋经济中大约有 770 万个有雇员的企业，共雇佣了 1.241 亿工人，每年的工资总额为 6.3 万亿美元，当年美国的 GDP 为 17.9 万亿美元。

1. 海洋食物销售和加工部门

2015 年海洋食物制备和包装部门有 2 108 家非雇工企业，较 2007 年增加 62%，这些企业年度收入约 1.636 亿美元，比 2007 年增加 64%。大部分这样的企业位于佛罗里达、纽约、田纳西和加利福尼亚，分别为 300 家、183 家、178 家和 169 家。海产品制备和包装部门有 618 家雇工企业，比 2007 年减少 10%，这些机构雇用了 30 708 名工人，比 2007 下降 7%，每年工资总额为 10 亿美元，基本与 2007 年维持不变。阿拉斯加和华盛顿是该类型企业较多的州，分别为 109 家和 85 家。

海洋食物零售方面，2015 年，有 2 471 个非雇工公司从事海鲜食品零售（比 2007 年下降 5%）。这些公司有约为 2.067 亿美元的年度收入（比 2007 年实际下降了 21%）。非雇工企业最多的州是佛罗里达和加利福尼亚，分别为 355 家和 221 家。有雇工的海洋食物零售领域有 2 059 家企业（比 2007 年减少 2%），总共雇用了 11 443 名工人（比 2007 年增加 10%），年度工资总额 2.927 亿美元（比 2007 年增长 24%）。有雇工企业最多的州是纽约、佛罗里达和加利福尼亚，分别为 409 家、181 家和 170 家。

海洋食品批发销售部门，有 2 132 家有雇员的企业，比 2007 年减少 13%，共雇用 22 060 名工人，比 2007 年下降 9%，年度工资总额 9.993 亿美元，比 2007 年下降 4%。这些企业主要分布在加利福尼亚、纽约和佛罗里达，分别为 349 家、275 家和 242 家。

2. 运输、援助和海洋运营部分

该领域主要包括沿海和大湖货物运输、深海货运、深海客运、码头运营、海洋货物装卸、船舶航行服务、港口和港口运营、船舶建造。表 2-32 报告了 2015 年的情况及与 2007 年的比较。可见，除了沿海和大湖货运、船舶航运服务和港口运营的企业数有所增加，其他行业的企业数都处于减少状态，只有货物装卸和港口运营行业增加了就业和工资总额，其他行业处于缩减之中。

表 2-32 2015 年运输、援助和海洋运营及与 2007 年比较

行业	公司数量（个）		雇工人数（人）		工资总额（亿美元）		主要所在州
	2015 年	比 2007 年	2015 年	比 2007 年	2015 年	比 2007 年	
沿海和大湖货运	593	+3%	19 983	−11%	20	不变	路易斯安那州（116家），阿拉斯加州（74家），纽约州（73家）
深海货运	350	−18%	8 014	−29%	6.716		佛罗里达州（76家），加利福尼亚州（56家），得克萨斯州（35家）
深海客运	61	−34%	15 157		10		佛罗里达州（32家），加利福尼亚州（6家），华盛顿州（6家）
游船码头	3 881	−5%	26 999	−6%	10	−3%	佛罗里达州（466家），纽约州（429家），加利福尼亚州（258家）
海洋货物装卸	492	−11%	66 414	+6%	40	+12%	佛罗里达州（69家），加利福尼亚州（67家），得克萨斯州（56家）
船舶航运服务	889	+7%	11 864	−9%	9.233	+8%	佛罗里达州（196家），路易斯安那州（142家），田纳西州（91家）
船舶建造	1 541	−13%	143 287	−4%	80	+11%	佛罗里达州（278家），华盛顿州（143家），路易斯安那州（109家）
港口运营	337	+51%	7 855	+20%	4.342	+21%	佛罗里达州（55家），加利福尼亚州（30家），得克萨斯州（25家）

数据来源：NOAA。

第六节 美国乡村发展

一、美国乡村发展历史沿革

独立战争之前的美国乡村。独立战争之前，美国乡村发展主要受英国移民政策影响，处于传统乡村阶段。在乡村人口方面，主要由欧洲移民和非洲人组成。一方面，欧洲国家通过"人丁权"鼓励人民移民美国，规定每个农民可以

获得 50 英亩土地，且引荐人也可获得 50 英亩土地，鼓励美国本土农业开发和乡村发展，另一方面，欧洲国家通过贩卖非洲奴隶的方式向美国输送农业人口。截至 1774 年，美国大陆上约有白人 210 万，黑人 50 万。由此，美国乡村发展呈现两种不同文化：以欧洲移民为主形成的移民文化和以印第安人、非洲奴隶为主形成的文化。美国也因此形成南北格局，北方以资产阶级和农民为主，南方以奴隶主和非洲奴隶为主。在生产方面，农业生产工具较为传统，如锄头、鹤嘴锄、铁锹、镐头、铲子等，后经锻造业发展，逐渐出现犁、镰刀、斧头等农具。此外，农民常用木锨、杓斗、扫帚等搬移农产品，常用双轮大车或四轮马车运输农产品。

独立战争至南北战争时期的美国乡村（1783—1865 年）。独立战争的胜利使美国脱离了英国的殖民统治，确立了近现代民主政治体制。战争也促进了工业发展，美国乡村发展随之进入半工业化阶段。在农业土地方面，美国农业土地广袤，但却大片荒芜，美国政府通过一系列土地法案，如 1787 年的《西北法令》、1796 年的《土地法令》、1800 年的《土地法令》等分配美国土地，将大量土地分配给农民。数据显示，仅在 1836 年，共计 2 000 万英亩土地转到农民及农场主之手。在生产方面，乡村逐步进入半工业化阶段：制造业逐步发展，棉纺厂、毛纺厂数量显著增加；棉花工业技术进步迅速，轧棉机、螺旋打包机广泛使用；纺织工业发展迅速，截至 1840 年，美国约有 1 420 家毛纺厂；食品加工逐步实现工业化，1841 年，美国工厂实现机械化装载生产谷物，罐头等食品也相继出现，乳制品主要加工环节都可以在农场进行。在乡村交通方面，乡村交通发展迅速，道路建设、水路建设以及铁路建设大大改善了农村交通条件，提高了农产品运输效率。截至 1860 年，美国大湖运输主要以农产品为主，总量达 39 万吨。在生活方面，乡村主要通过小摊贩买卖生活用品，随着交通越来越发达，人们开始到店铺购买生活用品，小摊贩的重要性有所下降。截至 1860 年，美国约有 1.6 万名流动商贩。

南北战争至二战时期的美国乡村（1865—1945 年）。在乡村人口方面，随着工业化和城市化推进，机械学、生物化学快速发展，拖拉机、联合收割机、播种机、化肥、农药等农业生产技术逐步成熟，农业生产效率提高，导致乡村人口收缩，美国乡村人口从 19 世纪 80 年代开始逐步下降。1920 年，美国乡村人口约为 3 139 万人，到 1940 年下降至 3 021 万人。乡村人口密度也在下降，1920 年每平方公里约为 21 人，到 1940 年下降至每平方公里约 18.2 人。

在政策扶持方面，随着罗斯福新政的实施，美国开始从政策上扶持农村发展。1902 年《水利垦殖法》、1920 年《联邦水能法》、1928 年《防洪防汛法》等法律的颁布，为美国乡村水利设施建设提供了法律和物质保障；1935 年美国颁布《农村电气化法令》，成立了全国农村电气化管理局，1942 年成立全国农村电气化协会，有效地促进了美国农村电气化和电子信息化发展。美国乡村发展逐步进入电气化时代和信息化时代。

二战至今的美国乡村。二战以后，美国乡村发展各项事业继续完善，逐步走向成熟。在制度建设方面，一方面，美国农业部统筹规划乡村发展事务，下辖乡村住宅服务局、乡村商业合作服务局和乡村公用事业局三个部门，管理服务职能涵盖乡村发展方面面面；另一方面，美国政府每五年修订和完善一次《农业法案》，总结乡村发展经验，解决乡村发展问题，明确乡村发展方向。在社会保障方面，乡村社会保障制度较为完善，近 2/3 的经营者或者其配偶从事农业生产是为了获取医疗保健等福利。在生产技术方面，《莫里尔法案》《哈奇法案》《史密斯-利佛法》的相继颁布，为美国农业科技教育、研究和推广提供了物质保障，美国农业科技教育、研究和推广体系趋向成熟，有效地促进了乡村现代化发展。

二、美国乡村发展现状

乡村发展。在发展方向方式方面，美国农业部下辖乡村住宅服务局、乡村商业合作服务局和乡村公用事业局三个部门，从乡村房地产、乡村金融和乡村公共服务等方面统筹协调规划农村发展。联邦政府、州政府及地方政府也重视乡村发展，出台诸多法律法规明确乡村发展制度保障和资金保障。每五年修订一次的《农业法案》，涵盖政府支持农村发展的方方面面。在基础设施建设方面，联邦政府和州政府共同出资修建乡村道路、水利设施等。乡村电力、通信等基础设施实行市场化机制，但是由于乡村人口密度小，相关产业投资大，收益小，美国政府将其视为半公益性质，通过补助和补贴方式完善投资。生活区和农业生产区、商业区和居住区规划合理，层次分明，易产易居。在生态建设方面，美国出台诸多法律法规保障乡村生态环境，如 1910 年《联邦杀虫剂法》、1968 年《自然和风景河流法》、1972 年《联邦环境杀虫剂控制法》等，有效地保护了乡村生态环境。此外，法律规定政府支付专项经费给乡村非营利组织及乡村相关企业，用于乡村污染治理和乡村生态环境保护等，为乡村生态建设提供物质保障。

生产经营。在经营方式方面，规模化经营是美国农业走向机械化、信息化的基础，而规模化经营主要依赖家庭农场实现。2018年美国农业部数据显示，家庭农场数量占美国农场总量的97.8%，农业产值占美国农业总产值的87.4%，土地经营面积占美国农业土地总面积的93.5%，是美国农业规模化经营的主要支撑力量。在法律保障方面，美国政府制定完善的农业保护立法支持农业生产，《宅地法》的颁布解决了土地分配问题，《农业调整法》的颁布开启了政府补贴农业生产的先河，历年修订的《新农业法案》的颁布可以及时解决农业发展中存在的问题。当前，美国法律法规中与农业生产相关的法律法规达120多项，为农业生产提供了制度保障。在农业科技推广方面，1890年，美国颁布修订版《莫里尔法案》，支持全国各个地区建立农学院，促进了美国农业高等院校迅速发展，为美国培养了大量农业科技人才。1887年，美国政府颁布《哈奇实验站法案》，又称《哈奇法案》，规定由联邦政府和州政府共同出资支持各类农业学院建设一批农业实验站，此后，各类农业科研机构迅速建立，农业科研体系逐步完善。1914年《史密斯-利佛法》建立了农业科技推广制度，对美国农业科技进步和农业现代化发展意义重大。

农民收入。在收入方面，美国农民不属于低收入群体，2018年，美国乡村家庭收入的中位数为7.2万美元，而美国总体家庭收入的中位数为6.3万美元，乡村家庭收入高于美国家庭收入。其中，非农收入所占比重较高，农业收入已不是农民收入主要来源，2018年，乡村家庭平均收入达11.22万美元，其中农业收入1.84万美元，占比16.4%，非农收入9.38万美元，占比83.6%。在收入风险控制方面，美国政府制定了丰富多样的农业保险政策，以保障农民收入。罗斯福新政时期颁布的《农业调整法》实施了农产品差额补贴政策；1938年，颁布首部农业保险法律《联邦作物保险法》，批准建立联邦农作物保险公司（FCIC），开始实施农作物专项保险项目；1994年颁布《农作物保险改革法》，提出自愿投保与强制投保相结合的保险原则。截至2019年，美国2/3的中型家庭农场和3/4的大型家庭农场参加了联邦作物保险。农业保险制度的建立降低了农业经营风险，有效地提高了农民收入。

三、美国乡村发展中的问题

农业劳动力投入结构失衡。在农业劳动力年龄方面，美国农民老龄化严重，且呈持续增长趋势。随着城市化和工业化的发展，美国农业州的年轻人更喜欢城市的繁华热闹，纷纷离开农村，导致农业人口老龄化严重。当前，美国90％的农民年龄大于35岁，其中多数处于55～64岁，约1/3的农民年龄大于65岁，平均年龄为68岁。

非农化经营问题突出。由于农业生产经营依赖天气等自然条件，生产经营风险较大，美国农民非农化经营问题突出。2018年美国农场家庭平均收入达11.22万美元，其中农业收入占比16.4％，非农收入占比83.6％，说明家庭农场更加依赖非农收入，农业收入已不是美国家庭农场主要的收入来源。美国农业经营者普遍存在农场外就业现象，45％的主要经营者和45％主要经营者的配偶在农场外工作。此外，美国政府为保证农业生产、促进农业发展、保障农业人数，制定了完善的福利保障制度。但是由此产生的问题是很多劳动者从事农业生产不是真正投入农业生产，而是为了获取丰厚的医疗保健等社会福利。数据表明，2018年，近2/3的经营者或者其配偶从事农业生产是为了获取医疗保健等福利。

农民收入差距较大。随着工业化发展，人们可以利用工业技术和信息技术从事农业生产，使较少的人可以从事较大规模的农业生产，农业土地资源也随之向大农场集中。大型农场可以发挥规模优势和资本优势，扩大生产规模，提高经营绩效和收入，而小农场缺乏资本实力，增加收入相对困难。因此，农民收入差距逐渐拉大。数据显示，2018年，小型家庭农场收入的中位数为4.7万美元，超大型家庭农场收入的中位数高达74.6万美元，是小型家庭农场的近16倍。

综上所述，美国乡村发展的经验主要包括两点，一是农业规模化经营，二是保障制度健全。在农业规模化经营方面，美国政府根据各地区气候特征划分10个农业专业化生产区域，每个生产区域主要生产特定农作物。农业规模化经营适合机械化和信息化农业生产，提高了农业生产效率，为美国乡村发展奠定了物质基础。在制度保障方面，美国政府重视乡村发展的法律法规建设，关于乡村发展的专项法律法规多达120多项，为乡村发展提供了坚实的法律制度保障。

第三章 CHAPTER 3
美国农产品贸易 ▶▶▶

第一节　农产品贸易发展情况

从最早的殖民时期烟草和棉花贸易开始到今天的谷物、油料作物以及加工品的贸易，美国农产品贸易对于美国农场和农村经济一直起着非常重要的作用。虽然农业产值占美国国民生产总值的比重逐渐减小，只有 1.1％，但对于美国整个经济来说，农业仍然占有举足轻重的地位，甚至对于世界很多其他国家也有着重大的影响。国际贸易随着世界经济全球化的发展，使各贸易国之间的联系越来越深入。而且美国政府通过降低贸易壁垒和签署各种自由贸易协议等措施，为美国农业创造更多的贸易机会，促进美国农产品的出口。同时美国农业部也建立了很多鼓励和扶持农业出口的项目来帮助和促进美国农产品在海外市场的竞争力。这是因为美国农产品出口为美国的农业和相关的非农产业提供了大量就业机会，带来了稳定收入。

美国农业全要素生产率一直保持持续增长的趋势，尽管美国农业生产总要素投入量变化不大，但因为要素生产率不断提高，所以农业总产出不断增长。而美国却具有很低的人口增长率，近年来的人口年均增长率仅达到 1％，而且，有越来越低的趋势。因为美国国内对于食品的需求增长低于总产出的增长，所以美国农产品的国内剩余不断增加。要想维持稳定的农民收入，保持国内产成品市场价格的稳定，出口到国际市场就成为美国剩余农产品的重要销售渠道。

美国农产品出口贸易之所以非常重要的另外一个因素就是出口贸易的乘数效应。根据美国农业部经济研究局的研究估计，每 10 亿美元的农业出口，可以带动 12.9 亿美元的其他相关经济活动，同时为 6 800 人提供就业机会。不同的农产品，贸易乘数也不一样。贸易乘数比较高的农产品包括大豆加工品、禽蛋类产品、棉花、蔗糖、畜牧产品、奶制品、玉米、大麦和大米等。这些产品的贸易乘数都在4～6，而坚果、林业产品、水果蔬菜和渔业产品的贸易乘数相对比较低，在2～3。

因为农业对于美国经济有着重大的影响，所以美国政府非常重视农业的发展，农业部也是美国政府中最大的部门之一。美国农产品出口贸易一直持续增长，在2000年以前，贸易增长相对比较慢，年均增长率1976—2000年为4.15%。近年来，美国农产品出口年均增长率约9.43%。

美国农产品出口的主要市场从20世纪70年代到现在虽然有所变化，但变化不大。日本和加拿大一直都是美国位于前5位的出口市场。近年来，墨西哥和中国也成为美国重要的农产品出口市场。美国农产品出口金额也在持续增长。以日本为例，20世纪七八十年代，美国年出口日本农产品仅为28亿美元左右，到八九十年代，美国对日本农产品出口就已经增加到80亿美元，增加了186%。如今，相比八九十年代，又增加了约30%。虽然日本近年来排名从第1位降到第3位，但仍然是美国农产品最重要的国际市场之一。

加拿大和墨西哥因为地缘关系和北美自由贸易区协定的原因一直也是美国最重要的出口市场。美国对加拿大的农产品出口在八九十年代，平均为40亿美元左右，如今增加了150%。近年来，中国成为美国在亚洲最大的出口市场，而且迅速增长。

同时，因为季节差异、品种差异和价格差异等因素，美国每年也进口大量农产品。美国农产品的进口额相对于农产品出口额要低一些，所以美国农产品贸易一直处于贸易顺差。在七八十年代，美国农产品进口占美国食品消费总额的比重相对很低，但近年来这个比重有所增加。美国进口的农产品主要包括水产海鲜、水果蔬菜、果汁、坚果和植物油等。这些进口产品都是美国本土产量很低的品种，像香蕉和咖啡等。美国进口农产品主要的供应国是加拿大和墨西哥。主要原因是北美自由贸易协议，零关税促进了美国和两个邻国之间的农产品贸易。近年来，美国农产品进口供应国也有所变化，意大利、巴西和中国等也逐渐成为美国进口农产品的主要供应国。另外欧盟作为一个经济体也是美国农产品的主要供应者之一。

第二节 农产品出口贸易

一、主要农产品出口品种

美国早期出口的农产品主要是大宗初级产品。20 世纪 90 年代以后，美国开始增加高附加值农产品的出口，这些农产品包括禽肉类、大牲畜、豆粕、菜籽油、蔬菜和饮料等。相对于高附加值农产品出口，大宗初级产品更容易受到世界市场环境的影响，波动较大。随着世界人口的增长和人均收入的增加，世界市场对于高附加值农产品的需求不断增加，带动了美国高附加值农产品出口的增长。近年来，美国农产品大宗初级产品和食品成品出口都显示出强劲的同步增长趋势，而中间产品出口增长相对较慢。

从表 3-1 中可以看出，美国出口的大宗初级农产品主要包括大豆、玉米、大麦和棉花等。高附加值的出口农产品包括肉类及加工品和奶制品等。其中，在 2019 年大豆出口量最大，达到 186.6 亿美元。

表 3-1 美国主要出口农产品

单位：百万美元

年份	2015	2016	2017	2018	2019
大豆	18 862	22 840	21 456	17 063	18 660
玉米	8 271	9 879	9 113	12 467	7 617
棉花	3 902	3 967	5 845	6 557	6 153
牛肉及产品	5 240	4 698	5 377	5 498	5 931
生物燃料	1 743	2 042	2 412	2 687	2 424
新鲜水果和蔬菜	6 960	7 010	7 262	7 250	7 057
猪肉	5 567	5 936	6 485	6 403	6 952
禽肉类产品	4 043	3 879	4 267	4 272	4 245
坚果	8 441	7 902	8 479	8 514	9 075
小麦	5 628	5 346	6 058	5 389	6 214
大米	1 990	1 784	1 709	1 678	1 862

数据来源：美国人口普查局贸易数据-BICO HS-10。

（一）大豆出口

表 3-1 显示，大豆一直以来都是美国第 1 位的大宗出口产品。相对大豆

生产总量来看，出口数量基本占生产总量的 40% 左右，近几年出口比例更是增加到 45% 左右。美国大豆压榨的比例基本变化不大，一直在 50%～54%。压榨后，大部分豆油和豆粕都用于国内消费，但也有少量出口。豆油出口比例在 12% 左右，而豆粕的出口比例稍高些，在 23% 左右。

在 2000 年，美国大豆出口额仅为 52.6 亿美元，到 2019 年，美国大豆出口已经达到 186.6 亿美元。从数量上看，出口量却没有以相同的速度增长。根据推算的价格来看，显然大豆出口价格不断上涨是导致大豆出口总额上升的主要原因。从 2005 年开始，美国大豆出口价格急剧上升，上升的主要原因是世界市场对大豆需求急剧增加导致的，特别是中国对大豆进口需求急剧增加。

另外一个关于美国大豆生产的情况就是，美国转基因大豆基本主导了整个美国的大豆产业。转基因大豆的种植面积连年增加。目前，美国转基因大豆已经达到 93% 的种植面积，美国用于出口的大豆基本都是转基因大豆。

（二）玉米出口

美国玉米出口仅次于大豆，排在所有农产品出口的第 2 位。美国是世界上最大的玉米生产国和出口国。美国玉米从 20 世纪 70 年代中期开始出口，出口数量占生产总量的 20%～30%，最高达 45%（1983—1984 年）。由于国内对玉米的需求增加，导致美国玉米出口下降，美国玉米出口只占生产的 7% 左右。

美国玉米出口在世界市场上有着举足轻重的地位。2003—2004 年度至 2007—2008 年度，美国玉米出口占世界出口总额的 60% 左右。美国玉米出口的迅速增长是从 20 世纪 70 年代末期开始的，主要原因是由于俄罗斯、日本、欧洲以及其他发展中国家对玉米需求急剧增加。80 年代中期，由于世界经济下滑、来自欧盟和中国的竞争以及美国政府对国内价格的支持导致美国玉米出口受挫，但只是短期下降。此后美国玉米出口虽然有所波动，但总体趋势相对稳定。

在 2007—2008 年，美国政府出台了鼓励使用玉米和大豆等初级农产品来生产生物燃料油政策，导致国内对玉米的需求迅速增加。同时也由于世界经济的再一次滑坡，导致了美国玉米出口逐渐下降。但从长期来看，世界其他国家对于玉米的需求不断增加，美国国内对于加工生物燃料油的热情逐渐减退，预计美国玉米出口会逐渐回升。同时，美国经过长期的努力，终于在2002年进入中国市场。中国从2002年开始进口美国玉米，而且增长迅速，到2020年，美国向中国出口玉米693万吨，相当于2013年到2019年美国对华玉米出口的总和。

美国玉米出口价格总体呈上涨趋势，特别是2007年以后，增长迅速。在七八十年代，美国玉米出口价格在每吨100美元至160美元左右。到2011年，出口价格已经达到了每吨近300美元，2012年价格略有下降。另外，美国转基因玉米种植比例也非常高，从1996年种植转基因玉米开始，种植面积呈直线上升。目前，美国转基因玉米种植比重已经达到90%。

（三）坚果出口

美国也是坚果生产和出口的大国。从产量来看，美国的坚果产量仅次于中国排在第2位，生产了全世界近10%的坚果。坚果主要包括核桃、澳洲坚果、大杏仁、榛子和开心果等。美国坚果出口占生产总量的比例从20世纪七八十年代的40%左右一直呈现波动性增长到近年来的70%左右。西班牙、德国、荷兰、欧盟、加拿大、墨西哥和中国等是美国坚果主要出口市场。

坚果出口价格同其他的农产品一样，也一直是波动性升高的。美国坚果出口的综合价格（出口总额除以出口总量）从七八十年代的每吨2 500美元逐步上涨到2012年的每吨5 319美元，价格翻了一番以上。2017年，美国坚果出口贸易总额达85亿美元，约占农业总出口额的10%，仅次于大豆和玉米。

所有的坚果中，大杏仁出口所占的比重极高。美国大杏仁出口几乎占了世界大杏仁出口总量的75%。随着产量的增加，大杏仁出口也不断增加，出口占生产总量的比例基本变化不大，平均比例为67%左右。

（四）肉类及其制品出口

美国的肉类出口主要包括猪肉及其产品、牛肉及其产品和禽肉及其产品（不包括鸡蛋）。2020年1月至5月，美国牛肉出口量达到587 838吨，同比增长15%，而出口额增长22%，达38.4亿美元；猪肉出口量略低于上年同期的134万吨（下降1%），但出口额增长3%，达到36.3亿美元；羊肉达到5 733吨，出口额增长16%，达到743万美元。

二、主要农产品出口市场

表 3-2 列出了美国农产品出口目的国。从表 3-2 中可以看出，美国最重要的农产品出口市场有 4 个，包括中国、加拿大、墨西哥和日本。

表 3-2 美国农产品出口市场

单位：百万美元

国家（地区）	2015 年	2016 年	2017 年	2018 年	2019 年	2018—2019 年变化（%）	2015—2019 年均值
加拿大	20 988	20 307	20 608	20 871	20 751	−1	20 705
墨西哥	17 695	17 827	18 598	19 096	19 156	0	18 474
中国	20 230	21 394	19 476	9 147	13 849	51	16 819
欧盟	12 133	11 523	11 438	13 510	11 744	−13	12 069
日本	11 135	11 030	11 897	12 930	11 721	−9	11 742
韩国	6 028	6 183	6 868	8 312	7 519	−10	6 982
中国台湾	3 150	3 226	3 317	3 949	3 560	−10	3 441
越南	2 244	2 656	2 532	3 991	3 507	−12	2 986
中国香港	3 582	3 832	4 213	3 961	2 991	−24	3 716
菲律宾	2 310	2 573	2 581	2 956	2 892	−2	2 662
印度尼西亚	2 190	2 678	2 892	3 097	2 860	−8	2 743
哥伦比亚	2 410	2 383	2 528	2 904	2 684	−8	2 582
印度	1 186	1 270	1 618	1 501	1 842	23	1 484
泰国	1 699	1 594	1 839	2 122	1 825	−14	1 816
英国	1 779	1 906	1 702	1 824	1 635	−10	1 769
其他	26 076	26 202	27 754	31 250	29 757	−5	28 208
总计	134 835	136 584	139 861	141 421	138 293	−2	138 198

数据来源：美国人口普查局贸易数据-BICO HS-10。

（一）中国出口市场

美国对中国的农产品出口在 2002 年以前一直都非常低，基本都低于 30 亿美元。从 2003 年开始，美国对中国农产品出口急剧增长，十年里增加了 4 倍以上，从 2003 年的 50 亿美元，增加到 2013 年的 259 亿美元。2020 财年（从10 月到次年 9 月），美国对中国的农产品出口为 140 亿美元。

表 3-3　美国出口到中国的主要农产品

单位：百万美元

产品	2015 年	2016 年	2017 年	2018 年	2019 年	2018—2019 年变化（%）	2015—2019 年均值
大豆	10 489	14 203	12 224	3 119	7 989	156	9 605
猪肉及制品	427	713	662	571	1 300	128	735
棉花	859	554	978	924	708	—23	805
坚果	208	182	243	328	606	85	314
兽皮	1 268	948	945	607	412	—32	836
乳制品	451	386	576	499	374	—25	457
干草	331	355	340	272	296	9	319
预制品	91	126	139	183	240	31	156
粗粒	2 115	1 030	838	521	191	—63	939
饲料和饲料制品	377	379	267	233	176	—24	286
其他	3 615	2 519	2 264	1 889	1 557	—18	2 369
总计	20 231	21 395	19 476	9 147	13 849	51	16 819

数据来源：美国人口普查局贸易数据- BICO HS-10。

表 3-3 中列出了美国出口到中国的主要农产品。排在第 1 位的是大豆。其他几种产品包括猪肉及制品、坚果、预制品等虽然出口总额比不上大豆，但出口增长幅度都很大。中国已经成为美国最重要的农产品出口市场之一，两国之间的农产品贸易对于稳定两国的关系也起着非常重要的作用。

（二）加拿大出口市场

由于地缘关系以及北美自由贸易协定的原因，加拿大一直是美国重要的农产品出口市场之一。2019 年，美国出口加拿大的总额就已经达到 207.51 亿美元（表 3-4）。美国出口到加拿大的主要产品包括农业机械（虽然不是直接的农产品，但和农产品直接相关）、蔬菜及制品、猪肉及制品、水果及制品等。这几个主要出口产品所占出口总额的比例差别不是很大。

表 3-4　美国出口到加拿大的主要农产品

单位：百万美元

产品	2015 年	2016 年	2017 年	2018 年	2019 年	2018—2019 年变化（%）	2015—2019 年均值
预制品	1 910	1 890	1 908	1 930	2 020	5	1 931
新鲜蔬菜	1 871	1 807	1 878	1 884	1 981	5	1 884

（续）

产品	2015 年	2016 年	2017 年	2018 年	2019 年	2018—2019 年变化（%）	2015—2019 年均值
新鲜水果	1 649	1 633	1 608	1 533	1 482	−3	1 581
休闲食品	1 332	1 315	1 355	1 408	1 364	−3	1 355
无酒精饮料	1 192	1 156	1 087	1 070	1 041	−3	1 109
猪肉及制品	778	798	793	765	802	5	787
巧克力及产品	725	749	748	713	711	0	729
坚果	686	598	643	696	696	0	664
乳制品	554	630	637	641	666	4	626
其他	9 689	9 135	9 311	9 581	9 236	−4	9 391
总计	20 988	20 307	20 608	20 871	20 751	−1	20 705

数据来源：美国人口普查局贸易数据-BICO HS-10。

（三）墨西哥出口市场

墨西哥同加拿大一样是美国邻国，同时也是北美自由贸易协定的成员，因此墨西哥也是美国农产品的主要购买者之一。美国出口到墨西哥的农产品也是逐年增加。2019 年，美国出口到墨西哥的农产品总额已经达到 191.56 亿美元。美国出口到墨西哥的主要农产品包括玉米、红肉及制品、大豆、乳制品、禽肉及其制品和小麦等，如表 3-5 所示。

表 3-5　美国出口墨西哥的主要农产品

单位：百万美元

产品	2015 年	2016 年	2017 年	2018 年	2019 年	2018—2019 年变化（%）	2015—2019 年均值
玉米	2 302	2 550	2 646	3 061	2 719	−11	2 655
大豆	1 432	1 462	1 574	1 822	1 867	2	1 632
乳制品	1 280	1 218	1 312	1 398	1 546	11	1 351
猪肉及制品	1 268	1 360	1 514	1 311	1 278	−2	1 346
牛肉及制品	1 093	977	979	1 058	1 107	5	1 043
禽肉及制品	1 029	932	933	956	1 077	13	985
小麦	651	612	852	662	812	23	718
预制品	705	710	679	743	777	5	723
豆粕	800	801	579	665	642	−3	697
新鲜蔬菜	560	501	570	619	610	−1	572
其他	6 575	6 706	6 961	6 801	6 721	−1	6 753
总计	17 695	17 827	18 598	19 096	19 156		18 474

数据来源：美国人口普查局贸易数据-BICO HS-10。

（四）日本出口市场

日本也一直是美国重要的贸易伙伴。美国出口到日本的主要农产品包括玉米、大豆、红肉及其产品、小麦、蔬菜及制品和水果及制品等。总体来讲，美国出口日本的农产品波动较大。从 20 世纪 90 年代末期开始下降，由 1997 年的 117 亿美元，逐渐下降到 2006 年的 79 亿美元，此后开始回升。2011 年达到最高点，为 141 亿美元。2012 年比 2011 年略低，出口额为 135 亿美元，2015 年出口额为 111 亿美元，2019 年出口额为 117 亿美元（表 3 - 6）。

表 3 - 6　美国出口日本的主要农产品

单位：百万美元

产品	2015 年	2016 年	2017 年	2018 年	2019 年	2018—2019 年变化（％）	2015—2019 年均值
玉米	2 022	2 091	2 145	2 813	1 977	−30	2 210
牛肉及制品	1 284	1 510	1 889	2 102	1 950	−7	1 747
猪肉及制品	1 565	1 553	1 626	1 631	1 523	−7	1 580
大豆	1 048	1 001	974	927	965	4	983
小麦	747	604	714	717	608	−15	678
加工蔬菜	459	477	510	502	500	0	489
坚果	480	374	398	433	416	−4	420
干草	424	374	415	426	490	15	426
新鲜水果	299	344	316	318	324	2	320
乳制品	273	206	291	270	283	5	265
其他	2 533	2 496	2 620	2 791	2 685	−4	2 625
总计	11 134	11 030	11 898	12 930	11 721	−9	11 742

数据来源：美国人口普查局贸易数据- BICO HS - 10。

三、农产品出口的主要州

美国农产品出口主要有 6 个州，包括加利福尼亚、艾奥瓦、伊利诺伊、明尼苏达、内布拉斯加和得克萨斯等。加利福尼亚州是美国最大的农业州，一直以来也都是美国的出口大户。2018 年加利福尼亚州农产品出口总额超过 167 亿美元，坚果、水果蔬菜及其制品、乳制品和大米等是加利福尼亚州主要的出口农产品，如表 3 - 7 所列。

表 3 - 7　加利福尼亚州主要出口农产品

单位：亿美元

出口产品	2001 年	2002 年	2003 年	2004 年	2005 年	2006 年	2007 年	2008 年	2009 年	2010 年	2011 年	2012 年	2017 年	2018 年
坚果	9.3	11.7	13.9	18.3	24.6	26.3	27.6	31.6	33.2	39.4	48.2	60.1	73.7	75.5
水果及制品	16.6	16.4	16.7	18.8	19.8	20.8	22.9	26.1	27.7	30.1	33.6	38.1	48.3	47.1
蔬菜及制品	11.8	12.2	12.5	13.0	13.3	15.3	16.5	18.2	18.9	19.4	20.5	21.1	10.1	10.0
乳制品	2.0	1.8	1.9	2.8	3.2	3.5	6.2	7.5	4.2	7.0	9.3	9.6	16.0	17.0
棉花	4.1	3.6	4.8	5.3	5.3	4.7	4.7	6.5	2.9	4.4	10.3	7.5	3.8	4.4
大米	1.8	2.0	2.6	2.2	3.0	2.7	3.0	5.7	6.6	6.9	5.8	6.2	6.4	6.3
牛肉	1.1	1.0	1.3	0.3	0.5	0.7	0.9	1.2	1.2	1.6	2.4	2.7	3.7	4.1
种子	1.4	1.8	1.3	1.4	1.2	1.2	1.0	1.6	1.5	2.2	2.3	2.4	3.4	3.1

数据来源：美国农业部经济研究局，加利福尼亚州 2018—2019 年农业出口。

艾奥瓦州是另一个农产品出口州，主要出口的农产品是大豆、玉米、饲料产品、活牲畜和肉类产品等，如表 3 - 8 所列。

表 3 - 8　艾奥瓦州主要出口农产品

单位：亿美元

出口产品	2001 年	2002 年	2003 年	2004 年	2005 年	2006 年	2007 年	2008 年	2009 年	2010 年	2011 年	2012 年	2017 年	2018 年	2019 年	2020 年
大豆	8.7	9.6	13.1	10.6	10.3	11.3	16.5	24.7	25.0	28.2	25.5	35.8	1.8	4.5	2.2	3.7
猪肉	3.9	3.8	3.9	5.9	7.5	8.3	9.2	14.2	12.9	14.3	18.9	19.9	8.0	8.0	8.5	10.6
玉米	7.6	9.7	9.4	10.7	9.2	13.5	17.6	24.7	16.3	17.3	24.8	17.1	11.8	14.4	7.6	8.2
饲料	2.7	3.1	3.2	3.0	3.4	4.0	4.8	6.5	6.7	7.9	9.2	10.4	1.5	1.4	1.4	1.4
豆粕	2.4	2.3	2.1	2.1	2.4	2.7	3.6	5.1	5.3	5.3	4.7	7.1	2.6	3.3	4.3	3.9
牛肉	1.5	1.5	2.0	0.4	0.7	1.0	1.3	1.9	1.7	2.3	2.9	3.1	1.8	2.1	2.3	2.4

数据来源：美国农业部经济研究局，美国农业普查局。

第三节　农产品进口贸易

一、主要进口农产品

暂不把欧盟作为一个独立的经济体来比较，美国不仅是世界上最大的农产品出口国，同时也是最大的农产品进口国。随着美国人口在数量上的增长和种族多样性不断增加，美国消费者对食品的需求不断增加，同时食品需求的种类也越来越多。所以美国对食品的进口也不断增加。

美国食品进口迅速增加的原因除了人口数量增长，人口种族多样性的增加外，其中大部分进口食品是由于气候条件和作物生产的季节性原因不能在国内生产。另外，生产成本也是一个重要因素。一些发展中国家因为生产成本比较低，价格优势明显，所以美国选择进口这些农产品。还有一个不可忽略的因素就是消费者偏好。有些消费者，特别是新移民和他们的后代，对一些食品有特别偏好，所以美国对这类食品的需求不断增加，也导致美国食品进口不断增长。这些产品包括热带水果、蔬菜、坚果、优质咖啡、葡萄酒和啤酒、奶酪、甜点、谷类产品和肉类加工品等。

从 20 世纪 90 年代开始美国农产品进口就持续增长。迄今为止园艺产品是美国农产品进口最多的类别。2002 年以来，包括水果、蔬菜、坚果、葡萄酒、麦芽饮料和苗圃产品等园艺产品进口基本占美国农产品进口的 50% 左右。园艺产品进口的主要供应国是加拿大和墨西哥。另外美国对糖和热带产品进口也不断增长，2005 年以来，已经超过了畜禽及畜禽产品进口，如表 3 - 9 所示，2017 年美国农产品进口已超过 2 744 亿美元。

表 3 - 9　美国主要进口农产品

单位：百万美元

进口产品	1999 年	2002 年	2005 年	2007 年	2009 年	2011 年	2013 年	2015 年	2017 年
活牲畜	1 189.7	1 723.9	1 672.0	2 588.0	1 655.5	1 886.5	2 190.2	2 772.5	2 020.0
肉类	3 260.5	4 283.5	5 751.9	5 367.3	4 612.1	5 755.2	6 529.8	9 991.7	8 877.6
鱼和贝类	8 859.8	9 963.3	11 840.2	13 434.6	12 933.9	16 459.4	17 784.3	18 520.8	21 324.1
乳制品	930.3	1 008.8	1 388.4	1 500.8	1 353.4	1 502.1	1 649.1	1 893.5	1 827.2
蔬菜	3 631.6	4 391.1	6 043.1	7 256.0	7 525.2	9 666.6	10 733.5	11 290.2	12 743.0
水果	4 764.5	5 067.6	6 873.8	9 217.3	9 639.8	11 973.9	13 602.3	15 954.9	18 383.1
坚果	793.9	700.5	1 121.9	1 181.4	1 278.3	1 863.2	2 000.2	2 767.3	3 300.6
咖啡和茶叶	3 603.7	2 455.0	3 770.8	4 791.2	5 160.3	9 715.8	7 633.2	8 536.2	9 068.8
谷物	2 659.5	3 342.8	4 240.7	5 914.8	6 846.1	8 062.8	10 257.0	10 030.2	10 860.8
植物油	1 356.9	1 301.6	2 362.6	3 516.7	4 039.4	6 793.6	6 664.5	6 304.0	7 224.7
白糖和糖果	1 617.7	1 842.6	2 473.7	2 606.2	3 081.2	5 207.4	4 327.4	4 705.3	4 720.5
可可和巧克力	1 522.5	1 760.9	2 750.6	2 661.6	3 476.2	4 680.6	4 158.8	4 859.7	5 006.5

（续）

进口产品	1999 年	2002 年	2005 年	2007 年	2009 年	2011 年	2013 年	2015 年	2017 年
其他可食用产品	2 121.5	2 482.0	5 536.4	6 080.0	6 111.3	8 133.2	9 831.0	9 591.6	10 133.9
饮料	4 411.8	5 794.7	7 887.5	9 912.7	8 721.0	10 142.9	11 247.6	12 785.7	14 382.9
酒类	2 381.9	3 091.1	4 089.9	5 047.7	4 787.0	5 733.8	6 391.7	6 774.2	7 362.9
动物类食品总和	14 240.3	16 979.5	20 652.6	22 890.7	20 554.9	25 603.2	28 153.4	33 178.5	34 048.8
植物类食品总和	22 071.8	23 344.0	35 173.6	43 225.2	47 157.8	66 097.1	69 207.9	74 039.3	81 442.0
饮料总和	6 793.7	8 885.8	11 977.4	14 960.4	13 508.0	15 876.6	17 639.3	19 559.9	21 745.9

数据来源：美国农业部经济研究局。

二、主要农产品进口供应国

从表 3 - 10 可以看出，美国最大的两个农产品进口供应国是加拿大和墨西哥，两个邻国同时也是北美自由贸易区协定的贸易伙伴。美国从加拿大进口的农产品总额增长非常快，从 1990 年的近 32 亿美元，迅速增加到 2019 年的 240亿美元，增加了 6.5 倍，美国从墨西哥进口的农产品情况和加拿大类似，从1990 年的近 27 亿美元增加到 2019 年的 280 亿美元，增加了 9 倍多。相对于加拿大和墨西哥，美国从其他供应国进口的农产品比较分散，一般的进口额只占到美国进口总额的 2％到 5％左右。其中美国农产品进口增长比较快的供应国是印度和中国。美国从印度进口的农产品从 1990 年的 2.9 亿美元增加至 2019年的 26 亿美元。其中，2012 年美国从印度进口的农产品总额高达 53.5 亿美元。美国从中国进口农产品的总额呈现快速增长的趋势，在 2019 年，美国从中国进口的农产品总额已经超过了 36 亿美元。

表 3 - 10　美国农产品进口主要供应国

单位：亿美元

国家	1990 年	1995 年	2000 年	2005 年	2006 年	2007 年	2008 年	2009 年	2010 年	2011 年	2012 年	2019 年
加拿大	31.9	56.4	86.9	122.8	134.4	152.7	179.9	147.1	162.5	189.3	202.3	240
墨西哥	26.6	38.7	50.9	83.4	94	101.9	109.2	113.9	136.1	158.4	164	280
印度	2.9	4.6	8.2	9.2	10.4	11.7	16	12.4	15.9	26.8	53.5	26
中国	2.7	5	8.1	18.7	22.7	29.2	34.5	28.8	33.7	39.9	45.3	36
巴西	18.2	12.4	12	19.3	22.2	25.9	26.7	25	29	40.8	35.6	33

（续）

国家	1990年	1995年	2000年	2005年	2006年	2007年	2008年	2009年	2010年	2011年	2012年	2019年
印度尼西亚	6.8	14.2	10	17	20.4	20.8	28.2	17.9	28.8	42.9	33.5	30
澳大利亚	12.1	8.4	16	24.3	24.9	26.4	24.3	23.2	23.1	23.7	26.8	35
智利	4.8	5.5	10.3	15.3	17.8	18.4	20.6	21.4	23	23.7	24.6	28
泰国	4.7	9.1	7.8	11	13.4	15	19.2	15.7	20.3	26.3	24.1	29
新西兰	8.8	7.7	11.6	17.6	16.8	17.5	18.5	16.3	16.7	19.8	22.6	24
哥伦比亚	8	11.3	11.2	14.4	14.8	15.4	17.7	17.8	19.7	24.6	21.4	27

数据来源：美国贸易代表办公室。

（一）从中国进口的主要农产品

美国从中国进口农产品最多的是鱼和贝类产品，而且增长较快。美国从中国进口的其他产品还包括化肥农药、蔬菜产品、谷物饲料、水果和果汁等，同时也进口一些肉类产品和农业机械，如表 3-11 所示。

表 3-11　美国从中国进口的主要农产品（及相关产品）

单位：亿美元

进口产品	2008年	2009年	2010年	2011年	2012年	2013年	2014年	2015年	2016年	2017年
农业机械、设备	8.7	9.0	9.6	10.5	10.1	9.7	11.4	14.9	16.5	21.3
鱼类和贝类	26.3	26.4	26.7	28.6	25.8	24.9	26.9	29.0	19.1	16.3
化肥	8.2	10.3	12.6	17.7	15.8	11.4	14.3	16.5	13.4	11.3
水果、冷冻果汁	10.2	11.2	10.5	9.3	8.8	8.8	8.6	10.3	5.2	6.4
蔬菜	5.7	6.0	5.9	5.4	6.1	6.8	7.5	6.7	4.9	5.5
谷物和饲料	3.9	4.9	3.6	3.2	3.1	3.0	2.8	3.1	2.5	2.9
茶、香料等	2.4	2.6	2.7	3.0	3.0	3.0	3.0	3.1	3.1	2.7
坚果	1.0	1.3	1.2	1.2	1.3	1.2	1.0	1.3	1.1	0.9
食物油、油籽	0.3	0.8	1.0	0.9	0.8	0.5	0.4	0.5	0.4	0.4
农业物料、牲畜	1.0	1.3	1.1	1.1	1.2	0.9	0.9	0.4	0.4	0.4
咖啡	0.3	0.3	0.1	0.2	0.3	0.3	0.4	0.2	0.3	0.2
酒精饮料，不包括葡萄酒	0.1	0.2	0.1	0.2	0.2	0.3	0.3	0.6	0.5	0.1
乳制品和鸡蛋	0.1	0.1	0.0	0.1	0.1	0.1	0.1	0.1	0.1	0.1
肉类	1.3	1.3	1.3	1.6	1.5	1.5	1.7	1.3	0.2	0.1
甘蔗和甜菜糖	0.0	0.0	0.0	0.0	0.0	0.0	0.1	0.0	0.1	0.1
葡萄酒、啤酒及相关产品	0.1	0.1	0.1	0.1	0.1	0.1	0.1	0.1	0.1	0.0

数据来源：美国农业普查局。

（二）从加拿大进口的主要农产品

表 3－12 显示，美国从加拿大进口的主要农产品包括谷物和饲料、畜禽及其产品、油料作物及其产品、鱼和贝类和蔬菜及其制品等。化肥虽然不是农产品，但是主要农业生产要素之一。化肥进口排在美国从加拿大进口的第 1 位。2019 年，美国从加拿大进口的农产品总额达 240 亿美元，是美国第二大农产品进口供应商。

表 3－12　美国从加拿大进口的主要农产品（及相关产品）

单位：亿美元

进口产品	2008 年	2009 年	2010 年	2011 年	2012 年	2013 年	2014 年	2015 年	2016 年	2017 年
肉类	34.0	35.1	38.7	50.1	44.3	41.1	39.9	39.7	43.2	42.7
蔬菜	20.5	20.3	23.1	23.2	22.9	24.5	26.8	28.6	29.4	32.5
谷物和饲料	26.0	33.4	40.3	39.4	33.6	28.8	30.1	32.5	28.5	30.8
化肥	55.1	52.7	49.2	39.7	43.1	31.2	31.3	32.8	33.1	30.5
鱼类和贝类	25.2	25.0	26.4	27.5	29.6	31.9	32.5	32.4	33.8	30.1
食物油	20.4	20.7	21.2	20.3	17.9	18.3	19.7	19.7	19.3	19.4
农业机械设备	11.4	12.8	14.7	14.3	11.5	9.9	11.6	13.7	14.2	13.6

数据来源：美国农业普查局。

（三）从墨西哥进口的主要农产品

蔬菜及其制品、水果及其制品、饮料（不包括果汁）、畜禽及其产品和白糖及其产品等是美国从墨西哥进口的主要农产品。其中蔬菜水果及其制品是进口量最大的，因为季节的原因，墨西哥可以向美国提供大量反季节的蔬菜水果。同时因为墨西哥的蔬菜水果生产成本比较低，又没有进口关税，而且运输便利，所以墨西哥的农产品在价格上占很大优势。美国从墨西哥进口的蔬菜水果量增长迅速。如表 3－13 所示，2017 年，美国从墨西哥进口的农产品总额达 298 亿美元，成为第一大农产品进口供应商，其中：水果、冷冻果汁（82.4亿美元）、新鲜蔬菜（81.7 亿美元）、葡萄酒、啤酒及相关产品（43.8 亿美元）等。

表 3-13　美国从墨西哥进口的主要农产品（及相关产品）

单位：亿美元

进口产品	2008 年	2009 年	2010 年	2011 年	2012 年	2013 年	2014 年	2015 年	2016 年	2017 年
水果、冷冻果汁	31.1	35.0	39.7	46.9	54.0	61.0	73.7	73.2	84.9	82.4
蔬菜	47.6	47.6	53.3	54.5	56.5	64.8	63.1	67.8	72.5	81.7
葡萄酒、啤酒及相关产品	16.9	18.3	19.3	24.6	27.3	31.1	33.3	36.1	39.6	43.8
酒精饮料，不包括葡萄酒	7.7	7.9	8.3	10.8	11.3	11.6	13.2	15.5	18.7	26.9
肉类	9.9	13.0	11.2	16.1	19.9	17.1	18.6	20.6	23.0	25.5
甘蔗和甜菜糖	12.4	8.3	11.0	7.3	7.9	6.8	6.2	6.6	5.6	7.3
农业机械、设备	5.6	7.2	9.3	8.2	7.3	7.1	7.4	7.8	7.9	7.2
坚果	3.3	3.4	3.1	4.4	4.9	6.4	6.4	8.0	7.6	6.5
鱼类和贝类	5.0	4.9	5.4	5.9	6.1	5.6	6.4	6.2	6.6	6.3
谷物和饲料	0.8	1.0	0.9	1.0	1.0	1.1	1.2	1.4	1.7	2.2
化肥	1.6	2.2	1.9	2.0	1.5	1.3	1.4	2.1	2.1	2.1
乳制品和鸡蛋	0.9	0.9	1.0	0.9	1.0	1.1	1.0	1.3	1.6	1.9
咖啡	4.5	4.4	3.1	2.5	2.0	1.4	1.8	1.9	1.6	1.7
食物油、油籽	1.0	1.2	1.2	1.2	1.0	0.9	0.9	1.0	1.3	1.4
茶、香料等	0.7	0.8	0.9	0.9	0.9	0.9	0.9	1.0	1.1	1.2
农业物料、牲畜	0.2	0.3	0.3	0.3	0.3	0.2	0.3	0.3	0.2	0.2

数据来源：美国农业普查局。

（四）从印度进口的主要农产品

表 3-14 显示，美国从印度主要进口的农产品也是鱼和贝类，其次包括农业机械、坚果、香料、谷物和饲料等。虽然美国从印度进口的农产品总体金额不高，但在不断增长。

表 3-14　美国从印度进口主要农产品（及相关产品）

单位：亿美元

进口产品	2008 年	2009 年	2010 年	2011 年	2012 年	2013 年	2014 年	2015 年	2016 年	2017 年
鱼类和贝类	6.1	6.7	10.8	14.7	13.5	15.8	22.9	23.6	25.5	24.6
谷物和饲料	1.4	1.6	1.9	2.1	2.0	2.2	2.8	3.8	5.0	6.1
农业机械、设备	3.7	4.2	4.3	4.7	6.0	4.9	5.0	7.0	5.4	5.3
化肥	2.0	1.9	2.5	2.6	2.9	3.7	4.6	4.9	4.9	5.0

（续）

进口产品	2008年	2009年	2010年	2011年	2012年	2013年	2014年	2015年	2016年	2017年
茶、香料等	2.4	2.7	2.5	2.6	3.3	3.2	3.1	2.9	3.0	3.2
蔬菜	1.6	2.6	1.5	1.5	1.3	1.3	1.4	1.5	1.4	1.9
食物油、油籽	0.9	0.8	1.2	1.8	1.8	1.2	1.5	1.4	1.3	1.2
坚果	3.2	2.9	2.8	2.3	2.4	1.6	2.4	1.0	0.7	0.5
水果、冷冻果汁	0.2	0.3	0.3	0.3	0.4	0.4	0.5	0.5	0.5	0.4
农业物料、牲畜	0.1	0.1	0.1	0.2	0.2	0.2	0.3	0.3	0.3	0.3
乳制品和鸡蛋	0.0	0.0	0.0	0.0	0.0	0.0	0.1	0.1	0.1	0.2
甘蔗和甜菜糖	0.1	0.2	0.1	0.1	0.1	0.1	0.0	0.1	0.1	0.2
咖啡	0.2	0.1	0.1	0.1	0.1	0.0	0.1	0.1	0.1	0.1

数据来源：美国农业普查局。

第四章 CHAPTER 4
美国农业政策 ▶▶▶

美国有着"以农立国"的传统，农业是其立国之本、强国之基，历史上农业在其社会经济发展中发挥着极其重要的基础作用，历来受到高度重视。美国之所以能成为农业强国离不开政府对农业的扶持。美国有完善的农业政策体系，农业法案是农业政策的主要体现。美国已出台的18部法案中，有两部法案为永久法案，并每隔5年进行调整和重新审定。农业法案的适时调整保证了农业政策的灵活性；永久法案保证了政策的稳定性和延续性。

第一节 农业政策体系

目前农业立法和政策几乎涉及农业发展的方方面面，现从资源保护、农业科技发展以及经济社会发展政策等方面进行归纳介绍。

一、资源保护和科技发展政策

（一）资源保护政策

美国有丰富的农业资源。政府致力于保护土地和水资源。政府通过立法，减少或抑制对水资源和土地资源的过度利用，来达到保护水资源和土地资源，维护农业生产以及人类生存环境的目的。

美国政府出台的《土壤保护和国内配额法》（1936）、《土壤银行项目》（1956）、《农地保护法案》、《土壤和水资源保护法》以及1985年的《食物保障法》中多次提出土壤保护计划等。通过土地保障计划、将土地保护与政府农业补贴措施挂钩、鼓励农场主使用有机农药等措施对土地进行保护，通过推行免耕以及少耕等方法减少土地利用过程中的水土流失。

美国政府对水资源的关注最初是从水资源保护和利用开始的。通过发明先进的灌溉手段、提高水价，使农业增产增收的同时节约水资源。随后，减少、控制水资源污染逐步成为水资源保护的主题。通过颁布相关法令控制杀虫剂使用、控制饲养场造成的定点水污染、无定点污染源造成的污染以及将水资源保护与税收减免挂钩等经济激励措施解决农业污染问题，保护水资源免受污染。

（二）农业科技发展政策

通过相继立法，美国建立了农业科技推广体系。1862 年美国颁布《莫里尔法案》，该法规定联邦政府赠给各州土地，专门用于创建教授农业和机械专业的农学院。1877 年，国会通过了《哈奇法案》。1914 年 5 月 8 日，《史密斯-利弗法案》出台。根据上述三个法律法规，美国 50 个州陆续建立了相应的州立大学，并在当地农业大学的指导下建立了农业实验站和农业合作社推广办公室。农业大学还负责农业教育和科学研究的传播，并在州立大学的支持下，形成了教育、科学研究和科学传播三位一体的体制。美国政府每年花费大量资金来支持农业大学和实验站的活动，以确保在世界农业科学技术中的领先地位。农业生产者不仅可以得到咨询服务，而且可以在附近的社区学院中更新他们的农业生产和管理知识。教学和科研人员从推广和生产实践中获得选题、进行研究，并将研究成果应用出去，保证了科技成果的转化。这个体系在美国农业发展中发挥着巨大的作用。

二、经济和社会发展政策

（一）农业价格与收入支持政策

一战以后，美国的许多农场面临着严重的收入和财政危机，这导致执政阶层认为农民辛苦劳动生产产品没有得到适合的报酬，为了应对这种情况出台了农业价格和收入支持政策，也就是人们常说的农业补贴政策。从形成至今，该政策不断地依照政策目的、国内外农业环境进行修订、补充、完善，已经建立了较为完备的农业支持政策体系，基本思想得到了一贯的体现，但具体政策也发生了一些较大变化。

例如，为了应对巴西在世界贸易组织提起的针对美国棉花的诉讼，2014

年农业法案专门为棉花建立了一个收入保险计划，为棉花生产者提供收入保障；取消了乳品价格支持计划和出口刺激计划，但增加了乳品利润保护计划和市场稳定计划。

可以看出，为了一方面避免更多补贴起诉争端同时又能强化对国内农业的支持，新农业法案对价格支持等补贴手段和项目做出了较大调整。减少了对价格和收入的直接支持，而是通过更隐蔽的方式进行间接支持。同时，政府通过宏观调控，以均衡市场供求为目的，通过补贴数额的高低引导农场主的生产计划，同时结合政府出台的农产品储备计划，保护生产者以及消费者双方的利益。

（二）农业税收政策

美国政府并不依靠农业税收作为主要收入来源，反而将大量财政用于农业。农业税收政策不仅影响美国农场的数量、规模、组织结构，还包括农业生产中的投资、管理、资源配置和生产决策。现行的美国联邦农业税收政策针对农民制定了特别税收条款。在农业收费上，减免了所得税、就业税和地产与赠予税，最主要是所得税。农民不仅只要交纳很少的税种，税收总额也不高。

此外，为了提高农民对农业投资的热情，美国为农业生产和投资提供了许多税收优惠政策。这些激励措施包括延期交税，减税和免税，提前还款，次年农产品的预付款减少了所得税的支付，并优先考虑了资产的"加速折旧"。

（三）农产品对外贸易政策

美国农业是过剩农业，市场空间是其最主要的约束，因此开拓国内外市场是农业增长的前提和基础。无论是多边贸易谈判还是双边贸易谈判，消除贸易壁垒为美国大宗农产品出口争取更大的准入机会和更好的准入条件是其重点和核心所在。因此，美国农产品贸易政策的目的是通过海外市场减轻国内市场的压力，从而维持农产品高价格水平。另外，美国政府还希望以农产品贸易政策为手段，达到其想要的其他目的。

纵观历史，美国在各个阶段的贸易政策都是基于国内战略和利益。美国贸易政策的实质是保护性贸易政策。美国成立以来，贸易政策可分为三个发展阶段。从建国初期到 20 世纪 30 年代初属于第一阶段。在此期间，美国为保护处于发展初期的制造业，出台多部关税法案，使用高关税政策。20 世纪 30 年代到 70 年代初期属于第二阶段。在这一阶段，美国将通过建立一个以美国为中心的多边贸易协定体系，与许多国家缔结共同贸易协定，并大幅度降低进口关税，来积极促进自由贸易的发展。第三阶段始于 20 世纪 70 年代初。当时，美国工业受到日本的打击，国内经济下降，国际收支增加，贸易逆差持续增长。为此，1974 年美国政府颁布了《国内贸易法》，以侵犯美国知识产权和威胁工业安全为名抑制日本，同时对进口商品征收关税。此举使美国从倡导"自由贸易"转向强调"公平贸易"，也证明了贸易保护主义的兴起。此外，已经建立了各种非关税壁垒，并出现了新的贸易保护原则。特别是 21 世纪以来，美国与其他国家的贸易纠纷时有发生[①]。

同时，1954 年美国国会通过了《农产品贸易与发展法案》，将粮食援助行动制度化，粮食援助一直在美国农产品出口政策中占据重要地位。而 2018 年农业法案中继续维护和加强市场准入项目、外国市场开发项目、特殊作物技术援助计划和新兴市场计划等，在特殊作物技术援助计划下更加强调应对绿色贸易壁垒。

（四）农业信贷政策

1916 年联邦政府陆续出台了《农业信贷法案》等 10 余部农业信贷系统相关法案，同年成立农业信贷系统。

农业信贷系统是一个全国性的由借款人拥有的金融机构及相关服务机构所构成的合作性组织，是美国最古老的由政府资助的金融企业，其运营情况受到美国农业信贷管理局的严格监管。根据《农业信贷法案》规定，农业信贷系统不能直接吸收存款，只专职发放贷款。联邦政府成立农业信用银行基金公司，由农业信贷系统全资拥有，代表该系统发行统一债券，并在全世界范围内分销，引导全世界资金支援美国农业、农村发展。为了保证稳定的信贷资金来源，成立农业信贷系统保险公司、联邦农业按揭公司等，同时建立农业信贷商会和国会农业委员会立法监督的双重监督体系，以确保农业信贷系统安全、稳健发展。

截至 2010 年 12 月 31 日，农业信贷系统由 5 家农业信贷系统银行和 84 家协会所组成，服务于美国 50 个州及波多黎各的农业部门。每家银行都有自己专门负责的区域，负责向这些地区的农业信贷系统协会发放贷款，然后再由这

---

① http：//m. banyuetan. org/ssjt/detail/20190722/10002000331358415637643865359 55975 _ 1. html。

些协会向其辖区中符合标准的农民或农业企业发放贷款。

同时为保证农业产业在各代人之间平稳过渡发展，农业信贷系统推出 YBS（Young，Beginning，and Small Farmers and Ranchers）计划，以支持和培养新一代务农人员。农业信贷系统避免逐利动机，确保从小农户到大规模农业产业客户的多样化开发市场，形成普惠农业信贷体系。

（五）食品与营养援助政策

美国早在 20 世纪 30 年代就开始实施针对低收入家庭的食品援助计划，目前拥有相对完整的食品与营养援助政策体系。目前，农业部食品和营养局共有 15 个营养项目，其中，营养券项目、国家学校供餐项目以及针对妇女、儿童的特殊营养项目占支出金额的前三位。粮食援助计划已从减少早期农业盈余的政策目标变为减少饥饿和严重营养不良以及促进低收入家庭营养和健康。该计划秉持为"每个美国人都不应当遭受到饥饿或者严重营养不良"的指导方针，既为低收入家庭减轻了食品支出压力，又改善了他们的营养与健康状况，还增加了食品的消费量，一举三得。

第二节　农业投入和补贴政策

一、农业投入政策

根据美国《宪法》，政府没有权力直接插手和经营经济事务，而且美国政府历来也对外宣传其执行"放任自流政策"，但是从美国经济发展史看，政府干预农业经济事务的历史由来已久，且随着国民经济发展，干预力度逐步加强。从美国进入帝国主义阶段后，政府就开始全面卷入经济事务。美国政府从未放松对农业部门的调控，对农业始终进行大规模的投入。美国的农业投入政策大致经历了以下三个阶段。第一阶段是美国独立 100 年后农业发展的早期阶段。在此期间，政府向农民提供了免费或低价土地，以帮助他们建立家庭农场，农民通过提高土地价格实现了增资，这作为农业自身原始积累的重要来源。第二阶段是 19 世纪 70 年代和 20 世纪 20 年代，完成了公共土地的开发，并将农业投资转变为农业教育、农业技术研究和开发以及其他基础设施投资。这些措施改善了农业投资环境，并为美国实现农业现代化创造了条件。第三阶段从 20 世纪 30 年代开始，由于农业生产过剩，受经济因素与自然条件的影响，农业发展很不稳定，政府农业投入主要用于保护和稳定农业发展，维护农民所得。

（一）农业和农村基础设施建设投资

1. 交通运输设施建设

除了政府投资的高速公路和一些运河外，还鼓励个人通过贷款和土地捐赠来修建运河和铁路。美国交通高度发达，为农业发展提供了便利条件。

2. 开发利用水资源

1902 年，美国国会通过了《垦殖法案》，该法案批准设立专项基金，用于建设灌溉所需的水库、水坝和运河系统。到 1915 年时，建设的项目约有 25个，政府投资超过 8 000 万美元，以后又陆续兴建了许多项目，为农业发展做出了贡献。

3. 农村地区的开发建设

例如：从 20 世纪 30 年代起政府开始支持农村电气化的发展，1989 年政府投资 1.2 亿美元及直接贷款，主要用于农村的电力发展和电话事业，为农村低收入户提供住房补贴，农村社区发展项目（主要是农村社区公共事业发展），农村基础工业以及贫困地区的开发补贴等。

（二）农业资源保护投资

20 世纪 30 年代，美国农业生态环境的破坏显露出来，为此政府不得不大量投资来保护农业资源，尤其是水土资源。例如：为搞好土壤保护，由政府投资建设土壤保护工程，后来将土壤保护和控制生产的政策结合起来，通过大量补贴来实行土壤保护计划。如 1956 年的土壤银行计划，该计划包括两个内容：①耕地面积储备计划，对停耕一部分土地的农场主实行补贴，其数量至少相当于农场主停耕土地上可能得到的纯收入。②土壤保护储备计划，对为保护土壤而用于其他用途的耕地给予补贴，补贴相当于采取保护措施的成本分摊费用。1989 年度，政府用于土壤保护和稳定计划的开支约为 2 亿美元，还有 3 亿美元的低息贷款。

（三）农业科研、技术推广和农业教育设施建设投资

1958 年以来，美国农业科研经费以 8％的年增长率逐年增加。平均每个农

业科学家占有的研究经费 1960 年为 3.9 万美元，1981 年增加到 12.5 万美元。从 1970 年到 1989 年，农业部在农业研究和咨询服务上的总支出从 4.86 亿美元增加到 14.15 亿美元。根据美国农业部的资料，在 1945 年至 1979 年之间，美国农业技术的发展使农业生产增长了 85%，同时保持了与其他农业投入相同的水平。

（四）对农业实行优惠的信贷政策

1. 在美国为农业提供信贷的有政府信贷机构和私人信贷机构

政府信贷机构有农业信贷体系、农场主家庭管理局、农产品信贷公司和小企业管理局等。在 1915 年到 1985 年的 70 年里，农业信贷体系是美国金融市场上公认的最安全稳定的信贷机构。商业银行等私人机构向农场主提供的贷款中，有相当部分由政府提供保证。

2. 扩大信贷范围和规模

自 1916 年第一部《美国联邦农场贷款法》出台以来，美国通过立法不断扩大了农业信贷业务范围，从生产到销售、储存及农村开发建设等各方面为农业提供贷款，贷款规模也不断扩大。

3. 信贷政策优惠

信贷政策优惠表现为：①利率低，农业信贷体系银行的贷款利率一般低于私人商业银行；②在贷款偿还期上比较优惠。

特别需要指出的是，美国的农业投入政策必须以法律为依据，即先进行投资立法，再根据法律制定相应的政策。

二、农业收入支持政策

（一）农业收入支持政策演变历程

从 1933 年农业调整法通过以后，美国政府就开始通过多种手段对农业进行干预，其中就包括收入支持政策。

到 20 世纪 90 年代，联邦政府干预农业的思想发生了变化，1990 年的农业法案，在原来价格支持和停耕补贴的基础上，增加了农产品计划项目参加者组织生产的自由性，增加了生产者的利润和收入。到了 1996 年，美国对农业政策进行大刀阔斧的改革，彻底摒弃了已实施 60 多年的农业补贴政策体系，旨在 7 年后农产品价格能够由市场决定，取消政府对农业的价格和收入补贴，使政府彻底摆脱沉重的农业补贴负担。

新的农业法于 1996 年在美国生效后，除蔬菜和水果外的其他农作物的种植被放宽。政府取消了生产结构调整政策，直接对农民进行收入支持，计划在 1996—2002 年的 7 年时间内，使直接收入补贴总额达到 356.26 亿美元。美国主要采用三种直接给农民的收入补贴方法：生产灵活性合同补贴、耕地休耕补贴和农业灾难补贴。保险分为三种：灾难救济、特大灾害保险和多灾种保险。农民仅需为每种作物支付 60 美元的费用，即可获得特大灾害保险，但是保险的程度非常低，并且仅当产量低于正常产量的 50％时适用。

为了向小麦、饲用谷物、高地棉花、花生、大米和油菜籽的生产者提供收入支持，2002 年的美国农业法案通过了三种方法：直接收入支付、反周期支付和市场贷款。同时 2002 年法案将一直对国内使用消费及生产花生的营销配额制度予以取消，最终使花生得到跟其他作物相似的待遇。

根据 2002 年农业法案，农产品贷款制度没有改变，与 1996 年的耕作方法相比，增加了三种新产品：马海毛、羊毛和蜂蜜。参加该计划的农民通过将产品抵押给国家而获得贷款。如果农产品的市场价格低于贷款利率，则农民可以选择出售抵押农产品。如果贷款利率与市场价格之间存在差异，则该差异将由国家补偿。这也称为贷款差价补贴（Loan Deficiency Payments，LDP）。也可以选择放弃抵押贷款产品来避免偿还抵押贷款。如果市场价格高于贷款利率，农民可以卖出抵押产品，但必须偿还贷款和相应的利息。

农民的实际收入随着农产品市场价格、有效目标价格以及贷款率的不同而不同。如果农产品的实际市场价格高于有效目标价格，则农民的实际收入仅包括两部分：市场销售收入和政府直接付款。当农产品的实际市场价格低于有效目标价格时，如果目标价格高于销售贷款利率，则农民的收入由三部分组成：市场销售收入、政府直接付款和反循环付款收入。当农产品的实际市场价格低于市场贷款利率时，农民的实际收入分为四个部分：市场销售、政府直接付款、反循环付款收入和市场贷款收入。

在 2008 年《农业法案商品计划》中，直接和反循环付款仍然是防止农民实现某些收入目标的主要政策。2008 年农业法案开展了一项农民自愿参加的平均作物收入选择项目，参加项目的农户收入低于目标收入时，便可以得到相应补贴；但是农民只可以在反周期支付项目与平均作物收入选择项目中选择一个，参加平均作物收入选择项目的农民其固定直接补贴将减少两成，销售贷款补贴同时减少三成。

最新的农业法案中，原有的直接支付、反周期支付、平均作物收入选择计划等支持政策均被取消，取而代之的是农业收入风险保障计划。2014年农业法案中增加了农业风险保障部分。农业风险保障是对法定农作物种植收入较低的农户给予一定的补贴，从而防止农产品价格下跌对农户造成损失，为农业生产的平稳发展起到了积极作用。农业风险保障设定了农业风险承诺，其取值等于农作物过去五年每一年的单产和全国市场平均价格，分别去掉最高值和最低值后的年均值乘积的89%。一旦实际种植收入低于农业风险承诺，农户将获得农业风险补贴。农户在申请农业风险保障时可以选择个体农场或者所在地区的农作物单产作为补贴的计算依据。选择个体农场单产为依据时，农户获得的补贴金额为农业风险承诺与实际种植收入之差的65%；选择所在地区单产为依据时，补贴金额为农业风险承诺与实际种植收入之差的80%。农业风险保障不仅保障了农户的生产利益，使得农户生产收入低于目标收入时获得补贴收入；而且选择地区单产作为补贴依据时，计算补贴金额的比重（80%）要高于选择个人农场单产的比重（65%），鼓励了参加农业风险保障的农户选择所在地区单产作为补贴依据，有利于整个地区农业生产效率的提高。

（二）农业收入补贴政策现状

在世贸组织《多边农业协定》的框架内，农业补贴可分为"绿箱"和"黄箱"政策。"绿箱"政策是不会引起贸易扭曲的政策，定义是不影响生产者的农业，并且在执行某些政府农业计划时可以免除承诺的保证，例如一般农业服务和自然灾害，其成本为纳税人直接承担。相反，"黄箱"政策是一种会造成贸易扭曲并要求成员提供农产品价格、面积、出口或其他形式的补贴的政策。2018年12月，美国颁布了2018年《农业促进法》，农业补贴水平显著提高。与2014年耕作方法相比，美国2018年《耕作法》实施的农业补贴政策的类型没有改变，但已采取政策措施来应对农产品价格的持续下跌和农民收入的下降。尤其体现在四个方面。

1. 农业补贴预算有所增加

国会预算办公室使用基准线来计算从2019年到2028年实施2014年和2018年农业法案的支出（表4-1）。2014年农业法案将继续生效，在2019—

2028 年，政府共花费了 7 867 亿美元，在执行 2018 年农业法案方面共花费了 8 672 亿美元，比前者增加了 10.23%。

表 4 - 1　2014 年与 2018 年美国农业法案支出（2019—2028 年）

单位：亿美元

项目	2019 年	2020 年	2021 年	2022 年	2023 年	2024 年	2025 年	2026 年	2027 年	2028 年	2019—2023 年	2019—2028 年
2014 年美国农业法案	779	769	781	772	771	777	786	797	810	826	3 872	7 867
2018 年美国农业法案	854	846	860	853	852	858	868	879	893	909	4 265	8 672

数据来源：美国国会预算办公室网站：https://www.cbo.gov/。

2. 将继续执行和加强价格损失保障和农业风险保障计划

在预算紧张和价格下跌的双重压力下，2014 年美国农业法案对 2008 年农业法案的产品计划进行了重大调整。关于农业补贴政策，价格损失保障和农业风险保障项目将取代直接农业补贴、反周期支付和平均农作物收入选择补贴。生产者可以选择参加两个项目之一。其中，价格损失保护项目主要是针对因市场价格下跌给生产者造成的损失，政府根据价格差进行补偿，其效果类似于反周期付款。农业风险保护项目主要是赔偿。与实施前生产者的收入损失和平均农作物收入选择补贴类似，这可以看作是补贴方法的一种改进。2018 年美国农业法案将继续实施上述两个项目。2018 年美国农业法案的有效参考价格可以将参考价格提高到法定参考价格的 115%，涵盖商品参考价格的潜在增长。这可以增加政府补贴支付的频率和规模。新美国农业法于 2018 年底推出，规定生产者可以在 2019 年的价格损失保护项目和农业风险保护项目之间进行选择。但是，此选项仅对 2019 年和 2020 年的两个收获年度有效。从 2021 年开始，生产者将能够在剩余的三个作物年度中，每年在价格损失保护计划和农业风险保护计划之间进行选择。

3. 营销支持贷款和贷款利差支付补贴政策将继续得到维持，营销援助贷款利率将相应提高

除了价格损失保证补贴政策和农业风险保证政策之外，市场营销援助贷款和贷款价差支付补贴政策也是美国实施的重要农业补贴。这项政策是美国政府为解决美国农民的资金困难问题而提出的一项政策计划，该计划在 1993 年的第一份美国农业法案中提出，现在经过了几次改革。美国的营销支持贷款和贷款利差支付政策包括小麦、玉米、高粱、大麦、燕麦、超长纤维棉、长粒大米、中粒大米、花生、大豆和其他油料种子、羊毛等产品。具体实施方法是政府设定与目标产品相对应的援助贷款利率（实际上是最低保护价格），在种植季节之前，生产者将未来作物的产量用作抵押品并进行调节。根据给定的贷款利率，向政府申请贷款。2014 年农业法案规定向农民的贷款期限为 9 个月。2018 年农业法案将继续执行该政策，但与 2014 年农业法案相比，大多数产品的营销支持贷款和贷款利差支付政策的贷款利率有所提高（表 4-2）。

表 4-2　2018 年农业法案与 2014 年农业法案营销援助贷款率的比较

商品类型	2014 年农业法案营销贷款率（美元）	2018 年农业法案营销贷款率（美元）
小麦（蒲式耳）	2.94	3.38
玉米（蒲式耳）	1.95	2.20
高粱（蒲式耳）	1.95	2.20
大麦（蒲式耳）	1.95	2.50
燕麦（蒲式耳）	1.39	2.00
超长纤维棉（磅）	0.797 7	0.95
长粒大米（英担）	6.50	7.00
中粒大米（英担）	6.50	7.00
大豆（蒲式耳）	5.00	6.20
其他油料种子*（英担）	10.09	10.09
干豌豆（英担）	5.40	6.15
小扁豆（英担）	11.28	13.00
小鹰嘴豆（英担）	7.43	10.00
大型鹰嘴豆（英担）	11.28	14.00
分级羊毛（磅）	1.15	1.15
未分级羊毛（磅）	0.40	0.40
马海毛（磅）	4.20	4.20
蜂蜜（磅）	0.69	0.69
花生（吨）	355	355

注：其他油料种子主要指向日葵籽、油菜籽、红花、芥子、亚麻籽及芝麻籽等。
数据来源：2014 年和 2018 年美国农业法案。

4. 继续实施乳业利润保险计划，提高保险水平

在产品计划中，乳制品政策也值得一提和参考。牛奶行业在美国农业生产中占有重要地位。自从 1933 年引入第一部农业法《农业调整法》以来，美国实施了一系列奶价支持政策和一系列奶业支持政策，例如奶农牛奶生产收入补贴政策，以确保国内乳业的可持续发展。但是，玉米和其他饲料产品的价格急剧上涨，挤压了美国奶农的利润率，导致最初的奶业支持政策未能达到预期的效果。一些学者认为，乳制品生产利润和牛奶收入的支持可以进一步确保国内乳制品行业的发展。因此，对2014年农业法案下的乳制品生产政策的实施进行了重大更改，取消了2014年农业法案下的乳制品价格支持计划，乳制品收入损失支付和乳制品出口刺激措施，增加了乳品利润保障计划和市场捐赠计划。2018年，美国农业部将"乳业利润保护计划"更名为"乳业利润保险"，实施方法没有改变，但是提高了保险水平，降低了保费（表4-3）。

表4-3 美国乳制品利润保险项目保险和保费水平

单位：美元/百磅

保障利润	2014年农业法案		2018年农业法案	
	年产量低于400万磅的奶农需缴纳保险费	年产量高于400万磅的奶农需缴纳保险费	年产量低于500万磅的奶农需缴纳保险费	年产量高于500万磅的奶农需缴纳保险费
4.0	无	无	无	无
4.5	0.010	0.020	0.002 5	0.002 5
5.0	0.025	0.040	0.005	0.005
5.5	0.040	0.100	0.030	0.100
6.0	0.055	0.155	0.050	0.310
6.5	0.090	0.290	0.070	0.650
7.0	0.217	0.830	0.080	1.107
7.5	0.300	1.060	0.090	1.413
8.0	0.475	1.360	0.100	1.813
8.5	—	—	0.105	—
9.0	—	—	0.110	—
9.5	—	—	0.150	—

数据来源：2014年和2018年美国农业法案。

第三节 农业保险政策

一、农业保险政策演变历程

在经历了百年的发展演变后，根据经营主体的变动，美国的农业保险大体可以分为四个阶段：①私人保险公司自主经营阶段；②政府单独经营农业保险阶段；③政府与私人保险公司共同经营农业保险阶段；④政府监管下的私人保险公司经营阶段。

1. 联邦政府立法主办农业保险（1938—1979 年）

美国于 1938 年颁布的《联邦农业保险法》标志着联邦政府开始实施农作物保险，保险责任的核心是所有农作物的风险。承保的作物为 1939 年收割的小麦，保障水平为历史产量的 50%～75%，主要对于由干旱、洪涝、冰雹、大风、冻害、闪电、龙卷风、昆虫、作物疾病以及其他类似的不可避免的风险。作物保险项目的管理由联邦农业保险署的地方机构承担，这些管理部门检查管理程序、起草相关政策、测算并收集保险保费，并且管理小麦保险准备金。联邦农业保险项目最初的实验并不成功，实施保险项目的第一年，赔付率达到 1.52，近 1/3 的保险农户收到了赔付款。此后的 1940 年和 1941 年的作物单产比近 15 年的平均单产分别高出 14% 和 32%，当时的赔付率还是非常高，分别达到 1.51 和 1.68。作物保险的经营业绩在前三年里非常的惨淡，以至于财政部对此保险的运营费用及承保损失进行了高达 2 800 万美元的补贴，平均每年对每个参保农场补贴 31 美元。由于当时的参保率非常低，所以此保险项目财政上不能自给自足，但是对于参保农户来说，如果增加其保险费用再加上管理及运营费用将会使其从小麦中得到的毛收益减少 4.1%，净收益减少 13%。

1940 年美国国会通过立法，在农业保险项目中添加了棉花保险，棉花保险于 1942 年和 1943 年开始在美国实施，跟小麦保险一样，棉花保险也遇到了同样的困境。在这两年中，赔付额大大超过了保费收入总额。两年中的保险运营管理费用约 350 万美元，承保损失达 1 100 万美元。1943 年的国会听证会上小麦以及棉花两种作物保险受到批评，由此 1944 年的农业支持法案禁止联邦农作物保险公司在 1943 年 7 月 31 日之后签署任何新的农业保险政策。国会取消农业保险项目的原因如下：①保险项目执行的五年中，每年均发生数额庞大的承保损失；②项目的参保水平较低。

1944 年底农业保险项目得以恢复，在对 1938 年《联邦农业调整法案》的修改基础上，保险对象为 1945 年收获的小麦、棉花以及亚麻类作物，可保风险变更为雾、火、洪涝、雪、野生动物以及飓风等灾害。同时联邦农作物保险公司董事会取得了在高风险区域不进行保险产品销售的权利。同时 1944 年的《联邦农业调整法案》授权对包括玉米、大麦等的多种作物进行保险试验，这些试验的作物可以在不超过 20 个县的地区内进行，同时进行试验的时间不超过 3 年。1946 年的农业保险项目实施中，又出现一些新的特征，比如实施一次投保多年的农业保险产品以及利用县域单产数据进行保险费率测算等。

20 世纪 50 年代，农业保险项目中增加了一些新的作物品种，同时实施农业保险的试点工作不断展开，但总体上作物保险项目逐渐变得平稳，在其发展过程中出现不少向好的方面转化的现象。在这之前农业保险的销售工作由地方机构负责，1954 年联邦作物保险公司改变了其作物保险经营方式，将签订保险合同以及为合同服务的权利下放到地方。

联邦农作物保险公司于 1955 年宣布，1956 年在科罗拉多、新墨西哥以及得克萨斯的 14 个高风险区不再出售其保险产品，在以往的保险经历中这些地区总的保费收入大于其赔付支出。1956 年，联邦农作物保险公司在向国会的报告中指出，联邦作物保险项目与政府的其他保障项目间存在着重叠，作物保险应当作为农户唯一的灾害救助形式。

联邦农作物保险公司在从 1957 年开始的为期五年的农业保险计划中，年保费收入均大于支出，其中 1958 年的损失率仅为 0.26，除了作物生长条件比较好、灾情比较轻之外，这五年中采取的减少逆向选择方面的做法也起到了一定的作用。

20 世纪 60 年代联邦农作物保险公司开始致力于增加农业保险的覆盖范围，使得保险负债显著增加。在这个过程中，不断地有新作物加入农业保险体系中来。在 1961 年以前，除了柑橘和桃子，联邦农作物保险公司的保障范围被限定为价格支持体系以及有剩余问题的作物，这些作物在农业法案中被列为基本作物。1961 年到 1963 年，有 7 种特殊的作物加入保障范围中来。1969 年初，相关管理机构对农业保险项目的不良财政状况进行了分析，认为对于许多新作物来说，风险水平可能被计算错了，且保费被设低了。20 世纪 70 年代联邦农作物保险公司对于上述问题采取了一些措施，在绝大多数的棉花种植县，提高保险费率的同时降低了保障水平。1970 年农业部长派遣了一个由非政府部门的保险专家组成的特派小组专门去研究当时的农业保险项目，他们对以县域产量为基础计算出来的保险费率提出异议，建议联邦农作物保险公司在单个农场产量的基础上开发新的农业保险项目。同样，1977 年美国审计总署发表的报告中也指出需要对单个的农场提供农业保险，通过这种方法可以提高农业保险项目的参与率，尤其可以增加低风险生产者的参与率，这些投保农户可以享受到比原有的保险项目更低的保险费率或者更高的保障水平。低风险生产者投保数量的增加对于联邦农作物保险公司减少逆向选择以及改善财政状况方面有所帮助。基于单个农场的保险项目于 1978 年在 20 个县开始试点，1979 年增加到 40 个县。

2. 政府主导市场化经营（1980—1995 年）

农业保险项目发展的过程中，美国政府相关部门也推行过其他灾害救助项目，但是这些项目后来逐渐由农业保险项目替代。1980 年联邦作物保险法案扩展了作物保险项目，使得农业保险成为主要的灾害保护项目。为了增加参保率，1980 年的法案开始对保费进行补贴，同时允许各州政府对于保费进行额外的补贴，这是政府首次在管理费用以及运营费用以外对保费进行补贴。1980 年的农业法案使得农业保险成为一项重要的国家级项目，此项目将农户在农业生产中面临的部分风险转移到公共部门。同年的《联邦作物保险法案》首次确立了公私合营的农业保险经营方式，其中联邦政府负责的主要内容有：确定保险费率、对作物保险的管理费用以及运营费用进行补偿、提供再保险、为参保农户提供保费补贴。

出于改善农业保险市场上的信息不对称问题及增强农户对联邦农作物保险计划的参与意愿的目的，1980 年国会通过了《联邦农作物保险法》。

法案还提出：①如果该县有农作物保险，生产者将不再获得灾害救助，可购买产量保障水平为 50%、65%、75% 的保险，为鼓励参保，法案授权对50% 和 65% 保障水平提供 30% 的保费补贴，对 75% 保费补贴额将与 65% 水平相同；②法案允许各州提供额外补贴。尽管有补贴存在，参保率仍低于国会预期的 50%，所以需要采取强制购买保险或者提高保费补贴水平以提高参与率。1994 年《联邦作物保险改革法》对农业保险保费补贴率再次进行调整。

1988 年为应对美国中西部严重干旱的不利影响，国会通过灾害援助法案，向遭受作物损失的生产者提供约 35 亿美元的灾害援助，1989 年因南方大面积农作物歉收，国会再次立法提供 15 亿美元的灾害援助，并要求这两年收到灾害援助的人在下一年要购买作物保险，由于灾害援助的巨额开支，美国审计总署认为相较于灾害救助和紧急援助贷款，作物保险是提供保护的较好形式，不太可能引发道德风险。

1994 年法案中提到可保作物的生产者有资格获得一种基本水平的保险，即"巨灾保险"，并将农民是否加入巨灾保险计划作为能否得到联邦政府其他灾害救助和补贴的条件。

1980年保险法通过增加被保商品数量（棉花等多种农作物）来扩大保险计划，实行和1938年法案中同种的产量保险，多风险农作物保险（MPCI）根据投保方式不同分为实际历史产量计划与团体风险保险计划两类。

3. 政府监管商业保险公司运营（1996—2008年）

1996年《联邦农业改进和改革法案》设立风险管理局代表政府和联邦农作物保险公司对农作物保险计划进行监督、运营和管理（一套人马两块牌子）。从联邦农作物保险公司撤出农作物保险直接业务的经营开始，农业保险制度步入政府监管下私营保险公司经营阶段。

1996年法案取消了实施60余年对农产品的价格支持，计划通过7年的时间（1996—2002年）将已有的补贴全部取消。但是为了补足农场主的保障，法案中明令指出给农场主提供收入保险。

1996年美国的《美国农作物保险改革法》，进一步补充了1980年《联邦作物保险法》。最主要的补充内容有三：①在农作物保险的基础上，建立农业巨灾保险计划；②在单个农场保险基础上开展区域保险；③建立"非保险救济计划"。《美国农作物保险改革法》提出，在原农作物保险制度的基础上，新建立"农业巨灾风险保险计划"，该计划是针对农业巨灾风险（主要是干旱、涝、洪水、冰雹、大风、火灾、病虫害等灾害），其保障水平只有农场作物平均产量的50%，赔付价格为预期价格的60%；为此每个农场每种作物只需要交纳50美元；同时该法允许农户同时购买其他更高保障水平或者价格保护水平的保险产品。该法创建了《非保险救助计划》，对于不在作物保险覆盖范围内的作物来讲，该计划是一个永久性的灾难救助计划。

2000年《农业风险保障法》进一步修正以往的作物保险项目，提出紧急农业救助计划，此项法律颁布提出将增加政府对农业保险的补贴，提出对畜牧业以及其他没有被作物保险所覆盖的农场产品进行保险试点。

2008年农场法案规定减少区域产量与收入计划的保费补贴的比率，而对于其他的保险计划与参保水平的保费补贴的比率并没有改变。继续对巨灾保险的保费给予全部的补贴，提高巨灾保险的管理费。2008年的农业保险法案对再保险协议也进行了改革，对于有机作物生产提供保险。

4. 保险由辅助向核心地位的转变（2014—2018年）

2014年农业法案推动了由原先农场价格及收入支持向风险管理的演进，

使得作物保险成为农民应对生产和价格风险的主要工具。2014 年法案中联邦政府对农业保险的保费有所提高。

2014 年美国农业法案与 2008 年农业法案相比，在作物保险方面有较大变化，新农业法案扩大了作物保险项目所覆盖的产品范围，主要是增加了水果、蔬菜等园艺作物。法案允许开发新的保险产品，对于水果和蔬菜这类没有足够有效的价格或者产量数据来参保传统保险的生产者，提供气象指数保险产品。在巴西提起的美国棉花补贴程序的影响下，美国宣布了新的棉花累计收入保险计划等，为购买保险的棉花和其他农作物生产者提供更大的收入保护。仅当该地的棉花种植收入少于预期收入的 10% 并且弥补损失超过预期收入的 10%，才会触发累计收入保险计划，但覆盖范围是预期收入的 30% 时，补充保险选择为除棉花外的其他作物种植收入提供保障，农场主可以选择个人产量的 85% 或县平均产量的 90% 作为上限进行投保，当产量或收入损失超过正常水平 10%（参加了农业收入风险保障计划的生产者为 21%）时，由该计划按投保量进行补偿。政府分别对累计收入保险计划（STAX）的购买者提供 80% 的保费补贴，对补充保险选项提供 70% 的保费补贴。

2018 年农业法案对农业保险进行小幅调整。把自愿按照美国农业部指南进行的作业规范列为保险中强调的良好农业范围，把自愿休耕认定为休耕，甚至把大麻类植物列入农产品保险范围。

二、农业保险运营现状

1. 农险监管制度

联邦作物保险公司和农业风险管理局是美国两大主要农业保险管理机构，整体架构合理、功能完善，有着充足的人才资源支撑。联邦作物保险公司的营建、农业保险的经营管理以及联邦政府对农业保险的各种支持等都以法律法规形式进行了明确界定和规范。目前美国农业保险法包括：《联邦农作物保险法》、2014 年美国农业法案、《农场法案》、《农业风险防范计划》、《联邦预算拨款法》以及《政府绩效与结果法》等，为美国农业保险的健康有序运营提供了坚实的法律法规保障。

2. 农业保险产品

截至 2018 年 7 月 9 日，美国已开发的主要作物保险产品有 23 种，承保的作物品种约 130 个，已覆盖了美国 70％以上的作物面积，禽畜保险产品 7 种。其中主要农业保险产品包括：真实生产历史保险、团体风险计划、真实收入历史保险、美元计划保险、团体风险收入保障、团体风险收入保障——收获收入选择、调整的总收入保险和调整的收入保险精简版、区域风险保障保险、收入保障、排除收获价的收入保障、全农收入保障、牲畜保险、收获保障、利润保障计划、降雨指数、蔬植指数、巨灾风险保障附加条款、高风险选择保险附加条款。收入保险是作物保险计划中的主力军，2018 年，仅收入保障保险就承担了 68.69％的保险责任，保费收入占 73.02％。

3. 农险保费收入与保险责任

根据风险管理局全国作物保险业务报告数据整理结果，从图 4-1 可见，自 1989 年试行以来，美国农业保险保费收入整体上呈现不断增长状态，尤其 2007 年之后的农业保险市场发展更是迅猛，2018 年有所回落。2008—2018 年，美国全农业保险责任年均达到 954.48 亿美元，年均保费收入达到 95.54 亿美元。近年来，美国农业收入保险保费占农业保险总保费的 83％，农民参保率也在 80％以上，其中，2018 年大麦、玉米、棉花、高粱、水稻、大豆和小麦这些主要农作物的保险责任达到 311.53 亿美元，保费收入为 29.54 亿美元。

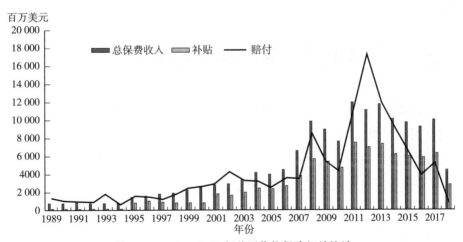

图 4-1　1989—2018 年美国作物保险相关统计

注：1989—2018 年政府补贴额包括经营成本分担、地方政府补贴和保费折扣。作物年一般指从当年 7 月 1 日到下一年的 7 月 30 日止。

数据来源：美国风险管理局全国作物保险业务报告数据总结，https：//www.ma.sda.gow/data/sob.html。

4. 农险保费补贴

农业保险补贴随总保费收入增长而增长，根据 2014 年农业法案，美国作物保险预算达到 898 亿美元，约占当年农业财政总预算的 11％。1989—2018 年，联邦政府给农作物保险的财政补贴总额累计达到 886.86 亿美元（包含费用补贴等）。1989—1994 年，农业保险平均补贴率（补贴额/总保费收入）为 0.26；1995—2008 年，补贴率均在 0.5 以上，平均为 0.57；2009 年起，补贴率突破 0.6，且 2009—2018 年的补贴率平均为 0.62。2001—2018 年，美国政府加大农业保险支持力度，平均保费补贴率达到 0.61，每英亩的政府补贴额约为 17.294 美元，是 1989—2000 年平均每英亩补贴额的 4.38 倍。

5. 农险经营效率

1989—2003 年，农业保险经营损失率（保险赔付额/总保费收入）较高，平均为 1.12。而 2003 年之后，农业保险赔付损失率近乎每年都低于 1，2003—2018 年的平均损失率为 0.74，保险赔付额在总体上覆盖了农业生产者所缴保费，对农业生产保障作用较强。2016 年 7 月 1 日，联邦作物保险公司预计联邦作物保险在 10 年间的经营费用每年约为 1.159 亿美元，而在完善农业保险项目、为生产者提供额外风险管理工具、提高农牧民参与联邦作物保险的积极性等方面的收益难以估量，成本-收益分析显示美国农险财政补贴效率较高。

第四节　农产品价格支持政策

"罗斯福新政"是美国农产品价格支持政策的开始。农产品价格支持政策一直持续到 20 世纪 80 年代中期以前。

美国农业价格和收入支持政策最初是为了应对农业危机；随着美国农业的变化发展而不断深化或放松，在经历了长期的实施、修改、补充后与许多农业政策结合在一起，成为美国农业政策体系中最重要的组成部分。为此，美国政府每年需要支出巨额款项，该政策也成为国民收入再分配的一种补充形式。该政策主要包括调整供应和扩大需求两个方面，前者主要包括农产品计划、销售协议和规程、农作物保险计划等，用以限制产量过快增长，用时还有各种储备计划等调整市场供应；后者主要是国内食物分配和扩大出口等政策。美国农业支持政策体系庞大，内容繁复、具体，在不同的时期又有不同的表现形式，在此仅就典型政策工具进行介绍。

一、农产品价格支持政策的发展历史

罗斯福新政的核心是通过政府干预来控制农产品价格。为此，政府采取相关步骤。一方面，为了减少农产品供应并提高农产品价格，政府鼓励农民放弃部分耕地（无耕种）并提供经济补偿。另一方面，建立政府贷款价格支持系统。农民使用密封谷物作为抵押品，从联邦农业部管辖的商品信贷公司获得贷款。商品信贷公司的贷款额是密封谷物数量与贷款价格的乘积。谷物价格受政府监管。如果谷物的价格超过贷款价格，则农民可以出售谷物并以现金偿还贷款。相反，农民可以选择使用抵押谷物偿还贷款。贷款价格支持系统要求农民自愿选择参加，一旦参加，他们必须与政府签订休耕合同。

从 20 世纪 30 年代到 60 年代中期，农产品价格支持体系一直是美国农业政策的核心体系之一。在实际操作中，政府贷款价格是农产品的最低保护价格，在支撑农产品价格方面发挥了重要作用。正因为政府贷款价格一般不低于实际市场价格，农民往往选择舍弃其抵押给政府的农产品，获得贷款，从而收取由政府贷款价格与实际市场价格差异而产生的利益，抵押农产品换贷款的做法使得大量的农产品集中到美国政府手中。

美国政府于 1954 年颁布了《外国食品援助法》，以解决商品信贷公司拥有的大量农产品。到 1960 年，该项目已出口了大约一半的小麦。自 1961 年以来，美国已开始实施食品券，以向穷人提供免费食物，并间接支持农产品价格。20 世纪 70 年代以来，美国政府选择直接向农民发放现金。

1996 年，《联邦农业改善和改革法》（又称《农业自由法》）的颁布是法律上第一次剥夺政府对农业和农产品价格的支持。该法案指出，从 1996 年到 2002 年的 7 年间，政府将每年向农民支付固定金额的现金补贴，补贴金额不会因农产品价格而变化，具体金额将从 1996 年的 56 亿美元逐步减少到 2002 年的 40 亿美元。但是，随着国会通过《紧急农业救济法案》，政府在 1996 年至 2000 年支付了 616 亿美元现金，尤其是在 1999 年至 2000 年支付了超过 200 亿美元的现金。根据 2002 年《农业安全和农村投资法》的计划，2002 年至 2011 年，将向农业提供 1 900 亿美元的补贴。因此，2002 年的《农业法》将政府对农产品价格的补贴与农产品价格重新联系起来。1996 年开始，美国农产品价格政策由对农产品的目标价格转变成对农产品收益进行补贴，即对没有达到预期收益的农产品予以价格补贴。

二、农产品价格支持政策的主要措施

（一）无追索权贷款

"无追索权贷款"（non-recourse loan）属于最低支持价格政策，定义为由联邦政府委托农业信贷公司向参与政府农业计划的农民提供一定比例短期农业抵押贷款。政府将贷款率（贷款水平）设置为对参与政府农业计划的农民的每单位农产品（蒲式耳，桶，磅或公担）的贷款量。

20 世纪 30—70 年代，美国政府主要通过此特定措施对大米、玉米、小麦等 6 种农产品进行价格支持（谭砚文等，2019；Sumner 等，2010；Timmer，1986）。根据该方案规定，农场主可以抵押农产品的所有权进行贷款，以指定贷款利率从政府处获得贷款，贷款总额是获准参与质押的农产品数量乘以当年贷款率。农场主可以在贷款期限内的任意时间还款，还款金额为贷款本金加上应计利息费用。农场主也可以选择保留贷款资金，并在贷款到期后，将指定数量的贷款抵押品交予政府。只要农产品市场价格低于贷款金额及利息的总和，农场主就可以通过保留贷款来保证收入（Westcott 等，1999）。可以看出，美国政府实际上是以贷款率作为最低支持价格来收购农产品，以稳定农产品市场并保证生产者利益。

该政策导致农场主有底气在价格较低时，能等待有利价格而不是急着出售农产品，进而保护农民利益。在实行"无追索权贷款"的过程中，为切实保护农场主利益，美国政府基于农产品市场价格来计算贷款率并根据市场状况定期调整贷款率。在保护农场主利益的同时，为控制农业生产，缓解农产品生产过剩造成的财政负担加重等问题，政府只向与政府签订休耕合同的农场主提供"无追索权贷款"支持。

（二）目标价格补贴政策

农业目标价格补贴政策在历次的农业法案中都存在。早在 1938 年美国农业法案中就创立了"平价差额补贴"，之后随历史条件的变化，美国不断对其操作方式和名称进行调整。1973 年农业法案正式将"平价差额补贴"改名为

"基于目标价格的差额补贴"，1996年农业法案暂时取消该政策，于2002年农业法案恢复，并将其改名为"反周期补贴"，2014年又将其改名为"价格损失保障"。政策名称变更背后的关键是，确定目标价格水平和差额补贴的依据是什么，其具体操作方式如何。表4-4列示了1938年以来美国农产品目标价格补贴政策演化的总体脉络、操作要点和实施效果。从表4-4看，除了1996年农业法案暂时取消了目标价格补贴政策外，基于目标价格的"差额补贴"机制至今未变。

以下将对几个关键的目标价格补贴项目进行简单介绍。

1. 营销贷款差额补贴

"市场营销贷款差额补贴"是指如果农产品的市场价格低于政府的年度农产品目标价格（政府为农民提供平稳销售农产品的最低保护价格），政府将给予补贴。补贴情况如下，如果农产品市场价格高于贷款率，差额补贴率等于目标价格与农产品市场价格之差；如果贷款率高于农产品市场价格，差额补贴率等于目标价格与贷款率之差。

如果农产品的市场价格低于目标价格，则农民可以选择直接在市场上出售农产品，并从政府那里获得差别补贴，也可以抵押并等待。农产品的市场价格是有利的，以低于贷款利率的价格偿还贷款的价格将返还贷款的本金和利息，赎回农产品并在市场上出售。还款价格水平由农业部根据世界市场价格水平并参照美国情况而定。

具体实施过程中，享受差额补贴的农场主被要求必须参加政府的减耕计划。同时运用差额补贴来支持农产品价格既有利于减少政府购买、减轻库存压力，又有利于减小政府对农产品市场供求的影响，减轻对农产品价格的扭曲。

自1973年的农业法案开始，美国政府正式实施目标价格补贴政策，当目标价格高于农民的有效价格（市场价格和贷款率中的较高者）时，政府根据农户确定的基础面积和其实际单产水平计算出实际总产量，按照目标价格和有效价格间的差额与总产量的乘积进行补贴。

2. 反周期支付

反周期支付由2008年农业法案设立，其在农产品价格较低的情况下作为"安全网"的一部分对生产者提供支持。若农产品的有效价格低于目标价格，实行反周期支付。实际支付金额的计算方式为该农产品的"目标价格"减去有效价格。反周期补贴政策在2014年的农业法案中被取消。

表 4 – 4 不同历史阶段美国农产品目标价格补贴政策的操作要点和实施效果

历史阶段	政策名称	目标价格的确定	价差核定	补贴依据（方式）	"归箱"判定	实施情况和效果
1938—1972 年（战争期除外）	平价差额补贴	1909—1914 年平价水平乘以生产者物价指数		实际产量（但不超过销售配额量）	"黄箱" 特定产品支持	早期因战争、财政问题很少启动，1964 年才开始常态化
1973—1976 年	基于目标价格的差额补贴	综合考虑生产成本和同类产品的比价关系来确定，每年根据生产成本动态调整，确保农民的合理收益	贷款率（相当于最低收购价）和实际价格的差额	实际产量（无配额限制）	同上	因国际农产品市场行情较好，补贴很少被触发
1977—1984 年	基于目标价格的差额补贴	不断根据持续上涨的生产成本上调目标价格	较高者与目标价格的差额	同上	同上	目标价格和生产成本相互助长，螺旋式上升，价差扩大，财政负担加重，生产过剩等负面效应凸显
1985—1995 年	基于目标价格的差额补贴	1985—1989 年不再根据本因素上调目标价格，1990 年开始降低目标价格水平到完全成本之下		不超过产量 85% 的实际产量（且必须落实限产计划）	"蓝箱"	一定程度控制了财政支出，促进了结构调整和生态修复
1996—2002 年	生产灵活性补贴	—	—	—	"绿箱"	适应了 WTO 规则，但完全脱钩使补贴缺乏效率
2002—2013 年	反周期补贴	沿用 1990 年确定的目标价格水平（低于平均完全成本）	贷款率和实际价格较高者加上固定直接补贴后得到的有效价格与目标价格的差额	农场固定基期面积 85% 乘以基期平均单产（与当期实际种植什么无关）	"黄箱" 非特定	兼顾补贴效率、风险管理和适应 WTO 规则多重目标；实际补贴支出并不多
2014 年至今	价格损失保障	按照平均生产成本的一定比例确定（比 2008 年农业法案确定的目标价格高）	贷款率和实际价格较高者与目标价格的差额	同上	同上	同上

数据来源：美国农业部网站。

3. 平均作物收入选择补贴

2002 年反周期补贴政策出台后，政策在运行的过程中出现了偏差，例如在单产下降、收入减少时减少补贴，而在产量增加、收入提高时补贴过多等。为了解决反周期补贴没有考虑到单产变化的不足，2008 年美国农业法案中出台了平均作物收入选择补贴政策作为过渡政策。法案中规定选择接受平均作物收入选择补贴项目的农户，不仅不能再接受原有的反周期补贴，同时还必须同意减少 20% 的直接补贴和 30% 的营销贷款。平均作物收入选择补贴（又称为收入保障直接补贴）作为农场主从传统商品补贴项目中得到价格支持的替代选择，最初旨在保障支持农场主的收入。不管是因产量增多价格下跌还是天气等外部环境导致产量减少引起的收入下降，美国农场主都能从中获得补贴。

（三）农产品储备计划

农产品储备计划包括联邦农产品储备计划、农场主自有储备计划。

农产品储备计划主要依靠农业信贷公司。为了利用其储备来调节市场并控制农产品价格，农产品信贷公司向农民提供贷款收购农产品或直接从市场购买农产品。

农场主自有储备计划实质是政府通过私人仓储设施干预农产品价格以调节市场供应。主要内容是参加该计划的农场主（必须是当年谷物调整计划的参与者）与农产品信贷公司签订合同，农场主需要使用谷物作为抵押品将其存储在农场或商业仓库中，同时又需要确保质量，农业信贷公司根据合同支付仓储费和无追索权贷款。若农场主选择储存谷物，就不能随意售卖储存的谷物，否则将按违约处罚。

第五节　农业信贷与税收政策

到底怎样的农业支持政策能在一定财政预算约束内，保证支持充分有力，并且最大程度地激发市场活力？美国为了解决这个问题实施了目标价格政策以及政策性信贷和保险政策。其中，政策性信贷是较早引入且沿用至今的农业支持方式。美国政策性信贷具有对农业生产者"托底"和"赋能"两大功能：以营销援助贷款为特征的商品信贷是美国农业安全网的基础政策，不仅平抑农场资金需求波动，而且发挥价格托底的支持作用；具有"产业链贷款"性质的设施信贷，支持农场修缮储备设施，引导并培育农民的营销能力，增强市场自发调节能力。政策性信贷在"有所为"的同时又"有所不为"，通过严格限定政策范围和执行边界，避免政府大包大揽，有效降低财政负担和风险，并保持了政策的市场弹性和经营主体的市场适应能力。

在农村金融方面美国政府主要实施的支持政策有以下两个方面，即信贷支持和税收支持。

一、政策性农业信贷主要支持措施

美国政策性信贷除了提供信贷服务之外，还以信贷方式将农业支持政策嵌入市场机制，减少政策支持带来的市场扭曲，并强化了市场的自我调节能力。美国政策性信贷主要有两类，商品信贷和设施信贷，分别从"托底"和"赋能"两个方面优化传统农业支持政策。

（一）商品信贷

商品信贷具体指营销援助贷款，是美国农业安全网的关键环节。营销援助贷款相比目标价格政策实施更早，且发挥着更为基础的托底作用。具体来看，商品信贷是政府提供的临时融资手段，用以支持农产品全年有序营销，减轻农业生产者在市场价格低点（收获季）被迫回笼资金的压力。1938 年以前目标价格政策尚未出台，美国支持农业发展主要依靠无追索权营销援助贷款。生产者在市场价格低于贷款率时可选择不偿还本金利息，而由商品信贷公司没收抵押物，生产者相当于获得了贷款率与市场价格差额的补贴。随着美国农产品产量逐步提高和价格持续下跌，无追索权营销援助贷款项目给政府带来较大的库存压力。1985 年美国引入了有追索权的营销援助贷款，即商品信贷公司拒绝接受实物还款，而要求生产者变卖产品以偿还本金和利息。有追索权营销援助通常与贷款差额补贴配合使用，一定程度上降低了政府的库存压力和财政风险。到 1996 年美国棉粮油作物的营销援助贷款全部改为有追索权营销援助贷款。

目标价格的雏形出现在 1938 年，从政策分工的角度来看，营销援助贷款更多有成本补偿功能，目标价格政策则是收入补偿。目标价格补贴覆盖目标价格之下贷款率之上的部分，而当市场价格下跌到贷款率之下时，由商品信贷托底。所以，商品信贷是目标价格政策乃至整个美国农业支持政策的基础，目标价格在商品信贷的基础上补充并加强了政策支持力度。从美国农业支持政策的演变路径来看（图4-2），不论目标价格的具体形式如何改变，商品信贷项目一直发挥着基础性作用，且始终保持营销援助贷款的形式。从营销援助贷款的含义和偿付规则可以看出，商品信贷不仅是单纯的以缓解资金约束为目的的政策性信贷，而且是一项重要的农业托底政策。

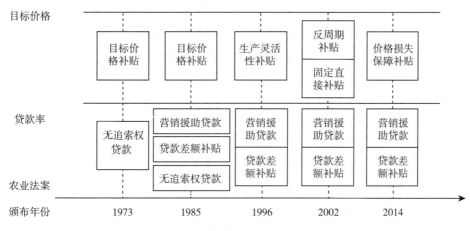

图4-2　1970年以后美国粮棉油价格支持政策演变路径

商品信贷把农业支持嵌入市场，减轻了农业托底政策的市场扭曲程度。与直接托底不同，生产者在获取商品信贷以后，仍然暴露在市场环境中感受价格波动。商品信贷的贷款率水平低、托底程度有限，为了争取更高的销售价格和更好的销售收益，生产者在产品收获之后仍会密切观察市场走向，在市场中积极营销。可见，商品信贷以抵押贷款的形式，把生产者强行嵌入市场，迫使其适应市场调节生产行为。

随着有追索权营销援助贷款实施范围不断扩大，生产者以毁约方式直接获取补贴的可能性降低，进一步促进生产者和政策性贷款的市场内嵌程度。但是，政府支持没有放松，政府仍提供起码的托底补贴，"无追索权贷款"可以直接毁约，"有追索权贷款"在偿付本金利息之后，可获得实际价格与贷款率之间差额的补贴。除支付时序上有差异之外，信贷项目几乎完全等同于最低收购价政策，保证了托底力度不削弱。

在商品信贷中，政府承担应尽的托底职责，保护生产者免遭严重损失。但又以信贷的方式改进托底手段，拉开贷款支付时序，把生产者内嵌到市场活动中，迫使生产者参与并适应市场，引导其学习产品营销策略，进而减少托底政策对市场的扭曲程度，引导市场良性运转。

（二）设施信贷

拥有储备设施的生产者能够在作物丰收、价格下跌时存储粮食，在需求高走、价格看涨时销售粮食。储备设施质量决定生产者的储备能力，拥有储备的生产者能够在市场交易中掌握主动权，有较高的市场风险应对能力。农场储备设施贷款项目给生产者提供低息贷款，用于建造、修缮农场储备和处理设施。设施信贷针对农业产业链上游生产收获和营销环节，具有"产业链贷款"的性质，协助生产者在生产年份内更有序地销售农产品。从这可以看出，美国的农业支持超出了"输血式"支持的思路，转向培育"造血"功能，赋予生产者自发调节和应对风险的能力。

设施信贷项目覆盖的设备包括作物储备和处理的设施、设备和卡车等 15 种，不包括生产性设备。覆盖的农作物除了营销援助贷款范围内的大宗农产品之外，还包括部分水果蔬菜。政府通过设施贷款项目显著提高了生产者的储备能力，尤其是过去储备能力较弱的农场。农场自有或共有的粮食仓容量占到了美国总仓容量的 58%，美国农场储备能力的提升有效降低了政府储备的压力，并推动美国社会的粮食储备结构朝着以农场储备为主的方向转变。设施信贷试图从根本上改善农业生产者的脆弱性，赋予生产者更强的产品营销能力，使生产者更有能力抵御市场风险。

2018 年美国农业法案批准储备设施项目继续运行。设施贷款的贷款年限可以是 3 年、5 年、7 年、10 年或 12 年，最高不超过 12 年。设施贷款的具体条款依据贷款金额、设施用途、设施新旧程度等有所不同。新设施最长贷款年限为 12 年，使用过的设施贷款期限仅能在 3 年、5 年间选择。贷款利率因贷款批准时间不同而不同，而且在整个贷款持续期间一直有效。根据利率条款不同，贷款利率可能有所不同。比如 2019 年 6 月，3 年或 5 年的设施贷款利率为 2.25%；7 年期的贷款利率为 2.275%；10 年或 12 年的设施贷款利率为 2.5%。这些贷款利率每月都会进行更新①。

---

① http：//www.flaginc.org/wp-content/uploads/2019/06/Farmers%E2%80%99-Guide-to-the-Farm-Storage-Facility-Loan-Program-June-2019.pdf#page=62&zoom=100，0，312。

二、农场信贷体系

(一)美国农场信贷体系概况

美国商业银行专注于非房地产贷款领域以及中短期贷款,约占农业信贷市场的 44.3%。农业信贷体系占据了 39% 的市场,主要为农业部门(包括新兴农场和小农)提供中长期融资。在房地产抵押贷款领域,农业信贷制度一直是有利的。

随着美国农业和农村经济的发展,美国农业信贷体系继续改善。1916 年联邦土地银行的建立是美国农业信贷体系逐步建立和完善的标志。《联邦农场贷款法》将美国划分为 12 个农业信贷区,每个区都有联邦土地储备,并发展了农民组织农地抵押合作社和协会。随后,1923 年《农业信贷法》、《紧急农业抵押贷款法案》、1933 年《农业信用法》及《联邦农业抵押公司法》颁布,奠定了美国农场信贷体系的基本框架(图 4-3)。

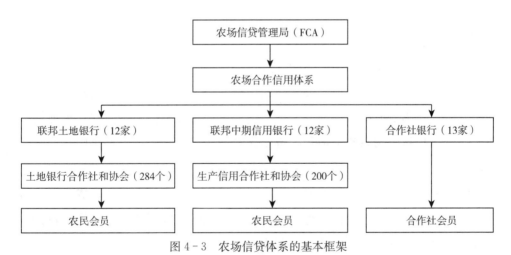

图 4-3 农场信贷体系的基本框架
数据来源:美国农业部网站。

进入 20 世纪 90 年代,农场信贷机构出现了合并重组的趋势。20 世纪 50 年代农场信贷体系内有 2 000 多个信贷机构,截至 2011 年 1 月,农场信贷体系仅剩下 1 个农业信贷银行和 4 个农场信贷银行、3 个独立的联邦土地信贷协会和 81 个农场信贷协会母公司[①],农业信贷区也由最初的 12 个演变为现在的 5 个。

---

① 数据来源:http://www.fca.gov/info/number_of_fcs_institutions.html。

（二）美国农场信贷体系的组织结构与运作模式

美国农场信贷体系主要指三大系统：联邦土地银行、联邦中期信用银行、合作社银行。商业银行和其他的私营机构也会与农场信贷机构在同区域内进行直接的竞争，提供部分农场信贷服务（图4-4）。

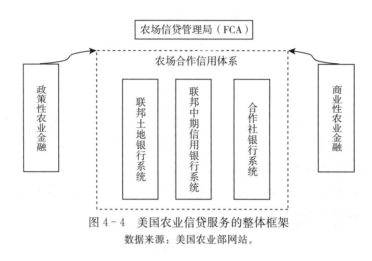

图4-4　美国农业信贷服务的整体框架
数据来源：美国农业部网站。

1. 联邦土地银行系统及其运作

1916年在美国成立联邦土地银行是建立美国农业信贷体系的开端。联邦土地银行系统由联邦土地银行及其附属机构和协会组成。作为美国农业信贷体系的主体，联邦土地银行在当地金融部门中占据主导地位。美国联邦土地银行的业务目标是利用农民的土地贷款资金为农业生产及相关活动提供中长期信贷资金和服务，并利用信贷活动来扩大和发展农业生产方向。因此，从业务上来讲，联邦土地银行主要办理以农地作为第一抵押品的中长期贷款，成为只从事农地贷款业务的专业性银行，对于结算、债券兑付等银行业务主要是委托其他金融机构办理，以最大限度降低经营成本。

由于联邦土地银行只提供农地抵押贷款的专业化服务，以及农地贷款具有期限长、利率低、风险大的特性，使得联邦土地银行不可能像其他银行主要通过吸收存款解决资金来源。资金来源主要为吸收股金、发行土地债券筹资、提取盈余公积金、农场信贷管理局批准后从其他金融机构拆借四种方式。

贷款业务办理过程中，联邦土地银行首先贷款给基层合作社和协会，通过它们再贷给农民。基层合作社是由借款人组成的合作金融，成员相互了解，信息搜集成本和贷后监督成本大大降低，有效地解决了放贷成本和信息不对称问题。贷款的期限在 5～40 年不等。农民可在需要借款时主动加入土地银行合作社，若不再借款可随时退出。

2. 联邦中期信用银行系统及其运作

联邦中期信用银行系统主要解决农民中短期贷款难问题。它是按 1923 年《农业信贷法》的规定逐步建立起来的，主要向农场经营者、水产养殖者和农村居民发放中短期贷款，贷款期限一般为 1 年，最长不超过 7 年。该系统包括 12 个联邦中期信用银行，每个银行都有大量的生产信用合作社和协会。联邦中期信用银行充当贷款"批发商"和监管者的角色，不仅需要对生产信用合作社和协会发放贷款和贴现，还需要帮助处理呆坏账、制定信贷标准等。

在筹资方面，生产信用合作社的入股金构成联邦中期信用银行的主要资金来源；其次，发行债券和向其他金融机构的借入资金。

3. 合作社银行系统及其运作

合作社银行系统由一个中央合作社银行和 12 个信贷区合作社银行组成。

合作社银行直接向合作社发放贷款。合作资金来源可分为三个方面：①股本。股本资本包括合作社获得贷款时购买的合作社银行股份。购买更多的合作银行股份和合作银行的净储蓄，具体取决于支付的利息金额。②发售债券。债券是合作银行又一主要资金来源，这些债券的承销商是纽约市财政署。③贴现票据借款及向其他金融机构的借入资金。

4. 服务于农场信贷市场的其他金融机构及其运作

美国人寿保险公司作为农业部门不动产贷款长期提供者，一直为具有一定比例不动产的农场提供资金。养老基金在农场抵押贷款方面也提供了部分资金，虽然市场份额比不过商业银行。美国农业信贷组织结构体系还包括银行以外的各种联邦农业抵押和复兴金融公司。一方面，他们与联邦土地银行进行抵押和债券交易，以减轻对联邦土地银行资本周转的需要；另一方面，他们前往联邦土地银行购买部分农业用地（张笑寒，2007）。

5. 美国农场信贷体系的配套服务体系

美国农场信贷体系的健康发展与其完善的服务机构密不可分（图 4-5）。这些相关服务机构包括联邦农业抵押贷款公司、农场信贷保险公司、基金公司、农场信贷理事会、农场信贷服务委员会，以及农地登记机构、农地估价机构和成熟的土地流转市场等。此外，美国农场信贷运行的良好基础，不仅有以上相关服务机构做支撑，包括融资担保制度、农产品期货制度、农村资产证券化等相关配套制度在内的农村金融市场环境的优化也是一个重要的推动因素。由此可见，相关服务机构及配套制度的完善是农场信贷发展的重要保障。

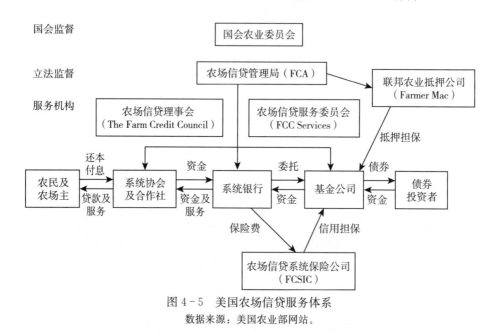

图 4-5　美国农场信贷服务体系
数据来源：美国农业部网站。

三、农业信贷政策条件

美国农业支持政策种类繁多、形式多样，覆盖面广、产业链长，财政风险较大。但美国政府在起基础性托底作用的营销援助贷款项目上做出明确规定，严格限定项目执行范围，把支持力度维持在财政可控和市场容忍范围内。具体来看，营销援助贷款项目从特定农场、特定作物、特定面积、特定价格四个方面进行了限定。

1. 农场所需满足条件

美国农业法案规定，有资格申请的生产者必须满足以下四个条件：第一，遵守生态涵养和湿地保护条款；第二，必须提交农场种植作物的地块报告，相当于下一年的作物种植计划；第三，在营销援助贷款偿还或者商品信贷公司取得所有权之前，持有作物的收益权；第四，符合调整总收入的限制。

2. 作物所需满足条件

美国农业法案对营销援助贷款的作物范围和质量做了明确规定，具体包括五个条件：第一，由有资质的生产者在农场上生产；第二，产出实际存在且在一定储备设施内；第三，作物种类符合商品信贷公司规定的食品、饲料或其他用途的作物或动物制品；第四，不含汞化合物、生产毒素的霉菌或其他对人类或动物有毒的物质；第五，满足商品信贷公司规定的最低品级和质量标准。产出质量和生产者能够获得的贷款率密切相关，商品信贷公司会根据质量高低确定贷款率浮动标准，质量较高能够获得较高的贷款率，较低则在国家统一规定的基础上下调，具体由地方自行决定。从贷款覆盖范围来看，美国营销援助贷款扶持的作物种类非常多，包括各种杂粮、豆类甚至动物制品。农业法案对每一种作物的品种、质量、分级都做了明确规定。

3. 控制面积

美国的营销援助贷款项目通过贷款前后面积的监督、审核来严格控制种植面积。生产者在提交营销援助贷款申请时必须提交农场地块报告交予商品信贷公司审批，地块报告相当于农场种植计划，审核通过之后生产者必须严格按照报告进行农业生产，能获得补贴的作物（即抵押物）范围仅在地块报告的范围内。生产者获取营销援助贷款或贷款差额补贴之前，必须提交生产证明。当市场价格低于贷款率，农民支付的本金和利息低于贷款率，在获得国家补贴之前，政府需要对农民的生产和销售行为进行确认。目的是确保生产的真实性，防止生产者虚报。

4. 特定价格

营销援助贷款中的贷款率相当于托市价格，美国的贷款率远低于市场价格，能大致覆盖生产成本。贷款率由美国农业法案确定一个国家平均水平，产地或者储备地可以根据过去的平均价格水平和储备水平做一定调整。贷款率的设置主要参考成本，基本不考虑额外收益。较低的贷款率，突出了营销援助贷款项目的托市定位，给其他价格支持政策留有空间，也把关乎收益补偿的任务转让给其他类型的支持政策（例如目标价格政策）。由于营销援助贷款与国家收储密切相关，较低的贷款率还能够避免较大的收储负担。

四、美国商品信贷公司运行情况及机制

美国商品信贷公司是美国联邦政府为扶持农业发展成立的政策性金融机构，在农产品生产计划、农业资源保护、农业灾害救助、农业科学技术研究和

推广等农业生产环节的融资过程中扮演着重要的角色，对推动美国农业现代化发挥了重要作用，已成为政策支持农业现代化发展的典范式金融机构。

美国商品信贷公司历史演变。1933 年经济危机期间，为缓解农产品过剩，罗斯福政府颁布《农业调整法》，开始实施农产品价格支持政策。为解决农产品价格支持中的融资来源和分配问题，10 月 17 日，罗斯福政府签署 6340 号行政令，在特拉华州成立商品信贷公司。商品信贷公司成立之初由重建金融公司管理和运作，但接受美国农业部监督。1939 年，商品信贷公司转由美国农业部管理和运作。1948 年，美国颁布《商品信贷公司宪章法》，规定商品信贷公司转变为联邦政府公司，由农业部直接管理。至此，商品信贷公司完全转变为国有公司，成为美国政府扶持农业发展重要的政策性金融机构。

美国商品信贷公司功能。商品信贷公司的主要功能是向农业生产、农业发展等提供资金支持，在美国发展的不同历史阶段发挥了不同的功能，例如，在罗斯福新政时期为政府低价收购农产品和储备农产品提供资金等。至 1973 年，商品信贷公司不仅为政府提供目标价格资金和差额补贴资金，还增加环境保护功能。现如今，商品信贷公司的功能主要包括收入支持、贷款、环境保护、农产品经营和食品援助等。收入支持包括：弹性生产合同补贴、直接支付和反周期补贴支付项目、价格损失保障等，可以有效调控农产品种植结构、防范农业风险、促进农民增产增收。贷款包括：营销援助贷款、农场储备设施贷款等，可以有效地促进农产品销售、加强农业基础设施建设等，有利于农业发展；环境保护包括：保护储备计划等，可以较好地保护乡村生态环境，有助于建设宜居型乡村。商品信贷公司的资金来源主要包括资本金、借入款和政府拨款等，其中借入款主要来源于财政部，较小部分来源于银行借款。

美国商品信贷公司运行机制。美国商品信贷公司直属于农业部管理，但具体运作由董事会负责。董事会主要由农业部各局主要官员组成，一般有 7 名董事会成员，农业部部长担任董事会主席，农村发展局负责人、农业和外国农业服务局负责人等担任董事会成员。商品信贷公司的业务主要由农业部下属各局负责办理，下达至各州地方办公室和 2 100 多个服务中心。商品信贷公司运行的目标是保护农产品价格、保障农民收入、保障农产品供应稳定、有序分配食品饲料等农产品、维持主要农产品供需平衡。

五、农业税收政策

美国的税收制度呈现明显的联邦制特征。除了联邦和州一级的税收外，地方一级的县、市和乡镇、学区以及特殊目的部门也有权力提高税收。联邦对个人征收联邦所得税，这是对总收入统一征收的税种。农户缴纳的直接税主要是联邦所得税，其次是社会保障税和自雇税。2017年颁发的《减税与就业法案》于2018年实施，对联邦所得税制度进行了广泛修改；《减税与就业法案》简化了公司税率，以21%的较低税率（而不是分层税率）征税；逐步降低了累进个人所得税率，并拓宽了7个税级。

根据经济研究局的研究，《减税与就业法案》对农民的最大影响来自边际所得税率的降低。使用2016年农场家庭收入数据进行的分析表明，在《减税与就业法案》下，中型家庭农场（那些拥有现金农场总收入的家庭）的平均有效税率将不是平均有效所得税率的17.2%，而是平均13.9%且受益最多。

美国联邦所得税制下，农业最大的优势在于用近4年的平均收入计税[①]、某些资本支出可以抵扣以及将出售资产产生的某些收入认定为资本收益。但是，出于州和地方财产税考虑而减少的农场房地产税可能是总体上最重要的税收支出。此外，对于年收入少于2 500万美元的农场，可以使用现金收付制计账（而非权责发生制），可以减少农场因账簿管理而产生的管理费用。

美国的农业税收政策主要为所得税和财产税。具体内容如下。

1. 所得税

在当前的所得税结构下，根据农场的组织形式，可以选择利用联邦个人所得税或公司所得税来对农场征税。州一级的税收处理方式与联邦相同，也即联邦一级作为公司征收所得税的农场通常在州一级也作为公司缴税。

农场可以选择C类公司、独资公司、合伙制企业、有限责任公司和S公司。农场也可以选择组建有限责任公司，出于税收目的，美国国税局可能将其视为独资公司、合伙制企业或与其所有者分离的实体。实际上美国大多数农业是以大型公司的形式经营，按公司所得税的形式缴税。在2017年，只有2%

---

① 什么是平均农业收入？联邦法规允许农民在前三个纳税年度平均分配当年农业收入的一部分。

的农场以 C 类公司形式经营。

独资经营是美国农场最常见的组织形式，根据 2017 年《农业资源管理调查》，有 89% 的农场以独资企业形式经营；这种形式的农场征收个人所得税。合伙企业和 S 公司只有在将农场收入转移到个人合伙人或股东之后才能征收个人所得税。约有 97% 的农场是缴纳个人所得税而不是公司所得税。

农民既可以从适用于所有纳税人的一般税收条款中受益，也可以从专门针对农民的税收条款中受益。一般而言，相对于其他许多业务收入，农业收入多了许多税收优惠。这些税收优惠包括某些资本成本的当前可抵扣性，出售农场资产所得收益作为资本收益，现金收付制计账和以农场近 4 年平均收入为税基计税。所有这些规定降低了农业所得税税基，降低农场某些收入的税率，最终有助于减少年度收入差异。

国家为保护土壤、地下水和环境，为保护野生动物或森林而进行的补贴，有时免税。例如，保护储备计划的目标是使对环境敏感的土地免于农业生产。来自保护储备计划的支付不计入租金；保护储备计划可用计入净收入计算自雇税，但无须缴纳联邦所得税。

农业生产中使用的一些资产产生的收入计入资本利得。在某些情况下，出售用于农业业务的资产所产生的收入无须缴纳所得税，而应作为资本利得或损失征税。有资格进行这种处理的农场资产包括为耕种、奶业、育种或体育目的而持有的农田、建筑物、机械和牲畜。牲畜必须养殖一定时间（需要的养殖时间）之后，才能够产生销售收入，这些收入将被认定为长期资产，适用较低税率或 0 税率。通过计划，农民可以通过最优惠的税率缴纳所得税。

在所得税中扣除有关开发成本。联邦所得税中针对农场主的另一个特征是能够将某些当年发生的或者支付的开发成本从税基中扣除。这些开发成本的例子包括：饲养、选育、繁殖奶牛或者将牲畜饲养到其成熟的年龄，照看果园或葡萄园直到能够有所产出，清理土地或通过石灰、肥料及其他材料等建立土地长期肥力等。

收付实现制。出于税收目的，企业通常使用权责发生制计账，而大多数农场主可以使用现金收付制计账。大批的合作制农场或小型的农业企业也允许使用现金收付制计账方法。使用收付实现制的主要优势在于不同会计年度收入和支出间可能存在着不匹配，较早确认收益总是有益的。

目前所得税税基中还允许农场扣除土壤及水资源保护的相关支出。1954

年以来，农民可以将某些类型的土壤或者水资源保护的支出，或者防止耕地遭受侵蚀的支出直接从所得税税收中扣除。支出包括土地平整，土地分级，梯田，自定义犁沟，种植防风林，建造、控制和保护导流渠、排水沟、灌溉沟、土坝、水道、排水口和池塘等。

以平均收入计入税基。根据现行法律，农民可以选择将特定的农场收入（包括出售土地以外的农场资产的收益）转移到前三年，并按每年适用的税率纳税。向后转移的当前收入在三年之间平均分配。如果在前一个或多个年份中边际税率较低，那么农民的应纳所得税款可能会比没有平均收入的情况少；这种方式有助于减少由于农场收入变动以及税率累进结构综合导致较高的潜在税收。《减税与就业法案》中保留了此规定。

除了有针对性的规定外，农民和农业企业还受益于各种一般性规定，包括对资本投资的税收优惠，《减税与就业法案》对此进行了修改，以有效地在资本购买的第一年进行核销。资本购买包括饲养牲畜和挤奶棚以及农用设备。

根据《减税与就业法案》第179条，可以立即扣除的资本购置款额从51万美元增加到100万美元。此外在2022年之前，在第179条限制之内进行投资的企业可以在购买的第一年中推断出其投资与100万美元限制之间的差额的100%（"100%红利折旧"）。此措施适用于2017年9月之后购买并投入使用的新旧农业设备。从2022年底开始逐步淘汰红利折旧，每年淘汰20%，直到2027年完全淘汰。在投资的第一年收回的投资额，其后通过加速税率降低了税率，并鼓励增加资本投资。

经济研究局的研究表明，新的《减税与就业法案》第179条规定不太可能对大多数农场产生重大影响，因为大多数农场投资的折旧资本资产低于第179条设置的最高阈值。在2009—2016年，投资额大于100万美元的农场不到总农场数的1%。

2. 财产税

每年的财产税是州和地方政府最重要的税种。

地方财产税通常与提供社区服务有关，尤其是教育，因此为了以较低的密度使用土地而设置较低的税率（比如农业）类似，较低的财产税与单位应税土地上使用这些服务较少有关。

所有州都采用了一些特殊的评估计划，旨在减少农民向州和地方财政缴纳的财产税。最常见的计划类型是"使用价值评估"，其中财产税是基于土地永久的用于农业这种假设而进行的测算。这种方式可以很大程度上降低财产税，进而降低农场的运营费用，并减少因项目开发的财务压力导致农民出售土地的可能性。

遗产税方面，《减税与就业法案》修改累进税率的门槛值（翻倍），存在一些规则可以减少小型家族企业的赠予税与遗产税，可以对耕地特殊用途进行评估，遗产税进行分期付款。在所有适用的农场、小型企业中，农场是特殊用途价值评估制度的主要受益者。

通常情况下用于所有人过世时财产的公允市场价值来计量财产的遗产税，但对于专门用于农业或其他紧密相关业务的房地产，存在特殊规定，并且将农场的价值设置为其使用价值。对于大多数农场，特殊使用价值比公平市场价值低 40%～70%。农民还可以选择将其部分土地捐赠给发展受限的特殊用土地项目，之后将该部分土地价值从财产价值中扣除，从而减少纳税。

第六节　农业法案沿革及最新进展

农业委员会作为国会中最古老的委员会之一，最早由众议院于 1820 年设立，参议院紧随其后于 1825 年设立。至今农业委员会仍承担着农业保护、农村发展、食物援助等重大综合政策立法职责，成型的法律文件即为农业法案。以下对这项影响着每个美国人，并可能对全球产生影响的农业法案各部分的历史以及发展现状进行简要介绍。

一、商品

从美国建国起，就制定了相关政策来激励对社会至关重要的主要作物（小麦、玉米、棉花等）的生产。在 19 世纪 30 年代之前，这些政策主要包括向先驱家庭授予土地，提供信贷并通过赠地学院的科研机构来支持他们。

20 世纪初期的机械革命彻底改变了世界主粮市场，也使农民能够通过耕种更多土地来增加产量。在美国，由于商品价格暴跌，农民为争取弥补收入损失而耕种了更多土地。在这一背景下，加之农业核心地带的严重干旱以及影响深远的大萧条，为第一个农业法案奠定了基础：1933 年《农业调整法案》出台。

任何一个从事农业生产的家庭其经济目的都是增加产量。从最开始有关政策制定者就意识到土地是最宝贵的资源，最早的农业法案出台相关政策鼓励单个农户不进行过度生产，以稳定市场。美国几乎在所有的县都建立了农业稳定与保护局，负责对农田进行分类，并与农户合作以提高生产力，同时保护土地。

如今，农业法案的第一部分商品计划旨在"符合 WTO 有关自由贸易的规则下，在不干扰市场的情况下，提供特定形式的收入援助"。涵盖了包括大麦、玉米、豆类作物、大米、高粱、大豆、小麦和油菜等农作物；对乳制品和糖类也有涉及。

2018 年农业法案，通过了几项关键更改。

第一个主要变化也是关键更改之一是农业风险保障和价格损失保障之间的选择。与 2014 年农业法案中农户做出选择无法更改不同，2018 年农业法案规定，生产者将可以在下年首次选择价格损失保护项目和农业风险保护项目。但是，此选项仅对 2019 年和 2020 年的两个收获年度有效。自 2021 年以后，他们将能够在剩余的三个作物年度中，每年在价格损失保护计划和农业风险保护计划之间进行选择。

第二个主要变化是农场的所有者可以选择更新其价格损失保障的产量，对农业风险保障（ARC）项目中产量计算方法也有所变动。继续沿用 2014 年农业法案提出的价格损失保障，2014 年农业法案以参考价格替代了目标价格，2018 年农业法案中允许参考价格在市场变动时发生调整，最高可以达到参考价格的 115％。

第三个主要变化是 2018 年农业法案中对于基本面积的认定也做了调整，具体来说将 2009—2017 年未种植作物或者种植非补贴范围作物的面积从农业风险保障项目和价格损失保障项目中剔除出去，不进行补贴。此规定可用于因产量调整而带来的项目成本的增加。

第四个主要变化是 2018 年农业法案提高了营销援助贷款和贷款差额补贴项目的贷款利率。表 4 - 5 比较了 2014 年农业法案的当前贷款利率与 2018 年农业法案中 2019—2023 年作物年度的最新贷款利率以及增幅，这是自 2002 年农业法案以来首次全面提高贷款利率。

表 4 - 5   2018 年农业贷款利率

贷款商品	当前贷款利率（美元）	2019—2023 年贷款利率（美元）	增加的百分比
小麦（蒲式耳）	2.94	3.38	114.97%
玉米（蒲式耳）	1.95	2.20	112.82%
高粱（蒲式耳）	1.95	2.20	112.82%
大麦（蒲式耳）	1.95	2.20	112.82%
陆地棉（磅）	全球价格两年平均值（在 0.45～0.52 美元/磅）	两年世界平均价格，不低于前一年的 98%（介于 0.45～0.52 美元/磅）	
长粒米（美吨）	6.50	7.00	107.69%
中粒米（美吨）	6.50	7.00	107.69%
大豆（蒲式耳）	5.00	6.20	124.00%
花生（吨）	355	355	100.00%

数据来源：美国农业部网站。

二、农业保护

如前所述，早期农业法案制定了各种鼓励措施以减少农民的种植面积，农业保护是其主要目的之一。从 20 世纪 30 年代中部出现沙尘暴开始，美国农业部自然资源保护局与地方领导的水土保持区合作并组织以梯田、防护林带和其他保护技术帮助农民。在 20 世纪 50 年代，创建了"土壤库"，将最易受侵蚀的土壤重新用于草料或其他保护用途。在 20 世纪 70 年代，随着其他法律（例如《清洁水法》《清洁空气法》《濒危物种法》）的出台，设立了新的主管部门来帮助农民。

1985 年农业法案首次增加了保护部分的内容，通过了保护区储备计划和湿地保护区计划。自 1996 年以来，农业保护部门通过诸如环境质量激励计划、野生动物栖息地激励计划和资源保护照管项目计划等，将重点更多地放在在役土地成本分担等援助内容上。

农业保护部分每年的支出已增至约 50 亿美元。因为通常的农业保护实践不能产生利润，这些保护计划对于农民来说非常重要。从令人绝望的沙尘暴时期开始，自然资源保护局就与广大农户一起创造了历史上最可持续和最高效的农业产业。

具体到 2018 年农业法案中，取消了资源保护照管计划（CSP），把目前的资源保护照管计划合同执行完毕，资源保护照管计划的大部分并入环境质量激励计划（EQIP），资金的 50% 以上也并入环境质量激励计划。根据美国国会预算局的估计，财政支出减少的效果在最初的几年并不明显（表 4-6）。

表 4-6　EQIP 和 CSP 改革的财政效应

单位：百万美元

年份	2018 年基准			2018 年农业法案草案推算					
	EQIP	CSP	合计	EQIP	CSP 预算授权	CBO① 预算变化	CSP 剩余预算授权	CSP 潜在支出	合计
	A	B	A+B	C	D	E	B+E	B+E+D	C+B+E+D
2019	1 509	1 607	3 116	1 750	700	-25	1 582	2 282	4 032
2020	1 545	1 822	3 367	1 750	725	-358	1 464	2 189	3 939
2021	1 600	1 743	3 343	1 800	750	-796	947	1 697	3 497
2022	1 640	1 772	3 412	1 850	800	-1 103	669	1 469	3 319
2023	1 674	1 820	3 494	2 025	1 000	-1 387	433	1 433	3 458
2024	1 729	1 771	3 500	2 025	1 000	-1 562	209	1 209	3 234
2025	1 750	1 768	3 518	2 025	1 000	-1 768	0	1 000	3 025
2026	1 750	1 810	3 560	2 025	1 000	-1 810	0	1 000	3 025
2027	1 750	1 808	3 558	2 025	1 000	-1 808	0	1 000	3 025
2028	1 750	1 808	3 558	2 025	1 000	-1 808	0	1 000	3 025
合计	16 697	17 729	34 426	19 300	8 975	-12 425	5 304	14 279	33 579

注：①美国国会预算办公室（CBO）。

数据来源：美国国会预算局（2018）。

三、贸易

贸易对美国农业非常重要，烟草和棉花等商品的出口对美国至关重要。大部分的贸易有关事项归国会的其他委员会管辖，如众议院筹款委员会和参议院的财政委员会。至今农业在美国的贸易中仍占据重要地位。

美国对其农产品实行关税、出口补贴等贸易保护政策。贸易保护政策还包括建立农产品国外市场准入计划，以帮助美国商品确立国外市场地位及促进在其他国家和地区进行销售的各种信贷机构发展。

2018 年农业法案中提出要维护和加强市场准入项目、外国市场开发项目、特殊作物技术援助计划和新兴市场计划的计划目的，将这些计划纳入国际市场开发计划。

四、营养

今天的补充营养援助计划通常被称为"食品券"，是农业法案中最大的组成部分。联邦政府最初于 20 世纪 60 年代中期制定的营养计划，于 1973 年列入农业法案。

营养计划占当今农业法案所有强制性支出的 78%。随着时间的流逝，它的成本增加了。它只占据 2002 年和 2008 年农业法案的 53% 和 66%。这些计划通常根据收入和资产测试使人们有资格获得代金券或现金援助，以购买合格的食品。2014 年，约有 4 650 万美国人获得了补充营养援助项目（SNAP）福利，平均每人每月 125 美元。

营养项目包括补充营养援助项目、商品流通项目和学校营养午餐项目等。2017 年这项援助高达 680 亿美元，另有大约 3 000 万美国学生（约占学龄人口 44%）从 122 亿美元的项目中受益，其在美国民生中起到非常大的作用。参与 SNAP 的人群中，儿童、老人、成年但非老龄残疾人占 2/3，其他的是仍在工作但收入很低的年轻人。领取 SNAP 的标准有以下两个：一是月毛收入低于联邦贫困线的 130%，二是月净收入（减去一些扣除项）低于联邦贫困线。

2018 年农业法案对营养部分，特别是对补充营养援助项目进行了许多修订。总体计划是领取福利人员削减超过 200 万人，并使用这些结余资金来提高仍然接受营养福利人员的福利。以下是 2018 年农业法案为实现这一目标而采取的一些措施，主要涉及工作要求方面：2018 年法案限制了获得此计划补贴的家庭资格，由于这些新的限制，每年约有 40 万个家庭将不再符合补充营养援助项目的资格。较大的变化是提出了更严格的工作要求。从 2021 财年起生效的新工作时间要求规定，非豁免、身体健全的成年人必须每周至少工作 20 小时才能保持有关资格，并将适用的年龄范围从 49 岁扩大到 59 岁。它还要求已注册的人员每月提供就业证明。此外，6 岁或 6 岁以上儿童的看护人将不再获得豁免。为了支持这些变化，新法案要求各州向这些成年人提供就业或职业培训。不遵守规定的个人将在第一次违规后失去一年的福利，而每次违规将失去长达 36 个月的福利。

五、农村信贷

农民通常拥有丰富的土地资源，但现金匮乏，因此信贷一直是农业企业的重要组成部分。但是，由于农业生产的周期性，农业信贷通常对于私人商业贷款而言风险太大。美国的农场信贷服务公司成立于 1916 年，后来被称为"农民住房管理局"，并已合并为"农场服务局"的职能之一。农场服务局提供直接贷款，还通过合作伙伴银行和农场信贷机构向农民提供贷款担保。

这些贷款计划通过年度拨款提供资金。第五部分农村信贷与第六部分农村发展一起，于 20 世纪 90 年代才首次列入农业法案。在 2018 年农业法案中，主要的改进在于提高了农业信贷额度。

六、农村发展

第六部分农村发展与第五部分的农村信贷有许多相同的地方，但是主要用于支持农村商业和社区项目，包括农村电力和电信服务，农村水利和下水道基础设施，农村医院和医疗保健等计划。

此部分下的贷款和一些小额赠款计划的成本相对较低，并且全部由年度拨款资助。通过核算发现农村地区的人均基础设施成本要高得多，因而此项支持计划是合理的。有一个著名的例子：在 1936 年的《农村电气化法案》颁布之前，商业电力公司没有经济动力将其线路延伸到人口稀少的地区。农村电力合作社和后来的农村电话合作社网络，几乎已将线路连接到所有农村地区。反过来，这也促进了其他类型的开发和投资。

2018 年农业法案修改并重新授权了各种现有的农村商业计划、农村基础设施开发、住房和社区设施，并批准了几项新举措。

七、科学研究和推广

此部分是现代农业法案中最古老，影响最深远的部分之一，源于 1862 年的《莫里尔土地授予法案》。最初的目的是在每个州的赠地机构建立并资助一些研究。今天，这些机构已跻身最著名的研究机构，包括麻省理工学院、康奈尔大学、加州大学伯克利分校、俄亥俄州立大学和得州农工大学等。

1887 年的《哈奇法案》扩大了赠地大学的使命，该法案为各州提供了联邦资金，以在各州赠地学院的指导下建立一系列农业试验站。1890 年，第二部《莫里尔法案》为历史悠久的学院和大学提供了现金补助。

1914 年的《史密斯-莱文农业推广法》进一步扩大了其职责，包括以合作推广的方式将农业研究的成果传播给农民。除了原始的土地赠款外，每所大学每年还获得联邦政府用于研究和推广工作的拨款，州政府须提供配比资金。

与农业信贷、农村发展部分一样，科学研究与推广部分最初是在 20 世纪 90 年代成为农业法案的一部分。2008 年，进行了重大更改，将美国农业部的某些研究职能整合到了美国国家粮食与农业研究所中，该研究所负责协调和资助赠地大学及其他研究机构之间的研究和推广。在 2014 年的农业法案中，增加了一项计划，向新农场主和新牧场主提供培训、教育、宣传和技术援助。2018 年农业法案中规定在农业部首席科学家办公室下成立农业高级研究与发展局，其目标是从事私营企业不太可能从事的农业和食品的长期和高风险研究与开发。2018 年农业法案还批准了一项新的在城市、室内进行的新兴农业产业研究、教育和推广计划。该规定授权美国农业部提供竞争性研究和推广拨款，以促进城市和室内农业产业，以及新兴的收割、包装和分配体系以及新市场发展。

八、林业

2002 年农业法案开始增加了林业部分。美国农业部的农业委员会拥有对美国森林服务局的管辖权，但美国内政部对大多数联邦土地和林业计划拥有管辖权。林业部分只是农业法案中的一小部分，但在其他的章节中也有林业有关的计划，尤其是农业保护部分。林业部分需要联邦政府拨款。

新的法案鼓励对联邦、州和私人森林进行适当的管理，建立州和私人林业景观规模恢复计划，指导美国林务局和州林业机构保护森林健康发展，支持保护国家野生动物/森林行动计划确定的高风险物种，出台森林野火控制措施等。

九、能源

近年人们对包括可再生能源等能源的兴趣有所增加，2002 年农业法案中增加了能源这一部分。受到包括《清洁空气法》、某些税收规定和 2005 年的《能源政策法》在内的不同法律的推动，美国生物乙醇行业的年产量约为 150 亿加仑 *。农业法案中的能源部分在先进生物燃料开发、促进能源效率和减少碳排放等方面发挥了重要作用。如今，该部分的所有计划都需要拨款。

新的农业法案将"生物质能源市场项目"的内容从单独部门管理调整入农村发展局，并更新了农业部签发的"美国农业部认证生物质能源产品"资格认证准则，要求部长提出一个可以确定哪些生物质能源产品符合联邦优先考虑采购的条件并能获得"美国农业部认证的生物基产品"标签批准的指导方针。参议院提出扩大生物能源作物援助项目覆盖的范围，并向该项目提供每年 2 000 万美元的拨款，再加上 2 500 万美元的固定资金。

十、园艺

园艺首次出现在 2008 年农业法案中。它通过提供与传统主粮相似的贸易促进和风险管理援助，来支持特种作物和有机农业运营。2014 年农业法案中专门增加了用于病虫害管理和防灾的资金。

十一、农业保险

联邦作物保险法是联邦作物保险的行动纲领。但是，由于其作为农民主要风险管理工具的重要性日益提高，因此在 2008 年、2014 年及 2018 年的农业法案中均已修改了作物保险政策。2014 年农业法案为 100 多种作物提供了保险。由于第一章商品计划中不再为棉花提供保障，因此向棉花生产商提供了一项称为"累计收入保护计划"的政策。此外，还引入了补充保障方案，以解决个别作物保险政策未涵盖的部分损失。还包括针对新农民和牧场主的作物保险。联邦作物保险仍然是农民保护其免受单产、作物收入和整个农场收入损失的重要工具。没有联邦的参与，生产者就无法负担多灾种作物保险。没有作物保险分担多重风险，许多农民将无法获得经营所需的资金。

2018 年农业法案中的作物保险计划几乎没有变化。最显著的修订涉及对

---

　*　加仑为容积单位，1 加仑（美）＝3.785 升。——编者注

覆盖作物处置方法的处理。首先，法案将覆盖作物终止生长定义为在历史上存在的做法，或者在合理情况下会发生的导致终止的做法。它还规定，如果根据美国农业部的准则（或农业专家）应当终止保护性作物，应将此做法视为良好的农业生产行为，此举并不影响保险作物的可保险性。这些变化应有助于减轻农民对种植覆盖作物的担忧，并可能在某些具有农学意义的地点更好地采用这种做法。

第五章 CHAPTER 5
美国农业科技创新与推广体系 ▶▶▶

第一节 农业科研机构构成及运行机制

一、农业科研机构的构成

美国的联邦政府和州政府在美国农业教育、科研、推广方面进行着密切的协作和调和，共同选择研究重点、目标，制订工作计划及鼓励和推动不同单位、不同地区和不同学科的协作研究。美国的农业科研机构由政府、高校、企业等独立的机构组成，形成了立体交叉、各有侧重、完整高效的研究体系。

（一）联邦政府管理的农业科研机构

就联邦政府层面而言，国家食品与农业研究所、农业研究服务局、经济研究服务局和国家农业统计服务局是美国农业部众多部门机构中专门从事农业科学研究、教育及涉农经济研究的四个最主要机构。在职能定位上，这些联邦农业科研、教育和经济研究机构主要负责美国农业科学技术的研究和推广、农业和农村的经济统计和分析、农业高等教育等所需的生物、物理和社会科学知识的理论创新和技术扩散，在美国农业科研特别是基础性的重大理论问题研究上起主导和引导作用。从美国农业部的研发开销来看，国家食品与农业研究所、农业研究服务局对美国农业科技进步具有极为重要的作用（表 5-1）。因此，我们将重点介绍这两个机构的运作情况和职能定位。

1. 国家食品与农业研究所

国家食品与农业研究所是美国国会根据《食品、环境保护和能源 2008 年法案》而在 2009 年批准新设的机构，隶属于美国农业部，是履行美国联邦政府职能的重要分支机构。在它成立后，1994 年设立的联邦科研、教育和推广服务合作局被撤销。

表 5-1 2017—2019 年美国农业部下属机构在科学技术领域的支出情况

单位：百万美元

机　　构	2017 年	2018 年	2019 年
农产品市场服务局	7.2	7.2	7.7
农业研究服务局	1 148.8	1 124.1	1 267.0
动物和植物健康监测服务局	39.1	38.5	38.8
经济研究服务局	81.5	86.6	94
外国农业服务局	0.2	0.0	0.5
林业服务局	334.0	342.6	373.9
国家农业统计服务局	9.4	9.5	9.5
国家食品与农业研究所	706.1	735.3	710.4
农村商业合作服务局	3.3	2.8	2.8

数据来源：美国国家科学基金国家科学和工程统计中心。

国家食品与农业研究所的主要任务是通过资助联邦赠地大学及其他伙伴机构的研究、教育和推广项目来引导和推动美国食品和农业的科技进程，从而为国家乃至世界创造一个更为美好的未来。作为联邦政府的一个职能机构，国家食品与农业研究所并不直接参与到各种具体的研究、教育和推广项目中去，而主要是帮助各州及市县政府完成对本区域农业科研项目的资助和扶持工作，及确定前沿性、基础性的重大农业科学理论和应用研究课题。通过设立国家食品与农业研究所，美国政府试图强化食品、农业和自然资源类科学研究的地位及影响，最大限度地提升财政对农业科技的资助强度。

对国家食品与农业研究所来说，"前沿性科学知识"使命的实现取决于以下两个关键机制的建立。一是国家级项目对农业科技发展的引导。在这方面，国家食品与农业研究所需要协助各州从众多本地公众所关心的研究、推广及教育需求中确定每种需求的相对重要性，进而筛选出本地亟待解决的重大科技问题，从而更好地为本地的农业生产者、小企业主及居民家庭的生产和生活服务。二是联邦财政资助。国家食品与农业研究所每年都会对赠地大学进行专项资助和对所有高校研究人员的科研项目进行评审性资助。对于国家食品与农业研究所资助的项目来说，前沿性、基础性和影响重大性是它们的关键。通过这些前沿课题和研究项目的实施，国家食品与农业研究所旨在实现以下目标：

①提高农业的产出能力；②创造新产品；③保护动物和植物的健康；④食品质量安全和食品保护；⑤提升人类的营养和健康水平；⑥增强儿童和青少年的体质，改善家庭的生活质量；⑦恢复美国农村社区的生机和活力；⑧可再生能源；⑨气候变化；⑩环境健康。

也正是由于其在基础性、前沿性研究上的积极推动作用，国家食品与农业研究所已影响到千千万万美国普通民众的日常生活。具体来说，国家食品与农业研究所的社会影响体现在以下几个方面：①评审性的研究资助项目能够为美国科学家在农业、食品、健康、环境、家庭及社区领域的重大研究提供资金保障；②涵盖60个不同学科的国家项目的实施，能够为农业、生物工程乃至青少年教育等提供最前沿的理论基础；③对全国近3 000家县合作推广机构给予资助和扶持；④设立的教育项目能够为美国上百所高等院校的人才培养提供支撑；⑤设立基金广泛支持美国国内的研究和推广活动。

2. 农业研究服务局

美国农业部负责农业生产技术研究的另一个重要机构是农业研究服务局。据农业研究服务局网站的数据显示，农业研究服务局设立了17个国家级研究项目，共资助750个科研课题；有2 000名科学家和博士后在其中工作，研究辅助人员达6 000名；科研课题和研究人员分布在全美90多家科研机构及部分海外实验室；用于农业研究服务局的联邦财政预算达12亿美元。农业研究服务局的农业区划分见表5-2。

表5-2　农业研究服务局的美国农业区划分

农业区	区内主要科研机构的地理分布（从西到东分布）
太平洋西岸区	阿拉斯加州，夏威夷州，华盛顿州，俄勒冈州，爱达荷州，内华达州，亚利桑那州，犹他州，加利福尼亚州
平原区	蒙大拿州，北达科他州，怀俄明州，南达科他州，内布拉斯加州，科罗拉多州，堪萨斯州，新墨西哥州，得克萨斯州，俄克拉荷马州
中西区	明尼苏达州，威斯康星州，密歇根州，艾奥瓦州，伊利诺伊州，印第安纳州，密苏里州，俄亥俄州，肯塔基州
东北区	缅因州，新罕布什尔州，佛蒙特州，纽约州，马萨诸塞州，罗得岛州，康涅狄格州，新泽西州，特拉华州，马里兰州，西弗吉尼亚州，华盛顿特区，宾夕法尼亚州，弗吉尼亚州
东南区	阿肯色州，田纳西州，北卡罗来纳州，路易斯安那州，密西西比州，亚拉巴马州，南卡罗来纳州，佐治亚州，佛罗里达州，波多黎各

数据来源：美国农业部农业研究服务局网站信息。

农业研究服务局不直接参与科研，强调科技推广服务和科学研究引导的角色定位不同，农业科研服务局每年都直接承担着许多农业科研项目的研究工作。其所属 8 个农业区都下设了直属科研机构。这些研究机构的研究项目和课题，通常会与本地区农业生产的实际紧密结合起来。当前，农业研究服务局的主要使命是引导研究去开发和转化那些能解决国家重大农业问题的技术和方法，并同时负责收集和向全社会传播这些重大研究的最新进展。

（二）各州的农业科研机构

州立农学院是美国各州的主要农业科研组织机构。根据美国法律，各州普遍建立了农学院。19 世纪 70 年代，美国各农学院为使其成为一个真正的农业科研教育机构而努力，建立一些农业研究和实验机构，在开展农业科学技术研究的同时，又可以将技术成果通过教学传授给农民，指导农民进行农业生产，以提高农业生产效率。

作为农学院的本部，进行职业技术培训和高等农业教育是农业教学部门的职责。农学院设立农业科研部作为州农业试验站。康涅狄格州在 1875 年建立了第一个农业试验站后，许多州也陆续建立农业试验站。到 1886 年的时候，全国共有 12 个州成立了试验站，不过除康涅狄格州外，其余各州的试验站都依附在农学院内，没有独立的机构。目前，州农业试验站作为"赠地学院"一个持续性研究组织，在全美一共设立了 56 个。近些年，美国高校的农业科研 60% 左右为基础研究，30% 左右为应用研究，10% 左右为发展性研究。如密歇根州立大学农业试验站就有酸樱桃、甜菜、苹果、奶牛和肉牛及林业、渔业等 15 个试验分站，负责解决各产区遇到的技术难题。

州农业试验站主要研究内容是农业生产的重大技术难题。农业科研活动需要大量的资金，科研机构求助联邦政府，为各州的农业科研活动提供资金。国会经过激烈的讨论，于 1887 年 3 月 3 日通过了《农业试验站法》。根据法律规定，联邦政府在出售公有土地的收入中，每年用来支持各州农业试验站工作的经费需要 1.5 万美元。随着农业研究工作的深入开展，研究经费不断增大，联邦政府的拨款也随之不断增加。

（三）私人企业科研机构

美国农业的科研机构分为公共的和私营的两种。私人农业科研机构由私营企业资助和管理。他们与美国农业部、州立大学签约，重点从事易于盈利的开发性研究，私人科研机构拥有研究成果的产权。

在农业科研中，由于许多私营企业的加入，研究与生产的关系非常密切，许多农业科研项目直接商业化。企业、农业部门在科研单位的帮助下协作互助，开展了大量的合作[①]。

目前，从美国的科研人员和研究经费看，公共科研机构和私人科研机构大约各占一半。从研究角度看，基础理论研究、区域应用研究和开发研究，是公共科研机构的主要研究领域。具有实用价值的应用和开发研究，是私人科研机构的研究重点。

二、农业科研机构的经费来源与运行机制

美国十分重视对农业科研和技术推广的投资。对农业科技的投资，政府投资占全国投资总额的45%左右，2018年为23.47亿美元，2019年为25.05亿美元，年增长率保持在8%以上。据美国农业部经济研究服务局分析，1939—1972年，美国对农业科研和技术推广的1美元投资，可在13年内从增产中获益4.3美元。1929—1972年，农业增收81%、生产效率提升71%。

在美国农业科技教育的投资上，主要由政府和私人两大投资主体负责。政府投资主要来自联邦政府和州政府。换言之，美国农业科技教育的经费来源，分为联邦政府拨款、州政府拨款和私人企业自筹。不同经费来源在投资上有不同的方向与优先事项。

（一）对科研机构的投资

美国联邦政府为农业科学研究投资时，必须根据有关法令和条例，对农业研究资金投入的方向具体见表5-3。

从近30年的美国农业科研经费支出来看，除去通货膨胀的影响，若以2001年价格平减指数计算，呈逐渐增加的趋势。1970—1998年，科研经费从48.04亿美元增加到88.55亿美元。因私人部门农业研发经费自1999年起缺失，故此处从公共部门农业研发经费研究，但其趋势也呈上升特征。从2000

---

① 梁立赫，孙冬临. 美国现代农业技术［M］. 北京：中国社会出版社，2009：107-109.

年的 47.09 亿美元增加到 2009 年的 47.49 亿美元，10 年增长了 0.85%。

表 5-3　美国联邦政府对农业科学研究投入的方向

对农业研究进行资金投入的方向	占农业资金投入的比例
对农业部研究机构、农业研究局等的直接投入	51%
对各州的拨款投入	30%
竞争项目拨款	12%
特别项目拨款	7%

数据来源：美国农业部农业研究服务局网站信息。

在科学研究的经费投入上看，美国是世界上支出最高的国家，最近 30 多年来，科技经费与 GDP 始终保持了同步增长，其投入占 GDP 的比例，除 20 世纪 70 年代曾降至 2.2% 之外，其他年份一直高于 2.6%。2018 年，美国联邦政府财政投入基础科学研究的资金达到了 337.12 亿美元。

除政府拨款外，农协每年也提供一些科研经费。所有美国农场主都属于某一个行业协会，这些生产者协会是农民自发性组织，其目的是为了维护行业的政治、经济利益。农协规定农民每生产 1 英斗*粮食要交给农协 1 美分，农协收集到这笔经费后，除应付正常的日常开支和聘请律师维护行业的利益外，剩下的经费由农协指挥，根据农民的要求，确定了一些科研项目，并与公共科研机构签订合同，解决生产中的实际问题。全美有 80 个这样的团体，每年提供的科研经费约 200 万美元。这些钱为农民自愿交纳，说明美国农业科研与生产结合非常紧密，能够解决实际问题，为农民提供帮助。

此外，私人企业也会资助美国的农业公共科研机构，由于担心公共科研机构为大众服务的形象会因为接受私人资助太多而受到影响，因此在签订资助合同时，必须认真检查合同的条款是否违背为大众服务的宗旨，而且要求接受资助的总数不能超过总经费的 25%，一般控制在 15%~25%。

（二）对各科研领域的投资

"维持生命科学发展的领先地位"是美国科学研究领域的基本战略，其农业科学技术研究和产业化发展非常迅速，这与美国对农业科学研究领域的巨额投资密不可分。我们以美国对生物技术领域的科研投资为例，分析其投资结

---

　　* 英斗为容量单位，1 英斗约等于 27 千克粮食。——编者注

构、投资侧重。

由于农业生物技术的研发风险大、周期长，私人部门难以承担研发的巨额成本，只有国家才能完成这一投资。美国对农业生物领域的投资主要来自以下几个方面。

（1）公共研究部门受国家财政支持，从事大量基础研究工作。在此基础上，私人部门主要从事研究周期较短的应用研究领域。同时，公共部门在基因工程和组培技术方面进行大量的前期研究，产生了应用研究或相关领域的技术研发机会，降低了研发风险和成本，促使私人部门从事更多的研发投资。

（2）风险投资加速了私人部门的研发投资步伐。1992年，美国有15家企业相继投入0.68亿美元进行农业生物技术研发，当年产品销售额达1.84亿美元，而当风险资本投入1.0亿美元后，更多的企业参与了农业生物技术领域，一些大型农药化学和种子集团也投资农业生物技术，扩展其产品市场，大大加强了美国农业生物技术的研发能力。

（3）政府通过公共财政资助农业大学的研究设备，提高了农业大学的研究实力。一些科研实力很强的大学组织了农业生物技术研究项目，吸引私人部门的资金，加强产、学、研结合。

（4）政府通过技术转移法案批准公共机构与私人部门的合作协议。协议规定私人部门可以在限定时间内开发公共部门的研究成果，促进农业生物技术的推广与应用。这些措施有力地促进了美国农业生物技术的研发能力，使得其在增强抗灾性为主的转基因领域独占鳌头，在新一轮以改良品质和特性来提高产品附加值的第二代转基因领域也处于领先地位。

（三）科研经费的监管机制

美国对科研经费的监管非常完善。政府的科研经费一般从申请之初就受到监督，对项目的申请和评审都非常严格，以保证项目的顺利实施和经费的合理使用。

联邦预算是严格管理的，它必须经过议会辩论、听证、修正、宣读和表决批准等程序。国会和专门委员会通过听证会监督和管理预算制定、审议、分配和执行的各个阶段。国会总审计署可以随时随地获取所需信息，监督资金的支出和使用，发现问题，有权要求有关部门纠正或者向国会报告。作为一个外部监督机构，国会审计总署独立于政府，协助国会进行审计后监督。

第二节　农业技术推广机构构成及运行机制

在农业实践中，发展现代农业的关键是，最快地推动农业科研机构的研究成果，使潜藏的生产力转化为现实生产力。因此，美国农业科技推广体系应运而生。其结构较为简单，人员数量相对较少，但它们以有限的人力资源做出了杰出的科技推广贡献。

一、农业技术推广机构的构成

美国农业技术推广机构有四个层次，各层次农业技术推广机构都有独特的组织结构模式。各层次分别是农学院、各州农业技术推广站、联邦农业技术推广局和县推广办公室。

（一）联邦农业技术推广局

为确保合作推广体系为农业和农民提供高水平高质量的服务，农业技术推广机构的主要任务是在农业技术推广方面贯彻法律法规。联邦推广机构的主要活动如下：第一，农业部负责其所有农业推广和教育活动，审核和批准农业部所有教育活动与农业推广计划，向有关农业技术机构负责人提供建议，接受他们的业务咨询，向农业部长提出农业报告和政策建议等。第二，协调和管理各州的农业技术推广教育活动，包括各州农业推广教育方案的制定和实行，向各州推广站提供技术指导与相关的农业信息，帮助其收集、整理、汇总资料，这些资料可以提供给各州农业技术推广站直接查阅与使用。第三，发挥农业技术推广体系里中介机构的作用。联邦农业技术推广局100多名推广官员虽然经常到各州指导工作，但直接的农业技术推广活动在其工作中并不占有主要地位。

（二）赠地大学农学院

各州"赠地学院"的迅速建立得益于《莫雷尔法案》的颁布和实施。因此，美国农业部门聘请了大量专业人才，美国农业经济的发展和农业现代化进程受到很大程度的影响。"赠地学院"公开承认，培养从事农业教学科研的专业人才、为农业服务的专家具有更大的自主性，是其主要目的。建立了教学、科研、社会服务相结合的高等教育新体系后，学校不仅注重教学、科研，而且注重技术推广。为解决教学、科研与应用脱节的问题，建立了与教学和科研机构平行的技术推广体系。

与此同时，"赠地学院"在生产中提出了许多实际问题。除了教授学生有关农业和其他实用知识外，"赠地学院"的教师还学习种子改良、人造肥料和开发机械化农业工具。帮助解决农民遇到的技术问题，提供强大的智力和技术支持。

（三）州农业技术推广站

州农业技术推广站是农业技术推广体系的主体。1887年，美国国会颁布了《哈奇法案》，旨在巩固农业科学研究，要求各州建立农业试验站，在"赠地学院"领导下，研究和检验农业科学的原理和应用。试验站还设立了分站、试验场、各种研究中心和研究室。该研究项目侧重于与该州农业生产相关的应用研究。

（四）县农业技术推广组织

州立大学农学院的派出机构是县农业推广机构，通过直接或间接的方式向农民普及科技知识，帮助解决生产经营中的问题。县级推广机构主要有两部分：县推广办公室和县推广理事会，一起负责本县推广工作。

县级农业技术推广机构，是制度与农民之间的直接联系点，也是农业技术推广合作体系的基层组织机构，它在农场中实施了农业技术推广教育。向县级公众传输实用知识和技术信息，归功于州推广站和联邦推广机构的存在。

二、农业推广的主要内容

美国农业推广的内容不断增加。传达农业等学科的信息是最初的任务，现在的任务是通过教育，传播科学知识和信息，帮助农民改善生活。农业合作推广体系主要为农民提供以下服务。

（一）农业科技服务

农业科技服务是美国农业技术推广的关键。通过多种方式，向农民宣传最新的农业科技成果，如短期培训班、农业科技讲座等。农民通过科技服务，运用现代生产技术和企业管理知识，保证了农产品的质量，降低了生产成本，可以更有效地从事农业生产。

（二）农业生产技术推广及自然资源利用与保护

引导农民合理规划和利用土地，保护好环境和自然资源。加大资源综合利用力度，使化肥和农药的使用量减少，避免水污染，确保食品安全。

（三）"四健"青年服务

主要包括脑健、心健、手健、身健。为青年们提供学习知识、发展各种实际生活技能的机会，使他们成为自控、全面发展的社会生产力的一员，是"四健"的职责。

（四）家政服务与社区开发服务

指导家庭经济是家政服务的任务，为社区居民和组织提供服务是社区发展的宗旨，共同建设美好社区。

三、农业技术推广机构的运行机制

（一）农业教育机构负责基层农业推广工作的组织、管理和实施

农业科技推广中心被建立在农业教育机构，由推广部门组织管理，并设有推广站。主要分为联邦农业推广局、州级农业推广站和县农业推广站。州级农业推广站占据核心地位。

联邦农业推广局的主要职能是，在农业部相关部门、州立大学和私营机构协调下，开展农业技术推广工作。州级农业推广站隶属于赠地大学农学院，是国家农业科技计划的具体实施单位。

（二）联邦、州和县等机构共同承担农业推广经费

为了确保农业技术推广机构的各项经费，根据《史密斯-利弗法案》，美国的联邦、州政府每年根据每个州的人口基数分配推广经费。各州必须确保总资金的25%用于机构和项目的资金。一般来说，联邦政府承担13%，州政府承担63%，县政府承担14%，合约和捐赠等其他途径占10%。

（三）人员配置采取聘用机制

县农业合作推广办公室的负责人由州立大学和所在县行政管理部门负责聘任。州立大学的教授和研究员兼任专业技术人员，教授们参与相关项目组时需要根据自身的专业特长，制定、设计、实施推广项目，发放宣传资料，组织技术培训班，开展线上的咨询活动。

州推广站负责聘请技术推广员，需要有大学本科以上学历才能聘任成为工作人员[①]。如果想辞退这些推广人员，需要州立农学院和农民团体的批准。推广人员需具备较强的专业技能，处理公共关系的能力，适应环境多样性、复杂性的能力，制定项目计划的能力，实施项目的能力等。

（四）采用现代化的推广方式，推广实用性农用科技

美国的农业科技推广是先从一定环节取得突破后，逐步实现系统化的。因而，系统化是现在美国科技推广的重要特点之一。以美国大豆生产为例，在产前阶段，不仅向农场提供各种先进的农用基础设施及其设备、肥料、杀虫剂和除草剂等方面的技术建议，而且还推广了各种优良种子和农艺技术；在生产过程中，要根据生产前提供的先进设备和技术，科学实施推广。为保证大豆的正常发育和及时收割，要根据大豆的生长需要和当地土质、气候、病虫害等情况，及时处理；在生产后，在大豆的贮存、运输、加工、销售等环节都推广了先进的科学技术。

推广站都配置了计算机系统，推广人员可随时获得农业信息。推广站还配有电视、卫星接收处理系统、图书室、会议室、培训教室等配套设施。农民通过电视台、广播电台学习农业知识，通过卫星系统获得农业气象等方面的服务，足不出户就获得了农业信息。

美国农业的基础科技树大根深，但其意向所归在于应用。美国农业科技大力推广实用性农用科技。它与农业科技成果的市场化紧密挂钩，具有良好的农业效益和社会效益，将投入、研究、推广紧密结合起来，解决农业科技投入资金来源问题。再加上国家和各级政府的适度扶持，促成了农业科技推广体系的成功发展。

---

① 梁立赫，孙冬临.美国现代农业技术［M］.北京：中国社会出版社，2009：115-117.

第三节 农业科技创新体系的特点

一、农业科研和推广机构布局恰当，分工鲜明，运作高效

美国农业科研机构由联邦、州政府及私人企业组成。要保障科研活动的效率，坚实的农业科研体系、合理的分工和杰出的运行机制必不可少。

在机构的建立上，除了在马里兰州的美国农业研究局总部设置国家研究中心外，还根据农业科研的特点和生态区域的科学架构，建立区划，合理分布其他的研究中心，主要承担国家级项目和重大应急项目。

在美国农业的科学研究体系中，公共研究机构扮演着极其重要的角色，其主要研究内容涉及公益性研究和难以预见经济效益的研究项目。开发快速获得利润的产品是私人农业研究机构的目标。

二、农业科研和推广的投资主体明确，运作方式科学

农业研究和开发是美国长期投资的领域。基础性研究和应用性研究主要依赖于政府投资，这些投资虽然难以预见其经济效益，但涉及科学技术的未来发展。开发性研究是私人投资的重点，其优势在于直接面向生产、具有市场潜力和高收益。联邦政府根据法律法规为农业研究提供资金。

美国对农业科学研究的资助一直是充盈的，并且还在逐年增大。其主要目的有：规范国家农业科研管理，扩大农业科研投入中政府所占的比例；加强生物化学的安全研究、农业保护与食品安全研究的能力；使美国在现代食品与农业科研领域遥遥领先。

三、农业科研与生产实践紧密结合，成果转化率高

美国非常重视农业科研机构与生产实践的衔接。农业研究机构完成一项新技术后，专业推广机构将对其进行精炼和测验，然后流转到市场进行应用。之后，农户、企业和协会将反馈市场和技术需求，农业研究机构会认真听取，使技术创新形成良性循环机制，保证迅速转化农业科研成效。

美国的农业科教体系立足于州农学院，保障了农业教育、科研与生产实践的结合。州立大学农学院教授承担教学、科研、推广三方面工作，一方面使先进的农业科研成果迅速得到推广应用，另一方面通过州或县的农业试验站、推广站，农民在生产实践中遇到的各类问题可以及时反馈给专家。

美国农业研究局将"成效转化办公室"设立在总部及各区域研究中心，负责推广和转化成效；同时，根据立法，农业推广网络以各州农学院及农业试验站为主体，农业部的州合作研究局和农业推广局负责协调管理，使美国农业教学、科研和推广融为一体①。

四、依靠法律法规、政策、制度管理农业科研与推广机构

美国的法律法规比较健全，南北战争期间，出台了《成立农业部法》，旨在建立专门机构、促进商品农业发展。为夯实试验研究和农业推广的基础，又通过了《莫里尔赠地法》和《哈奇农业试验站法》。此后，又提出许多新的或补充改进的法案，如《史密斯-利弗农业推广法》《珀纳尔法》《班克里德-弗拉纳根法》等，为农业科技体系的形成与发展提供了法律保障②。

20世纪30年代，美国第一部农业法出台。此后，大约每5年，农业法就会进行一次更新迭代，根据农业形势的变化和国内外情况即刻修订改善。完备的法律法规为农业科教事业的发展提供了完整可靠的法律保障。

第四节 农业科技体系的制度、技术与组织创新

一、农业科技体系的制度创新

因为完备的法律法规和政策，美国农业科技体系有了重要保障。美国完备的农业法律制度，在由传统农业向现代农业的过渡中，形成了以农业法为根基、多部法律为支撑的农业法律体系，使"法治农业"得以实现。农业的方方面面，美国农业法都有涉及，其中农业教育、推广和研究尤为重要。

---

① 汪飞杰. 美国农业科研体系研究及启示 [J]. 农业科研经济管理，2006 (2)：12-14.
② 信乃诠，许世卫. 国外农业科研体制的类型及其基本特征——加快农业科研创新体系建设的建议 [J]. 世界农业，2006 (9)：17-20.

美国农业"三位一体"体系大致形成于 1862—1917 年。1862 年美国国会通过"赠地"法案，拨出大量国有土地，在各州成立农学院，后发展为综合性大学。1887 年的农业试验站法案规定在各州设立农业科研机构；1914 年通过设立农业推广站的法案；1917 年通过在公立学校开展中等农业职业教育的法案。建立了"三位一体"的农业教育、推广和科研体系，由州立大学农业学院、农业试验站和农业推广站组成。

美国农业科教立法可以追溯到 1862 年的《莫里尔法案》，该法案是美国的第一部高等教育法。该法案规定每个州至少要资助一所学院，主要教授农业和机械技术知识，为工农业发展培养人才。这些学院统称为"赠地学院"。它的颁布是美国高等教育史上的一个重要标志。从精英高等教育向大众高等教育转变，开启了一个新时代。首先，它为美国农业培养了大量掌握先进农业生产技术的人才；其次，它使得农学院的教育法制化、制度化，规范了国库对农学院的拨款制度，从而使农业教育稳定化、长期化。此后，教育与社会经济变化相联结，形成有鲜明特质的美国高等教育。

1887 年，美国国会通过《哈奇法案》，规定试验研究应以出售公共土地为支持，各州被要求在农学院的指导下建立"农业试验站"，开展农业基础研究和动植物疾病与防治研究。1890 年，国会通过第二部《莫里尔法案》，为确保赠地学院正常运作，授权联邦政府每年提供经费，支持这些新型技术学院发展。

此后，美国国会又颁布了一系列法案，授权联邦政府资助赠地学院，资助的金额也在逐年递增。在联邦政府和州政府的大力支持下，赠地学院的办学经费充足。赠地学院以其充足的资金和低廉的学费受到了广大市民的欢迎，他们纷纷送孩子上学，使赠地学院得到迅速发展。美国农业高等技术教育进入了新的阶段，究其原因，是赠地学院符合当时美国的发展，适应美国实现农业机械化、发展现代农业的需要。

1914 年，通过《史密斯-利弗农业推广法》，规定在农业推广工作上，由政府在政策和经费上提供支持，向没有参加农学院学习的人们提供农业指导，促进农业实用信息的传播，鼓励民众应用信息。1917 年，通过《史密斯-休斯法案》，鼓励发展职业技术教育，对农村学生和校外青年进行培训。至此，美国形成农业科研、教学、推广"三位一体"的体系。这种农业推广体系，缩短了农学院与农民的距离，提高了农业科研的实用性，强化了农业科技成果转变。

1977 年，通过《国家农业研究、推广和教育政策法》，规定食品和农业科学研究主要由美国农业部负责。为确保科研机构之间的协调，设立了助理部长，负责科研和教育工作。此外，美国农业法作为一部统帅整个农业经济活动的法律，在农业科教方面也有专门的法律规定。

农学院是农业推广体系的整合点，需要负责大量的农业科研、教学和推广工作。学校设有课程改进委员会，每年根据经济发展情况和实业界要求改变课程设置。同时，学校及时收集校友反馈的社会信息，调整课程，以使教育、科研与实践结合更紧密。

二、农业科技体系的技术创新

美国的农业科学技术与农业生产的整体实力，总的来说，位居世界第一。美国农业生产发展之快，固然由于拥有优越的自然环境，但其农业科学技术的发展和农业科技人才的培养，也起着不可或缺的作用。正是由于始终坚持农业科研、教育和推广政策及其"三位一体"推广体系的作用，美国的农业科学技术始终保持世界的领先地位。

（一）高度发达的农业机械化

美国由于地广人稀，历来重视发展农业机械。美国的农业机械化进程大致可分为四个阶段：南北战争（1861—1865 年）以前，为引进新农具和尝试农机具改良阶段；南北战争以后，持续到 1914 年，为农业半机械化阶段；1914—1945 年是农业机械化基本达成阶段；1945 年以后是农业机械化高度发展阶段。

美国农业机械化的特点包括：①农场拥有的机械总量大，专业化机械多。②机械的生产能力大。③自动化水平高。

目前，农业机械在继续向大型、高速方向发展的同时，注意节约投入、降低成本和提高效率，高效的小型机械发展很快。如成功研制出一种带有一个农药收集箱的新型喷雾器，可以将未喷在作物上的杀虫剂收集起来，重新投入使用。试验表明，使用这种喷雾器为玉米喷药可以节省 30％的农药使用量。

（二）高效率的农业化学技术

农业化学技术在美国农业发展中起着关键作用。美国是最早研究和使用化肥的国家之一。1982 年，美国化肥的使用量为每公顷耕地平均 86.7 千克，1999 年为 112.3 千克。2000 年以后，一直保持在每公顷 160 千克的用量。从世界范围看，这种施用程度并不高，在发达国家中仅高于澳大利亚和加拿大，而大大低于西欧和日本，也低于俄罗斯、东欧，约是中国平均施用量的一半。但是美国有一套科学施肥的咨询服务体系，肥效利用率较高，效果很好。例如，州立农学院的土壤实验室或专门的土壤测试合作社负责对农场主送来的土样进行测试，它不仅为农民提供土壤肥力的数据，而且根据不同作物对各种营养成分的需求，提出今后三年的施肥量和各种营分的配比。农场主只要根据它的建议就可以做到以最少的肥料生产出最多的农产品，取得最大的生产效益。

具体看，施肥技术上的进展包括：①普遍应用和实施配方施肥；②开始试验和推广卫星地理定位施肥技术；③为确定肥料施用量、施用时间和方式等，各级农业推广部门普遍应用计算机土壤诊断系统进行土壤分析；④进行氮肥深施、施用包衣肥料和硝化抑制剂等施肥技术改进。各州农业厅或州立大学农学院根据本州情况开展肥料施用管理，具体包括土壤养分分析、开展田间试验建立施肥指标体系和向农民推荐施肥方案三部分。

在农药应用方面，农场主也可以得到各种科学咨询，提高效率和减少污染。但是，近年来，考虑到环境和生态保护，许多化学药品的使用受到了严格限制，长效、低毒、低残留的农药得到了高速发展[①]。

（三）方兴未艾的农业生物技术

农业生物技术主要包括增强农作物、畜禽、水产的抗性，提高品质，加大产量，生产一些特殊用途物质等，其中最重要的是转基因作物的研究和运用。随着转基因技术在农业上的应用，从 1996 年到 2017 年，全世界转基因作物种植面积从 170 万公顷增加到 1.898 亿公顷。其中美国转基因作物种植面积最大，约为 7 504 万公顷。

美国利用转基因技术种植的主要品种中，转基因大豆的种植比例最高，占全国大豆种植面积的 92%。此外，转基因玉米种植比例也很高，约占全部玉米种植面积的 80%。转基因作物根据其特性，主要用于抗虫、抗病毒和抗除草剂等。

---

① 梁立赫，孙冬临. 美国现代农业技术［M］. 北京：中国社会出版社，2009：25 - 34.

随着对"天敌"对害虫致病、寄生研究的推进，美国已能通过提取其中物质制作生物农药，或让"天敌"在体内合成致毒物质代替生物农药，来进行病虫害综合防治。近年来，生物防治研究取得的成就主要有：①大量培育雄性不育害虫，将其放入大自然去争夺雌性害虫，使之进行不育性交配，防止后代繁殖；②利用天敌；③利用合成性引诱剂诱杀害虫；④研制和使用生物杀虫剂。

在动物保健方面，美国在防治畜禽病害研究方面取得了巨大进展，如目前已研制出一种防治羊蓝舌病的新疫苗。在杀灭蓝舌病传染媒介方面已发现一种实验杀虫剂——氨磺磷，可以在传染季节以前杀灭刺蚋。在生物防治方面，科学家们还利用一种寄生虫来消灭多种传染病媒介——蚊子。这种寄生虫能产生传染孢子，把它们投入沼泽和湖泊中，会被蚊子的幼虫吞食，这种受到寄生虫侵入的蚊子幼虫在发育成成虫以前便会死去。

（四）广泛应用的农业信息技术

精确农业在美国现代农业信息化进程中，是非常有代表性的一个概念。它是将自动化、3S、网络等高科技控制技术融入现代农业，一步一步地实现集约化、精准化和信息化。随着农业信息化的发展，精确农业从20世纪70年代起步，80年代初开始商业化应用，如今已迅速发展成新的农业工业。美国在20世纪50年代，将计算机技术和各类信息通信技术引入农业，打造了农业强国。

20世纪50年代，美国农业信息化随着广播和电话的发明应用，进入了通信阶段。自1962年起，美国开始资助在农村建立教育电视台。20世纪70至80年代，计算机的商业化和应用促进了计算机网络、美国农业数据库等方面的建设。20世纪90年代以来，美国农业信息化由于计算机的逐渐应用，进入了网络技术应用和自动控制技术发展阶段。据有关资料介绍，今后美国农业信息技术将大致向以下四个方面发展：特大型农场将走上"计算机集成自适应生产"道路；农业生产自动化、信息化、产业化水平进一步提高；小型农场利用高新技术生产更多的"特产"；随着克隆家畜的迅速发展，基因产品逐步成为主流。

政府部门在农业信息化进程中起着中间作用，为农业信息技术的推广应用提供了所需的支持和服务。在政策和投入方面，美国各级政府大力支持农业信息化，颁布了一系列政策来规范农业信息化建设和发展。政府部门、决策咨询机构、专业协会在信息化服务和推广方面通力协作，形成民间农业生产性服务。如今，农民、推广员、农业部门在获取科学知识、普及实际应用技术、供应信息咨询服务时，农业传媒网络已成为关键途径[①]。

上述农业科研成就既有农业公共科研机构取得的，也有相当一部分是私人科研机构取得的。目前，从美国科研人员和研究经费看，公共科研机构和私人科研机构约各占一半。从研究方向看，公共科研机构侧重于基础理论研究以及与全国、地区或州有关的应用研究和开发研究，私人研究机构侧重于具有明显实用意义的应用研究和开发研究。但是，有许多重大农业科学技术是在公共科研机构中发明和创造出来的。例如，1900 年美国农业部的一位科学家马克·卡尔顿从俄国等国家带回许多小麦良种，堪萨斯州、北达科他州等州的农业试验站在这些良种基础上培育出许多新良种，成为后来美国的基本麦种。到 1930 年，美国种植的小麦有 40％是由卡尔顿带回的良种及在此基础上培育出来的新良种。杂交玉米也是首先在康涅狄格州农业试验站培育成功的，这项发明揭开了美国生物学革命的序幕。近年来在牲畜良种培育及病虫害防治等方面的许多发明和创造也都有农业公共科研机构的功劳[②]。

三、农业科技体系的组织创新

（一）政府科研机构占主导地位，国家级农业研究中心特色明显

美国非常关注农业科学研究和教育。农业科研、教育、推广有三个系统。一是以基础理论研究为主的政府机关及其所属机构。二是企业设立的农业科研机构，以应用科技研究为主。三是以州立大学农学院为核心的教学、科研和推广三结合系统。

美国农业研究机构由州农业试验站、联邦农业部所属农业研究中心和近百家私营企业建立的农业研究机构组成。联邦农业部的农业研究中心和州政府农业研究所、农业试验站是农业科研工作的主体。除主要从事基础性研究和全国公共性研究外，国家级农业研究中心还兼有一定的政府职能，从事农业科研组织和协调工作，规模较大、专业学科设置比较齐全。美国的国家级农业研究中

---

① 梁立赫，孙冬临. 美国现代农业技术［M］. 北京：中国社会出版社，2009：73 - 79.
② 徐更生. 美国农业政策［M］. 北京：经济管理出版社，2007：170 - 173.

心位于不同的地区。贝尔茨维尔东北区农业研究中心是世界上最大的多学科综合科研机构，主要从事农业基础研究和国家农业公共研究，拥有各种基础设施和现代化试验研究手段。其他研究中心按农业自然区划分布，具有较强的区域特色。其机构数量多、规模小而且较分散的特点，突出了各地区的优势和特色[①]。

（二）建立具有农业教育、科研和推广功能的赠地农学院

农业科研、教育和推广相结合是美国农业科技进步的基础途径。要把基础原理同运用联系起来，把运用作为起点和最终目标。农业部农业研究局、合作推广局等联邦农业服务机构，各州赠地大学农学院及其附属机构农业试验站和合作推广站组成的农学院综合体，私人企业研究机构，这三部分构成了纵向上的美国农业科技体系。州立农学院构成的农业公共教育体系，联邦农业部科研机构、赠地大学的农业科研机构和私人企业科研机构组成的农业科技体系，各州农业试验站和联邦农业推广机构组成的合作推广体系，这三个体系构成了横向的美国农业科技体系。其中州立大学农学院集教育、科研和农业推广功能于一体，在美国农业科技体系中具有独特的作用。

1862年通过的《莫里尔法案》使"赠地大学"或"赠地学院"迅速发展，由此建立起美国的农学教育体系。这些赠地农学院原先主要承担农业科技教育和推广工作，现已发展成为各州农业科研、教育和推广的综合机构。每一所赠地大学与所在州合作建立推广中心，与各县合作建立农业推广站，雇用科学家约1.2万人。州立大学农学院是州农业试验站的主体，全面负责教育、科研和推广工作。由于农学院的特有体制，教授需同时负责教学、科研和推广。

（三）建立起具有相当数量和规模的私人企业农业科研机构

从每个研究机构的研究方向和范围看，农业基础和应用基础是州立大学农学院所属的科研机构和联邦政府所属的农业科研机构的主要研究内容，民间私人企业的农业科研机构则主要侧重于种子、化肥、农药、饲料、食品及农业机

---

① 信乃诠，许世卫. 国外农业科研体制的类型及其基本特征——加快农业科研创新体系建设的建议 [J]. 世界农业，2006（9）：17-20.

械等集约化、商品化程度高的行业。这些私人企业在美国农业科技进步中起着决定性的作用。

美国有数百家主要从事技术开发、产品试行制作等方面工作，具有很强的科研能力的涉农企业。在市场经济中，在利润的驱使下，高校等公共科研机构的科研成果被吸收转化为实用的新产品。

第五节 国家以及重大区域性研究计划

美国国家食品和农业研究所提出农业和食品研究计划[①]，负责农场效率和盈利能力、经营性大牧场、可再生能源、森林（含城市森林和农林）、水产养殖、农村社区和企业、人类营养、食品安全、生物技术和常规育种等方面，提出具有全国性、区域性或多州性的关键问题，为综合性科研、教育和推广项目提供资助。

一、农业和食品研究计划概况

2008 年美国食品、保持和能源法案（即 2008 农场法案）修订了竞争性、专用和设备研究基金法案的 b 部分，授权农业部长建立一个新的竞争性基金项目来为基础和应用性科研、推广和教育提供资助以使其从事食品和农业科学。2018 年农业法案被重新授权，每年资助 7 亿美元。2019 年的《综合拨款法》为农业和食品研究计划提供了 4.15 亿美元的资金。农业和食品研究计划取代了国家研究计划，其优先资助美国农业研究中的如下领域。

（1）植物健康和生产以及植物产品；

（2）动物健康和生产以及畜禽产品；

（3）食品安全、营养和健康；

（4）可再生能源、自然资源和环境；

（5）农业制度和技术；

（6）农业经济和农村社区。

国家食品和农业研究所在最大可行范围内与研究、教育和经济部副部长协

---

① 美国农业部网站，http：//www.nifa.usda.gov/funding/afri/afri _ synopsis.html.

调，在可能情况下考虑国家农业研究、推广、教育和经济咨询委员会的决定，最终将资助较高优先级研究、教育和推广项目。项目的执行监管机构通过研究、教育和经济部副部长，委托给国家食品和农业研究所。

项目批准过程中农业部保留经费的 4% 作为管理费用。第一次划拨经费时，在一个财政年度期初拨付 2 年期的资金。经费根据研究计划的价值、质量和相关性予以资助，资助年限可达 10 年。

受执行农业和食品研究计划项目拨款可行性的管制，农业部可以将资助经费授予州农业试验站、高校、大学研究基金会、其他研究机构和组织、联邦机构、国家实验室、私人组织或企业和个体以及任何包含两个及两个以上上述实体的团体。

二、农业和食品研究计划背景

2008 年 7 月，国家健康研究所要求国家研究委员会的董事会检查美国生物学研究的当前状态，并请生物学家就如何最好地利用近期科技进展来整合生物学研究关于发现、收集和解释增加的数据以及预测复杂生物系统的行为提出建议。委员会形成了一份题为"21 世纪的新生物学：确保美国领导即将到来的革命"的报告，并提出了一套建议，承认为鼓励一个能够阐明和从事显著的、富有挑战性的社会问题的新生物学的出现，最有效的投资杠杆来自协调的、跨部门的努力。

新生物学已经出现，但它迄今还没有被充分认识、充分支持，只表现出了它的小部分潜能。委员会推断，加速新生物学出现的最有效方式是挑战科学界，发现主要社会问题的解决方法。其概括出了可能被新生物学所解决的食品、环境、能源和健康方面的 4 个主要挑战。

（1）生成适应变化的世界，并可持续生长的食料植物；

（2）了解和保护不断变化的世界中的生态系统功能和生物多样性；

（3）拓展化石能源可持续的替代选择；

（4）理解个体健康。

委员会决定集中于这四方面的社会需要，因为实现这四方面目标的收益巨大，进展可评价，而且科学团体和公众都将发现这些目标是鼓舞人心的。每一个挑战都需要技术和概念上的前进，不是近在手边的；跨越多学科，现在的领域还未涵盖。按照委员会的观点，新生物计划最激动人心的方面之一在于实现这里精选出来作为例子的 4 个挑战，将推动贯穿整个生命科学根本认识的进步。因为生物系统具有如此多的根本相似性，被开发出来处理这 4 个挑战的相同技术和科学将拓展所有生物学家的能力。

三、农业和食品研究计划是国家食品和农业研究所的主要项目

"21 世纪的新生物学"报告中涉及支持提升美国农业部农业研究、教育和推广项目水平及效率的案例。这些努力包括创建国家食品和农业研究所以及较以前的水平显著增加其研究、教育和推广项目的资助经费。

农业和食品研究计划就是国家食品和农业研究所的主要项目之一，通过该项目处理关键社会问题，比如"21 世纪的新生物学"报告规定的那些问题。美国农业部领导层整合了农业和食品研究计划的 6 个优先领域和"21 世纪的新生物学"报告规定的 4 个挑战和措施，确定出 5 个基本挑战领域。围绕这 5 个领域组织农业和食品研究计划项目，并开始将农业部的经费投资集中投向这些领域，以使一个综合的措施应用于生物学研究、教育和推广。美国农业部科学基金将支持下面 5 个挑战。

（1）在结束世界饥饿的同时，保持美国农业的竞争力；

（2）改善营养和结束儿童肥胖症；

（3）为所有美国人增进食物安全；

（4）保护美国的能源未来；

（5）保护环境和适应气候变化。

为了在一个有意义的程度上处理这 5 方面挑战，也为了达到相关的 4 个社会挑战的结果，美国国家食品和农业研究所打算发布几个农业和食品研究计划项目申请通知。这些研究计划将一一处理这 5 个挑战，使农业和食品研究计划以前资助的项目进行过渡和重新集中，同时提供博士和博士后研究职位和奖学金机会。这些项目申请通知将征求一些具有较大额度经费、较长研究期限的申请项目，以使机构组织间的较大合作和基础与应用研究及成熟的教育与推广项目之间的整合成为可能。

农业和食品研究计划将征求处理上述 5 方面挑战的项目，通过发布 5 个不同挑战领域的项目申请通知，每个项目申请处理一个挑战。为了继续构建一个

对于解决当前和未来社会挑战非常关键的知识基础，农业和食品研究计划也将对前述的 6 个食品研究计划优先领域给予研究经费支持。这 6 个基础项目将在一个单独的、分开的项目申请通知中公布。此外，博士和博士后研究职位和奖学金资助机会将在一个单独的、分开的项目申请通知中提供。美国国家食品和农业研究所也可以通过其他公告征求农业和食品研究计划基金的申请，包括补充的农业和食品研究计划项目申请通知，或者与多机构项目一起发布。

第六章 CHAPTER 6
美国农民教育与培训 ▶▶▶

美国的农民教育培训已有 150 多年的历史，从 1862 年《莫里尔法案》颁布至今，美国联邦政府多次制定和完善有关农民职业教育方面的法规，增加各州政府对农民职业教育的资金投入、规范教育管理，提高农民整体素质。总体来看，这些政策的实施对提高农业生产力、促进经济发展、促进就业、改善民生发挥了重要作用。

第一节　农民教育培训的发展历程

回顾美国农民教育培训发展历程，美国国会颁布的三个法案起到了至关重要的作用。

一、《莫里尔法案》的颁布与赠地学院运动的兴起

自 1812 年以来，由于大规模移民，美国人口显著增加，对棉花、烟草和玉米等农产品的需求也显著增加。当时，只有少数美国农民能够接受正规教育，而且掌握实用农业技术的专业人员严重短缺。因此，美国的农业生产以人力、畜力和简单的机械等人工农业生产方法为主，这种落后的生产方式对美国农业的发展极为不利。同时，由于在美国进行了"西进运动"，在农田面积不断扩大但农业劳动力极为匮乏的背景下，提高农民的科学文化素质，采用新的农业机械和技术，提高农业生产的产量和效益，促进美国经济持续健康发展已成为现阶段亟待解决的重要问题。但受欧洲（特别是英国）中世纪高等教育的影响较为深远持久，建国之后的美国仍然极其重视高等院校，为富裕人家的子

弟讲授最先进、最难懂、最深奥的学术知识，尽管这些知识对美国的经济建设和社会发展所产生的直接影响很小。为了满足美国产业革命和发展资本主义经济的需要，19 世纪中叶许多有识之士开始呼吁联邦政府改革传统高等教育，创建新型的面向产业阶级的收费低廉的高等院校。

贾斯廷·莫里尔（Justin Morril）是呼吁联邦政府改革传统高等教育，建立新的技术学院的代表。莫里尔是美国佛蒙特州选出的众议员（1855—1867年）及参议员（1867—1898 年）。他极力主张联邦政府用赠予公地的方式为农民做些好事，以赢得广大农民的信任和支持。他在调查研究中发现，19 世纪中叶由于"西进运动"的影响，美国国土面积迅速扩大，耕地面积不断增加，但由于管理不善，联邦政府的国有土地大量的流失或荒废。这一时期由于美国农民要获得土地非常容易，因而在农业生产中不注意利用和保护，由于他们受过的正规教育非常有限，缺乏先进的实用技术和资金，他们只知沿袭祖先的做法，只会耕种熟悉的农作物，不注重灌溉和施肥，这种掠夺式的粗放型农业经营方式造成土地肥沃程度逐年下降，病虫害日趋严重，导致农民的经济收入不高乃至下降。他认为，加快发展农业技术教育，提高农民素质水平，在农业生产中推广应用实用科技，不断提高人们良好的科学种田意识，是提高农业产量和效益，不断增加农民经济收入，从而有效改变农民命运的根本措施。当选为美国国会议员的莫里尔在系统考查联邦政府通过赠地资助各州发展基础教育的成功经验的基础上，考虑到当时联邦政府土地资源丰富，但资金严重不足，在提交国会的一项法案中，提议联邦政府鼓励每个州至少建立一所新大学，讲授"农业和机械工艺等，当然也应该开设包括军事战术课程等其他科目"，而相应的奖励便是赠予各州联邦公地。

1862 年，莫里尔将此法案提交国会。政府认为，该法案的颁布将有利于促进实用技术和经济建设，因此批准了"关于授予土地以建立大学以促进各个州和地区的农业和机械制造工艺发展的法案"。该法案还以参议员莫里尔的名字命名，称为《莫里尔土地赠予法》，又称《莫里尔法案》。该法案规定：首先，联邦政府应资助各州至少一所从事农业和机械工程教育的高等教育机构。其次，联邦政府根据国会在 1860 年设定的州议员人数，向每个州发放国有土地或同等的土地本票，标准是每人 30 000 英亩。再次是土地出让收益的 10％用于购买学校用地，90％用于设立捐赠基金。如果捐赠资金不能在 5 年内用于建造这所学院，它将被返还给联邦政府。《莫里尔法案》的颁布得到了各州公众的大力支持，特别是成立了农业与工程学院，以更好地满足美国农业机械化和现代农业发展的需要。内战结束后，各州根据法律规定在农业和工程学院的基础上建立了农业和工程学院、农业技术学院和州立大学（这些学院也称为"赠地学院"或"美国农业与工程学院"），农工学院在美国各州普遍建立。

1890年，美国国会通过了第二部《莫里尔法案》，规定联邦政府每年为联邦土地补助金设立的土地补助学院提供资金（每个土地补助学院的最低资金额为每年1.5万美元），此后将逐年增加（最高2.5万美元），以确保这些新建技术学院有足够的财力正常运转。第二部《莫里尔法案》更加强调种族平等的重要性，在资助南方各州建立新型赠地学院时要消除种族歧视，这也大大地增加了学生的平等受教育机会。

经过150多年的发展，目前美国的农业院校主要可以分为三类：①分布于50个州和8个美属领地的赠地大学资助的赠地学院及享有与1862年赠地学院相同权利和义务的新增赠地学院；②传统的土地补助农业学院是一所土地补助学院，由1890年第二部《莫里尔法案》资助；③1994年获得赠地资格的土著美国人学院，称为"部落学院"。

总之，《莫里尔法案》的颁布实施及其赠地学院在各州的迅速创建，是美国联邦政府根据当时情况，发展具有本国特色的农业高等职业技术教育的伟大创举。根据《莫里尔法案》创建的赠地学院还促进了美国高等院校之间的竞争和内部结构的变化，到19世纪末，除部分地区外，美国高等教育基本上由以传授实用性职业技术知识为主的综合性大学、技术学院和州立大学所覆盖，接受高等教育的人数迅速增加，越来越多的人接受实用的高等教育。此外，赠地学院还根据当地的实际，采用灵活多样的方式对农民进行职业技术培训。1862年以后美国赠地学院运动的兴起和发展，确立了通过赠地学院建立为美国各州培养农业高级技术人才的体制，为内战后美国农业的快速发展提供了庞大的高素质专业技术人才队伍，为内战后美国农业的快速发展起到了突出的作用。

二、《哈奇法案》的颁布与农业试验站的创建

1862年以后，特别是内战结束后，美国各地迅速掀起了创建赠地学院的热潮。但赠地学院应当如何设置课程，如何培养当地农业生产需要的高素质人才，如何帮助当地农民解决农业生产和社会生活中遇到的各种实际问题则是美

国各州赠地学院迫切需要解决的难题。因此，就必须动员赠地学院的教师们进行农业方面的研究，使他们在进行农业科学研究的过程中充实和完善课程内容，提高解决农业生产面临实际问题的能力，发明新的实用农业科学技术成果。

但内战后依靠联邦政府赠地建立起来的赠地学院，由于多种原因办学的经济实力普遍较差，要维持日常的教学已经很难，让这些学院投入大量的人力财力进行农业科学研究并不现实。内战后美国经济的快速发展使联邦政府的经济实力有了很大的提高，这就为联邦政府利用法律和拨款干预美国农业科学研究的发展提供了可能。19 世纪 70 年代中后期，美国一些州在州政府和私人财团的资助下创建了农业试验站。这些农业试验站，有些是依托赠地学院建立起来的，有些则是独立建立起来的。在那些依托赠地学院建立起来的农业试验站中，赠地学院的教师们也是农业试验站的研究人员，他们不仅要完成规定的教学任务，而且要从事农业科学研究，发明了许多实用的农业科学技术，帮助农民解决了农业生产和社会生活中的许多实际问题。美国那些依托赠地学院建立起来的农业试验站的突出贡献引起了社会各界的广泛重视，在来自美国密苏里州的国会议员哈奇等人的多方努力下，美国政府通过了联邦政府每年向各州提供财政资金资助建立农业试验站的法案，即《哈奇法案》。该法案规定由联邦和州政府拨款，建立由联邦农业部、州政府和州立大学共同领导，由州立大学具体负责的农业实验站，法案规定联邦政府每年向各州拨款 1.5 万美元，资助各州在赠地学院内设立农业试验站，到 1893 年全国共建农业实验站 56 个。1888—1905 年各州对试验站的拨款从 8.9 万美元增加到 54 万美元，1906 年则达 71 万美元。随着该法案的实施，美国高等农业教育开始承担农业应用研究的任务。随后，联邦政府颁布了《亚当斯法案》等法案，逐步加大了联邦政府对州立农技学院实验站的资助力度。

《哈奇法案》及其相关法案的颁布实施，极大地促进了美国各州赠地学院农业试验站的发展，促进了美国依托赠地学院农业试验站建立农业科学研究体制的创建与完善。在联邦政府强有力的支持下，美国各州赠地学院掀起了创建农业试验站的高潮，各州赠地学院农业试验站的教师们在联邦政府和州政府强有力的支持下，研究工作进展顺利，取得了丰硕的研究成果，为美国农业经济的发展提供了强有力的科技支撑。

三、《史密斯-利弗法案》的颁布与农业技术推广体制的建立与完善

《莫里尔法案》和《哈奇法案》的颁布实施，促使美国各州在短时间内建立了遍及各州的赠地学院系统，并逐步建立和完善了赠地学院的人才培养和实用科学技术研究的制度，它为美国农业经济的快速发展提供了强大的人才和科技支撑。

人们逐渐认识到，仅仅依靠高校和农业试验站进行农民综合教育是困难的。现实中，仍有不少农民因贫困无法上学，或因工作拮据无法接受正规教育。美国农民和各行各业都希望由联邦政府资助的赠地学院能够在促进美国农民掌握实用技术成果方面发挥更大的作用。因此，建立完善的成人教育和农业推广服务体系是提高农民受教育水平的必要措施。1914 年，在国会众议员史密斯和利弗的长期呼吁下，美国联邦政府正式颁布了《史密斯-利弗法案》。

《史密斯-利弗法案》的主要内容有：

（1）联邦政府拨款资助国家设立的土地赠款学院，以建立合作农业技术推广机构，聘请专职人员在州内开展合作农业技术推广工作，并为无法进入的农民提供服务，帮助他们学习农业技术和家政，以及在其他实际问题上进行指导和示范，并通过现场示范，分发印刷品和其他方法向农民提供各种技术信息。

（2）为设立国家赠地大学合作农业技术推广机构提供不同数额的常年财政拨款。

（3）每个州能够获得联邦政府对州合作社技术推广机构的财政拨款的前提是，向州的赠款学院提供等量的配套资金。

（4）必须指定联邦政府建立合作技术促进机构用以分配给各州资金。该机构印刷和分发实用技术推广出版物的年度费用不得超过联邦政府年度资金的 5%。

（5）各州资助学院的合作技术推广机构需要向州长报告其年度实用技术推广情况，副本必须送交联邦财政部部长和农业部部长，并递交学院农业技术推广收支报告。

《史密斯-利弗法案》的颁布实施，促进了美国各州依托赠地学院的合作技

术推广机构的建立和完善，提高了各州赠地学院科学研究成果向农业生产的转化速度，切实帮助农民提高科学文化素质和实用技术的应用能力，促进了美国农业生产效益的提升，明显地改善了美国农民的生活质量。在美国联邦政府强有力的支持下，美国各州赠地学院建立了遍及各县的农业技术推广机构，这些技术推广机构的技术人员在农业部的全力支持下开展工作，采用各种方式向当地农民进行文化补习和实用技术培训，指导农民运用先进的实用技术成果进行农业生产，农民的科学文化素质和技术应用能力大大提高，使得美国 20 世纪以后农业得以快速发展。

第二节　农民教育培训体系

美国农民教育体系包括高等农业教育、中等农业教育和农业推广教育三部分。其中，高等农业教育肩负着提高农业生产力、促进农村经济发展、增加农村经济收入的历史重任，中等农业教育具有简单性和灵活性的特点，办学形式主要有农业技术学校、普通中学和中等农业职业技术学校；农业推广教育是帮助农民提高农业生产效率、增加收入、提高生活水平的一系列教育活动。

一、高等农业教育

（一）概述

在 1860 年以前，美国 264 所院校中，私立大学占 247 所之多，但无论是美国东部早期欧洲移民所建的大学，还是建国后新建的教派学院和非教派学院，大多与社会现实脱节，不能培养实用人才。正如布朗学院院长韦兰德所说，1850 年全美拥有 120 所学院，47 所法学院，42 所神学院，然而没有一所学院能够培养合格的农艺师、机械工或商人。高等教育与生产和科技发展不相适应的矛盾日益尖锐，即使到了 1862 年，美国专供工科学科研究的"高级"学校也只有 6 所，由于学院数量少，学科分散，影响较小，难以满足工农业生产的需要，为此，大力发展农工高等教育成为美国农业历史发展的客观要求。

与此同时，人们希望联邦政府改革传统高等教育的呼声越来越高，并将采取有效措施补贴各州，为工人阶层创建新型低成本的学院和大学。与传统大学相比，这种新型大学更侧重于发展农业和技术教育的实际目的，并培养了美国资本主义快速发展所需的专业人才。

1862 年《莫里尔法案》通过后，大多数州按要求先后建立了农业和机械工程学院，一些州还使用土地赠款来改造旧大学并进行农业和机械教育。在后来的一段时间里，联邦政府建立了 69 所赠地学院或资助了一些大学来促进农业和机械教育，这极大地促进了美国高等教育的发展。在课程设置方面，根据《莫里尔法案》的规定，所有接受该法案规定的土地补助的高校学生，无论他们的专业是什么，都必须接受农业教育，学生必须获得一定的农业知识，才能获得文凭。

据统计，1882 年，赠地学院只有 2 243 名学生，到 1885 年，这一数字已增加到 25 000 人，到 1916 年，大约有 13.5 万名学生，到 1926 年，这类大学中已有近 40 万名学生。加强农业工业教育为农业生产乃至美国的科学和文化发展做出了重要贡献。

二战之后，美国政府加大了对农业教育的投入。1974—1976 年，拨给赠地学院的经费分别为 1 000 万美元、1 500 万美元和 2 000 万美元。在强大的财政支持下，美国高等教育取得了丰硕的成果。到 1955 年，格兰特大学招收了 20% 的美国学生，授予了 39.9% 的博士学位。在 20 世纪 60 年代初期，赠地学院的招生规模相当惊人。录取的学生人数占全国大学的 1/5，而大学授予的博士学位占美国的 40%。到 20 世纪 70 年代初，有 248 000 人获得了农学学位，有 928 000 人接受了农业教育，农业大学生 7 万人，平均每 110 个农业人口中就有一个。根据 2020 年美国公立和赠地学院协会网站上发布的数据，该协会的成员目前包括 26 所州立大学系统和 216 所大学。

另外，美国为适应国内的产业结构调整，以科学学位为主的研究生教育开始向科学学位和专业学位并重，并大力发展专业学位；20 世纪 70 年代专业硕士学位已处于主导地位，专业硕士学位的授予数超过了文理硕士。在美国，农学和林学可授予两种硕士学位，即科学硕士和职业性学位，与农业相关的硕士专业学位主要有农业工商管理硕士、农业硕士、农业推广硕士、农业工程硕士、林业硕士、兽医公共卫生硕士、预防兽医硕士 7 种，农业硕士包括园艺、渔业、农业推广教育、农业与自然资源、农业与环境等研究领域。1970—2017 年美国农业及自然资源学位授予情况见表 6-1、图 6-1。

表 6 - 1　1970—2017 年美国农业及自然资源学位授予情况

单位：人

学位	1970—1971 年	1980—1981 年	1990—1991 年	2000—2001 年	2010—2011 年	2017—2018 年
学士学位	12 672	21 886	13 124	23 370	28 630	39 314
硕士学位	2 457	4 003	3 295	4 272	5 766	6 967
博士学位	1 086	1 067	1 185	1 127	1 246	1 496
合计	16 215	26 956	17 604	28 769	35 642	47 777

数据来源：http://nces.ed.gov/c。

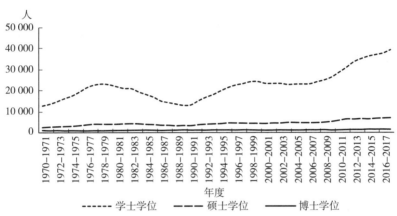

图 6 - 1　1970—2017 年美国农业及自然资源学位授予情况统计

数据来源：http://nces.ed.gov/c。

（二）高等农业教育的施教模式

在"赠地运动"之初，由于各州的情况不同，高等农业教育施教模式也有很大差异，大体可以分成下列 5 种形式。

（1）新建独立的赠地学院开展农业教育。

（2）新建综合性大学中设立农科学院或系科开展农业教育。

（3）在现有的公立或私立综合性大学中添设农工学院开展农业教育，有 15 个州在州立综合性大学内添设农工学院。

（4）在现有的公立或私立大学中不设立学院但增加农科教育。

（5）在现有的农业院校中加强农业教育。

如果从美国实施高等农业教育的院校属性上来划分，上述 5 种施教模式实际上可以归纳成两大类型即独立建制的农业院校模式和综合性大学农科院系模式，赠地学院促进了美国高等教育形式的多元化，既有研究高深学术的研究型大学，又有专门技术学院和传授高等职业技术知识的州立大学。其发展演变过程显现出如下特点。

第一，在建校之初时使用"农工学院"或"农技学院"校名的州立赠地学院在后期都纷纷改变了原来的校名并发展成为综合性大学，但仍然开展高等农业教育。这种发展模式占绝大多数，如现今的密歇根州立大学、艾奥瓦州立大学、加州大学戴维斯分校、马里兰大学、肯塔基大学、佛罗里达大学、俄勒冈州立大学等都是这样。如：密歇根州立大学成立于 1855 年，1863 年作为《莫里尔法案》的受赠者，成为美国最早的赠地学院之一。大学初创时期的使命主要来自农业和机械工艺两个领域，后来发展到教育、人类关系、商业等领域。学校成立 100 多年来，经历了多次名称的变化，1855 年成立时为"密歇根州立农业学院"，1861 年改为"州立农学院"，1909 年改为"密歇根农业学院"，1925 年为"密歇根州立农业与应用科学学院"，1955 年改为"密歇根州立农业与应用科学大学"，直到 1964 年确定为"密歇根州立大学"，一直沿用至今，学校下设农业与自然资源学院以及兽医学院等。俄勒冈州立大学（Oregon State University）起源于 1858 年建立的一所私立学院，1868 年作为赠地学院改名为"Corvallis 学院与俄勒冈农学院"，1879 年改名为"Corvallis 学院和州立农学院"，1881 年改为"Corvallis 农学院"，1882 年改为"Corvallis 学院与俄勒冈州立农学院"，1886 年改为"俄勒冈州立农学院"，1888 年改为"俄勒冈州的州立农学院"，1890 年改为"俄勒冈农学院"，1896 年改为"俄勒冈州的农学院"，1897 年改回"俄勒冈农学院"，1927 年改为"俄勒冈州立农学院"，1937 年改为"俄勒冈州立学院"，至 1961 年最终确定为"俄勒冈州立大学"，学校下设农业科学院及兽医学院。

第二，在建校之初时使用"农工"或"农技"校名的州立赠地学院后期升格为同类名称大学开展高等农业教育。这类学校是极少数，如得克萨斯农工大学、佛罗里达农工大学、阿拉巴马农工大学、北卡罗来纳农业技术大学、西得克萨斯农工大学、得克萨斯国际农工大学等少数学校。得克萨斯农工大学成立于 1876 年，当时名称为"得克萨斯农工学院"，1963 年改为"得克萨斯农工大学"，是全美国校园面积最大的大学，拥有农业及生命科学、建筑、商科管理、兽医等十大学院。佛罗里达农工大学前身为 1887 年成立的州立师范学院，1891 年改名为"州立师范工业学院"，1909 年改名为"佛罗里达农工学院"，1953 年确定为"佛罗里达农工大学"，学校下设工业科学、技术与农业学院。

第三，学校一直沿用"赠地学院"建校之初时使用的人名、地名等非农院校名称开展高等农业教育。这类院校也占不小比例，如康乃尔大学、普渡大学、华盛顿州立大学、明尼苏达大学、特拉华大学、威斯康星大学麦迪逊分校等。康乃尔大学是由埃兹拉·康乃尔（Ezra Cornell）和安德鲁·迪克森·怀特于1865年创建、以捐赠50万美元的康乃尔名字命名的大学，学校下设农业与生命科学学院以及兽医学院等。威斯康星大学麦迪逊分校建于1848年，1866年被确定为赠地学院，是一所大型综合性大学，学校下设农业与生命科学学院以及兽医学院等。华盛顿州立大学成立于1890年，是由州立赠地研究性大学发展起来的，学校下设农业、人力与自然资源科学学院、家政学院以及兽医学院等。明尼苏达大学是美国著名的十大公立院校之一，创建于1851年，内战期间，学校曾被迫关闭，1867年重新开放。Duluth分校、Morris分校、Crookston分校分别于1947年、1960年、1966年加入明尼苏达大学，学校下设农业、食品与环境科学学院、家政学院以及兽医学院等。在联邦一级，农业部直接建立了继续教育学院。除了培训大量的本科生，州立大学和农业学院还帮助组织社区学院并培训中级农业技术人员和管理人员。在各地建立了中等农业技术学校，以招募农村青年并为成年农民提供技术教育。在美国农业院校，它是农业教育、农业科学研究和技术推广的结合体。

（三）高等农业教育的人才培养模式

1. 培养目标

赠地学院按照《莫里尔法案》所规定的"提高劳动阶级的文化和实用教育"的目标，与所在州的经济建设紧密结合，强调学以致用和提高大众文化水平。目标是培养从事农业教学科研的专业人才和独立服务农业的专家，培养农业和工业技术领域的一线建设者，为农业产业发展服务。

2. 培养对象

在人才培养上，放宽入学标准，直接面向当地的农民招生。由于赠地学院具有耗资较少、收费低廉的特点，为家庭收入较低的青年提供了接受高等教育的机会，将高等教育与社会经济发展紧密结合，强调学以致用。这种创新教育符合美国人民追求自由和民主的态度，促使美国高等教育更加民主化和大众化。

3. 教学思想

在美国，接受过高级农业教育的高校，无论是大学领导、教授还是实验人员，都始终强烈地表达这样的想法："我们必须根据社会需要考虑我们的学校，教学和科研应根据学生的需要和国家的发展需要进行安排。"同时，美国高等农业教育学院和系设立的专业明确分为：服务于农业生产的农业技术；服务于农村发展的相关宏观经济、社会、政策和人口类别；指导城乡居民生活质量的综合服务类别；还有一些以农业为基础的研究中心，聚集了非农业高校和部门的教学和研究力量全面研究农业、农村和农民问题。

4. 教学内容及方式

在教学内容和方法上，主要强调灵活性、实用性和有效性。课程的灵活性主要体现在以下事实：除了提供与农业科学知识相关的专业课程外，学校还开设特色专业并根据所在州的地理和经济条件的实际情况确定教学内容，并且基于当地特色和农业发展的需求和未来的经济结构提供课程。这些课程种类繁多，类别众多，显示了强大的灵活性，也显示了更大的教学方法灵活性。学校经常在教学之外组织各种课外活动，并鼓励学生在冬季和暑假期间参加生产和实践活动。

一方面，实用性和有效性体现在建立赠地学院的目的上。大多数州都根据需要建立了农业和机械工程学院，一些州使用土地赠款来改造旧大学并进行农业和机械教育。在课程方面，根据《莫里尔法案》，所有根据该法案获得土地补助的大学生，无论其专业如何，都必须接受农业教育。学生只能以一些农业知识获得毕业证书。赠地学院一般学习四年，主要教授有关农业和机械技能的知识。农业学院开设的专业课程包括畜牧、兽医学、农产品加工、农村建筑、农场管理和农村经济学等，并大力实施农业科技教育，积极推广先进的耕作技术。尽管该政策要求赠地学院不要排除其他学科和经典学科，但其主要课程是基于各州的农业和机械相关知识的实际教学，从而改善了工农业和职业的文化和实践教育。因此，老牌大学增设了农业系，教授农业化学、农业机械、土壤分析、园艺学、昆虫学等。例如，堪萨斯州土地资助学院在 1875 年开设的课程包括农业、养殖场、木工、家具制造、汽车制造、漆器、铸造、服装和雕刻、电报、铜版印刷、摄影等，学生可以自由选择课程。实用性及有效性的另一方面体现在以往美国高等教育历史发展过程中，教育家们往往通过改革大学课程而不是变革大学体制来满足新出现的社会需求，导致"美国高等教育比国外同行进行了更多的教学法和课程试验，向学生提供了更多样化的服务"。赠地学院成立不久后，人们很快发现，仅依靠学院是不可能对广大农业工作者进行有效的农业教育的，因为当时许多农村青年不愿意也不可能完成中学课程，即使他们这样做了也不去农业学校。为此，农学院在着手编写适当的教材的同时，也在学制和教学形式上做相应的变动。各学院的实验室一般都拥有相当数量的先进仪器设备供学生进行实验操作，几乎每一门专业课都安排了相应分量的试验，试验课题所占学分几乎与理论课相当，因此，学生动手能力很强。另外，还鼓励学生与研究生和教授就某一课题进行实验、研究，锻炼学生的科学研究能力。而且，大多数农学院附近都有大的实习农场，这便于学校进行实践性教学以及学生的课外实习。

5. 经费来源

赠地法案规定的农业高等教育拨款方法已使美国的农业高等教育得到了美国联邦政府长期政策的支持，并且美国的农业高等教育一直以来都得到了发展，有足够的资金支持。美国农业部和教育部正在主导农业高等教育的发展。联邦政府教育部对工农业高等教育的发展方向进行宏观调控。例如，根据相关法律，每个人都有平等的上学机会；提供了 1 440 亿美元的贷款，并为各种项目提供了研究资金；在每个州都实施宏观监督和教育情况的管理。联邦政府农业部的主要职能是通过各种项目（每年约 10 亿美元）资助州立大学的试验站和推广站。例如，明尼苏达州迪尔县扩展站中工作人员工资的 60% 来自大学，县政府提供 40%。根据法律规定，县政府还负责提供所有相关的工作费用，例如秘书工资和差旅费。农业推广站的资金约 20% 由美国联邦农业部提供，约 40% 由州政府提供，约 30%～40% 由县政府提供，有少量财团和私人捐赠。2010—2018 年美国高等教育在农业科学方面的研发支出及占比见表 6-2。

表 6-2　2010—2018 年高等教育在农业科学方面的研发支出及占比情况

单位：千美元

年份	联邦政府资助支出	占比（%）	非联邦政府资助支出	占比（%）	总支出	占比（%）
2010	957 710	2.56	2 053 439	8.62	3 011 149	4.91
2011	1 042 740	2.56	2 074 100	8.46	3 116 840	4.77
2012	1 137 729	2.83	2 162 369	8.45	3 300 098	5.02
2013	1 111 006	2.82	2 241 442	8.13	3 352 448	5.00
2014	1 083 562	2.85	2 306 455	7.89	3 390 017	5.04
2015	1 095 769	2.90	2 384 260	7.77	3 480 029	5.08
2016	978 030	2.52	2 316 959	7.03	3 294 989	4.59
2017	980 138	2.44	2 301 028	6.58	3 281 166	4.36
2018	956 060	2.28	2 364 887	6.33	3 320 947	4.19

数据来源：https：//ncsesdata.nsf.gov/herd/2018/。

二、中等农业职业教育

（一）概述

由于农村职业教育的对象已扩展到了在农场工作的成年人，因此他们有机会接受更多正规的中等职业教育。《史密斯-休斯法案》规定，公立普通中学开设职业科目和职业课程。政府每年拨款 700 万美元，用于各州发展职业教育和职业教育师资培训，并指定职业教育的类别，包括农业、工业、商业和家政服务。《史密斯-休斯法案》是美国职业教育史上的一个重要里程碑。它不仅使美国的中等职业教育制度化，而且为美国所有公立学校的职业教育提供财政支持。该法律颁布实施后，美国大量的普通中学转变为具有发展和就业双重职能的综合中学。通过对学生的素质和技能教育，使他们为未来的社会职业做好了准备。该法案的实施为美国中等农业职业教育的发展提供了法律保障。

在重视农业高等教育的同时，美国中等农业教育也得到了迅速发展。1917年，美国国会通过了《史密斯-休斯法案》，主要鼓励职业技术教育的发展。这样就把农村职业教育的对象扩展到在农场工作的成年人，使他们有机会接受比较正式的中等职业教育。该法规定，公立普通中学开设职业科目和职业课程。由政府每年拨款 700 万美元资助各州发展职业教育和职业教育师资的培训，并具体规定了职业教育的门类，包括农、工、商、家政等。既有独立的农业中学，也有普通中学。

20 世纪以前美国中等农业职业学校很少，中等职业教育主要在普通高中完成。美国的很多普通高中开设农业技术课程，特别是地处农业发达地区的农村普通中学，更加重视农业职业技术教育。1888 年，明尼苏达州建立了第一所农业高中。到 1913 年，美国有 2 300 所农业中学，到 1915 年，有 4 665 所。到 20 世纪 80 年代美国有 3 000 所普通高中开设农业职业教育课程，约有 1/3 高中学生选修，促进了当时美国农业及整个社会经济的发展，为美国成为世界强国做出了突出贡献。

美国中等农业职业教育实行的是社会、学校和家庭协作的模式，在这个模式中，政府制定法律，组织人员搜集信息，协调科学研究，发行期刊、公告，为教育提供法律和信息保障；学校的老师承担夜校和兼职课的教学任务，同时承担全日制学生的教学。为了提高教学质量，他们常深入乡村、农场、农户家中，积极保持与社区内的农业协会、农民组织、家庭成员的联系，介绍农业的最新发展，取得农民的认可和帮助，从而利用社区内的设施组织学生进行农业生产实践。

（二）中等农业教育的施教模式

美国中等农业职业教育施教模式形式多样、灵活机动，主要包括以下几种。

1. 农学院的附属农业学校

这种学校附设在农学院，不仅能避免土地、建筑、设备等的重复，也可利用学院的教学人员担任学校的教职员，由于其充分利用学院的师资、设备，成功地提供农场青年实用的课程，而受到社区人民的普遍欢迎。

2. 单独的农业学校

是指单独开设农业课程的学校。这些学校也许资料有限，开设的课程也有限，但它可以充分利用校内的土地进行展示，或在学校农场上提供实际农场工作，而使学生受到教育和训练。这种学校是一种较高水平的农业职业教育学校。

3. 中学农业科

即在普通学校内开设农业课。这些农艺、畜牧、果树、农场工作、农产品销售等农业课程多为必修科目，但也没有严格的规定，教学以个人研究成果的讨论和家庭农场实习为主。由于它不必建立单独的校舍和农场而节省了大量的开支，又实行"家庭项目"，灵活机动地服务于 14 岁以上的附近农场的男孩，因而在全国范围内广为发展。

4. 师范学校农业科

即在师范学校里开设农业课程。这些课程中包括农业技术及农业教授法课，以培养广大乡村小学的农业课教师和中等农业人才，满足乡村教育及农业的发展。

5. 青少年农业组织

即如"4 - H 俱乐部""美国未来农民""美国新农民"等青少年自愿参加的校内外中等农业职业教育组织。在那里，广大成员参加实际农业生产，学习农业、家政等方面的知识和技能，学会尊重他人，养成合作、节俭等积极向上的品质。

例如，在美国影响广泛的国家 FFA 组织，该组织成立于 1928 年，其字母 "FFA" 代表美国未来农民，任务是为子孙后代做好准备，以迎接不断增长的人口的挑战。该组织后更名为国家 FFA 组织，它致力于为每个学生提供帮助，为通过农业教育取得卓越领导才能、个人成长和职业成功提供了一条途径。该组织涵盖农业的方方面面，包括农业生产、农业综合企业和林业及生物技术、市场营销和食品加工等。FFA 和农业教育影响了年龄在 12～21 岁之间的近 63 万名学生会员。

（三）中等农业教育的人才培养模式

1. 培养目标及对象

美国进行农业职业课程教育的目的是使学生懂得农业在社会生活中所具有的重要经济和社会意义，培养学生的品德和领导能力，学习专业知识和技能，为健康的农业经济提供所需的熟练工人。美国清楚地规定，与对学者或专业人员的培训不同，二级农民职业教育的教育目的是培养在农业领域的应用技术人才和面向实际就业的人才，以使农民勤劳、节俭和具有丰富的科学知识。因此，学校对招生人员的要求普遍比较宽松，一般他们不必参加高考。小学毕业后想学农业的，年满 14 周岁，从事或仍在从事农业工作，对学农业有兴趣的，就可以入学。

2. 教学内容

联邦政府和各州对教学内容没有统一的要求。从事农民中等职业教育的学校可以根据自己的计划安排。此外，教学内容因教学模式而异。例如，在美国农村的小城镇和郊区中学，农业职业教育课程在中学一年级开设。每周授课 5 小时，十至十二年级每周授课 10 小时。再例如，加利福尼亚职业农业教育计划是，在九年级讲授农业引论，十年级讲授农业动植物基础科学，十一年级和十二年级开选修课程。共有 7 门选修课程：农业生产、农业机械、农产品销售和服务、农产品及其加工、农业资源和农村娱乐、观赏园艺学、林学。这个职业农业教育计划共给 70 学分。每一学分代表一学期内每周一小时的课堂学习。因此，10 个学分就表示每周五学时、两学期（一年）的课程。在高中毕业时，学生最低限度要完成 220 学分。

总体而言，他们的教学内容非常注重职业课程的设置。在提供的课程中，有 80% 是职业农学课程，只有 20% 是通识教育课程。在农学方面，它侧重于作物种植、动物育种和农场管理。例如，在威特比德尔索尔农业科学高中，所有学生都需要选择7门与农业相关的课程，为大学入学或农业做准备。这7门课程涵盖了农业产业的各个领域，包括生产、农机、农产品、畜牧业、资源、畜牧技术和商业。同时，学校还为学生提供实习指导和体验训练。

实习是农民中等职业教育学校的一门必修课，占用了较多的教学时间。四年制课程以实习为基础，实习时间约占课程总时间的一半。有的学校甚至白天实习，晚上上课，或者半天实习，半天上课。根据实习地点的不同，可以分为家庭实习和学校农场实习。家庭实践就是让学生在自家的土地上留出一块地，在老师的指导下自己管理。家庭实践不仅可以让学生获得经验，还可以为学校节省更多的钱和设备。学校农场实践是美国农业教育中最常见的实践方法。提供农业课程并将学校土地用作实验农场的学校占美国所有学校的18%。每周，学生们都会在老师的指导下在实验农场实习。实习时间超过规定时间的，学校给予补助。一些学校甚至组织学生在农场加工农产品，然后运到校外销售。获得的利润由学校和学生共同分享。学校农场实习可以给学生提供实践教育。

随着时代的发展以及互联网技术的普及，很多农业教育内容不必在农场才能普及，在学校、家庭即可成为农业世界的一部分。例如，农业部网站为不同年龄的学生提供了农业教育的解决方案，包括：3年级和4年级的学生可以完成美国农业部营养小组提供的11节课的课程学习，包括素食骰子、水果和蔬菜抽认卡，以及10本面向家长/看护人的《花园侦探新闻》。5年级和6年级的学生可以完成美国农业部的营养团队10个基于询问的课程，让学生参与种植、收获、品尝水果和蔬菜。在大多数州，如果年龄在8～18岁，则可以加入4-H，可通过当地的4-H俱乐部、4-H营地和课后4-H进行4-H青年发展计划。

3. 教学方式

在美国，中等农业教育的教学方法大致可以分为公立学校培训和私立学校培训。前者面向成年农民，通常由当地高中教师在夜校培训，大部分时间在秋冬。后者是美国农民最重要的教育和培训形式。培训对象通常是愿意接受培训的青年学生和青年农民。具体训练方法可分为以下四类。

（1）支持专业经验培训。这是农民正规职业培训的典型形式。授课教师多为专家学者，主要讲授与生产管理、农业投融资相关的技能。其中，农民可以与专家一起在实践中学习技术。在部分地区的淡季，会组织农民到发展水平较高的地区参加国有企业培训。一些地区建立了农业试验站、食品加工厂或工业实验室。

（2）FFA 培训。FFA 是"未来美国农民"的缩写。然而，当对农民的培训和教育从简单的种植和养殖技术培训扩展到更广泛的农业相关领域时，该组织的正式名称在 1988 年改为"国家 FFA 组织"。该组织的主要目的是帮助农民培养企业家精神和领导团队合作技能，建立年轻农民的自信心，并扩大他们在农业领域的就业机会。面向年轻农民的培养包括具有责任感、领导才能、合作精神和社交技巧，将为他们未来的工作打下基础。此外，FFA 与课堂教学和辅助农业经验培训密切相关。美国现行法律甚至规定，农民必须参加 FFA 活动，才能获得最终的职业资格证书，证明其组织领导能力。

（3）辅助农业经验培训。"辅助农业经验"的概念是 1908 年由马萨诸塞州史密斯农业学校的领导人之一鲁弗斯·斯蒂姆森提出的。那时，学生们必须运用从农业中学到的技术知识，在自己的农场种植粮食或饲养牲畜，教师将进行家访并提供指导。鉴于马萨诸塞州的成功案例，《史密斯-休斯法案》（SHA）还要求农业教育包括这种"辅助活动"。自开发以来，SHA 项目以各种方式实施。除了在自己的农场开展这样的实践活动外，许多农业企业、学校实验基地和社区也为这些年轻农民提供了"边干边学"的条件。因为这些项目不在教室里进行，根据不同的情况，消费水平高的地区将向参与该计划的学生收取额外费用，根据工作时间记录年轻农民在农业企业实习期间获得的工资情况和参加的劳动类型。例如，受训人员可以在下课后在农业生产资料供应商店工作，在花店提供帮助，在社区银行和其他实习机构提供服务，或利用周末在马匹训练场进行练习，或在实验基地（如学校的花房）工作，简言之，这些项目为年轻农民提供了将理论应用于实践的机会。

（4）以课堂为导向的农业培训模式。美国公立学校提供的农业教育和培训的很大一部分是在农村地区的高中开设农业课程。这种培训方式为未来的农民提供种植养殖技术的教学，为农机的使用提供帮助，从而提高农民的综合科技素质。

4. 教学特色

在教学过程中，中农职业教育以实践为基础，理论与实践紧密结合。教材都是及时适用的。通过实地考察，采取"充分利用"的方法。对有经验的学生，注重理论教学，用科学的方法指导他们从事农业生产。职业教育最基本的方面是实践能力的培养，它要求参加农业职业课程的学生每年至少有 6 个月的管理农场的实践，开始是养 1 头猪、几只鸡，种 1 亩玉米等，后来发展到针对当地实际情况的一个完整的四年农业管理实践计划。例如，每个参加职业农业课程学习的学生，必须选择并完成一项职业工作项目。可以是一项主权生产项目（生产某种农产品并占有农场、菜园或占有当作这一项目的动物）；也可以是非生产性的（如在包装、销售或供应方面工作，包括课余或夏季在食品加工工业、蔬菜杂货店、超级市场工作），也可以是一项非主权项目（为别人所有的某个项目工作，如课余或夏季在农场、奶牛场或在果园工作，管理草地或在树木保护企业，专为用户进行草地养护和给树木喷药治虫）。学生必须学会对自己的项目做出完好的记录，并能很好地叙述并解释这些记录。评判、竞赛、表演和县及州级的市场都允许学生的项目参加。职业农业教育课程为在与农业有关的企业中获得较好的工作提供了训练。

此外，学校的设备、开设的课程以及使用的教法都应注重技能的培养。例如，学校应配有农场、实验室、图书馆等较为完备的设施，即使自身没有农场，也将学校或校内农业课设在农场附近，充分利用社区内的家庭农场解决实习基地问题。围绕学生农业实践项目中遇到的问题进行的"问题教学法"，因其解决课堂中的教学内容和学生实践中的实际问题而受到教师、学生及家长的普遍欢迎。再者，全国性的青少年组织也将在自家农场上开展作物耕种、牲畜饲养和农场改造等工作作为本组织的最基本工作。

5. 师资培训

任何教育事业的成功，在很大程度上依靠实际从事这项工作的教师，美国中等农业职业教育能成功发展的关键也是重视对农业职业教育教师的选择和培训。美国要求此种教育的教师必须受过严格的职前训练，具有农场工作经验和合作精神。任何一名教师必须接受农业生产基础和最新的知识与技能的技术训练，以及组织、管理教学的能力，最后进行一个学期或一年的教学实习期，合格后才具备担任农业职业教师的资格。当然，美国的在职培训也是很重要的。虽然在职教师每年 12 个月要担任日校、夜校和部分时间制班的教学，但仍特别规定给教师一定的假期，尤其是在暑期为他们开设短期集中课程，组织他们参加州内外的技术和专业提高会议，鼓励教师业余时间学习学位或学位外课程，以不断提高教师的专业技术水平。此外，各州还提倡教师加强与其他有关机构的合作，参加推广部门召开的会议，定期和推广人员会面，制定工作计划，共同合作提高工作质量。

6. 经费来源

由于办学主题不同，各中学从事中等职业教育的学校资金来源也有所不同。到 1917 年，美国大多数州都开始为其辖区内的二级农民提供补贴，以资助从事职业教育的学校。在补贴的前 10 年中，尽管花费了大量资金，但学校并没有取得良好的效果，因此各州开始改革拨款方式，将补贴资金更改为补贴教师的工资等，并组织了国家监督办公室对学校资金使用情况进行监督。联邦政府的补贴主要用于教师的培训、农业教师和督察的薪水等，不能用于购买基金、建造教学楼、购买设备和宗教活动。教育资金的分配是基于每个州的农村户口，而教师培训资金的分配是基于全州的户口。可以看出，从事中等职业教育的各种学校的资金来源是多种多样的。一般来说，公立学校为中级农民提供职业教育的资金来源主要是联邦和州的补贴；私立学校除了联邦和州的补贴外，还包括私人捐款。

三、农业技术推广教育

农业技术推广实质上是一种服务于农业和农村发展的事业性工作，为农民传授各种科技知识，进行情报信息咨询服务。因此，就其本质而言是农民职业教育。美国的农业技术推广历史悠久，运行体系健全，具有完善的法律支撑系统，服务方式、手段灵活多样，服务内容丰富，不仅仅局限于服务农业生产、经营、管理，而且普遍关注农村家政以及青年农民的健康成长。由于本书第五章专门对美国的农业科技与推广体系进行了论述，因此本部分只进行简单概括。

1886 年，有 12 个州建立了农业试验站。同年，"美国农业学院与试验站协会"成立，以进一步巩固教学与科研之间的关系。1887 年的《哈奇法案》还规定，每个州都应在赠地学院的领导下建立农业试验站，并设有分站、试验农场以及各种研究中心和实验室，以进行有关农业科学原理和应用的研究和实验。试验站与教育和科学研究紧密相连，学院的研究工作深入实验室和领域。农产品的年产值增加了数亿美元。到 1913 年，总共 38 所州立农业大学开设了推广系，来自各州和地方机构的推广工作总资金超过 100 万美元，推广工作在农村地区很受欢迎。为了协调教育和资金的使用，农业部和赠地学院共同制定了一项谅解备忘录：①各个州在大学中组织和维护负责推广工作的管理部门；②部门负责人作为联合代表负责国家推广工作的管理；③用于农业推广工作的资金必须经本部门批准；④农业部配合学院推广部开展全州各项教育工作。推广主任作为农学院和农业部的联合代表，负责全州的各项推广工作，有权批准农业推广和家政工作经费。

到 1917 年，美国建立了庞大的农业推广教育体系，由联邦农业推广局、州级农业推广站、县农业推广站和来自全国各地的志愿者组成。国家农业推广站是美国农业推广的核心部分。它建于美国州立大学的农业学院，站长兼任农学院院长。农业学院担负着农业教育和科学研究的重任，与农业教育、科学研究和推广紧密相连。国立农学院设有董事会，邀请州政府官员、农业企业经理、农业专家和其他代表参加。农业学院 1/3 至 2/3 的教师参与了试验站的研究工作，试验站 60% 以上的专业研究人员也承担了农业学院的教学任务。县推广站是国家推广站的组织机构。扩建人员由"国家扩建站"聘用。他们大多具有硕士学位以上学历。主要任务是走访农场和农民，发现生产经营中存在的问题，提供帮助农民解决实际问题的信息。联邦、州和地方政府为扩张筹集的所有资金从 1915 年的 360 万美元增加到 1917 年的 610 万美元；拥有"扩张站"的县从 1914 年的 928 个增加到 1917 年的 1 434 个。家政示范机构由 279 所增加到 537 所；1917 年从事推广工作的人数达到 4 100 人。

第三节 农民教育培训的特点

一、加强立法保障

美国是一个法制化国家，制定了一系列有关农业技术和职业教育的法律、法规和优惠政策。自从 1862 年颁布《莫里尔法案》以来，短短 100 年来，美国政府颁布了数十项与职业教育有关的法律和法案。例如，《哈奇法案》于 1887 年颁布，第二部《莫里尔法案》于 1890 年颁布，《亚当斯法案》于 1906 年颁布，《史密斯-利弗法案》于 1914 年颁布，《史密斯-休斯法》于 1917 年颁布，《珀纳尔法案》于 1925 年颁布，《农业研究、推广和教育改革法》于 1998 年颁布。上述议案肯定了农业职业教育在法律上的积极作用，而且为农业职业教育提供了巨大的经济支持。在这种背景下，美国农村居民的整体文化素质不断提高。2010 年和 2015 年美国农村及城市居民受教育程度见图 6-2。

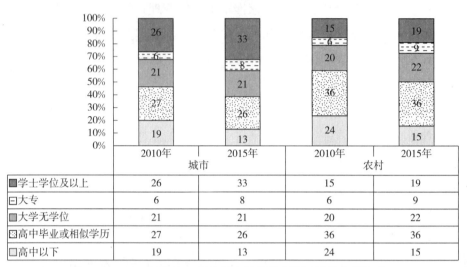

	城市		农村	
	2010年	2015年	2010年	2015年
■学士学位及以上	26	33	15	19
□大专	6	8	6	9
▨大学无学位	21	21	20	22
▨高中毕业或相似学历	27	26	36	36
□高中以下	19	13	24	15

图 6-2　2010 年及 2015 年美国农村及城市居民受教育程度对比

注：本表统计 25 岁及以上成年人受教育程度。

数据来源：Alexander Marré. Rural Education at a Glance，2017 Edition. Economic Information Bulletin No.（EIB-171）6 pp，USDA，ERS。

二、不断增加教育投入

各级政府对农业科研和推广公共开支的支出都在不断增加。至 1970 年则增长到 8.255 亿美元，55 年增长了 58.5 倍。2018—2019 财年，美国政府拨给农业部下属的国家食品与农业研究所（National Institute of Food and Agriculture，NIFA）的经费，就高达 21 亿美元，其中绝大部分是用于科研的经费。

在政府的支持下，各部门设立了很多资助及赠款项目，研究机构及农民可以通过申请的方式获得相应的教育科研等资金支持。为确保与农业有关的科学技术的突破性发现可以付诸实践，美国国家食品与农业研究所（NIFA）提供了大约 60 个拨款计划，涉及研究、教育和推广的各个领域。其中，大约 10 个计划是能力计划，由国会分别制定，旨在通过根据法定公式向各州拨款，为赠地学院的研究和推广活动提供支持。其他大约 50 个计划是竞争计划，也是由国会分别创建的，通过科学同行评审和授予的赠款为研究、教育和推广提供支持。包括国家食品与农业研究所的旗舰竞争性赠款计划、农业和食品研究计划和小型企业创新研究资助计划。农业和食品研究计划由众议院和参议院拨款委员会资助，由国家食品与农业研究所提供赠款，以支持 6 个优先领域的研究、教育和推广活动，这些领域包括植物健康与生产以及植物产品、动物健康与生产以及动物产品、食品安全、营养与健康等。资助项目包括国际小麦单产伙伴关系协调农业项目，其重点是改善小麦和大麦的气候适应性。另一个创新项目资助艾奥瓦州立大学的研究人员开发了一种使用纳米技术的传感器，该传感器可以检测到的有机磷酸盐含量比美国环境保护局的建议小 40 倍，该项研究赠款总额为 573 000 美元。小型企业创新研究计划由 1982 年的《小企业创新研究法》建立，向合格的小企业提供竞争性授予的赠款，以支持与重要的科学问题和农业技术相关的高质量研究。该计划由国家食品与农业研究所管理，由美国农业部负责，旨在刺激私营部门的技术创新，并加强联邦政府的研究，以支持小型企业发展。自 1983 年以来，该计划赠款已授予 2 000 多个研究和开发项目。

美国农业部的风险管理机构在 2018 年投入 885 万美元作为农业教育基金，该项基金用于风险管理教育和培训，以帮助生产者及资源有限的社会弱势群体和其他传统服务欠缺的农民和牧场主。资金还用于培训新的生产者和退伍军人回到农场和牧场。其中，485 万美元用于"目标州的作物保险计划"，用于联邦保险参与程度和可用性较低的作物保险计划。主要包括阿拉斯加、康涅狄格州、特拉华州等。此外，400 万美元用于"风险管理教育合作伙伴计划"，该计划为发展全国性的一般农作物保险教育以及为生产者提供的其他风险管理培训计划提供资金。

美国可持续农业研究与教育计划开始于 1988 年，是一项分散的竞争性赠款和教育计划，是以农民为中心的研究和教育项目，主要目的为农民、牧场主、研究人员和教育工作者提供支持。自 1988 年以来美国可持续农业研究与教育计划的竞争性赠款计划发放赠款 3.09 亿美元，共资助 7 248 个项目。

三、构建以政府为主导的完备培训机制和体系

从目前政府部门的职能来看，美国农业部是美国联邦政府的内阁部门。其研究、教育和经济部门是负责农业研究和教育的核心部门。农业研究局、国家粮食和农业研究所、经济研究服务中心和国家农业统计服务中心负责制定和实施各项计划。其主要功能如下。

（1）农业科研服务中心。由农业科研服务中心管理，开展水土保持工作、动植物品种改良、农产品综合利用、人体营养等相关研究项目。

（2）国家食品与农业研究所。该中心负责支持农业和行为科学相关的广泛科学领域的研究、教育和推广。

（3）经济研究服务中心。该中心为综合分析美国农业生产效率、农产品市场状况、自然资源与农村发展、国内农业发展趋势等的部门，向公众和政府提供经济信息和社会科学信息。

（4）国家农业统计服务中心。该中心可及时、准确地统计各个国家和行业的情况，并做出客观预测，做出客观预测。

尽管通过不同的法律建立了农业学院、农业试验站和农业合作社推广站，但它们并不是彼此孤立的，而是紧密相连的。联合部门设在农业学院，负责国家的农业教育、农业研究和农业合作社推广工作。国立农学院设有董事会，邀请州政府官员、农业企业经理、农业专家和其他代表参加，以保持学院与社会之间的密切联系；试验站由农业学院管理，并在全州范围内设立分支站或分支机构结合当地生产问题进行研究。联邦、州和县政府拨款协助州和县建立合作社推广服务系统。推广工作由农业部和农业学院共同领导，但农业学院专门负责。完整的农业科学和教育系统可以更快地将研究成果转化为实际生产力。农民通过教育和推广迅速掌握了新的研究成果，农民可以真正地将最新的科学技术应用于农业生产。

四、培训内容丰富，重视实践能力培养

在适应农业发展领域的不断扩大和农业与其他产业之间相互关系日益增加的背景下，许多发达国家继续扩大农民培训的领域。

美国农民教育的目标不仅是从事农业生产的人员，而且是生产前、生产中、生产后的从业人员。教学内容除注重农业推广、教育和科研的结合外，还注重农业实用技术的教学。从单一的专业技能培训转向培养农民的市场意识、竞争意识和合作精神，即培养和提高农民的实践技能，同时也注重培养农民的可持续发展能力。针对不同的培训对象，培训内容也不同。例如，对年轻农民的培训：在美国接受培训的年轻农民通常是 18～35 岁。除了课堂教学，老师们还将轮流到农民家中进行技术指导。农民学员还可以参与确定培训课程的候

选人和专家讲师。在中西部，一些学校聘请全职教师白天到农场参观，提供现场指导和帮助，只在晚上授课。讲座的主要内容是农场管理。在培训过程中，要根据用户的特殊需求，及时设置课程，进行相应的培训，甚至采取高度专业化的定向培训。

例如，根据美国农业部国家食品和农业研究所（NIFA）的数据，新一代的初级农民和牧场主对于美国农业生产的成功延续至关重要，对于开始运营的前 10 年的农民来说，重要的是，农民和牧场主可以使用资本、土地和信息来帮助提高其运营的盈利能力与可持续性。但是，由于初级农民和牧场主的经验较少，对教育、培训、技术援助和推广存在着特殊的需求。为此，NIFA 为该类人群提供了"初等农民和牧场主发展计划"（Beginning Farmer and Rancher Development Program，BFRDP），该项计划主要为组织和机构提供竞争性赠款，用于初等农民或牧场主的教育、指导和技术援助计划。BFRDP 资助包括三种类型：①标准项目用于新的和已建立的本地和区域培训、教育、宣传和技术援助计划，这些计划可满足初级农民和牧场主特定的本地和区域需求。②教育团队项目通过对标准项目和其他无资金资助的初级农民计划进行评估、协调和深层次活动，帮助制定持续的初级农民和牧场主的教育计划。③课程和培训信息交流中心，向初级农民和牧场主以及直接为他们服务的组织提供教育课程和培训材料。在 2020 财政年度，NIFA 向 BFRDP 拨款 16 783 829 美元。最近资助的一些项目包括："In Her Shoes"公司获得了为期三年的 295 761 美元的赠款，用于"提高妇女和少数族裔的农业综合企业生存能力"项目，他们的工作每年将为格鲁吉亚的 20 名新手和初学者和少数民族，尤其是为农民提供教育、培训和指导。"Rosebud"经济发展公司获得了为期 3 年的 599 326 美元赠款，为美国原住民部落提供培训和技术援助，以在南达科他州建立新的农场。农业和土地培训协会获得了为期三年的 60 万美元赠款，以帮助拉丁美洲的移民农民在确保土地安全基础上在加利福尼亚成功过渡到独立农业和有机农业。

五、培训组织众多，形式多样

为了满足农民教育培训的多样化需求，美国政府设立了不同组织、不同形式的培训来满足农民的需求，除了大力发展公立职业学校外，还包括各行业、公司企业、社会团体和个人举办的农村职业教育。公立职业学校在农村地区举办广泛的特殊培训课程，并利用冬季和闲暇时间为青年农民提供专业和系统的培训。

全国建立特色农村俱乐部。如有代表性的 4 - H 俱乐部，4 - H 是由美国农业部国家食品与农业研究所管理的联邦赠地学院的合作推广服务的青年外展计划。4 - H 提供青年动手学习的经验，并鼓励通过科学、技术、工程和数学（简称 STEM）机会学习世界。俱乐部与农村学校配合，把 9～19 岁青少年组织起来学习农业知识，进行多种培训。例如，4 - H 俱乐部与怀俄明大学建立了高级合作伙伴关系，使高中生有机会根据其 4 - H 计划获得大学学分。该项高等教育途径是一项为期三年的计划，可提供 1～4 个大学学分，每年 1 个学分，而第 4 个学分则来自顶峰实验室项目。该计划将学生自己在家禽、兔子、绵羊、马、山羊和猪方面的 4 - H 项目与大学的动物科学教育相结合。课程目标包括营养、护理和疾病预防、生殖与遗传学以及肉类科学。该课程与大学传统的动物科学概论课程相对应，不同之处在于该课程面向高中生。灵活性是该计划的标志之一。大学的 4 - H 和青少年发展专家 Robin Schamber 表示："课程讲座通过 Zoom 远程传递给全州的会员，实验室的经验包括动手实践的教育活动和会员可以带或不带动物参加的活动。"除了在互联网上录制的讲座外，在满足实验室要求方面，学生还可以选择多种方式，包括研究自己的动物。Schamber 说："如果动物生病，他们可以带着兽医进行诊断，参与治疗和（或不进行）康复的过程，并将其写成实验报告。"类似 4 - H 的协会及俱乐部包括很多，例如，美国农业局联合会、美国养牛妇女公司、美国家禽协会、美国大豆协会、美国甜菜种植者协会、农舍联谊会、全国小麦种植者协会、全国牧民牛肉协会、全国玉米种植者协会、美国国家棉花委员会、全国农民联合会、全国初级猪协会、全国牛奶生产者联合会、全国猪肉生产者理事会、国家马铃薯理事会、全国农业教学运动、全国青年农民联盟等。

美国农业教育培训还有一个很突出的特征，就是美国农民培训的网络化水平很高。美国对农民教育培训很多是通过互联网方式进行的，使得农民能够自由掌握培训时间与选择培训内容，更加符合农民的个人要求，满足了他们的实际需求。

例如，登录可持续农业研究与教育网站 www.sare.org，在其中可以找到各项与农业生产经营相关的书籍、视频、项目报告以及在线课程，访问者可以在"learning center"模块下，完成诸如"从实用手册中学习生产和营销技巧，了解更多的免费公告和通知，利用网上课程来增加实践能力"等各项学习及实践活动。在该网站上，访问者可以免费下载农业生产经营相关书籍、报告、情况说明书进行阅读，书籍、报告、说明书的范围相当广泛，包括具体的种植、养殖方法，例如，提供的书籍、报告、情况说明书包括：《什么是土壤健康》《覆盖作物的生态系统服务》《季节延长技巧》《覆盖作物营利管理》《有机温室番茄生产》《西红柿的抗病嫁接及提高生产力》等。除此以外，针对不同地域，对各地区正在进行的农业研究及教育资助项目进行了介绍，访问者同样也可以在网站上查询到相关信息。另外，在网站上也可以通过观看视频的方式，学习各地区农业生产、农业企业经营管理的实践活动及先进经验，自学课程及视频包括：《国家继续教育课程》《可持续批量温室生产课程》《农场平衡计算器软件》等。网站也提供历年各项农业会议的相关海报及报告等资料。

第七章 CHAPTER 7
美国都市农业与休闲农业 ▶▶▶

第一节　休闲农业

休闲农业是利用农业景观资源和农业生产条件，发展观光、休闲、旅游的一种新型农业生产经营形态。自19世纪30年代起，休闲农业逐渐在意大利、奥地利等地兴起，随后迅速在欧美国家发展起来。近年来日本、以色列等地休闲农业也得到充分的发展。尽管休闲农业已经有了几十年的发展历史，但是学术界并未对其在概念上做出统一界定。因此，在搜集和整理国外研究资料的过程中，把相似的休闲农业、农业旅游、乡村旅游、农庄旅游之类的不同概念，均翻译和理解为休闲农业。

一、休闲农业概况

美国有着悠久的乡村旅游传统，美国休闲农业的兴起至少可追溯至19世纪上层社会的乡村旅游，一些人甚至开始到早期定居者眼中避之不及的西部荒野开展乡村休闲活动。特别是一些有钱有闲暇时间的人们离开城市，前往城郊和乡村体验不同的生活方式，由此导致美国第一个休闲牧场于1880年在北达科他州诞生。人们渴望享受农村的悠闲与宁静的生活，许多美国人逐步实现财富积累，小汽车成为家家户户必不可少的商品，造访乡村成为一种便捷流行的活动。乡村旅游逐渐成为中产阶级生活的一部分，假期经常在城边不贵的乡村食宿接待设施和私人农场中度过，旅游食宿设施的形式一般是乡村旅馆和农场上私人闲置房间。同时为解决二战后农产品生产过剩的局面，美国农业部推动了农地转移计划，由政府在经费和技术上协助支持农民把自己所拥有的农地进行非农业用途的开发和使用。在这一计划的执行过程中，有一部分土地转移到野生动物保育和游憩方面，从而在一定程度上推动了休闲农业的发展。

二战后美国农业旅游蓬勃发展，有许多城市居民选择在节假日驾车去乡村度假。20 世纪 60 年代，得益于政府政策的大力支持，休闲农业发展飞速，其中最主要的是度假农庄及观光农场的开展。20 世纪 70 年代起，不少小农场也看中休闲农业这一大市场开始开发农业旅游项目，推出诸如植物迷宫、休闲垂钓、篝火晚会等各类旅游项目。向发展休闲农业的农场提供信息服务，并关注农业旅游的收益问题，以此来促进休闲农业的科学健康发展。同时，各州政府在农业厅下设立了专门的乡村旅游委员会，具体负责执行州旅游合作计划，为发展休闲农业提供各种咨询和帮助。

根据 Miller（2005）的研究，在美国，过去的三年中约有 87% 的成年人有过至少一次乡村旅游经历。美国农业部估计，超过 8 200 万人在 2000—2001 年有过农场旅游经历，这其中包括 2 000 万 16 岁以下的少年儿童在内。美国鱼类和野生动物服务局报告指出，2006 年有超过 620 万的以参观野生动物及自然资源为目的的游客在加州花费超过 78 亿美元（Leonard，2008）。

根据 2017 年美国农业普查，有 28 575 个农场提供了乡村旅游及娱乐服务，总价值达到 9.49 亿美元；其中有 5 553 个农场旅游项目的收入超过了 2.5 万美元，如表 7 - 1 所示。2017 年，平均每个农场由乡村旅游项目得到的收入达到 33 222 美元，是 2002 年每个农场平均收入（7 217 美元）的 4.6 倍。

表 7 - 1　美国乡村旅游及娱乐服务收入

收入	2017 年农场数（个）	2017 年收入总额（千美元）	2007 年农场数（个）	2007 年收入总额（千美元）	2002 年农场数（个）	2002 年收入总额（千美元）
1～999 美元	5 861	2 287	5 104	2 047	8 626	3 477
1 000～4 999 美元	9 186	21 609	7 997	18 635	10 986	24 489
5 000～9 999 美元	3 714	24 251	3 118	20 614	3 492	23 066
10 000～24 999 美元	4 261	64 341	3 494	52 245	2 011	44 455
≥25 000 美元	5 553	836 835	3 637	473 294	1 901	106 696
每个农场平均		33 222		24 276		7 217
合计	28 575	949 323	23 350	566 834	28 016	202 183

数据来源：美国历年农业普查。

美国旧金山海滨旅游胜地半月湾，因每年举办南瓜艺术节而享有"世界南瓜之都"的美称，每年吸引着南瓜种植爱好者和世界各地的游客数十万人，已经成为世界著名的休闲农业旅游节庆活动，不仅带来了近千万美元的经济收入，还为当地提供了大量的就业岗位。

二、主要休闲农业类型

经过近百年的发展，美国休闲农业已经进入成熟阶段。根据 Lisa C. Chase 等人（2018）的研究，可以将休闲农业分成 5 种类型。

（1）农产品购物型，城市居民购买农产品和农民自制的加工品，同时可以享受地道的乡村美味（如农场摆的摊点）。

（2）农业教育，游客到乡村参观农业生产过程，还可以品尝纯天然的绿色食品，或者亲自尝试种植蔬菜、农业耕作等，享受田间劳作的乐趣（如学生去农场参观）。

（3）农宿。

（4）休闲。

（5）娱乐。

三、休闲农业政策法律

美国休闲农业的快速发展得益于完备的法律支持，联邦政府制定了一系列的扶持政策来推动休闲农业的发展，各州、县在履行联邦政府政策的同时，根据地区实际情况同样制定了助推休闲农业发展的政策。

1958 年开始，在美国联邦政府的推动下，国会及各州议会通过立法成立了一系列专业性机构，并且加大了对旅游业的投入，此后美国的旅游业发展进入了一个繁荣的黄金时期。1958 年美国国会成立了户外游乐资源评估委员会，1964 年建立了国家荒野保护体系，1968 年通过了《国家荒野和风景河流法案》，这些机构与法案使美国旅游业得到充分发展。

1973 年美国国会颁布了《国家旅游法案》，1981 年成立美国国家旅游管理局，1992 年国会批准成立了国家农业旅游基金会，一系列对农业旅游的支持不断加强：主要从事休闲农业项目规划、募集、资助和宣传工作，帮助休闲农场提升行业知名度、推广国际旅游项目、开发全美森林服务项目等。这些措施缓解了农业旅游场所的压力，助推休闲农业可持续发展。此外各州议会也通过立法成立了一系列专业性机构，不断增加休闲农业的资金投入，这些立法和规范成为美国政府发展农业旅游的法律依据。

美国农业部设立多项针对乡村旅游的基金，用以促进其发展，地方组织及个人均可申请这些基金。政府同时还对乡村旅游市场上的供求信息进行调研，将相关分析结果向社会公布，以在宏观上对乡村旅游的发展予以指导、调控。此外为了规范乡村旅游项目的建设，各级政府及有关组织颁布了一系列法规对土地所有者的行为进行规范。以加州为例，农业旅游经营受到联邦、州和地方三级政府强制性约束和相关法律条文规范。这些法律约束与农业旅游业规划息息相关，经营者在进行经营规划时必须了解规章的许可范围并进行资金预算。加州法律中涉及的农业旅游项目主要集中于渔业和运动条款、卫生和安全条款、食物和农业条款、经营和职业条款、劳动力条款等。

四、加州乡村旅游业发展情况

20 世纪 80 年代以后，乡村旅游成为美国促进乡村经济发展的重要手段，乡村旅游在全美范围内迅速兴起。根据加州大学小农场研究中心的研究，乡村旅游对于一些小农场和乡村社区来说，已经成为其增加收入的一种重要手段。加州的许多乡村旅游企业发展迅速，因此本书对加州乡村旅游业进行简单介绍，从侧面展示美国休闲农业的发展情况。

（一）加州乡村旅游概况

根据加州农业人口统计普查结果，2002 年提供乡村旅游项目的 499 个农场共获得收入 650 万美元，平均每个农场获得收入 13 026 美元；2007 年提供乡村旅游项目的 685 个农场共取得收入 3 500 万美元，平均单个农场收入 51 095 美元。

加州大学的一项调查结果显示：加州农业旅游 2008 年共接待游客 240 万人次，按乡村旅游总收益额计算，总收入在 1 000 美元以下的农场占提供乡村旅游农场总数的 22%，收入在 1 000～4 999 美元的农场占农场总数的 17%，5 000～9 999 美元的农场占农场总数的 8%，收入 10 000～24 999 美元的农场占农场总数的 9%，收入在 25 000～49 999 美元的农场占农场总数的 14%，50 000～99 999 美元的农场占农场总数的 8%，收入超过 100 000 美元的农场占农场总数的 22%。乡村旅游活动主要包括农场购物、摘草莓、参观食品加工厂、住农家院、骑马、坐马车、在葡萄园参加婚礼、学习制作草莓酱和在玉米地里玩耍等，并且大部分的农场主表示他们有计划在未来的五年内扩展并使产品更加多样化。[①]

（二）加州乡村旅游项目经营情况调查

同样是加州大学小农场中心 2008 年对农场主的调查，结果发现：长远来看乡村旅游是有利可图的一个项目，绝大多数的被调查农场主均表示乡村旅游项目可以带来一些利润。

在被调查的农场中，只有 14% 的农场乡村旅游项目年收入超过 100 万美元；约 68% 的农场乡村旅游项目年收入小于 25 万美元，符合美国农业部小农场的定义；其中 48% 的农场乡村旅游项目年收入小于 1 万美元，21% 的农场乡村旅游项目年收入大于 10 万美元。被调查的农场中，约有 51% 的农场年接待的游客数量少于 500 人，20% 的农场年接待人数在 2 000～20 000 人，有 12% 的农场年接待人数超过 20 000 人；被调查的农场中，约有 88% 的游客来自加州，50% 的游客来自农场所在的县区，7.67% 的游客来自其他州，2.46% 来自其他国家。这个调查结果与加州旅游与旅行协会 2008 年的调查结果相吻合，该结果表示大约有 85% 的旅客来自州内。每年的 10 月，是乡村旅游最旺盛的时候，此时比较热门的旅游活动包括：摘南瓜、摘苹果、葡萄酒庄园旅游、玉米迷宫、收获庆祝和夏末水果蔬菜采购等。

总的来说，提供乡村旅游项目的农场直接销售农产品的收入要高于其他活动，直接销售收入占旅游项目总收入的 45%。有许多农场为婚礼提供场地和设施、提供节庆日庆祝、文化节和少年野营服务等，但一般来说这些活动均不收费。

从图 7-1 可以看出，被调查农场近 1/3 提供婚礼服务，2013 年美国的婚庆行业的总价值为 480 亿美元，每年约为 220 万对夫妻结婚提供服务。婚礼花费从几百美元到好几万美元不等，整个国家每个婚礼的平均花费在 21 000～

---

① 第一次全州农业旅游调查产生早期结果，Penny Leff，小农场新闻，小农场中心，加州大学。

24 000 美元。户外婚礼之所以比传统地点举行的婚礼更具有吸引性，是因为它能提供草地、绿树以及鲜花等组成的美丽背景，更重要的是价格实惠。

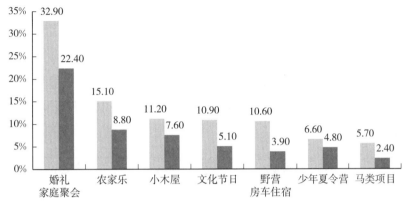

图 7 - 1　加州大学乡村旅游项目及收费情况调查结果

数据来源：Ellen Rilla，Shermain D. Hardesty. California Agritourism Operations and Their Economic Potential Are Growing. http：//californiaagriculture. ucanr. org。

（三）加州乡村旅游营销手段调查

休闲农场采取多种营销方式向游客推销农业旅游项目。几乎所有的农场（约占 97%）都将口头宣传这种营销方式作为主要的推销方法。有 81% 的农场在其农场外悬挂大幅宣传标语，76% 的农场对外派送公司名片或者公司宣传册，78% 的农场通过网站推销自己的产品，74% 的农场接受地区性旅游发展指导，63% 的农场在地方报纸或杂志上通过专题报道宣传自己，57% 的农场通过农业组织宣传自己，55% 的农场购买付费广告促销，46% 的农场通过商会推销，旅游局（约占 39%）、直接邮件（约占 37%）以及商业快讯（约占 32%）也是比较常见的营销手段。

在众多营销手段中，通过网络进行营销值得一提。通过 Google 网站进行 Rural Tourism 搜索，不少网站是某一地区专门从事乡村旅游营销的网站。根据 Klotz（2002）的研究，网络是游客得到旅游地信息以及对旅行进行规划的首要参照资源。不管一家乡村旅游景点在营销上花多少钱，78% 的乡村旅游项目都有一个网站。在营销上花费少于 500 美元的景点中，大约有 2/3 的景点都有自己的网站，通过网站进行营销所得的结果一般令人比较满意。特拉华州立大学的一项研究发现，在自己的网站上增加上电子商务项目，对于吸引新游客或者回头客可能是有帮助的。加州旅游与旅行协会的调查结果显示，2004 年加州 983 万人次的旅行者中有 65％的人通过网上电子商务安排他们的行程。可以说网络营销对于加州乡村旅游业的发展起到一定的推动作用。

（四）加州乡村旅游类型调查

美国乡村旅游主要类型有观光农场、农场度假和家庭旅馆等形式，根据加州大学 2008 年的调查，作为一个乡村旅游发达的州，其乡村旅游活动主要形式见表 7-2。

表 7-2　加州农场乡村旅游活动调查结果（农场数 332 个）

项目名称	提供项目农场数占比（％）	其中收费农场数占比（％）
直接销售	78.3	
新鲜水果、蔬菜、香草和鲜花	37.6	
农场自制农产品（肥皂、苹果汁等）	17.0	
游客采摘水果、蔬菜、香草、鲜花等	22.7	
圣诞树（零售或自伐）	9.7	
摘南瓜	17.6	
玉米迷宫	7.0	
肉或奶酪销售	9.1	
葡萄园或葡萄酒厂	21.5	
其他	10.9	
旅行或课程	81.0	
科学考察	51.1	17.2
传统农场设施或建筑	40.8	9.4
季节性活动（剪羊毛、种植、收获等）	32.3	5.4
引人入胜的风景：特色资源或资产	30.5	7.6
小动物展示	13.0	2.7
历史建筑或农场设施	18.7	3.6
季节性景点（春花、秋叶、冬雪等）	18.7	2.4
森林景观或地方性植物	14.8	2.4
示范、课程、参与经历	69.3	
学习、讲习班（制奶酪、制毡、苹果汁等）	35.8	13.6

（续）

项目名称	提供项目农场数占比（％）	其中收费农场数占比（％）
牛拉车、给牛打铭牌、斗牛等	2.7	1.5
骑马、马拉车、马拉雪橇	8.8	4.8
建造谷仓、池塘、栅栏	3.3	1.5
园艺：植物选择、种植、收获等	23.0	3.6
做饭、食物品尝、葡萄酒/啤酒搭配	27.5	12.1
冬耕复垦或栖息地改良	11.8	2.4
钓鱼或打猎	10.9	6.6
特殊事件设施	50.6	
婚礼、家庭聚会、疗养等	32.9	22.4
农家乐	15.1	8.8
露营或娱乐车住宿	10.6	3.9
农户家外的小木屋	11.2	7.6
文化节庆	10.9	5.1
野生动物或迁徙鸟类节日	3.0	0.6
马类活动：赛马等	5.7	2.4
驯狗	3.3	2.7
少年夏令营	6.6	4.8

数据来源：Ellen Rilla，Shermain D. Hardesty. California Agritourism Operations and Their Economic Potential Are Growing. http：//californiaagriculture. ucanr. org。

　　由表 7-2 可以看出，加州的乡村旅游活动类型繁多，其中 78.3％的农场直接销售相关农产品，81％的农场提供相关旅游或课程项目，提供学习示范的农场占农场总数的 69.3％，而 32.9％的农场为婚礼等特殊事件提供相关设施。总体上讲，农场主从直接销售中得到的收入占总收入的 45％，超过其他类型的活动。最常见的直接销售活动是在农场销售点销售农产品、坚果或鲜花，占总农场数的 38％。

　　最常见的乡村旅游项目是为游客提供科学考察服务，占总农场数的 51.1％，其中仅有 17.2％的农场收费。葡萄酒庄园也是重要的乡村旅游目的地，这些庄园主要接待教育目的的游客以及专程来品尝酒的游客，每年乡村旅游给加州葡萄酒行业带来 2 100 万游客，总收入 21 亿美元。

（五）加州乡村旅游所面临的挑战

乡村旅游给当地的农场带来收入，在改善周边环境的同时也带来一些挑战。所在分区、营业许可、环境健康政策、责任以及保险问题都是在开设乡村旅游项目时所面临的主要问题。不考虑农场所在的位置，被调查者称其所在地的相关政策、开设此项目的程序、开设或扩大项目的费用使他们很头痛。87%的受访者购买了责任保险或者其他形式的风险管理工具，其中90%的受访者购买的保额为100万美元。

加州农场主开设乡村旅游项目时遇到的问题，在美国其他州的有些地方已经得到妥善解决。例如科罗拉多州和田纳西州为促进发展农业旅游专门拨出基金；佐治亚州和密苏里州对于乡村旅游项目给以税收优惠；根据 Mirus（2009）的研究，至少有19个州颁布了相关法规，解决乡村旅游发展过程中遇见的从税收、分区以及责任险等方面的问题。

基于上述内容可以看出，美国发展休闲农业的经验主要包括以下五个方面。①在网络营销方面。美国休闲农业有关部门重视乡村旅游的网络营销，大部分休闲农业旅游企业都建立了网站来向游客展示自家农场的旅游风情，当地政府也建立了网站介绍本地主要乡村旅游景点。②在政府扶持方面。一是各州政府均制定相应法律法规来引导休闲农业健康发展，二是各州政府对休闲农业进行资金上的大力扶持，三是地方政府、非营利性组织、社区和企业高度统一协调，共同支持当地休闲农业旅游发展。③在品牌建设方面。美国休闲农业在发展过程中注意突出地方特色，会根据人文景观或自然景观找定位点，并注重旅游产品的宣传，会通过网络、报纸、杂志、节庆活动等方式吸引顾客。④在创新方面。美国休闲农业经营者具有创新意识，善于开发与众不同的游玩项目，会根据消费者的需求设计不同类型的农业旅游，可以有效地提高人们的参与度和新鲜度。⑤在环境保护方面。美国休闲农业在开发的过程中注重原生态保护，有利于乡村休闲旅游的可持续发展。

第二节　都市农业

20 世纪 50 年代，一些美国经济学家首先提出了都市农业的概念。都市农业的英文原意是指都市地区的耕地管理。这是一种高度集约化的多功能农业，在城市地区发展都市农业，模糊了城乡之间的界限。它为城市居民提供了优质的农产品和副产品，以及美丽的生态环境。通过在城市里种植和销售农产品，为城市提供可持续的稳定的地方食物系统，同时还可以为人们休闲旅游、体验农业以及了解农村提供场所。

现实生活中的都市农业并不仅仅是在城市的一块空地上种植蔬菜，还包括将城市里没有使用的公共用地盘活和转变公共用地的使用方式，使城市居民及其邻居以一种新的方式生活在一起，同时促进其饮食以及生活方式的转变。从为城市提供"应季食物"的角度来讲，都市农业的发展意味着可以减少食物运输的距离，以及更少的处理和包装成本；在美国，上述环节所耗费的成本占整个价值链成本的 1/3。将城里的一些废弃地块、废弃停车场进行改造发展都市农业，近距离提供食物的同时，可以减少生产单位食物的碳排放，社区居民可以参加到农业生产中去，这样就可以产生更多的就业机会以及取得收入的机会，同时销售农产品也可以带来收入。

一、都市农业概况

美国的都市农业与传统农业相比并没有明显的区分，虽然美国工业化进程不断加快但对农业的重视并没有减弱。美国城市用地占其国土面积不到 3%，与农业用地面积相比微乎其微，但都市农业因生产、消费条件便利，健康、环境效应良好，受到越来越多人的关注，至 2016 年底，美国的都市农业面积占10%，生产的农产品产值占美国农业总产值的 50% 以上。

美国的许多城市如纽约、洛杉矶、芝加哥、底特律、波特兰和匹兹堡等都有相当规模的都市农业项目。纽约拥有大约 600 个小型农场，代表着美国都市农业的发展趋势；底特律市民自下而上地发展都市农业，其自发地种植和交换农产品并交流种植经验，共同研究延长食物保鲜期的新型"食物分配系统"，已能够为居民分别提供 31%、17% 的优质蔬菜、水果。据统计，美国都市农业每年向城市提供大量新鲜蔬果，部分中型或大型商业农场的销售额已超 100万美元，实现了可观的经济效益。2013 年根据一家美国都市农民合作社估算，全美位于市区的约 800 家小块农场出售大约 150 吨食物。一个名为都市农民集团的组织在其网站上写道：我们开发并保护那些未被利用的土地、空间、屋顶和围墙，是要在全美及世界各地，在城市的低收入区，带领大家一起种植有机食品。

美国的都市农业除了种植业外，畜牧业、园艺业以及水产业也占一定的比例。2010 年美国撤销了城市养蜂违法的条例，圣迭戈市议会则在 2012 年 1 月 31 日投票通过"后院养鸡合法化"，规定每家至多可饲养 5 只母鸡，但不能饲养公鸡。这样的规定在美国并非个例，纽约、盐湖城和诺克斯维尔等城市均在修改法律，允许居民小规模饲养家鸡。西雅图市通过专门的法律，规定了在城市某些区域（如工业区等）可以发展水产业，而在居民区不允许发展水产业；规定了在城市里可以饲养的小动物种类和饲养区域。

在美国，联邦政府以及地方各级政府都积极支持都市农业运动。美国农业部在 1996 年启动了社区食物项目竞争性补助金计划，为全国许多低收入社区的都市农业项目提供了资金。在地方层面，早年启动的都市农业计划在很多城市中被延续下来并得到加强，如西雅图的 P-patch 计划就得到不断推进。2004 年的城市总体规划把城市农园定位为基本公共设施，要求每 2 500 户配备 1 个城市农园；2008 年，在"慢餐运动"的推动下，旧金山市政府拿出市政厅广场来建设示范性的新胜利农园；2009 年，美国农业部在华盛顿特区的场地上开辟了一个示范农园；西雅图市确定将 2010 年定为都市农业年，并为此举行了一系列的活动；美国的"推进达拉斯"垂直农场方案，将建成一个集农业生产、能源自治和生活居住等多种功能为一体的综合城市社区。

美国也开始各种具有创新性的都市农业改造运动：位于美国纽约布鲁克林区的北布鲁克林农场（North Brooklyn Farm），是由一块工业废弃地改造成的，除了有农作物产出，还有很重要的改善自然环境和修复土壤的作用；总部位于美国奥斯汀的成果农场（Logro Farms），利用一些农业废弃物进行室内种植，培养食用菌菇，是一家致力于打造家用种植设备的可持续农场；种植盒子（Cro-Box）则将废弃的集装箱改造成移动的农场，采用气雾栽培、垂直种植和 Led 光照种植的农业技术，其改造的集装箱农场如今可以种植 150 多种农作物；大部分美国中产阶级都在市郊有带独立花园的房子，原本是用来修草或种花，如今有一种新的流行趋势叫"森林花园"，就像是一个迷你的小森林，在让孩子接触自然的同时也更具有教育意义；在美国纽约兴起的"校园农场"，纽约大概有近 300 个学校都有不同等级的农园，在纽约有两个年轻人发起的组织："菜园到校园餐桌"和"成长纽约"，一个是公益计划，另一个是私人非营利组织。该地区几乎所有公司都采用可持续的耕作方式，并在不使用农药或化肥的情况下生产有机产品。校园农业不仅可以学习自然和生态系统有关知识，还可以帮助苦于垃圾食品困扰的儿童找到健康生活的思路。

二、都市农业发展模式

2010 年美国西雅图市议会表决通过了在该市发展都市农业的决议，此项决议的通过可以帮助在市区内建立一个更具有可持续性、安全性的地方食物供给系统。根据该决议，西雅图市区范围内承认的五种都市农业形式如下：饲养小动物、城市农园、都市农庄、水产养殖以及园艺。

美国都市农业有多种发展模式，比如市民农园（出售食物）、社区花园（允许居民种植食物并自己消费）、后院花园（居民可以自行使用）、公共性质的花园（如学校的花园）等。下面对美国都市农业中的几种主要形式进行简要介绍。

（一）市民农园

全美范围内，都市农业的主要形式是"市民农园"，也被称为"耕种社区"。市民农园，是属于居民自治型的都市农业，通常利用城市中零碎的、闲散的土地，分配或租赁给附近的居民，由一个公共组织、非营利组织或者一组个人管理土地，种植社区居民日常生活所需的多种农作物，在作物成熟后由农场工作人员送货上门，在农产品生产与消费之间架起桥梁，同时农场也常成为居民与家人、朋友交流的场所。

市民农园又可以分为两种形式，一种是基于家庭的农园，即农园分配给若干独立的家庭，多个家庭共用农具等设施，比如西雅图的 P-Patch 农园（由该市区的 55 个家庭单元管理）和洛杉矶的中南农场（由来自邻近社区的约 350 个家庭单元管理）等，中南农场也是美国最大的城市农场（占地 14 英亩）；另一种是基于社区的农园，即以社区为基本单元，多个邻近社区的居民共同管理或轮流管理。这类农园起初都是以为城市居民提供食物为主要功能，因此也常被称为厨房花园，在发达国家，该类型的都市农业往往是城市的一个重要组成部分。

美国早期的市民农园一般不由政府组织，农园是由当地社区的参与者自行发起建设，而且地块集中在一起，常用来救济城市的失业者或者经济困难户（李良涛，2011）。在两次世界大战期间，美国的市民农园得到了快速的发展，并逐渐完成了功能转型，强调个人偏好与休闲等（Lawson，2005）。1976 至 1993 年间，美国农业部在全国范围内发动的"Urban Gardening Program"项目以及 20 世纪 90 年代至当前的社区绿化活动，共同推动了市民农园的发展（Lawson，2005）。1990 年后，食品安全问题逐渐成为危害人体健康的重点问题，人们对于食品安全的重视程度越来越高。此时市民农园因为能够提供绿色健康的蔬菜和自身便利的输送条件得到人们更多的关注，人们更加倾向于居住在有配套农园的社区，以为自己带来安全便捷的饮食环境（Hynes，2004）。

根据美国城市农园委员会 1996 年的估计，在美国 38 个城市中大约有超过 6 000 个市民农园，这其中超过 30% 的部分是在 1991 年以后建立起来的。据美国纽约城市农业机构的统计，2010 年纽约的 67 处总面积约为 7 000 平方米的城市农园共生产了约 4 万千克价值 20 万美元的农产品（Farming Concrete，2011），到 2012 年，市民农园的数量超过 10 000 个（Lee Vanessa，Community Gardens）。社区居民通过认养地块并支付一定的报酬来帮助农园经营者降低生产风险，市民农园会给予社区居民低于市场价格的绿色、新鲜、高品质农产品，社区居民与市民农园经营者互惠互利，各取所需。有关学者认为，这一模式不仅使消费者获取到安全天然的食品，生产者的生产积极性得到提高，还促进了当地农业的发展。

美国市民农园的功能差异性较大。有些有影响的市民农园（比如纽约市克林顿街曼哈顿区中心的克林顿农园、加利福尼亚州伯克利的 Peralta 农园等）主要是为居民提供艺术观赏以及生态方面的价值（用来种花），所产出的食物非常有限；有些是为了给老年人、新进入本地的移民以及无家可归的居民提供一个可以耕种的地盘；有些市民农园以社区农场的形式出现，这些农园不为单个居民提供耕种机会，正在向都市农场转变。

市民农园的形式与内容差别显著，呈现多元化的发展趋势。在形式上，既有社区居民出于自种自用、休闲或捐赠目的聚集起来共同从事的农场；也有以营利为目的的企业化农园和商业农场（如位于密尔沃基的成长动力有机农场）；更普遍的是将私家后院开辟为菜园。在生产内容上，不再局限于农作物的种植，纽约等城市也开始允许小型禽畜养殖；在生产手段上，普遍采用生态农业技术，利用城市有机垃圾堆肥来制造农业肥料，很多营利性农场采用无土栽培技术进行密集生产；在参与范围上，投身其中的社会力量也更加多元化，个人、政府机构、公共团体和企业乃至金融集团均参与进来。市民农园在发展过程中受到越来越多的关注，农园与社区的联系更加紧密，许多企业致力于打造系统的市民农园，建立和谐安全的宜居社区。

（二）社区支持的都市农业

在世界各国城市农业的实践中，近年来广泛采用一种俱乐部行为模式——"社区支持农业"（Community Supported Agriculture，简称 CSA）。

社区支持农业的核心环节是社区居民提前向农业生产者支付生产过程中消耗的成本与农民种植的工资，农场会在整个生产季节向支付工资的成员提供足够份额的（通常每份菜量足够一家四口人吃）农产品，成员也可以选择亲自参与种植农产品，体验收获的乐趣。CSA 的核心理念是建立生产者和消费者的直接联系，减少中间环节，双方共同负担农业生产风险，也共同分享健康生产方式的收益，建立本地的安全食物系统，共同保障本地的食品安全和经济、环境、社会发展（伊丽莎白·亨德森等，2012）。目前，CSA 已经在欧洲、美洲、大洋洲及亚洲广泛展开，美国迄今约有 5 000 家 CSA 农场，200 多万户美国家庭成为 CSA 会员（石嫣等，2012）。

（三）都市农庄

都市农庄（City Farm）的存在，在有效利用城市空地的同时，也满足城市对于地产食物的需求。美国许多城市改变了都市农业的法规，其目的不仅是允许更多更大的都市农庄存在，更是通过这些政策促进其发展。与城市农园里许多个人在小块土地上进行耕作不同，都市农庄是由较大的私人企业或者非营利组织经营。

2011 年芝加哥市议会通过了一项有关都市农庄的决议，该决议规定对于都市农庄的面积不再设限，允许在居民区销售其产品，放松商业区内有关的停车及围栏的规定，这些决定将有力地促进都市农庄的发展。通过这项决议使得都市农业受到更多重视，据芝加哥资源中心的数据，2011 年该市大约有 20 000 英亩土地可以被用于耕种，为城市提供安全食品的同时也创造了新的就业机会。与此同时包括盐湖城、艾奥瓦州博伊西市等在内的许多城市均通过相关法规支持都市农庄发展。

　　除了上述几种主要的都市农业发展形式之外，美国都市农业迅速发展过程中衍生出了一些新型的涉农产业，包括以企业方式在城市环境中推行农业型景观绿化、为商业化的都市农业提供技术培训，以及为高层农业温室提供专业化设计。美国都市农业经过多年的发展已经成为形式多样的能满足都市人们多种不同需求的产业。

三、支持都市农业发展的相关法律规定

　　美国国内许多城市、行业协会通过许多法规来促进都市农业的发展。

　　2007年美国规划协会出台《社区和区域食物规划指导方针》，该指导方针中指出，规划师应通过自身的专业实践，增强传统规划与社区和区域食物系统规划这个新领域之间的联系，建立一个强大、可持续、更加自给自足的社区和区域食物系统，并为完善工业食物系统提出建议。为了更好地指导规划师介入社区和区域食物系统规划，2008年APA下属的规划咨询服务机构完成了554号报告《面向社区和区域食物规划的规划师指南：改变食物环境，推动健康饮食》。2010年6月，美国规划协会协同来自护理、营养、规划和公共健康领域的专家商榷达成《食物系统的健康可持续原则》，至此，食物系统规划的目标进一步明晰。2011年PAS出版了《都市农业：培育有益健康的可持续场所》（Hodgson et al.，2011），都市农业作为城市食物系统的重要组成部分，被纳入城市食物系统规划之中。都市农业依托城市食物系统，有了一个更加系统化的理论基础，可以获得更有效的发展。

　　另一方面美国的城市农业实践已经发展到将农业提升至城市空间公共政策的层面，致力于将农业与城市综合事务整合在一起，在中观的城市农业空间以及微观的城市农业技术方面的实践在近年来发展迅速。

　　在美国的实践中，已经开始着手研究从战略规划、法定规划到城市设计的全覆盖的城市农业规划设计。实际上，已有城市对现有的城市规划法规进行调整，以便将农业引入城市空间，如芝加哥和明尼阿波利斯市在2011年相继对区划代码进行了修改，修改后的区划中，城市农业作为一种用地类型存在。在明尼阿波利斯市的修改版本中，将城市农园、商业农园、城市农场和沼气池加入了区划代码中。容许和鼓励在城市商业用地、工业用地、居住用地或者建筑

（如屋顶温室）进行农业生产，并放松了对在居住区内的商业化农业生产以及复合养殖的限制（表 7 - 3）（City of Chicago，2011；City of Minneapolis，2011；Viljoen et al.，2012）。在管理城市土地利用和城市建设的具有法律地位的区划法中将城市农业作为一种用地类型，说明美国规划界已经充分认可了城市农业的重要地位，并接纳了都市农业这个"陌生人"，这对于都市农业的发展是里程碑式的转折。

表 7 - 3 美国都市农业相关法律法规及内容

立法时间	法律法规名称	法案内容
2007 年	《社区和区域食物规划指导方针》	规划师应通过自身的专业实践，增强传统规划与社区和区域食物系统规划这个新领域之间的联系，建立一个强大、可持续、更加自给自足的社区和区域食物系统，并为完善工业食物系统提出建议
2008 年	《面向社区和区域食物规划的规划师指南：改变食物环境，推动健康饮食》	更好地指导规划师介入社区和区域食物系统规划
2010 年	《食物系统的健康可持续原则》	美国规划协会协同来自护理、营养、规划和公共健康领域的专家商榷进一步明晰食物系统规划的目标
2011 年	《都市农业：培育有益健康的可持续场所》	都市农业作为城市食物系统的重要组成部分，被纳入城市食物系统规划之中
2018 年	《农场法案》	城市农业和创新生产办公室，鼓励和促进城市、室内和其他振兴农业做法；城市农业和创新生产咨询委员会、美国农业部授权支持城市农业发展和创新生产、城市或郊区农场高度集中的县试点项目

数据来源：美国农业部国家农业图书馆。

美国国际生命建筑研究所（International Living Future Institute，简称 ILFI）已经将农业纳入绿色建筑指标体系中。该研究所制定的名为"生命建筑挑战"的指标体系中，把城市农业作为一项强制性内容。该标准规定，根据项目容积率的不同，必须以一定的规模和密度将城市农业整合在项目中，对于建筑项目和社区规划项目，这一规定是强制性的（ILFI，2012）。制定者希望借助都市农业这一多功能要素，把健康食物、交通运输和社会正义问题纳入绿色建筑评价标准中（表 7 - 4），实现超越绿色建筑评估体系的目标，因此它被认为是世界上最具革命性的绿色建筑评价标准（赵继龙，2012）。这个标准证明了世界建筑界已经将农业提高到可持续发展的必要高度，证明了农业可以具有可量化的合法地位，它的出台标志着以定量的、强制性的方式把农业与城市进行联合。

表7-4 建筑和社区项目中强制性都市农业面积比例

层次	容积率	农业项目面积比例
1	—	不实施
2	＜0.04	80％
	0.05～0.09	50％
3	0.10～0.24	35％
	0.25～0.49	30％
	0.5～0.74	25％
4	0.75～0.99	20％
	1.0～1.49	15％
5	1.5～1.99	10％
	2.0～2.99	5％
6	＞3.0	无强制性要求

数据来源：ILFI，2012。

四、市民农园发展情况——以洛杉矶县为例

洛杉矶县的都市农业作为最主要的都市农业的存在形式，此处以洛杉矶县为例对都市农园的存在形式进行详细介绍。

李良涛、王文惠等人于2010年9月到2011年6月对美国洛杉矶县的14个城市农园进行了系统调查，调查结果如下。

1. 建设历史和土地特征

按照建设年份将14个城市农场分为4组，其中各有3个是在10年以下、30年以上的时间内建成的。各有4个建成时间是在小于10年、10～20年之间和21～30年。平均有19年的历史，其中最长的是Altadena市政农场，已有47年的历史。这些市民农场的土地归市政府所有，但租赁期限通常为10～20年。因此，在土壤修复和基础设施建设上进行投资的成员可能无法支持社区农场，因其不能长期可持续发展。

2. 参加成员和会费

市民农园平均参加成员为 53 个，一般都有自己独立的畦块，另外有的配备了固定的管理人员维护农园日常管理。都市农业的最大参加人数为 225 人，最小参加人数为 18 人。在创建时，通常可以保证有 10 个或更多的生产者，但是每年由于某种原因都会出现问题。一些新成员根据申请程序申请成员资格。对于市民农场，加入成员资格的申请可能会持续 3 年以上。会员的平均收入是中等水平，但与 2011 年美国的贫困线相比，很多会员都是贫困的。例如，Bougainvillea 社区成员的年均收入仅为 25 161 美元。前三个建设农场的经济收入较高。它还描述了人们在农业建设中的多样化需求。大多数参与者是老年人。一半以上的参与者来自少数民族，非洲裔、墨西哥移民等通常受教育程度较低，大多数人具有初中学位。会费通常在 26～90 美元之间。长期兴建公园的成本通常很高，这取决于租金、参与者人数、土地面积和捐赠金额。平均年费为 56.9 美元，主要用于小批量租赁。许多非营利性组织通过从政府和企业筹集资金来筹集建设地方政府农场的资金，许多地方政府成员也通过捐赠和其他渠道提供财务支持。

3. 种植规模和基础设施

农园建设平均面积 1 788.2 平方米，平均田块数量为 43.4 块，平均小田块面积为 33.6 平方米，其中历史长的农园种植规模一般较大，面积最大的是 Bougainvillea 农园达 5 482 平方米，最小的为 Francis Avenue 农园仅 85.5 平方米，每个小地块面积为 4.5 平方米。其中，农园有木棚架的占 71.4%，有标牌的占 57.1%，有桌椅的占 50%，有停车位的占 42.9%，有厕所的占 28.6%，有储藏室和公共绿地的占 92.9%，所有城市农园均设有围栏和垃圾桶。考虑到农田的历史和文化遗产及其对市政的总体影响，一些市政当局还参与了农场的建设。例如，Altadena 社区提供了水网和其他基础设施，以帮助建造总共 59 处标准地块和 4 处爱心地块。所谓"爱心地"即考虑了老年人在种植作业时的行动不便，沿地块边界砌上高池，内堆土种植，边墙适合人们坐着作业，很人性化，当地人认为这个农园是洛杉矶最好的市民农园之一。

4. 植被特征和物种组成

农场具有丰富的植物多样性，已经研究了约 400 种，每个农场的平均植物物种约为 88 种。古老的植物很多，最多的农园里的植物有 167 种，少的有 42

种。初步分析表明，农场和该地区的物种数量之间没有显著相关性，这可能与参加成员的社会和文化背景的各种差异有关。功能分组表明，食用植物占重要地位，平均占73.2%，观赏植物占22.1%，药用植物占6.4%，杂草等其他植物占5.3%。对功能组内相应植物的调查显示出相似的分布格局，其中出现频次最高的为洋葱、西葫芦、菜豆、辣椒和番茄5种蔬菜，14个园中均有分布。

5. 维护和保养

调查结果表明，具有不同建筑历史的庭院的维护和管理没有显著差异。节水灌溉设备分配率达到100%。在检查农药、化肥和除草剂的使用时（尽管使用的人减少了，但据说它们被农场使用），结果表明的确有一些市民农场使用了农药、化肥和除草剂（表7-5），大多数农场的管理人员不接受化学肥料、杀虫剂和除草剂，并促进有机耕作和绿色管理。人们重视有机肥料的施用和生态管理措施以及植物堆肥的回收技术，很少依靠机械农业。一般有储存种子的习惯，除了少量购买外，一些种子是由非政府组织提供的，例如洛杉矶市民农场委员会和大学推广机构。市民农园有自己的例行会议，通常每月举行一次，讨论日常管理、预算支出、成员交流和安全保护以及其他计划。大多数公共业务部门都会打印年度报告，并将其分发给成员以供审核、评论和建议。随着互联网的发展，近1/3的企业发现，越来越多的人同时在Facebook、Flickr和其他网站上创建分组讨论室，以发送和接收通知，共享想法以及上传照片。这已成为农场成员之间进行交流的重要方式。

表7-5 洛杉矶县14个市民农园建设模式调查概况 (2010—2011年)

	调查项目	一组	二组	三组	四组	均值/比值（农园数）
	农园建设年限（年）(2~47)	>30	21~30	10~20	<10	19 (14)
	市民农园调查编号（1~14）	1；5；14	3；4；12；13	2；6；8；10	7；9；11	—
	土地所属为公有	100%	100%	100%	100%	100%
成员概况	平均成员规模（位）(18~225)	55	37	69	55	54 (14)
	市民农园主要成员以大于60岁老年人为主	3	4	4	2	92.9 (13)
	社区居民家庭年收入（美元）	55 727	42 703	43 898	41 964	46 072 (14)
	市民农园成员平均受教育高中以上人数及占比	1	1	1	2	35.7% (5)

（续）

调查项目		一组	二组	三组	四组	均值/比值（农园数）
成员会费	年均会费（美元）（26～90）	78.3	60.8	35	38.3	53.1（14）
	农园接受过捐赠或援助的园数及占比	3	4	4	3	100%（14）
基础设施	农园内建有开会或休闲用凉棚的园数及占比	3	2	2	3	71.4%（10）
	园内建有告示栏、公告栏的园数及占比	2	2	2	2	57.1%（8）
	园内备有开会或休憩用的园数及占比	2	1	2	2	50%（7）
	园周边建有透风篱墙的园数及占比	3	4	4	3	100%（14）
	园内备有可回收垃圾箱的园数及占比	3	4	4	3	100%（14）
	园旁建有停车场、停车位的园数及占比	3	0	4	3	71.4%（10）
	园内或园旁建有厕所的园数及占比	3	0	0	1	28.6%（4）
	园内建有存放工具的储藏间的园数及占比	3	3	4	3	92.8%（13）
	园内有公共绿化美化用地的园数及占比	3	3	4	3	92.8%（13）
种植规模	农园田块总面积（平方米）	2 839.4	1 246.5	1 455.4	795.8	1 788.2（14）
	园内畦块总数量（块）	50.3	34.1	46.0	46.0	43.4（14）
	园内平均畦块面积（平方米）	57.1	31.7	20.5	13.1	33.6（14）
植被特征	农园内总植物种类	102.6	95.9	59.8	70.9	80.8（14）
	其中食用植物占比（%）	74.1	69.9	64.8	71.2	73.2（14）
	其中药用植物占比（%）	6.8	7.7	11.4	5.5	6.4（14）
	其中观赏植物占比（%）	23.4	26.8	18.4	13.1	22.1（14）
	其他植物占比（%）	3.5	6.2	11.9	6.6	5.3（14）
	食用植物相对盖度（%）	98.3	89.9	72.0	73.7	84.5（14）
	药用植物相对盖度（%）	1.4	4.8	12.1	4.7	4.2（14）
	观赏植物相对盖度（%）	2.5	8.5	11.8	8.2	7.2（14）
	其他植物相对盖度（%）	2.9	2.8	11.3	4.6	3（14）

（续）

调查项目		一组	二组	三组	四组	均值/比值（农园数）
维护管理	农园有节水灌溉装置的园数及占比	3	4	4	3	100%（14）
	使用过农药或除草剂的园数及占比	1	0	1	1	21.4%（3）
	管理中采用了无害除虫的园数及占比	3	4	4	3	100%（14）
	管理中使用过化肥的园数及占比	2	0	1	0	21.4%（3）
	管理中使用有机肥的园数及占比	3	4	4	3	100%（14）
	采用堆肥还田技术的园数及占比	2	1	2	2	50%（7）
	使用过机器耕作的园数及占比	2	0	1	0	21.4%（3）
	农园成员中有留种行为的园数及占比	3	4	4	2	92.3%（13）
	农园中有农园年报的园数及占比	3	2	3	1	64.3%（9）
	有农园例会的园数及占比	3	3	3	3	85.7%（12）
	有农园网站的园数及占比	2	0	0	3	28.6%（5）

数据来源：ILFI，2012。

五、都市农业的功能

1. 收获多种果蔬，促进经济发展

市民农园为社区居民提供新鲜果蔬，使其拥有更加便利的采购渠道，尤其是对于低收入家庭来说，有利于节省食物消费的支出。市民农园为许多想体验采摘乐趣并且想吃到自己亲手种植的蔬菜但没有土地等必备资源的人们提供了活动场所。市民农园在一定程度上能够减少饥饿贫困，其提供的产品大多数都是健康的，在人们食用期间，在解决温饱的基础上，使人们的营养健康得到了相应的改善，提高了当地的粮食安全，为人们提供了粮食保障。同时在市民农园的经营管理中，主要以社区内部管理为主，可规划为城市绿地，与一般公园相比，市民农园所需的维修费用和保养费用等相对较少，对此大大节约了市政府园林部门在城市绿地的支出以及其他等一系列费用，并促进了政府投资的社会效益。

2. 提升环境质量，提供教育机会

市民农园对生态系统的健康以及维护方面具有重要意义，发挥着改良土

壤、缓解热岛效应、提高空气质量、增加生物多样性等作用；同时对于当地社区环境具有美化、绿化的功能，为社区居民营造舒适宜人的开敞空间，能够在一定程度上提升该社区居住质量，尤其对于公园较少、人口密度较大的社区来说，其提供了安全、便捷、有效的绿色空间，为城市和社区的绿色发展打下了基础。

对于义工、志愿者来说，可通过参与城市农园的活动，学习种植果蔬的经验，用于日常生活中；对于公司来说，可组织公司职员到城市农园开展团队锻炼，有利于培养团队精神、奉献精神以及组织能力等，参与过程中可体验城市农园丰富多彩的活动。

3. 促进文化交流，构建社区精神

伊利诺伊大学和芝加哥大学的一项研究显示，公共绿地在帮助城市居民改善邻里关系中起着重要作用。广阔而优质的公共绿地增强了居民的安全感，并使邻居间建立了联系。市民农园为社区提供了组织会议、社区娱乐活动和公共教育项目的场所。家庭成员全员参与，加强了社区内部尤其是邻居之间的代际和跨文化交流和互动。这样，市民农园可以通过整合社会资源来促进邻居之间的和谐关系，增强社区精神，促进归属感，增强文化交流和减少心理犯罪。创建市民农园很重要，可以产生很多社会效益。例如，在旧金山建立了一个私人农场，据统计，在创建一年之后，该地区的犯罪率下降了 28%。在圣路易斯市民农园有助于不同种族间的交流，鼓励邻居间相互支持。

4. 城乡融合，健康生活，提高人们幸福指数

城市核心地区的发展中，不断地建造和规划，对土地进行了大面积的征用，使核心地区的街道和社区接触种植的机会较少，市民农园就像是一片绿洲，存在于城市之中。且开放时间每周不得低于 20 小时，向民众展示植物的生长过程和环境，欢迎人们前来参观。人们在市民农园可以收获果实，感受自然的美好，为嘈杂和喧闹的城市生活增添一份休闲与宁静，在百忙之中体验传统农耕文化的乐趣。如洛杉矶的 Watts 农园中，建设了许多富有乡村气息的娱乐项目，其中木屋民宿、采摘果蔬等备受人们喜欢，不仅可以满足市民们的个人兴趣和爱好，更是一种对健康生活的追求；特别是对于工作忙碌的公职人员以及时间空闲的退休人们来说，农园的自然风光能够缓解压力、舒缓情绪、增加幸福感，提供锻炼、娱乐、园艺治疗的机会。

从上述内容可以看出，美国都市农业发展的主要经验包括以下四个方面。

①在制度保障方面。美国联邦政府及各州政府建立了支持都市农业发展的制度保障体系，切实保障了都市农业发展的合法性和规范性。②在政府支持方面。美国政府大力支持都市农业发展，如资金支持、税收支持等。③在规划方面。相关部门高度协同，实现农村与城市规划、土地利用规划协同有效对接，将农业网络贯穿于城市之中，形成独特的都市农业景观。④在交通物流基础设施建设方面。美国建立了完善的海陆空交通网络、先进的储备技术、完善的市场网络，保障了美国都市农业发展。

第八章 CHAPTER 8
美国农产品的国际竞争力 ▶▶▶

第一节　农产品国际竞争力现状

一、农产品贸易总体情况

美国是仅次于欧盟的世界第二大农产品贸易国，2000—2018 年美国农产品进出口总额由 1 179.09 亿美元增至 3 223.12 亿美元，年平均增长率为 5.75%。由于许多新兴经济体国家或地区经济的快速增长，并实施扩大美国进入国外市场准入政策，美国农产品进口额与出口额均大幅增长。具体如图 8-1、图 8-2 所示，2000—2018 年美国农产品出口额由 2000 年的 612.85 亿美元增至 2018 年的 1 560.59 亿美元，年平均增长率为 5.34%；进口额从 2000 年的 566.24 亿美元增加到 2018 年的 1 662.53 亿美元，年均增长率为 6.17%。2008—2014 年美国农产品出口额显著高于农产品进口额，呈现出较大规模的贸易顺差。

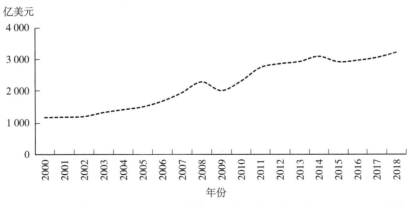

图 8-1　2000—2018 年美国农产品进出口总额变化

数据来源：数据摘自可公开获得的《国际农产品贸易统计年鉴》。

217

同时，随着新兴经济体国家收入的增长和供应能力的增强重塑了全球农产品和食品的供求关系，美国农产品结构发生了变化。随着美国农业产量的增长快于许多产品的国内需求，美国农民和农业公司一直依靠出口市场来维持价格和收入。

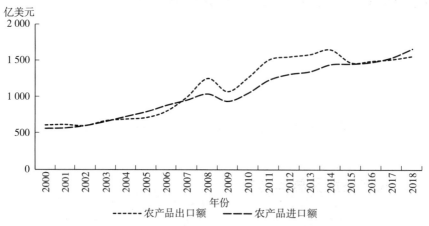

图 8-2　2000—2018 年美国农产品进口额与出口额变化
数据来源：数据摘自可公开获得的《国际农产品贸易统计年鉴》。

二、主要农产品进出口贸易情况

按照《国际农产品贸易统计年鉴》的农产品分类标准，本节分谷物（统计范围包括小麦、玉米、稻谷）、棉花、食用油籽（统计范围包括大豆、花生、油菜籽）、水产品、食用植物油（统计范围包括豆油、菜籽油、棕榈油）、食糖、水果、蔬菜、畜产品（统计范围包括猪肉、牛肉、羊肉、家禽、蛋产品、乳品、动物生皮、动物生毛皮、羊毛）、水产品等十类农产品对美国主要农产品的进出口贸易情况予以分析。

（一）谷物

2000—2018 年美国谷物平均出口额为 181.44 亿美元。从时间上来看，2000—2006 年美国谷物出口额增长较为缓慢，2006—2008 年急剧上升，并于 2008 年达到峰值，谷物出口额为 294.70 亿美元，较 2006 年翻了一番。2009 年，美国谷物出口额骤降至 178.94 亿美元。2009—2011 年，美国谷物出口额出现第二次快速增长阶段，2011 年出口额达 288.21 亿美元。但 2012 年美国谷物出口下降幅度较大，较比 2011 年下降了约 26.81％。2012 年之后，美国谷物出口额总体上变化不大，波动率呈缓慢下降趋势。

2000—2018 年美国谷物平均进口额为 24.62 亿美元。从时间上来看，2000—2005 年美国谷物进口额变化不大，2006—2008 年呈现出快速的增长趋势，2008 年比 2000 年谷物进口额增长了 2 倍。2008—2010 年美国谷物进口额逐年下降，2011—2013 年美国谷物进口额逐年上升，2013 年达到峰值，进口额为 48.82 亿美元。2013—2018 年，美国谷物进口额呈波动下降的趋势。2000—2018 年美国谷物贸易情况均为贸易顺差（图 8-3）。

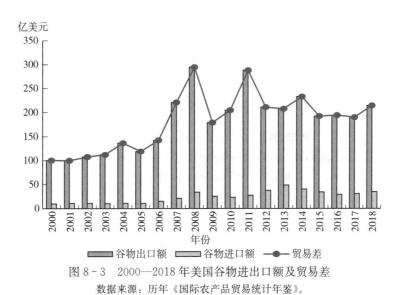

图 8-3 2000—2018 年美国谷物进出口额及贸易差

数据来源：历年《国际农产品贸易统计年鉴》。

（二）棉花

从时间上看，2000—2002 年美国棉花出口无太大变化。2002—2004 年有显著增长，但 2004—2008 年变化不大。从总体上看，2000—2008 年，美国棉花出口呈波动上升趋势，平均出口额 46.16 亿美元。由于 2008 年的金融危机，导致 2009 年美国棉花出口大幅下降。2009—2011 年美国棉花出口额又出现一次较比 2002—2004 年更大幅度的增加，并于 2011 年达到峰值为 85.47 亿美元。2011—2015 年美国棉花出口额呈现大幅度下降趋势，2015 年出口额仅与 2009 年相差不到 5 亿美元。2015—2018 年再次反弹，呈现快速上升趋势。

2000—2018 年美国棉花平均进口额为 0.32 亿美元，进口额较低。除 2019

年美国棉花进口额出现骤降外，其他年份美国棉花进口额较为稳定，无太大起伏变化。

2000—2018 年美国棉花贸易情况均为贸易顺差（图 8 - 4）。

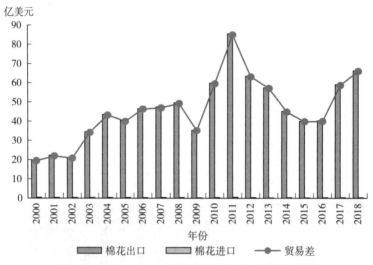

亿美元

图 8 - 4　2000—2018 年美国棉花进出口额及贸易差
数据来源：历年《国际农产品贸易统计年鉴》。

（三）食用油籽

2000—2018 年，美国食用油籽的平均出口额为 162.46 亿美元。从时间上来看，2000—2006 年美国食用油籽的变化幅度较小，均未超过 100 亿美元。2006—2010 年出口额剧增，2010 年出口额约是 2006 年出口额的 2.5 倍。2011—2012 年美国食用油籽的出口额大幅度增加，其增长率约为 43%。整体而言，2000—2012 年美国食用油籽的出口额呈现波动上升趋势，2012 年达到峰值，出口额为 276.92 亿美元。2012—2018 年美国食用油籽的出口额则呈下降趋势。

2000—2018 年美国食用油籽的平均进口额为 11.67 亿美元。从时间上来看，2000—2014 年美国食用油籽的进口额呈现波动上升趋势，2014 年达到峰值，进口额为 27.24 亿美元。2015—2018 年美国食用油籽的进口额较为稳定，无太大起伏变化。

2000—2018 年美国食用油籽的贸易情况均为贸易顺差（图 8 - 5）。

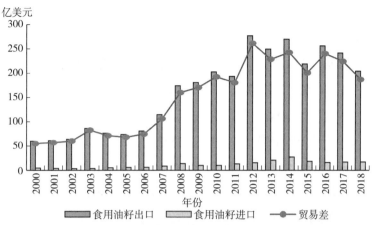

图 8 - 5　2000—2018 年美国食用油籽进出口额及贸易差

数据来源：历年《国际农产品贸易统计年鉴》。

（四）水产品

从时间上来看，2000—2014 年美国水产品出口额呈现缓慢的波动上升趋势，2014 年达到峰值，出口额为 65.95 亿美元。2014—2017 年美国水产品出口额呈现下降趋势，2018 年出口额上升至 64.80 亿美元。整体来看，2000—2018 年，美国水产品平均出口额为 50.47 亿美元。

2000—2018 年美国水产品平均进口额为 170.72 亿美元。从时间上来看，除 2008—2009 年、2014—2015 年美国水产品进口额出现明显的降幅外，整体而言 2000—2018 年美国水产品进口呈现波动上升趋势，2018 年达到峰值，进口额为 257.2 亿美元。

2000—2018 年美国水产品贸易情况均为贸易逆差（图 8 - 6）。

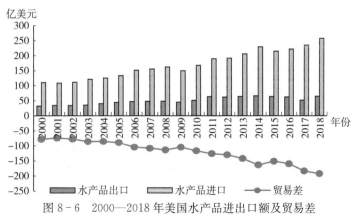

图 8 - 6　2000—2018 年美国水产品进出口额及贸易差

数据来源：历年《国际农产品贸易统计年鉴》。

（五）食用植物油

从 2000 年到 2018 年，美国食用植物油平均出口价值为 15.4 亿美元。2000—2010 年美国食用植物油出口额呈现波动上升趋势，2010 年达到峰值，出口额为 25.40 亿美元。2011—2018 年美国食用植物油出口额呈现波动下降趋势。

2000—2018 年美国食用植物油平均进口额为 29.15 亿美元。从时间上来看，2000—2008 年美国食用植物油进口额呈现波动上升趋势，2011—2018 年美国食用植物油进口额变化幅度不大，呈现出先下降后上升的趋势，2017 年达到峰值，进口额为 47.69 亿美元。

2000—2002 年美国食用植物油贸易为贸易顺差，从 2003 年开始至 2018 年，美国食用植物油贸易转为贸易逆差，且整体上贸易逆差呈扩大趋势（图 8 - 7）。

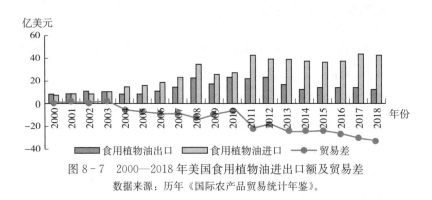

图 8 - 7　2000—2018 年美国食用植物油进出口额及贸易差
数据来源：历年《国际农产品贸易统计年鉴》。

（六）食糖

2000—2018 年美国食糖的平均出口额相对较低，为 1.23 亿美元。从时间上来看 2000—2011 年美国食糖出口额呈现波动上升趋势，2011 年达到峰值，出口额为 2.12 亿美元。2012—2016 年美国食糖出口额呈现下降趋势，2017 年出口额开始回升，2018 年出口额升至 1.18 亿美元。

2000—2018 年美国食糖平均进口额为 13.98 亿美元。从时间上来看，2000—2006 年美国食糖进口额呈现波动上升趋势，2006 年进口额约为 2000 年的 2.6 倍。2006—2007 年出现骤降，2007—2011 年呈现波动上升趋势，2011 年达到峰值，进口额为 29.13 亿美元。2012—2018 年美国食糖出口呈现波动下降趋势。

2000—2018 年美国食糖贸易情况均为贸易逆差（图 8 - 8）。

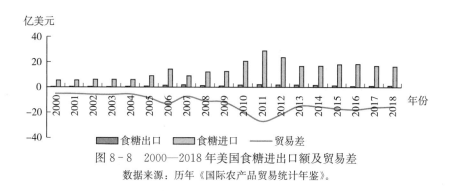

图 8-8　2000—2018 年美国食糖进出口额及贸易差

数据来源：历年《国际农产品贸易统计年鉴》。

（七）水果

从 2000 年到 2018 年，美国水果出口额为每年 94.91 亿美元。从时间上来看，2000—2014 年美国水果出口额呈现波动上升趋势，2014 年达到峰值，出口额为 140.33 亿美元。从 2015 年至 2018 年，美国水果出口相对稳定，没有明显波动。

从 2000 年到 2018 年，美国每年水果进口额达 135.10 亿美元。从时间上来看，2000—2018 年美国水果进口额呈现波动上升趋势，2018 年进口额达 268.15 亿美元，2018 年进口额比 2000 年约增加了 4 倍。

2000—2018 年美国水果贸易情况均为贸易逆差，且贸易差呈现波动上升趋势，2018 年贸易差额达到最高为 130.7 亿美元（图 8-9）。

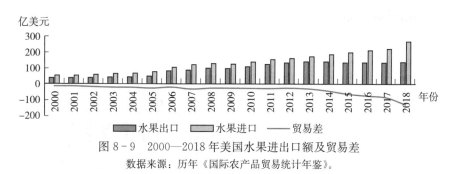

图 8-9　2000—2018 年美国水果进出口额及贸易差

数据来源：历年《国际农产品贸易统计年鉴》。

（八）蔬菜

2000—2018 年美国蔬菜平均出口额为 55.60 亿美元。从时间上来看，2000—2012 年美国蔬菜出口额呈现波动上升趋势，2013—2018 年出口额较为稳定，无太大起伏。

2000—2018 年美国蔬菜平均进口额为 103.66 亿美元。从时间上来看，2000—2018 年美国蔬菜进口额呈现波动上升趋势，2018 年进口额达 169.69 亿美元，2018 年进口额约为 2000 年的 3.6 倍。

2000—2018 年美国蔬菜贸易情况均为贸易逆差，且贸易差呈现波动上升趋势，2018 年贸易差额达到最高为 94.45 亿美元（图 8-10）。

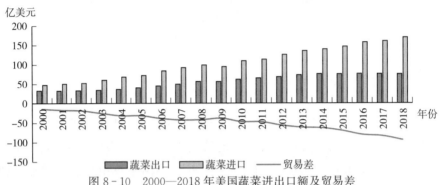

图 8-10　2000—2018 年美国蔬菜进出口额及贸易差

数据来源：历年《国际农产品贸易统计年鉴》。

（九）畜产品

2000—2003 年美国畜产品出口额变化幅度不大，2004—2008 年出口额大幅增加，2008—2009 年出口额大幅下降。2009—2014 年美国畜产品出口额再次呈现快速上升趋势，2014 年达到峰值，出口额为 313.23 亿美元。2015 年美国畜产品出口额发生骤降，仅为 253.4 亿美元，2016—2018 年出口额呈现上升趋势。

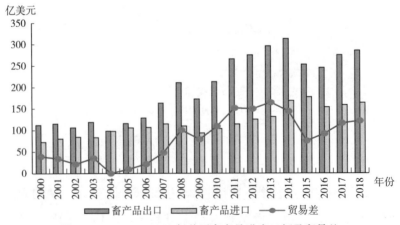

图 8-11　2000—2018 年美国畜产品进出口额及贸易差

数据来源：历年《国际农产品贸易统计年鉴》。

2000—2018 年美国畜产品平均进口额为 118.55 亿美元。从时间上来看，2000—2018 年美国畜产品进口额呈现波动上升趋势，但在 2009 年和 2016 年出现了两次骤降。美国的畜产品进口在 2015 年达到了峰值，达到 169.06 亿美元。2000—2018 年美国畜产品贸易处于顺差状态（图 8-11）。

（十）饮品

从时间上看，2000—2018 年美国饮品的出口量呈波动上升趋势，平均出口额为 70.97 亿美元，2018 年达到峰值，出口额为 120.23 亿美元。

2000—2018 年美国饮品平均进口额为 260.13 亿美元。从时间上来看，2000—2018 年美国饮品进口额呈现波动上升趋势，2018 年达到峰值，进口额为 377.16 亿美元。在 2009 年美国饮品进口额出现一次骤降，进口额仅为 237.37 亿美元。

2000—2018 年美国饮品贸易情况均为贸易逆差，且贸易差呈现波动上升趋势，2018 年贸易差额达到最高为 256.94 亿美元（图 8-12）。

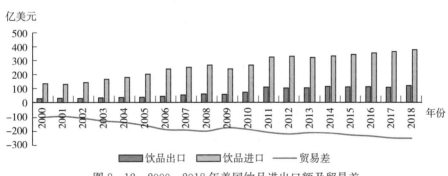

图 8-12 2000—2018 年美国饮品进出口额及贸易差
数据来源：历年《国际农产品贸易统计年鉴》。

三、主要农产品进出口结构

在出口方面，谷物、食用油籽和畜产品是美国出口的主要农产品（表 8-1）。除 2002 年外，2000—2003 年畜产品占据美国出口农产品的比重最大；除 2009 年、2010 年外，2004—2011 年美国出口农产品中，谷物所占比重最大；除 2012 年、2016 年外，2012—2018 年畜产品再次成为美国出口农产品中所占比重最大的类别。2000—2018 年美国出口农产品中，食糖占比最低。

表 8 - 1 美国农产品出口结构

单位：%

年份	2000	2001	2002	2003	2004	2005	2006	2007	2008	2009	2010	2011	2012	2013	2014	2015	2016	2017	2018
谷物	16.4	16.1	17.8	16.7	19.7	16.6	17.8	22.2	23.5	16.6	16.2	19.1	13.6	13.1	14.1	13.1	13.0	12.5	13.7
棉花	3.2	3.6	3.5	5.1	6.3	5.6	5.8	4.8	4.0	3.3	4.7	5.7	4.1	3.6	2.7	2.7	2.7	3.9	4.2
食用油籽	9.8	9.9	10.6	12.9	11.0	10.3	10.1	11.5	13.9	16.8	16.0	12.8	17.8	15.8	16.4	14.9	17.1	15.9	13.1
食用植物油	1.2	1.1	1.6	1.5	1.2	1.1	1.2	1.5	1.9	1.8	2.0	1.6	1.6	1.2	1.0	1.1	1.1	1.1	1.0
食糖	0.1	0.1	0.1	0.1	0.1	0.1	0.2	0.2	0.1	0.1	0.1	0.1	0.1	0.1	0.1	0.1	0.1	0.1	0.1
畜产品	18.3	18.6	17.6	17.7	14.2	16.2	16.1	16.4	16.8	16.1	16.9	17.6	17.7	18.7	19.0	17.2	16.5	18.2	18.3
水产品	5.3	5.6	5.6	5.3	5.7	6.2	5.9	4.8	3.9	4.2	4.1	4.2	4.0	4.0	4.0	4.3	4.2	3.4	4.2
饮品	4.4	4.7	4.7	4.8	5.1	5.1	5.4	5.3	4.7	5.3	5.7	7.2	6.6	6.5	6.8	7.4	7.5	7.1	7.7
水果	6.3	6.2	6.5	6.2	6.3	6.7	10.2	8.7	7.9	9.0	8.6	8.2	8.6	8.9	8.5	9.1	9.1	8.9	8.8
蔬菜	5.3	5.1	5.4	5.0	5.2	5.5	5.5	4.9	4.5	5.2	4.9	4.3	4.4	4.6	4.6	5.1	5.1	5.0	4.8

数据来源：历年《国际农产品贸易统计年鉴》。

表 8 - 2 美国农产品进口结构

单位：%

年份	2000	2001	2002	2003	2004	2005	2006	2007	2008	2009	2010	2011	2012	2013	2014	2015	2016	2017	2018
谷物	1.8	1.9	1.8	1.6	1.5	1.4	1.7	2.2	3.3	2.7	2.2	2.2	2.9	3.6	2.8	2.4	2.0	2.0	2.1
棉花	0.1	0.1	0.1	0.1	0.0	0.0	0.0	0.0	0.0	0.0	0.0	0.0	0.0	0.0	0.0	0.0	0.0	0.0	0.0
食用油籽	0.8	0.7	0.6	0.6	0.7	0.7	0.7	0.9	1.3	1.1	1.0	1.1	1.2	1.5	1.9	1.3	1.1	1.1	1.0
食用植物油	1.2	1.1	1.4	1.6	2.1	2.0	2.2	2.6	3.6	3.0	2.9	3.7	3.3	3.2	2.8	2.7	2.9	3.1	2.8
食糖	1.0	1.0	1.0	0.9	0.8	1.2	1.6	1.0	1.2	1.4	2.0	2.4	1.8	1.2	1.2	1.3	1.3	1.1	1.0
畜产品	12.9	14.1	14.0	12.6	13.5	13.4	12.1	12.0	10.6	10.0	9.9	9.3	9.6	9.7	11.7	12.2	10.4	10.3	9.9
水产品	19.5	18.9	18.5	18.3	17.2	16.8	17.1	16.3	15.6	15.9	16.0	15.4	14.6	15.3	15.9	14.8	15.0	15.3	15.5
饮品	23.5	22.5	23.4	24.8	24.4	25.4	26.9	26.2	25.4	25.2	25.2	26.3	25.0	23.7	22.9	23.6	23.9	23.5	22.7
水果	9.5	9.3	9.8	9.7	9.2	9.6	11.8	12.7	12.3	13.3	13.1	12.5	12.3	12.8	12.9	13.7	14.4	14.4	16.1
蔬菜	8.3	8.7	8.6	9.0	9.3	9.0	9.4	9.6	9.4	10.0	10.4	9.2	9.5	10.0	9.6	10.0	10.6	10.4	10.2

数据来源：历年《国际农产品贸易统计年鉴》。

在进口方面，饮品、水产品、畜产品和水果是美国进口的主要农产品（表8-2）。2000—2006年美国畜产品进口大于水果进口，是美国第三大进口农产品，但从2007年开始，美国水果进口占比日益增加，赶超畜产品，成为美国第三大进口农产品。2000—2018年美国进口农产品中，棉花所占比重最低。

四、农产品国际竞争力的评价

（一）农产品国际竞争力的总体评价

本节使用诸如贸易竞争力指数等指标来评估美国农产品的国际竞争力，表8-3中为具体结果。

表8-3　美国农产品贸易竞争力指数情况（TC）

年份	2000	2001	2002	2003	2004	2005	2006	2007	2008	2009
TC	0.040	0.040	0.002	0.008	−0.024	−0.053	−0.049	0.020	0.093	0.066

年份	2010	2011	2012	2013	2014	2015	2016	2017	2018	平均
TC	0.092	0.101	0.084	0.080	0.066	0.006	0.006	−0.008	−0.032	0.028

数据来源：历年《国际农产品贸易统计年鉴》。

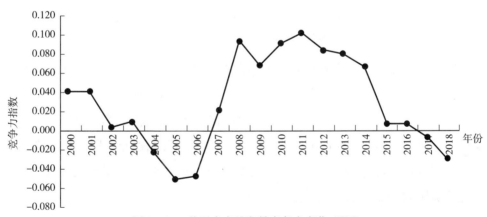

图8-13　美国农产品贸易竞争力变化（TC）
数据来源：历年《国际农产品贸易统计年鉴》。

表8-3为2000—2018年美国农产品贸易竞争力指数，图8-13为指数的变化情况。从表8-3可以看出，2000—2018年美国农产品的平均贸易竞争力指数（TC）为0.028，说明美国农产品整体上具有一定的竞争优势。其中，2000—2003年、2007—2016年这14年间，美国农产品处于竞争优势阶段，是

农产品的净供应国，且农产品的生产率水平高于国际水平，具有出口竞争力；有 5 年处于农产品竞争劣势阶段，分别为 2004—2006 年、2017—2018 年这 5 年间美国农产品处于竞争劣势阶段，且生产效率比国际水平低，出口竞争力较弱。

表 8-4　美国农产品显示性比较优势情况（RCA）

年份	2000	2001	2002	2003	2004	2005	2006	2007	2008	2009
RCA	0.918	0.950	0.969	1.030	0.998	0.950	0.991	1.068	1.176	1.088
年份	2010	2011	2012	2013	2014	2015	2016	2017	2018	平均
RCA	1.118	1.129	1.117	1.099	1.099	1.030	1.037	0.999	1.010	1.041

数据来源：历年《国际农产品贸易统计年鉴》。

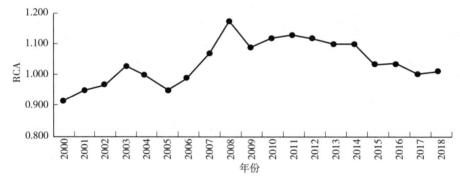

图 8-14　美国农产品显示性比较优势变化（RCA）
数据来源：历年《国际农产品贸易统计年鉴》。

图 8-14 和图 8-15 分别表示了美国农产品显示性比较优势以及该指标的变化情况。由表 8-4 可以看出，2000—2018 年美国农产品，平均 RCA 值为 1.041，说明美国农产品整体具有一定的比较优势。具体而言，2000—2003 年美国农产品 RCA 值逐年上升，但 2003—2005 年间开始逐年下降。美国农产品的 RCA 值在 2005 年到 2008 年之间快速增长，2008 年达到最高值 1.176，在这之后美国农产品的 RCA 值呈波动下降趋势。

表 8-5　美国农产品显示性对称比较优势指数情况（RSCA）

年份	2000	2001	2002	2003	2004	2005	2006	2007	2008	2009
RSCA	-0.043	-0.026	-0.016	0.015	-0.001	-0.026	-0.005	0.033	0.081	0.042
年份	2010	2011	2012	2013	2014	2015	2016	2017	2018	平均
RSCA	0.056	0.061	0.055	0.047	0.047	0.015	0.018	-0.001	0.005	0.019

数据来源：历年《国际农产品贸易统计年鉴》。

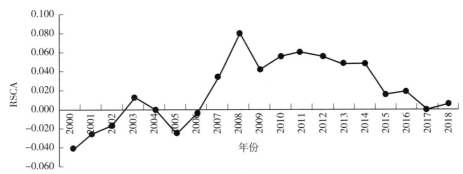

图 8-15　美国农产品显示性对称比较优势变化

数据来源：历年《国际农产品贸易统计年鉴》。

由表 8-5 可以看出，2000—2018 年美国农产品平均 RSCA 值为 0.019，说明美国农产品整体具有对称的显性比较优势，专业化程度较高。从时间上来说，可以看到在 2007 年之前，除了 2003 年外，其余年份美国农产品 RSCA 值均小于 0，说明这一阶段美国农产品的专业化程度较低；2007 年及以后，除 2017 年外，其余年份美国农产品 RSCA 值均大于 0，说明此阶段美国农产品的专业化程度较高，高于同期世界平均水平。

（二）主要农产品的比较优势：以谷物、畜产品、水果和蔬菜为例

1. 美国谷物国际竞争力的比较优势

本节借鉴《国际农产品贸易统计年鉴》对谷物的划分标准，将谷物划分为小麦、玉米和稻谷，利用联合国粮农组织以及《国际农产品贸易统计年鉴》的数据，分别对谷物、小麦、玉米、谷物计算 RCA 指数。

2000—2018 年美国谷物的平均 RCA 指数为 2.64，在 2.5 以上。根据 RCA 评价指标，从整体上来看美国谷物在世界贸易中具有显著的比较优势。从表 8-6 各年份的数据可以发现，2000 年到 2011 年，美国谷物在世界贸易中具有显著的比较优势；2012 年到 2017 年美国谷物 RCA 指数均低于 2.5 水平，在世界贸易中处于较为明显的比较优势，2018 年美国谷物 RCA 指数明显上升，回到具有显著的比较优势状态中。

2000—2018 年美国小麦的平均 RCA 指数为 2.38，处于 1.25 到 2.5 之间。根据 RCA 评价指标，从整体上来看美国小麦在世界贸易中具有较为显著的比较优势。从表 8-6 各年份的数据可以发现，2000 年到 2001 年，美国小麦处于较为显著的比较优势；2003 年到 2008 年 RCA 指数有所上升（2006 年

除外），均高于 2.5，处于显著的比较优势；2009 年到 2018 年，大部分时间处于较为显著的比较优势，仅 2010 年、2011 年以及 2013 年处于显著的比较优势。

表 8-6　美国谷物显示性比较优势情况（RCA）

年份	2000	2001	2002	2003	2004	2005	2006	2007	2008	2009	2010	2011	2012	2013	2014	2015	2016	2017	2018
谷物	2.33	2.34	2.67	2.88	3.26	2.92	3.21	3.47	3.41	2.60	2.81	2.95	2.02	1.97	2.17	1.94	2.12	1.99	3.00
小麦	2.05	2.03	2.32	2.67	3.08	2.87	2.48	3.39	3.28	2.10	2.54	3.00	2.05	2.60	1.94	1.63	1.69	1.83	1.60
玉米	4.54	4.72	5.14	5.02	6.25	5.48	6.94	6.27	6.58	5.57	5.37	5.20	3.34	2.43	4.00	3.38	3.94	3.71	3.83
稻谷	1.09	0.88	1.12	1.54	1.49	1.54	1.44	1.25	1.39	1.36	1.41	1.11	1.05	1.11	0.91	1.00	0.98	0.82	0.76

数据来源：由《国际农产品贸易统计年鉴》和联合国粮农组织发布的数据汇编和计算所得。

2000—2018 年美国玉米的平均 RCA 指数为 4.83，在 2.5 以上。根据 RCA 评价指标，从整体上来看美国玉米在世界贸易中具有显著的比较优势。从表 8-6 各年份的数据可以发现，从 2000 年到 2018 年期间，美国玉米绝大部分时间都处于显著的比较优势中，但不难发现美国玉米显示性比较优势呈现出下降趋势。2012 年出现了明显的下降，在 2013 年达到最低，为 2.43，在 2.5 以下，在世界贸易中仅存在较为显著的比较优势。

2000—2018 年美国稻谷的平均 RCA 指数为 1.17，处于 0.8 到 1.25 之间。根据 RCA 评价指标，从整体上来看美国稻谷在世界贸易中存在一定的比较优势。从表 8-6 各年份的数据可以发现，在 2000 年到 2002 年，美国稻谷存在有一定比较优势；在 2003 年到 2010 年，美国稻谷存在较为显著的比较优势；2011 年到 2018 年优势下降，转为具有一定比较优势，但截至 2018 年已经不具有比较优势。

2. 美国畜产品国际竞争力的比较优势

2000—2018 年美国畜产品的平均 RCA 指数为 4.83，在 2.5 以上。根据 RCA 评价指标，从整体上来看美国畜产品在世界贸易中具有显著的比较优势。从表 8-7 各年份的数据可以发现，从 2000 年到 2018 年期间，美国畜产品均处于显著的比较优势中，但不难发现 2004 年美国畜产品显示性比较优势出现了明显的下降。2005—2011 年呈现波动上升趋势，2011 年 RCA 指数最高，达到 5.63，比较优势更为明显。2013—2018 年美国畜产品比较优势呈现缓慢的波动下降趋势，但仍处于显著的比较优势阶段。

表 8 - 7 美国畜产品显示性比较优势情况（RCA）

年份	2000	2001	2002	2003	2004	2005	2006	2007	2008	2009	2010	2011	2012	2013	2014	2015	2016	2017	2018
畜产品	4.53	4.56	4.70	4.95	3.92	4.09	4.56	4.85	5.34	4.49	5.15	5.63	5.10	5.30	5.31	4.74	4.68	4.84	5.04

数据来源：由《国际农产品贸易统计年鉴》和联合国粮农组织发布的数据汇编和计算所得。

3. 美国水果蔬菜国际竞争力的比较优势

由于数据所限，本节利用联合国粮农组织以及《国际农产品贸易统计年鉴》的数据，将美国水果和蔬菜出口额进行加总，计算出美国水果蔬菜的RCA 指数。

2000—2018 年美国水果蔬菜的平均 RCA 指数为 0.85，处于 0.8 到 1.25之间，在世界贸易中存在一定的比较优势。2000 年到 2005 年，美国水果蔬菜在世界贸易中不具有比较优势；2006 年到 2016 年，具有一定的比较优势；2017 年到 2018 年，降至 0.8 以下，不具有比较优势（表 8 - 8）。

表 8 - 8 美国水果蔬菜显示性比较优势情况（RCA）

年份	2000	2001	2002	2003	2004	2005	2006	2007	2008	2009	2010	2011	2012	2013	2014	2015	2016	2017	2018
水果蔬菜	0.76	0.74	0.78	0.74	0.76	0.77	1.05	0.95	0.94	0.93	0.92	0.92	0.93	0.91	0.86	0.83	0.80	0.76	0.78

数据来源：由《国际农产品贸易统计年鉴》和联合国粮农组织发布的数据汇编和计算所得。

第二节 农产品国际竞争力的来源构成及变化

一、科技与农产品国际竞争力

农业技术的发展对推动农业部门的变化产生了影响，动植物遗传学、化学技术、农业机械和农场组织方面的创新使产出得以持续增长，但又没有增加投入，提高了美国农产品贸易竞争优势[①]。

二战后，美国的农业机械化水平迅速发展。通过广泛使用农机，提高了农业生产力和自动化水平。此外，作为世界上最早研究和使用化肥的国家之一，其对化肥的使用逐年增加（陈志恒、孙彤彤，2019）。1961—2017 年，美国化肥总消费量由 764.65 万吨增至 21 102.8 万吨。与此同时，美国还发展了农业

[①] 资料来源：https：//www.ers.usda.gov/topics/farm-economy/farm-commodity-policy/。

机械施肥技术与生物技术，一方面，利用各种机械设备与遥感等先进技术，以进行精确施肥，提高肥料利用率并取得良好效果；另一方面，动植物品种的改良也提高了抗病性和产量。转基因农业技术在美国农业中同样被广泛使用，美国转基因作物的种植面积居世界首位，其种植面积从 1996 年的 150 万公顷增加至 2017 年的 7 500 万公顷（陈志恒、孙彤彤，2019）。

二、农场集中与农产品国际竞争力

家庭农场在美国农业生产和管理体系中占据重要地位。美国农场数量在 1935 年达到 680 万个的峰值之后急剧下降，直到 20 世纪 70 年代初才趋于平稳。农业生产率的提高和非农就业的增加是美国家庭农场数量减少的主要原因，与此同时，美国农业的发展也由劳动密集型产业向技术密集型产业转变。由于耕地数量的减少幅度不及农场数量的减少幅度，因此农场的平均耕地面积变大，2017 年约为 444 英亩，而 1935 年仅为 155 英亩。

依靠家庭农场，美国合伙农场不断改善其管理机制并加强横向和纵向一体化（陈志恒、孙彤彤，2019）。横向一体化可以通过整合具有不同优势的农场并发挥规模经济来降低成本并增强竞争优势。纵向一体化是指不同产业链上下游之间的合作，以完成从生产到产品销售的全过程，从而增强竞争优势。

农业经营主体的专业化也影响了美国农产品的国际竞争优势。一方面，需要充分考虑美国各地区的自然条件和农业市场需求进行农业生产区域划分，如中央平原面积辽阔，适合大规模种植农作物，而南部和西部则适合发展畜牧业；另一方面，大规模、集约化和专业化的农业经营者可以降低生产经营成本，实现利润最大化，避免小规模农业经济问题，提高美国农产品的国际竞争优势（陈志恒、孙彤彤，2019）。

三、农业补贴政策与农产品国际竞争力

在 20 世纪 30 年代的大萧条时期，美国新政开始对农业进行干预，标志着美国农业政策的开端。在此后将近 60 年的时间里，美国农业补贴政策的重点都是控制供求使价格达到新的平衡，以维持农民收入的稳定。1996 年的《联邦农业改良与改革法案》标志着美国农业补贴政策从保护向市场化过渡（刘景景，

2020）。2002 年，美国颁布了《农业安全和农村投资法》，进一步扩大了直接补贴的范围和补贴标准（谢晶，2011）。2018 年颁布《2018 年农业改善法》（2018 年农业法案），该法案授权在商品计划和作物保险、农业土地保护、农业贸易（包括外国粮食援助）、农业信贷、农村经济发展、农业研究、国有和私人林业、生物能源以及园艺和有机农业等方面的政策（陈志恒、孙彤彤，2019）。

在出口补贴方面，美国对农产品出口实行补贴政策，对国内进口替代型农产品实行贸易保护政策；在国内支持方面，美国对本国农业给予高额的补贴，农业也是美国给予补贴最高的产业（白丹，2014）。

美国政府主要通过农业收入补贴和农业保险来保护农民的收入。自 1933 年以来，美国先后颁布了《农业调整法》和《联邦农业保险法》等一系列农业法案，这些法案为低收入农民提供了种植补贴；在市场风险和自然风险方面，它保护农民的生产利益并促进美国农产品的稳定发展（陈志恒、孙彤彤，2019）。

四、贸易政策与农产品国际竞争力

开拓国际市场和扩大农产品出口是增强美国农产品国际竞争力的前提。不论是多边贸易谈判还是双边贸易谈判，消除贸易壁垒为美国大宗农产品出口争取更大的准入机会和更好的准入条件是其重点和核心所在。

美国官方贸易促进机制主要包括三个层面。政府合作层面以自由贸易为导向，推动其他国家开放市场、改善市场准入条件；政策层面，通过执行出口信贷政策、粮食援助和其他政策扩大农产品出口；项目层面通过实施海外市场开发计划和海外市场准入计划，扶持农产品行业协会和企业开拓海外市场。美国农业部海外农业局有专门的出口促销预算，还大量派驻农业外交官，负责收集各国农业相关信息，协调贸易政策，促进农产品出口。美国农业行业协会和组织具有很强的贸易促进能力，有专门的经费用于农产品海外营销促销，在重要的目标国家有专门的办事处和办公室，形成了一系列行之有效的贸易促进手段，包括推动政府采取有利的贸易和贸易促进政策、加强与目标国家的沟通交流并开展市场调研、加强产品宣传推介等。

具体措施如下。立法者根据 1985 年《粮食安全法》授权了几个新的出口计划，以试图增加农业出口。美国的农产品出口在 1987 财政年度开始恢复，并在 1989 财政年度攀升至 396 亿美元, 为 1981 年以来的最高水平。自 1986 年以来, 美国的农产品出口计划、美元贬值、国内商品价格相对于世界价格下降以及需求增加促进了农产品出口销售的增长。出口计划可帮助美国出口商应对补贴的竞争, 提供人道主义救济, 协助寻求信贷的进口商, 并可能帮助开发美国农产品的新海外市场。除此之外, 北美自由贸易协定消除了农业贸易壁垒, 使得美国对加拿大和墨西哥的出口 (按价值计) 增长了近 4 倍 (倪洪兴、叶安平, 2018)。

五、人力资本与农产品国际竞争力

人力资本和技术因素同样会对美国农产品的竞争力产生影响。因此, 美国通过执行农业教育计划来提高其农业劳动力的素质。例如, 美国农业部下属的国家食品与农业研究所已建立了项目基金, 以支持美国农业劳动力的发展; 高等教育多文化学者方案、国家自然基金会以及本科体验学习研究和推广等项目则通过为学生提供财政支持或是经验指导, 为美国农业科学化、专业化以及规模化的发展培养了一支高素质的人才队伍 (陈志恒、孙彤彤, 2019)。

第三节　中美农产品国际竞争力比较

一、中美农产品贸易规模比较

2000—2018 年, 中国农产品贸易总额呈波动上升趋势, 2018 年农产品贸易总额达 2 168.10 亿美元, 年均增长率为 11.95%。在出口方面, 中国农产品出口总体呈现波动上升趋势, 从 2000 年的 130.8 亿美元增长至 2018 年的 797.1 亿美元, 年均增长率为 10.56%; 进口方面, 2000 年为 153.6 亿美元, 2018 年增长到 1 371.0 亿美元, 年均增长 12.93%。从时间上来看, 2000—2014 年中国农产品进口额总体呈现波动上升趋势, 2014 年进口额增至 1 707.1 亿美元; 但从 2015 年开始至 2018 年, 中国农产品进口额呈现波动下降趋势, 降至 2018 年的 1 371.0 亿美元。中国农产品贸易收支在 2000—2018 年表现为贸易逆差, 具体而言, 从 2000 年到 2014 年中国农产品贸易逆差的趋势日益扩大, 截至 2014 年达到 966.8 亿美元; 2015—2018 年中国农产品贸易逆差额呈现波动下降趋势,2018 年贸易逆差额降至 573.9 亿美元。

2000—2018 年,美国农产品贸易总额呈波动上升趋势,2018 年农产品贸易总额达 3 223.12 亿美元,年均增长率为 5.75%,远低于中国农产品贸易总额年均增长率。出口方面,美国农产品出口额总体呈现波动上升趋势,由 2000 年 612.85 亿美元增至 2018 年 1 560.59 亿美元,年均增长率为 5.34%。进口方面,进口额总体呈现波动上升趋势,由 2000 年的 566.24 亿美元增至 2018 年的 1 662.53 亿美元,年均增长率为 6.17%。但是,由于受 2008 年金融危机的影响,2009 年美国农产品进出口量大幅下降,进口量与出口量分别下降了 9.63% 与 14.36%。与中国农产品 2000—2018 年贸易收支均呈现贸易逆差相比,美国农产品贸易收支在 2000—2003 年、2007—2016 年呈现出贸易顺差,2004—2006 年、2017—2018 年呈现为贸易逆差;整体来看,由 2000 年的贸易顺差 46.61 亿美元转为 2018 年的贸易逆差 101.93 亿美元(表 8-9)。

总体来看,一方面,美国农产品贸易总额远高于中国,但中国农产品贸易总额年增长率远高于美国,约为美国的 2.08 倍;另一方面,与中国相比,美国农产品贸易相对平衡,几乎没有贸易逆差。而中国在加入世贸组织后,受世贸组织协议的影响,大幅度降低了农产品关税,导致了贸易逆差急剧增加。

表 8-9　2000—2018 年中美农产品贸易规模比较

单位:亿美元

年份	美国				中国			
	出口额	进口额	贸易差	贸易总额	出口额	进口额	贸易差	贸易总额
2000	612.85	566.24	46.61	1 179.09	130.8	153.6	−22.8	284.40
2001	619.56	571.98	47.58	1 191.54	129.9	163.9	−34.0	293.80
2002	605.44	603.17	2.27	1 208.61	144.7	161.1	−16.4	305.80
2003	672.47	661.97	10.51	1 334.44	168.8	234.6	−65.8	403.40
2004	694.37	728.82	−34.45	1 423.20	173.3	328.8	−155.5	502.10
2005	715.19	795.06	−79.87	1 510.24	287.11	334.7	−47.59	621.81
2006	801.42	884.03	−82.60	1 685.45	224.4	378.5	−154.1	602.90
2007	996.51	956.56	39.95	1 953.07	388.6	653.7	−265.1	1 042.30
2008	1 255.03	1 042.08	212.95	2 297.10	422.5	868.1	−445.6	1 290.60
2009	1 074.81	941.69	133.12	2 016.51	408.8	766.2	−357.4	1 175.00
2010	1 265.39	1 052.58	212.81	2 317.97	516.07	1 082.6	−566.53	1 598.67

(续)

年份	美国				中国			
	出口额	进口额	贸易差	贸易总额	出口额	进口额	贸易差	贸易总额
2011	1 509.77	1 231.79	277.98	2 741.56	646.1	1 447.2	−801.1	2 093.30
2012	1 552.87	1 313.25	239.62	2 866.13	661.75	1 568.4	−906.65	2 230.15
2013	1 584.58	1 350.09	234.49	2 934.67	701.59	1 654.8	−953.21	2 356.39
2014	1 650.76	1 446.94	203.81	3 097.70	740.3	1 707.1	−966.8	2 447.40
2015	1 472.93	1 455.34	17.59	2 928.27	721.3	1 596.4	−875.1	2 317.70
2016	1 494.69	1 477.73	16.96	2 972.42	742.8	1 548.8	−806	2 291.60
2017	1 516.65	1 541.44	−24.79	3 058.09	759.8	1 809.4	−1 049.6	2 569.20
2018	1 560.59	1 662.53	−101.93	3 223.12	797.1	1 371.0	−573.9	2 168.10

数据来源：根据《国际农产品贸易统计年鉴》和《中国统计年鉴》汇编计算所得。

二、中美农产品在世界农产品贸易中的地位比较

从 2000 年到 2018 年，中国农产品贸易总额约占世界农产品贸易总额的 4.99%，美国占 8.98%，约为中国的 1.8 倍。从时间上来看，2000—2017 年中国农产品贸易总额占比呈现波动上升趋势，并于 2017 年达到最高为 7.37%。2018 年，中国农产品贸易占世界农产品贸易的比重明显下降，仅为 5.96%。与中国相比，2000 年和 2001 年美国的农产品贸易占世界农产品贸易的 10% 以上。从 2002 年至 2011 年，占比呈现波动下降趋势，2012 年之后出现反弹，2016 年占比增至 9.29%（表 8-10）。

总体来看，从 2000 年到 2018 年，美国在全球农产品贸易总额中所占的比例高于中国，但两国之间的差距呈现明显的缩小趋势，2017 年两国占比差异仅为 1.4%。

表 8-10 中美两国农产品在世界农产品贸易中的比重

单位：%

年份	美国	中国
2000	10.28	2.48
2001	10.38	2.56
2002	9.98	2.52
2003	9.46	2.86

(续)

年份	美国	中国
2004	8.79	3.10
2005	8.63	3.55
2006	8.74	3.13
2007	8.54	4.56
2008	8.44	4.74
2009	8.51	4.96
2010	8.50	5.86
2011	8.23	6.28
2012	8.63	6.72
2013	8.51	6.83
2014	8.77	6.93
2015	9.23	7.31
2016	9.29	7.16
2017	8.77	7.37
2018	8.86	5.96
平均	8.98	4.99

数据来源：根据《国际农产品贸易统计年鉴》和《中国统计年鉴》汇编计算所得。

三、中美农产品国际市场占有率比较

2000—2018 年，中国农产品的平均国际市场份额为 3.49%，美国为 9.37%。中国农产品的国际市场份额在 2000—2018 年呈现波动上升趋势，并于 2016 年达到高峰值 4.67%。相应的，美国农产品国际市场份额的变化也更加复杂。美国农产品国际市场份额从 2000 年到 2005 年呈现波动性下降趋势，从 2006 年到 2016 年呈现波动性上升趋势，从 2017 年到 2018 年呈现较大的下降趋势（表 8-11）。

总体而言，从 2000 年到 2018 年，美国农产品的国际市场份额高于中国，但两国之间的差距呈现明显的缩小趋势，2018 年两国农产品市场占有率差异最小为 4.23%。

表 8-11 中美两国农产品国际市场贸易份额（MS）

单位：%

年份	美国	中国
2000	11.12	2.37
2001	11.21	2.35
2002	10.35	2.47
2003	9.84	2.47
2004	8.87	2.21
2005	8.4	3.37
2006	8.47	2.37
2007	8.85	3.45
2008	9.37	3.15
2009	9.15	3.48
2010	9.34	3.81
2011	9.11	3.9
2012	9.34	3.98
2013	9.16	4.05
2014	9.39	4.21
2015	9.37	4.59
2016	9.39	4.67
2017	8.72	4.37
2018	8.64	4.41
平均	9.37	3.49

数据来源：根据《国际农产品贸易统计年鉴》和《中国统计年鉴》汇编计算所得。

四、2017 年中美农产品贸易地区结构比较

囿于数据所限，本小节仅以 2017 年为例，从进口和出口两个方面对中美农产品主要贸易地区结构进行阐释说明。

（一）中国农产品贸易地区结构

在出口方面，日本是 2017 年中国农产品最大的出口市场，出口额为 102.45 亿美元，占同期中国农产品出口的 13.48%；作为第二大出口市场，中国香港同期出口额为 98.45 亿美元，占中国农产品出口的 12.96%；其次

依次为欧盟、美国和韩国，出口额分别为 87.37 亿美元、77.32 亿美元、47.70 亿美元，占同期农产品出口额的比重分别为 11.50％、10.18％、6.28％（图 8 - 16）。

从进口来看，2017 年中国农产品前五大进口来源地从高到低依次为美国、巴西、欧盟、澳大利亚和加拿大，进口额分别为 241.16 亿美元、241.08 亿美元、148.17 亿美元、89.99 亿美元、66.32 亿美元，同期，其农产品进口比重分别为 13.33％、13.32％、8.19％、4.97％、3.67％（图 8 - 17）。

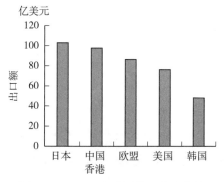 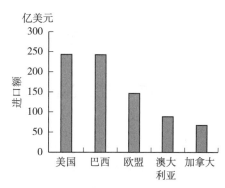

图 8 - 16　2017 年中国前五大农产品　　图 8 - 17　2017 年中国前五大农产品
　　　　　出口市场　　　　　　　　　　　　　进口来源地

数据来源：数据摘自可公开获得的《国际农产品贸易统计年鉴》。

由此可见，作为中国农产品贸易的重要伙伴，美国在中国农产品贸易领域占有重要地位。

（二）美国农产品贸易地区结构

在出口方面，2017 年美国农产品最大出口市场是加拿大，出口额为 257.51 亿美元，占同期美国农产品出口的 16.98％；第二大出口市场是中国，出口额为 206.82 亿美元，占同期农产品出口的 13.64％；其次依次为墨西哥、日本和韩国，出口额分别为 191.67 亿美元、128.20 亿美元、74.01 亿美元，占同期农产品出口额的比重分别为 12.64％、8.45％、4.88％（图 8 - 18）。

从进口来看，2017 年美国农产品前五大进口来源地从高到低依次为墨西哥、加拿大、中国、法国和智利，进口额分别为 274.04 亿美元、260.48 亿美元、75.01 亿美元、59.99 亿美元、52.44 亿美元，同期，其农产品进口比重分别为 17.78％、16.90％、4.87％、3.89％、3.40％（图 8 - 19）。

由此可见，中国在美国农产品贸易领域也占有重要地位。

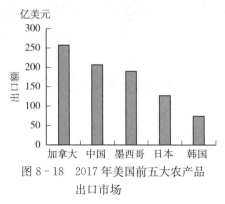

图 8-18　2017 年美国前五大农产品
出口市场

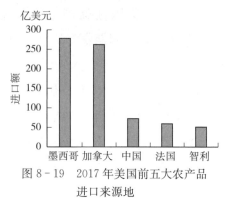

图 8-19　2017 年美国前五大农产品
进口来源地

数据来源：数据摘自可公开获得的《国际农产品贸易统计年鉴》。

五、中美农产品贸易现状总结

（1）中美农产品贸易不平衡。从 2000—2018 年中美农产品双边贸易概况看，中美农产品进出口额都增长迅速，但中国始终处于贸易逆差地位，且逆差额还在不断增大，短期内难以逆转。

（2）从中美两国农产品在国际市场的市场份额来看，美国农产品的市场份额高于中国，但两国之间的差距呈现逐年缩小的趋势。

（3）中美农产品贸易具有互补性。美国对中国的出口主要是土地密集型产品，例如大豆和棉花，而中国对美国的出口主要是劳动密集型产品，例如水产品和初级加工农产品。中国对美国大宗农产品依赖性加强。中国虽然地大物博，但人口基数大，所以对土地密集型农产品有着较大的需求缺口，只能通过进口弥补。而美国的自然地理条件优越，可耕种土地面积广阔，农产品产量十分可观。

（4）中国农产品的主要出口市场是亚洲，进口来源是美州和欧洲；美国农产品的主要出口市场是亚洲和北美，进口来源是北美。

六、中美农产品贸易的未来趋势展望

1. 农产品贸易差额将进一步扩大

中国农产品生产受制于劳动力、土地成本和科技水平等因素，生产成本相对较高，而美国农产品的生产成本相对较低是由于其优越的地理环境、较高的科技水平和集约化程度高，所以它有一个相对于中国农产品的比较优势。为了弥补美国对华贸易逆差，美国政府不断鼓励农产品对中国出口，并将其作为平衡中美贸易的重要举措。而中国政府为了实现加入 WTO 的承诺以及缓和中美双边关系等，不断降低美国农产品准入门槛。因此，一旦中国进一步放宽对美国农产品的限制，将不可避免地对中国农产品的国际竞争力和国际市场产生巨大影响。

2. 中美农产品贸易摩擦将长期存在

基于农业在国民经济中的基础性地位，各国政府无不出台一定的农业保护政策以保障自身农业发展。美国在国际贸易保护上对中国存在巨大的贸易逆差，但在农业品贸易上却保持顺差，导致两国在农产品贸易上不断发生摩擦。为此，美国经常对中国出口的农产品通过提高检验检疫质量标准等绿色贸易壁垒、发起反倾销调查和反补贴调查等多种手段进行限制与打压。农产品贸易市场的进一步开放，伴随着农产品贸易摩擦的周期性变化，将是中美农产品贸易的常态（覃诚等，2018）。

第九章 CHAPTER 9
美国农业合作社 ▶▶▶

第一节　农业合作社发展历程

一、合作社发展历程

美国合作社的历史最早要追溯到 17 世纪，合作社的经营概念是乘坐五月花号来北美大陆的清教徒从欧洲带来的经营观念。首批登陆美洲大陆的清教徒为了应对完全陌生和恶劣的生存环境，他们便采用了从欧洲带来的合作经营理念。虽然没有建立成形的合作社，但他们在开垦农田、建屋、修路等方面存在着普遍的合作形式。但是，这种合作并没有系统的组织结构和制度。美国第一个被认可的合作社是在 1752 年由美国独立宣言的签署人之一本杰明·富兰克林同其他救火联盟的成员一起建立的火灾保险合作公司（费城房屋火灾保险合作社），建立的年代比美国独立还早 24 年。

在农业领域，美国农场主最早尝试建立的农业合作社是一个建立在 1785年叫作费城农业促进社的合作社。而第一批正式的农业合作社建立于 1810 年，包括建立于康涅狄格州歌山市的牛奶合作社和新泽西州南特伦顿市的奶酪生产者合作社。随后在全国各地陆续成立了一系列各种各样的农业合作社。这些合作社涉及的农产品也很广泛，包括猪肉、谷物、烟草、水果、鸡肉、牲畜、棉花和柑橘等。美国早期的农业合作社没有统一的管理制度和政府法规的约束，大部分早期的农业合作社都不是很成功。

美国农业合作社的成功发展开始于一个叫"农庄"（The Grange）的全国性农场协会组织。农庄是由一位名叫奥利弗·凯利（Oliver H. Kelley）的美国农业部雇员在 1867 年建立的。这个农庄组织的主要目的是为了帮助全国农场在生产和销售环节提高市场竞争力。在 1875 年，农庄组织已经有 85.8 万个成员，涵盖了美国 32 个州。为了促进农业合作社的发展，农庄组织专门派人到欧洲学习欧洲农业合作社的成功经验，引入美国。在 1875 年农庄组织协会年会上，正式向全国会员推荐了"罗奇代尔规则"。至此，欧洲的农业合作社的成功经验被美国的农业合作社普遍采用。

此后，由于农庄组织在全国的影响逐渐减弱，另外两个重要的组织，即 1875 年成立的"农场主联盟"和 1902 年成立的"美国公平社"对于推动农业合作社的发展起到非常重要的作用。这两个组织的政治色彩更浓些。这两个组织通过他们在政府中的影响力，大力推进了农业合作社的发展。

在推动美国农业合作社发展进程中，另外一个起到非常重要作用的机构就是"美国农场联盟"。美国农场联盟成立于 1902 年，是目前美国最大的具有工会性质的农场主协会组织。他们对于农业合作社的推动主要体现在两个方面：一是为农业合作社提供直接的技术帮助；另外一个就是通过影响政府制定有利的法律法规来间接鼓励和支持农业合作社的发展。在各个组织的大力推动和政府的支持下，美国农业合作社发展迅速，成为美国农业运作的重要模式之一。为了重视合作社的发展，美国政府在 1930 年通过了一项规定，就是每年 10 月份，设定为合作社月。在每年的 10 月份，全国的合作社都会举办很多的纪念和庆祝活动。

二、农民专业合作社的现状

目前美国农业部对农业合作社的管理被列在农业部农村发展中心下面的农业合作社项目组。这个项目组每年都对全国的农业合作社进行抽样调查。表 9 - 1 列出了美国 2017 年前十名的农业合作社情况。由表 9 - 1 可知，在 2017 年，美国前十名的农业合作社的总资产达 361 亿美元，销售收入达 823 亿美元。其中，新谷有限公司的销售收入最高，达 322 亿美元，约占美国前十名的农业合作社总收入的 40%。从合作社经营范围来看，前十名的农业合作社中，乳制品专业合作社较多，有 6 个乳制品专业合作社，其销售收入达 254 亿美元，约占美国前十名的农业合作社总收入的 31%。

表 9-1   美国前十名农业合作社

单位：亿美元

排名	公司名称	经营范围	2017 年销售收入	2017 年资产总额
1	新谷有限公司	综合（能源、生产资料、食品和谷物）	322	160
2	美国奶农公司	乳制品	148	39
3	蓝多湖有限公司	综合（生产资料、乳制品和食品）	138	95
4	格罗马克有限公司	综合（生产资料、谷物）	73	23
5	农产品深加工有限公司	综合（生产资料、谷物）	36	13
6	加州奶场有限公司	乳制品	32	8
7	西北奶业协会有限公司	乳制品	21	7
8	北美草原农场乳制品有限公司	乳制品	19	9
9	联合牛奶生产者有限公司	乳制品	17	3
10	精选牛奶生产者有限公司	乳制品	17	4

数据来源：USDA's Rural Business-Cooperative Service. Agricultural Cooperative Statistics 2017，Service Report 81，December 2018。

第二节   合作社的组织类型

给农业合作社分类并不是一件容易的事情，几乎在各种农产品的生产销售及储藏、运输、加工等各个环节都有不同类型的合作社存在。但为了研究和分析的方便，美国农业部把农业合作社分成不同的类型。一般来讲，合作社可以按照三种不同的标准来分类。

第一种分类标准是按照主要的商业活动分类，可以分为生产、销售、购买、消费和服务等不同合作社类型。第二种分类标准是按照市场领域来分类，可以分成地方性、地方扩展性、区域性、全国性和国际性等不同合作社。第三种分类标准是按照所有权结构来分，有单一式合作社、联盟式合作社、混合型合作社、新一代合作社、新怀俄明式合作社和工人拥有式合作社 6 种不同形式的合作社。

一、按商业活动分类

第一种分类标准是按照主要的商业活动分类，可以分为生产、销售、采购、消费和服务等不同合作社类型。

1. 生产合作社

生产类型的农业合作社在美国并不多见，只有少数的一些牛奶、生猪、水果和蔬菜合作社是生产类型的农业合作社。生产类型合作社的农场主通常采取合作生产的方式来扩大生产规模以提高利润。生产合作社的目标也包括延长产业链和增加高附加值产品的生产。

2. 销售合作社

销售型农业合作社主要的功能就是帮助合作社会员销售他们生产的农产品。为会员取得最好的销售价格是销售型农业合作社的主要功能之一。有时候，几个类似的合作社另外再次合作，成立一个服务于几个合作社的销售部门，以提高销售价格。很多销售型合作社也为会员提供产品分级、深加工、包装、定牌、储存和分销等服务。这种类型的农业合作社在美国是最普遍的，几乎涵盖所有品种的水果、蔬菜和坚果。

3. 采购合作社

这种类型的合作社为会员提供各种生产资料的购买服务，因为购买量巨大，合作社可以从生产资料厂家或供应商那里取得数量折扣，以更低的价格购买生产资料，降低会员的生产成本。

4. 消费者合作社

也可以说这是一种特殊类型的采购型合作社。多为自然食品和有机食品合作社。主要为会员采购和提供自然食品和有机食品。在美国有55万多个会员加入不同的食品合作社。另外还有8.8万人属于组织松散合作社（食品俱乐部）。

5. 服务合作社

这类合作社也很普遍。农场主、消费者和一些企业都会使用合作社提供的各种专业性的服务，诸如家畜的人工授精、牛奶检测、棉花去籽、卡车运输、储存、粉碎、烘干以及活牲畜运输等。其他类型的服务还包括融资、电力服务、电话、建筑以及健康保险等。

二、按照市场领域分类

第二种分类标准是按照市场领域来分类，可以分成地方合作社、地方延伸合作社、区域合作社、全国范围合作社和国际合作社等。

1. 地方合作社

这种类型的合作社一般覆盖的范围相对很小，很多这种类型的合作社只是为方圆 20～50 公里范围内的会员提供服务，或者只是为一个县的会员服务。

2. 地方延伸型合作社

地方延伸型合作社是在地方合作社的基础上，服务范围延伸到周边的几个县，经常是每个县有分支机构。

3. 区域合作社

这种类型的合作社是指合作社的服务范围涵盖整个州或几个州的大型合作社。

4. 跨区域或全国范围的合作社

这种类型的合作社的服务范围基本上涵盖全国的大部分地区或全国范围。这种超大型的合作社有时是有多个区域性合作社联合组建的。比较著名的合作社是 CF 工业控股公司（CF Industries）和环宇合作社（Universal Cooperatives）。CF 工业控股公司是由 8 家区域性的合作社联合成立的，为上百万的会员提供服务，雇员超过 2 400 人，涵盖了美国的 48 个州以及加拿大部分地区。主要经营各种化肥产品。CF 的名字是最早公司原名缩写而得的（Central Farmers Fertilizer Company）。而环宇合作社是由 14 家区域性的合作社联合成立的，有 8 000 多个零售店，为超过 200 万个会员提供服务。服务的范围涵盖美国、加拿大和欧洲。主要服务包括生产和销售农资产品。

5. 国际合作社

这种合作社不仅为美国国内的会员提供服务，同时也为多个国家的会员提供服务。这种合作社虽然数量不多，但规模都很巨大。一些区域性或全国性的合作社随着业务的扩展，有可能成为国际合作社。

三、按照所有权结构分类

第三种分类标准是按照所有权结构分，有 6 种不同形式的合作社，包括单一式合作社、联盟式合作社、混合型合作社、新一代合作社、新怀俄明式合作社和工人拥有式合作社等。

1. 单一式合作社

一般都是地方式合作社，只有一个办公场所，会员都是个人会员。也有少数大型单一式合作社，有几个分支机构或零售网点。一般单一式合作社都是把服务区内会员根据地理分布划成不同服务区，每个区都有业务代表提供本区的服务。

2. 联盟式合作社

联盟式合作社一般是由几个合作社联合成立的一种合作社。每个会员合作社通过董事会选举，选举出本合作社代表，参与联盟合作社的管理。

3. 混合型合作社

混合型合作社同时具备单一式和联盟式两种特征。会员既有合作社会员，也有个人会员。典型的例子就是在 2012 年全美国农业合作社排名第一的新谷有限公司（CHS，Inc.）和第二位的蓝多湖有限公司（Land O'Lakes，Inc.）。新谷有限公司会员包括 7.5 万个农场主和 1 100 个其他农业合作社以及另外 1 万个独立投资人，雇员总数达 1 万人，其中 1 000 人分布于世界各地。新谷有限公司是财富百强公司之一，除了供应能源、农作物养料、粮食营销服务、动物饲料、食品及食品添加剂等之外，还提供业务解决方案，包括保险、金融以及风险管理等服务项目。此外，他们还经营炼油厂、输油管道的制造、营销及分销精炼燃油、润滑油、丙烷以及可再生能源产品。

蓝多湖有限公司是一家以奶制品为主的混合式合作社。公司雇员达 9 000 多人，其中 3 200 多人是个人会员，主要是牛奶及其制品的生产者。同时还有 1 000 个合作社会员，代表另外 30 万人的个人会员。每年通过合作社经营的牛奶达 544 万吨，业务范围涵盖全美国所有的州，同 50 多个国家有贸易往来。

4. 新一代合作社

新一代合作社是一个相对较新的合作社形式，主要目的是对农产品进行增值加工服务。这种合作社形式开始于 20 世纪 70 年代，在 90 年代早期和中期逐渐流行起来。新一代合作社并没有明确的法律定义，确切地来讲，新一代合作社其实是用于描述合作社的运作方式——如何界定合作社和会员之间的关系以及合作社如何融资等。和传统意义上的合作社融资方式不同的是：传统合作社启动资金一般很少，合作社增长主要来自社员从所得收入中重新投入的资金；新一代合作社的启动资金和增长资金完全来自出售"商品交付权"。"商品交付权"是指会员支付一定费用后取得的向合作社交付一定数量商品的权利。合作社的管理是民主式的管理，一人一票制。新一代合作社有以下几个特点：

（1）合作社的会员数是有限的。合作社能接受会员数多少是由最初设计的服务总量决定的。因为合作社能控制会员数目，所以合作社对商品供应量的控制很容易。传统合作社会员可以自由加入或退出。但新一代合作社的会员制则非常严格，只有购买了"商品交付权"的才能成为会员，而且数量是固定的，所以合作社对于每个阶段商品流通量有准确的预计。因此，在管理上、费用控制上和其他成本控制上都能达到最佳，大大地提高了合作社的管理效率。

（2）"商品交付权"管理严格。"商品交付权"对于会员来说，既是权利也是义务。当会员向合作社支付费用后，便取得在既定时间里向合作社交付既定数量商品的权利和义务。社员交付的商品数量既不能低于也不能高于既定数量，否则会增加合作社的运营成本。

（3）先期投入资金需要通过销售"商品交付权"来向会员筹集。生产高附加值农产品往往需要大量先期资金投入。在银行或其他金融机构贷款给这种合作社建立一个新项目之前，都要求至少50%的自筹资金。这就意味着受益于该项目的会员要通过购买"商品交付权"的方式来筹集该部分资金。合作社会根据项目的大小，预计商品流通量和所需资金多少，来决定一个"商品交付权"需交付多少数量商品和需要支付多少费用。

（4）"商品交付权"是可以转让的，而且价值会有所变化。"商品交付权"的功能类似于合作社股份，其价值会根据合作社利润情况有所变化。如果合作社盈利情况很好，"商品交付权"的价值就会提高，反之，"商品交付权"价值就会降低。但为了防止"商品交付权"过度集中，形成垄断，合作社对于"商品交付权"的转让是有严格规定的，一般都需要董事会的批准。

（5）会员和合作社之间要签订相关的营销合同。根据"商品交付权"的具体内容，会员和合作社需要签订商品营销合同。通常营销合同有效期为1～5年，如果没有任何一方解除合同的通知，这种合同在到期后会自动续签。在合同中会有关于商品数量、质量和交付时间等的详细规定，同时也有会员违反合同的处罚规定。

（6）会员和合作社之间有三种主要的法律关系。

a. 会员根据公司章程，要通过购买公司股票或其他股权的方式以获得管理公司的投票权。这种费用一般很低。

b. 会员通过购买"商品交付权"来确定会员向公司交付商品的权利和义务关系。同时根据公司章程，"商品交付权"经过董事会批准后可以转让。"商品交付权"的价格会随着合作社经营状况有所变化，同时合作社还有关于"商品交付权"最低和最高限额的规定。

c. 会员在购买公司股份和"商品交付权"时，还有另外和合作社签订的销售协议，来规定会员在交付商品时所要遵循的条款。

5. 新怀俄明合作社

这种合作社是一种更新型的合作社类型。这种合作社的法规在 2001 年 7 月 1 日才通过。这种合作社的形成类似于普通的有限责任公司。公司的会员可以是个人会员，而且个人会员的利益分配也是根据他们使用合作社所提供的服务多少来决定的。这种合作社也接受投资会员，这些会员只是投资合作社，收取红利，没有使用合作社所提供服务的义务。所以这种合作社的利润分配也分成两部分：一是用于支付个人会员的惠顾金，这部分的利润分配仍然是根据会员使用合作社服务多少来决定；另一部分是用于支付投资会员的红利，这部分是根据会员投资多少来决定的。而且法律规定，合作社分配给个人会员的总利润至少不低于总利润的 15％。这种合作社的一个明显优势就是能吸引更多的外部投资人的资金，减少合作社对个人会员需要投入的资金压力。但这种合作社有很大的一个弱点，那就是不受合作社主要法规《凯普·沃尔斯特德法案》的保护。另外一个就是，这种合作社不能从专业合作社政策银行取得贷款。不过，合作社政策银行也在考虑修改相关规定。

6. 工人拥有式合作社

这种合作社从殖民时期就存在了。这种合作社的成立主要是为了保护工人的工作稳定，改善工作环境，提高工资、生产率和建立一个民主的管理环境。通常有工人集体式合作社和雇员股份式合作社两种形式。"集体式"其实是指合作社的管理模式，而不是指股权模式。工人集体式合作社的管理是由所有会员集体管理的，而不是通过选举董事会来管理的。雇员股份式合作社主要目的是让会员在合作社里不需要额外投入自有资金而取得来自合作社的利益。美国法律规定，这种合作社在工人退休制度上有些额外的优惠。

第三节　对管理农业合作社的法律支持

一、农业合作社运作的基本原则

美国关于农业合作社的第一个法律是于 1865 年在密歇根州通过的。随后马萨诸塞州在 1866 年，纽约州在 1867 年，宾夕法尼亚州在 1868 年，康涅狄格州和明尼苏达州在 1870 年也相继通过了有关农业合作社的法规。到了 1911 年，全美国已经有 12 个州相继通过了有关农业合作社的法律法规。在 1920 年以后，有更多的州通过了相关的法律法规。到目前为止，每个州都有自己关于农业合作社的法律法规，而且这些法律法规在实质内容上都是一致的。美国各个州的农业合作社的法律法规基本上都是以罗奇代尔规则为法律基础建立起来的。总结起来，所有的法律基本都遵循以下几个基本的原则。

（1）合作社可以发行股票，但是每个会员所持有的股票数量是有一定限制的。

（2）民主投票权是和会员资格紧密相连的，和会员对合作社的投资多少没有关系。

（3）民主投票采取一人一票制。

（4）合作社自己决定如何向会员分配利润。

二、农业合作社立法的历史回顾

美国联邦政府早期对农业合作社的支持远不如各个州，甚至联邦法律还对农业合作社的发展起到了很大的阻碍作用。美国 1890 年通过了一个反垄断的法律，即《谢尔曼反垄断法》。该法律是针对当时铁路、石油以及其他行业逐渐形成行业垄断，影响了消费者的利益而制定的，主要就是为了限制和打破企业垄断。虽然该法律没有明确适用于农业合作社，但是当时发生了很多针对农业合作社垄断的诉讼。虽然有的州向得克萨斯州宣布农业合作社不受该反垄断法的管辖，但最终联邦法院还是判决这种豁免实践是违反美国宪法的。直到 1914 年，美国联邦政府通过了《克雷顿法案》才使农业合作社不受《谢尔曼反垄断法》的管辖。

随后的 1922 年，美国联邦政府通过了著名的《卡珀·沃尔斯特德法案》，有时也称为《合作社权利法案》，才真正体现了政府对农业合作社的法律支持。这个法案赋予农场主一些特殊的权利，他们可以组织起来，一起生产和销售农产品，只要符合一定条件，这些合作社就不受其他反垄断法的管辖。三个基本条件就是：

（1）合作社会员必须是农业生产者。

（2）合作社必须遵循一人一票制的民主管理方式，股票的红利或者会员资本投入的回报率不得超过年净利润的 8％。

（3）涉及非会员的业务不得超过合作社总经营业务的 50％。

即使满足以上三个条件，并不能保证合作社不受反垄断法的管辖。还有一些其他的附加条件，农业合作社也要注意。例如合作社不能强迫任何农场主加入。同时，有些农资和服务型的合作社不在豁免之列。同时，《卡珀·沃尔斯特德法案》还授权美国农业部秘书长在发现任何合作社有违反初衷、形成垄断以抬高价格的情况时，有权取消合作社享受的反垄断法豁免权。

后来美国政府又陆续通过了一系列相关的法律法规来支持农业合作社的发展。表 9-2 列出了与此相关的主要法律法规。

表 9-2　美国有关农业合作社的法律法规

顺序	法律法规名称	通过年份	涉及农业合作社的有关内容
1	《谢尔曼反垄断法案》	1890	商业法案，限制企业以同谋的方式建立行业垄断
2	《战争收入法案》	1898	第一部为农业合作社提供豁免权的税收法律
3	《公司税法》	1909	为农业协会组织的收入所得税提供豁免
4	《收入所得税法》	1913	为农工协会、农业协会和园艺协会提供收入所得税豁免
5	《克雷顿法案（谢尔曼反垄断法案的修改案）》	1914	使非发行股票的农业或园艺合作社合法化，不受反垄断法管辖
6	《收入法案》	1916，1918，1921，1926	1916 和 1918 年，对于营销型农业合作社以提供销售代理服务为主的可以享受联邦收入所得税豁免；1921 年增加了对于农资型合作社可以享受联邦收入所得税豁免；1926 年删除了"以提供销售代理服务为主"的限制
7	《卡珀·沃尔斯特德法案》	1922	基本的联邦法案使营销型农业合作社无论是发行股票还是非发行股票的，都是合法企业 不受反垄断法管辖
8	《联邦中介信贷法案》	1923	通过 12 家中介银行以发行政府债券募资的方式，向农业合作社提供贷款
9	《合作社营销法案》	1926	在农业部下设立合作社局以提供农业合作社的科研、教育和技术支持等相关服务
10	《农产品营销法案》	1929	划拨 5 亿美元循环使用资金来购买市场上剩余的农产品，稳定市场价格。这主要是为了服务于农业合作社
11	《农场信贷法案》	1933	成立 12 个地区银行和一个中央银行，为农业合作社提供贷款服务
12	《罗宾逊-帕特曼法案》	1936	合作社可以给会员返还惠顾金，但不可以向非会员支付任何惠顾金，同时允许农业合作社存在价格歧视

（续）

顺序	法律法规名称	通过年份	涉及农业合作社的有关内容
13	《农产品营销法案》	1937	增加了关于农业合作社什么时候和如何在政府制定的市场秩序下代表个体农民进行投票和为他们提供服务
14	《哥伦比亚特区消费者合作社法案》	1940	允许成立消费者合作社
15	《收入法案》	1962，1966	规定农业合作社如何纳税
16	《农业公平法案》	1968	禁止任何影响农场主和农业协会的不公平贸易运作

数据来源：美国农业部网站。

除了建立一个良好的法律环境来支持农业合作社的发展外，美国农业部还提供技术服务，建立科研基金、信息系统以及提供优惠贷款等方式来支持农业合作社的发展。

第四节　农业合作社的管理模式

一、农业合作管理的基本原则

按照美国相关法律的规定，农业合作社也是一种有限责任公司，投资者无论是个人还是公司法人对于合作社只负有限责任。农业合作社虽然不以营利为目的，但是合作社也需要一定的利润来维持其正常运转和不断增长。然而，除了维持合作社正常运转的费用外，其余所有利润都要根据会员对合作社服务使用的多少以惠顾金的方式返给会员。合作社的利润不能以投资多少的方式来分配利润。合作社的管理一般都采取董事会的民主管理模式。但是合作社又有很多不同于其他有限责任公司的地方。根据美国相关法律的规定，合作社的管理应当遵循以下三个基本原则。

（一）服务会员原则

成立农业合作社的主要目的就是为会员提供服务，或者为会员提供高质低价的农资产品，或者帮助会员销售农产品，或者提供其他服务等。通过会员的联合行为，可以充分利用规模经济效应，提高会员的市场力。农业合作社也通过有效的管理和规模效应能为农业合作社带来利润，这些利润通过会员对合作社服务使用的多少以惠顾金的方式付给会员。如果没有农业合作社，这部分利润都会进入中间商的手中。

（二）会员所有权原则

合作社的所有权归会员所有。会员拥有农业合作社所有的资产，在合作社需要资金的时候，会员有责任为合作社筹集资金。

（三）会员管理原则

作为合作社的所有者，会员有管理合作社的权利。会员对合作社的管理是通过在会员大会和其他特别会议上以选举和调整董事会的方式参与对合作社的管理。会员大会一般都采取一人一票制，会员对于合作社资产的投入和对合作社服务使用的多少对于会员投票权的影响不大。有的合作社允许使用合作社服务较多的会员有一票以上的投票权，但是每个会员拥有的额外投票权有非常严格的限制，以避免个别会员对合作社的控制，影响民主管理的原则。只有会员有权投票选举董事会成员和对合作社重大调整和管理决策以民主投票的方式做出决策。这样来保证农业合作社是为会员提供服务，而不是以为其他独立投资人赚取利润为目的。

二、体现管理原则的业务操作

在农业合作社的具体管理实践上，根据以上三个原则，也逐渐形成了与其他正常商业企业不同的实践操作。

（一）惠顾金制度

农业合作社除了支付维持正常的业务经营和会员投票同意的增长和扩大费用外，要以惠顾金的方式把剩余的利润返回会员。会员在使用合作社提供的服务、把产品运交合作社进行加工和销售时，合作社通常向会员支付正常的市场价格。而会员向合作社购买各种农资产品时，合作社也向会员收取正常的市场价格。这样，合作社才能有足够的利润维持正常的运转。在财政年度结束后，合作社根据会员使用合作社提供服务的多少，按比例把剩余的利润返还会员或为会员扩股。

（二）有限的投资红利

会员加入合作社的主要目的是使用合作社所提供的服务，而不是为了投资回报。所以合作社对于返还无论是会员投资还是独立投资人投资的红利限制都非常严格。如上段所述，合作社剩余利润应该主要以惠顾金的方式返还会员。很多合作社规定，不得发放任何投资红利。也有的合作社规定可以对投资人分发少量的投资红利。这样的原则可以保证合作社不被非会员的独立投资人控制而成为以营利为目的的企业，以保障会员的利益。

（三）合作社之间进行合作原则

很多地方性的小型合作社，因为规模太小而不能形成规模效应。所以为了给其会员提供更好的服务，很多小型合作社通过形成新的联合合作社或合资公司等方式进一步联合，以扩大规模，降低成本。这样也可以让地方性的合作社会员有机会参与他们所需要的生产资料的生产和销售，以实现会员利益的最大化。

三、农业合作社的行政管理

农业合作社是会员所有，会员管理。合作社的管理机构主要是由会员大会、董事会和总经理三个管理层面组成的。会员通过会员大会选举董事会，然后由董事会雇用总经理或首席执行官，其主要负责合作社的管理。每个管理层面都有自己的管理权限和应负的管理责任。

（一）会员大会

会员大会由所有合作社的会员组成。虽然单就某个个体会员来说，对于合作社管理的影响有限，但是会员大会作为一个整体，却对合作社的管理起着非常重要的作用。所以会员大会在合作社的管理组织机构中，处在最顶部。首先，会员的投资是合作社资金的主要来源，而且他们也是合作社利润的受益者或者损失的承受者。会员大会有责任建立合作社的运营目标和实现目标的途径。同时，会员大会还要根据相关法律法规的规定，建立合作社自己的运作原则。另外，合作社的重大变动，也须由会员大会通过。下面列出一些会员大会的具体责任：

（1）积极参加和参与合作社的会员年度会议。

（2）参与合作社不同委员会的管理。

（3）选举和罢黜董事会成员。

（4）监督和确保董事会成员、管理人员和合作社雇员遵守合作社规章制度。

（5）制定和修改合作社的章程。

（6）审核合作社年终财务报告。

（7）最大限度地使用合作社提供的服务，并及时支付应付费用。

其实，会员大会最重要的责任就是选举一个优秀的董事会团队。因为作为会员个体可能无法对于合作社的具体管理参与很多，所以大部分的管理职能都是董事会聘任的总经理和其他管理人员来完成的。

（二）董事会

农业合作社董事会成员由社员大会选举产生，董事会成员通常也要来自社员，但并非所有社员都有当选机会，凡是与本合作社竞争的任何公司及其子公司的人都没有资格成为本合作社的董事。董事会享有除社员享有的合作社的其他权利外，还负有督促和指导合作社活动的职责。董事会最重要的任务就是要保障会员利益和合作社的资产不流失。董事会要对合作社的正常运作负法律责任。董事会还要负责制定和执行合作社的管理原则。董事会对合作社的管理是通过雇用首席执行官或总经理的方式实现的。

董事会成员的主要职责如下。

（1）积极参加和参与合作社董事会所有会议，积极参与讨论。

（2）参加董事会之前，要做好充分的准备，阅读董事会发出的所有会议材料。

（3）选举董事会管理和办公人员。

（4）聘任和监督总经理或行政执行官，确保农业合作社的管理遵循合作社章程和有关国家法律法规。

（5）但是董事会成员不要具体干涉总经理的管理。

（6）不要期望合作社对董事会成员有特殊的优惠或照顾。

（7）对于农业合作社的重大决策，提交会员大会审议投票，确保通过的决议能正常执行。

（8）董事会帮助合作社筹集所需资金，并确保及时归还贷款，管理会员资产，决定惠顾金的分配等。

（9）选择金融服务机构和财务审核机构。

（10）清理不负责任的董事会成员，补选董事会空缺职位。

（11）保管所有董事会记录。

（12）为农业合作社设定长期战略发展计划。

（13）最大限度地利用合作社提供的服务，支付应付合作社的款项。

因为董事会对于农业合作社的管理和发展有重大的影响，所以对于董事会的董事要求也比较高。一般来讲，董事应该具有敏锐的商业判断力，有独立思考和发现问题的能力，尊重其他成员，诚实守信，有良好的工作态度和对农业合作社的各种法律法规及管理原则有全面的了解和深刻的理解。

（三）总经理

农业合作社的总经理是由董事会聘任的隶属于董事会的唯一雇员。总经理根据董事会的授权，在董事会的监督下，负责管理本合作社的日常事务。总经理最重要的一个职责就是雇用、监督和解雇合作社的其他雇员。对于合作社的雇员，要求他们深刻理解合作社的宗旨，端正工作态度，并经过良好的培训。雇用到理想的雇员是总经理最重要也是最难的一个责任，同时也是费时费力的一项工作。总经理另外一个比较重要的责任就是要协调合作社的人力和物力，这个任务也非常艰巨。因为农业生产有非常强的季节性，因此在协调人力物力方面，是考验一个总经理能力的重要标准。总体来讲，对于一个农业合作社的总经理人选要具备决策能力、沟通能力和目标管理能力。一个需要注意的事项就是在聘任总经理时，要避免聘任合作社会员担任，否则董事会在行使权力时可能会遇到阻碍。

农业合作社能否成功运作的一个重要因素是董事会和总经理之间是否能和谐统一。问题的关键在于两者是否能够各自了解自己的职权范围。董事会不能干涉总经理的具体管理行为，而总经理也不要干预董事会的战略性决策管理。表9-3列出了两者之间的职责对照。

表9-3 董事会和总经理责任对照

董事会职责	总经理职责
制定合作社有关做什么的决策	制定合作社如何做的决策
制定长期和重大资源分配的决策	制定短期和有限数量资源分配的决策
制定总体人力资源持续发展的政策	制定具体岗位责任的培训和管理计划
监督和评估总经理的行政管理表现	监督和评估雇员的工作表现

四、农业合作社的财务管理

农业合作财务管理中最重要的一个方面就是合作社的资金管理。合作社管理团队的主要任务之一就是要估算合作社目前和未来发展所需要的资金投入并且筹集所需的资金。合作社所需资金的大部分都应该由合作社的会员投入。从合作社资金存在的类型来看，主要有两种类型：一是债务资金，二是资产资金。债务资金包括合作社的长期和短期贷款、债券以及其他形式的债务。资产资金包括会员对合作社的注资、非会员的投资和合作社成功运作创造的剩余利润。合作社对这部分资金可能分发或不会分发红利，最终决策由董事会决定。合作社的这部分资金来源有以下几种方式：一是向会员出售合作社普通股股票（具有投票权）和会员资格证的方式筹集；二是向会员或非会员出售优先股股票（无投票权）来筹集；三是合作社利润累积。

作为合作社的会员和拥有者，有义务为合作社正常运行和未来发展筹集资金。所以合作社的利润分配也要以先满足合作社发展所需资金为优先选择，之后才会考虑分配红利等其他因素。

（一）合作社的普通股股票和会员资格证

农业合作社一般有两种主要组成方式，即股份制和非股份制。对于股份制的合作社，合作社可以发行普通股股票。但这种股票只要购买一股就可以成为合作社会员，而且这种股票发行价格一般都不高，一般在100美元左右。非股份制的合作社会采取发行会员证的方式，收取一定费用，这个费用一般也很低。所以合作社通过发行普通股股票和会员资格证的方式所筹集的资金非常有限（新型合作社除外）。这种普通股股票不能上市交易，只是会员的一个证明。如果会员要退出合作社，股票不能直接转让给其他人，必须按照初始购买价卖还给合作社。即使普通股股票的账面价格远远高出购买价，会员也必须按照购买价退还给合作社。这样，合作社会员入会的门槛较低，所筹集的资金也非常有限，但新型合作社是个例外。新型合作社的入门费相对较高，有的可以达到3万美元以上，而且这种合作社的普通股股票是可以转让和交易的。

（二）优先股股票

股份形式的合作社有时也通过发行优先股股票的方式来筹集资金，这种优先股股票是没有投票权的股票。这种股票无论是会员还是非会员都可以购买。董事会决定这种股票的红利发放。但很多州的立法都对这种股权的红利发放有严格的限制，一般不超过 8%。优先股股票的红利也可以累计发放。如果合作社破产时，偿还债务的优先次序为银行贷款、优先股股票，最后才是普通股。

（三）合作社利润累积

经营好的合作社有净利润收入。利润一般会有 30%～40% 以惠顾金的方式返还会员；其他剩余部分成为合作社固有资金，用于应对紧急情况和为未来发展提供资金。

其他方面的财务管理与其他普通公司的管理方式相同。

第五节　农业合作社面临的困难

尽管美国农业合作社发展势头良好，大部分农业合作社也从几年前的经济萧条中逐步恢复正常。但是美国农业合作社仍然面临一些困难。这些困难有来自外部大经济环境带来的困难，也有合作社内部管理层面的困难。这些困难对于农业合作社的市场竞争力、合作社的稳定性和商业成功都有重大影响。由美国农业部和学术界以及工业界有关农业合作社经营管理专家联合组织的一个科研项目，通过两阶段德尔菲问卷调查和专家组讨论的方式，总结了目前美国农业合作社所面临的困难，主要包括外部困难和内部困难。

一、农业合作社面临的外部困难

市场的波动性。市场的不稳定性是外部因素中对农业合作社影响最大的一个因素。在参加调查的农业合作社的管理人员当中，大约 80% 的人都把市场的波动性列为影响农业合作社运行的极重要的因素。商品市场和要素市场的大幅波动造成农业合作社对于应对市场波动所需资产增加和应急资金的需求变得极为重要。同时市场大幅波动还会造成合作社利息、管理、库存费用的大幅增长。导致合作社资金短缺，利润下降，经营困难。

国际竞争。国际市场的竞争，在以往的调查中，都没有被列为重要的因素。但这次调查的结果却有了很大的变化，有超过 60% 的合作社管理者都认为现在美国农业合作社面临着来自国际市场的激烈竞争。同时如何提高美国农业合作社在国际市场上的竞争力也是合作社要面临的一个极其重要的困难。以化肥为例，国际市场化肥的供求变化对于美国国内市场化肥的价格和供应量有着直接的影响。另外其他国家消费者的偏好，如对于转基因食品的态度等，对于美国农业合作社也有显著的影响。同时，国际汇率风险、关税、配额、进出口限制以及其他贸易壁垒等对于美国农业合作社的影响也越来越大。

其他外部因素。其他影响合作社的外部因素还包括来自其他非农业合作社类型农业企业的竞争，要素市场和商品市场的集约化，有关环境保护方面法律法规对于农业生产的限制越来越多、越来越严格，政府对于农业生产和能源产业的政策变化等。这些外部的困难，迫使农业合作社必须重视战略管理，要求合作社的管理者有长期发展的远见。其他的外部困难还包括，农业合作社投资回报率偏低，无法吸引农场主的有效投资，农业合作社已经趋于饱和等外部困难。

二、农业合作社面临的内部困难

美国农业合作社面临很多内部的困难，主要是董事会成员的选举和培训、董事会的有效管理以及如何让合作社会员参与合作社的管理等。

（一）选举优秀的董事会成员

在所调查的农业合作社管理人员中，80% 的人都认为，这是一个非常重要的挑战。很多合作社都反映，选举出一个强有力的董事会是很难的。现今，农业合作社的会员，大部分都忙于自己的生产管理以及家庭的需要等，很难再花大量的时间在董事会的管理上。所以农业合作社想选出一个非常理想的董事会绝对不是一件容易的事情。对于董事会成员所付出的时间和努力无论从哪个角度来讲都是无法补偿的，这也是很多合作社成员不愿参与董事会的一个因素。

（二）合作社董事会要有清晰明了的管理目标

对于董事会的一个关键性的挑战就是董事会要制定非常清晰明了的管理目

标。董事会的一些决策都要围绕董事会的管理目标展开。董事会的管理目标中要涵盖清晰的管理责任、勤勉的执行和对合作社的忠诚。另外，董事会的管理目标还要包括建立与合作社成员的关联纽带，董事会要有很好的稳定性和持续性，所以对董事会成员的选举就显得格外重要。农业合作社首先要建立一套完善的董事会成员选举办法，以保证选出合适的董事会成员。

（三）聘任和雇用优秀的管理人员

传统的生产要素理论主要包括土地、资本和劳动力等主要生产要素。但现今时代，知识已经成为主要生产要素之一，而且是起到非常重要作用的一个要素。知识的载体就是人力资源资本。董事会一个重要的目标职责就是如何整合合作社资源，以便提供有竞争力的条件，发现和引进优秀的管理人才，这些人决定着合作社未来的成功。人力资源资本虽然在合作社的资产负债表上无法直接体现，但人力资源资本确是企业整体资本不可忽略的一部分。但是，很多农业合作社的经营地址都设立在农业区，离大城市稍远，而且如果合作社的薪酬制定得不够有竞争力，合作社很难雇用到好的管理人员。

（四）获取和维持合适的资产总额

从农业合作社的金融财务角度来讲，面临最大的挑战就是如何积累、购并和维持农业合作社合适的资产总额。农业合作社需要额外的资产来保证合作社的业务在增长过程中所带来的对于更多流动资金的需要。近年来，农业生产处于增长阶段，这也使农业合作社对于更新和增加基础设施的投资需要不断增长，迫使合作社要不断地增加资产总额，以满足合作社业务增长的需要。同时，生产要素市场也不稳定，价格波动较大，这也增加了合作社的价格风险，也需要额外的风险资金以保障合作社正常运作。从合作社会员的角度来讲，会员既希望合作社能扩大投资，增加盈利，但同时又希望合作社不要减少返还给会员的惠顾金，这给合作社管理人员带来了更大的挑战。

（五）未分配的农业合作社盈余资产

调查中另外一个 80% 以上被调查者都认为非常重要的一个合作社内部挑战就是如何管理农业合作社未分配的盈余资产。因为这部分资产，没有具体分配给每个合作社会员。毋庸置疑，每个农业合作社都应该持有一定金额的未分配盈余资产。这部分资金可以成为合作社的缓冲资金，在合作社出现资金短缺或其他紧急情况时，合作社可以用这部分资金解决燃眉之急。但是，这部分资金的额度却成为合作社的一个挑战。如果这部分资金预留比例较大，就会直接影响到合作社会员的可分配利益。如果这部分资金预留比例太小，又起不到缓冲的作用，选择一个平衡点，是合作社管理者们面对的一个很大的挑战。

（六）合作社的内部交流

农业合作社是会员拥有和管理的一种特殊模式的经济体。合作社的会员构成呈现明显的多元化特色，不同文化背景、不同教育程度、不同年龄层次、不同个性的个体，因为一个共同的经济目标联系在一起，组成一个经济体，合作社管理层和会员之间，会员和会员之间的沟通交流就成为合作社管理过程中面对的一个巨大的挑战。这体现在以下三个方面。

（1）合作社需要让所有的会员理解和参与合作社的重大决策过程，包括扩资计划、资产管理、利润分配以及重大经营决策等。

（2）合作社需要让所有的会员和未来的会员都能理解合作社的核心价值和经营宗旨。一般来讲，合作社的管理层都能清楚地理解，但往往他们会忽略如何与会员沟通，让所有的会员也能明白合作社的核心价值和经营宗旨。

（3）如何让社会能够理解合作社的商业运作模式，以取得社会的支持。特别是要注重引导年轻人的参与，因为他们是未来合作社的继承者和经营者。

三、一个成功的农业合作社应具备的特点

面临无数内外部的困难，那些能够成功运作的农业合作社一般都具有以下几个特点。

（1）有优秀的领导者，他们能让所有和合作社有关的内外部人员理解合作社的核心价值及经营宗旨。

（2）雇用最好的管理人员和员工，使合作社人力资源资本完善，能吸引并留住优秀的管理人员和一般雇员。

（3）所有的商业经营活动都围绕着合作社的经营宗旨。

（4）注重合作社的发展和壮大，提高社会知名度，以吸引更多的人才加入。

（5）有清晰的、高标准的、具体的经营管理目标。

（6）有优良的资产负债表，同时又有足够的流动资金和风险资金以便应对各种市场风险。

（7）注重发展新型资本，包括人力资本和基础设施的更新等。

（8）注重和不断采用现代化的管理方式。

（9）注重合作社内部各部门之间的沟通和协调，同时注重对外的沟通和交流，做好合作社核心价值的营销。

第十章 CHAPTER 10

美国家庭农场 ▶▶▶

第一节　家庭农场发展历程

一、家庭农场的内涵

　　根据美国农业部的定义，农场是指一年内生产和销售至少 1 000 美元农产品的生产单位，家庭农场是指经营者和与其有血缘关系的家庭成员拥有主要业务的农场。1776 年建国以来，美国家庭农场成为美国农业生产主要的经营方式。2019 年美国农业部数据显示，家庭农场数量占美国农场总量的 98%，农业产值占农业总产值的 88%，土地经营面积占农业土地总面积的 88.3%，是美国成为农业生产大国和农产品出口大国的主要支撑力量。在 200 多年的发展历程中，美国家庭农场以土地产权为基础，以法律制度为保障，以农业科学技术为动力，主要经历奠基期、探索期、形成期和成熟期四个发展阶段。

二、家庭农场发展的奠基期

　　西进运动时期的美国农场。美国家庭农场的雏形是以欧洲移民为主的、以家庭为单元的农业生产组织，主要以土地产权为核心。1776 年建国以后，美国国土面积迅速向西扩张。由于美国西部地区气候适宜、土地肥沃、草原辽阔，拥有得天独厚的农业发展自然条件，美国开始了以农业开发为主体，以土地产权为核心，以法律制度为保障的西进运动。1784 年美国政府颁布了《关于弗吉尼亚让出的西部土地组建方案》，该项土地法令规定西部土地属于美国公民共有财产,确定了美国建州方案和土地产权归属方案。1785 年美国颁布《土地法令》,首次制定土地测量标准和出售原则,提出将公有土地出售以补充政府财政收入。1787 年美国颁布《西北土地法令》制定了更加详细的土地测量标准及划分方法,鼓励公民开发西北地区土地,并限制奴隶制度向西北地区发展。1796 年美国修改《土地法》,降低了土地出售标准,使更多农民有机会、有权力获得土地。上述土地法令基本确定了土地产权属性,使美国西部地区吸引了大量国内外移民。1820 年美国总人口 964 万,其中居住在阿巴拉契亚山脉以西的人口达 300 万。概括而言,在西进运动早期,美国通过立法基本确定了土地产权属性,吸引了大量劳动力从事农业生产,开发了大量农业土地,为美国家庭农场发展提供了制度保障、土地资源保障和劳动力资源保障,奠定了家庭农场发展基础。1860 年,美国家庭农场数量达 304.4 万个,农业总产值达 15.76 亿美元,美国成为粮食生产大国和粮食出口大国。

南北战争时期的美国农场。美国颁布系列土地法令,为确定土地产权属性提供了基本制度保障,但是南北双方围绕西部农业土地经营方式展开的斗争日益激烈。北方以资本主义经济为主,南方以种植园奴隶制为主。北方资产阶级和农民主张西部地区实行资本主义,限制种植园奴隶制向西发展,而南方奴隶主主张西部地区实行奴隶制,并试图在全国范围内推广奴隶制。南北双方围绕着土地问题产生的矛盾日益尖锐。1862 年 5 月,林肯政府颁布的《宅地法》中明确规定,美国成年公民只需交 10 美元手续费就可获取土地 160 英亩,连续耕种 5 年就可获取该土地的产权。《宅地法》的颁布使北方资产阶级获得了农场主、农民和南方奴隶的支持,削弱了南方种植园奴隶主的势力,限制了奴隶制的扩张,为美国农业资本主义胜利创造了有利条件。《宅地法》的颁布从根本上解决了农业土地产权问题,提高了农民积极性,加快了农业土地资源开发的速度,为美国家庭农场进一步发展奠定了基础。在农业生产方面,南北战争时期,美国家庭农场生产的主要环节已经实现半机械化。其中,棉花产业发展迅速,1860 年棉花占美国农产品出口额的 75%。19 世纪末,美国成为世界上最先进的农业资本主义大国。

综上所述,美国独立战争至南北战争时期,美国通过西进运动开发了西部大量肥沃土地,通过移民政策吸引了大量农业劳动力,通过战争和法律确定了农业土地产权属性,为美国家庭农场发展奠定了经济基础和政治基础。

三、家庭农场发展的探索期

南北战争结束和《宅地法》的颁布标志着美国农业土地私有制的确定。确定土地私有产权提高了人们农业生产积极性，以血缘关系和婚姻关系为纽带且财富共有的家庭农场发展迅速，规模与数量日益庞大。在规模上，19 世纪 60 年代美国 80～100 英亩的家庭农场较为常见，20 世纪 70 年代 160 英亩的家庭农场分布较多，20 世纪 80 年代家庭农场面积多在 300 英亩以上。在数量上，截至 1935 年，美国家庭农场数量突破 681 万个。

随着家庭农场规模和数量日益增长，农场经营成本和开发成本水涨船高。19 世纪 80 年代，美国西部草原地区每英亩的土地价格达 50 美元左右，西部平原上经营 160 英亩农场需要投资成本 2 000～4 000 美元。而此时的美国农场主多处于发展初期，尚未完成资本积累，缺乏农场经营资本和开发资本。农场主为缓解资金压力，纷纷将土地抵押获取抵押贷款。因此，19 世纪中后期，美国抵押制家庭农场盛行。据统计，19 世纪后期，美国西部近半数的家庭农场存在土地抵押行为。

19 世纪 90 年代，美国抵押制农场达到鼎盛，由此产生的危机是农场主虽然拥有土地产权，但由于需要偿还巨额抵押贷款利息，农场的实际控制权已不能由农场主完全支配。1893—1896 年，美国经历的信贷恐慌和经济萧条加剧了农场主信贷危机，再加上连续干旱和农产品价格下降，农场主资不抵债，纷纷陷于破产危机，最后只能放弃土地产权，将土地所有权转移至抵押债权人。由此，美国农业土地经历一次大规模产权更迭，抵押制家庭农场走向崩溃，美国家庭农场发展开始经历探索期。

抵押债权人多为金融资本控制人，投资农业仅是为了赚取抵押利息和地租，通常无力从事农业生产。在获取土地产权后，抵押债权人为了继续获取地租利润，再次将土地租给原农场主。而原农场主具备农业生产能力，虽然失去土地产权，但仍愿意从事农业生产，由此形成租佃制家庭农场。由此可见，由于资本的渗透与控制，美国家庭农场经历了由抵押制向租佃制的转变，但是在该转变过程中仅土地产权归属发生了变化，土地实际经营者并未发生变化，仍是留在农业土地上的家庭农场主。1900 年，美国租佃农场达 202 万个，占美国农场总数的 35％。

与此同时，随着经济萧条、持续干旱和农产品价格下跌，部分资本化程度较高的大农场也纷纷解体，将土地出售或租赁给中小农场主，大农场制也逐步被削弱。1935年左右，美国家庭农场发展探索期基本结束，土地制度基本稳定，家庭农场经营方式主要包括：部分租佃制农场、完全租佃制农场、完全所有权农场和大农场制等，农场的数量增加到681.4万个。

此外，该时期美国家庭农场发展的主要动力是农业生产技术发展迅速，主要表现是运输业、农业机械化和生物化学等方面的技术应用广泛。在运输业方面，铁路发展迅速，拉近了时间和空间距离，为农产品运输提供便利条件。1860年，美国铁路运营里程为3.06万英里，至1910年增加到25万英里。在农业机械化方面，农用拖拉机应用广泛。1892年美国出现第一台实用性汽油拖拉机，到1914年美国汽油拖拉机最少达1.7万台，并促成巨型联合收割机的发展。此外，脱粒机、打谷机、割草机和机械冷藏等机械设备也相继出现，并投入农业生产。在生物化学方面，厩肥和肥料的使用量逐步增加。1877年，移动挡板式的撒肥车开始出现，大大提高了施肥效率。农业生产技术飞速发展提高了美国农业生产力水平，适应美国土地规模庞大但劳动力稀缺的生产方式，有效地促进了美国家庭农场发展。

四、家庭农场发展的形成期

1929年全球经济危机的爆发，对美国农业的发展产生了很大的影响。1933年随着《农业调整法》的颁布，美国开始执行农业支持政策。《农业调整法》规定由政府出资收购或销毁农产品，鼓励农场主降低农产品种植面积，目的是降低农业产能，提高农产品价格。同时农产品差额补贴政策也被执行，农产品差额补贴政策是指当农产品市场价格高于目标价格时，农场主可根据自己的意愿卖出农产品，当农产品市场价格低于目标价格时，差额会由政府给予补贴。1936年，由于部分条款违宪，《农业调整法》被废止。1938年颁布新的《农业调整法》，农业支持政策的修订和完善有效地控制了农业产能过剩，促进了农业发展，提高了家庭农场收入，为美国农业法案的颁布和实施奠定了基础。1938年及以后6年，美国小麦播种面积一直稳定在2 500万公顷左右。1941年，家庭农场收入基本恢复到经济危机爆发前的水平。

农业机械化水平日益提高。1920 年，美国联合收割机数量为 0.4 万台，至 1937 年增加到 9 万台，人时消耗平均减少 3.5 小时。1942 年，纺锤式摘棉机开始商业生产，至 20 世纪 50 年代广为普及，使棉花采摘劳动力需求从每英亩 150 人时降低至 25 人时，收货时间从 24 小时减少至 6 小时。拖拉机生产技术有效提高，充气式橡胶轮胎技术得到广泛应用，有助于降低拖拉机能耗，提高拖拉机性能。农用拖拉机规模日益庞大，1940 年，美国农用拖拉机数量为 156.7 万台，至 1945 年上升至 235.4 万台。1940 年，玉米采摘机和脱粒机联合体数量为 11 万台，至 1945 年增加到 16.8 万台。此外，田间青贮收割机、割草机、耙草机、挤奶机等都得到广泛的推广和应用，有效地促进了美国家庭农场的发展。

表 10 - 1　1936 年美国使用拖拉机农场数目

单位：个

农场类型	只使用马匹	只使用拖拉机
玉米区	364	483
棉花区	869	157
奶产区	360	312
小粒谷物区	176	640
蔬菜农场	54	42
马铃薯农场	235	193
苹果农场	108	200

数据来源：《农场劳动力和装备方面的变化：拖拉机，卡车和汽车》，1938 年版，第 24 页。

随着经济危机的衰退和农业机械化水平不断提高，美国家庭农场的生产方式发生了改变。1936 年美国使用拖拉机农场数目见表 10 - 1。一方面，农业机械化的推广提高了农业生产效率，农场主生产能力大幅提高，开始整体或部分收回租佃农场，租佃制农场日益萎缩。另一方面，雇用劳动制农场发展迅速。在阿肯色州的 99 个县的农场中，1936 年平均雇用工人数量为 277 人，到 1940 年增加至 402 人，而租佃农的数量从 1 294 人下降为 984 人。至 1978 年，美国土地所有制形式主要包括三种：一种是全自耕农农场，约占农场总数的 58.6%；二是半自耕农农场，约占农场总数的 28.7%；三是租佃农场，约占农场总数的 12.7%。

农场数量减少，但农场规模日益扩大。1935 年美国农场数量达到 680 万个，至 1978 年农场数量减少到 250 万个，减少了近 2/3。但是农场规模日益扩大，平均经营规模从 1910 年的 56.3 公顷增加到 20 世纪 70 年代中期的 162 公顷，增长了近 2 倍。家庭农场生产方式逐步稳定。1978 年，美国家庭农场达到 217 万个，占农场总数的 87.3%，平均经营规模 128 公顷，农产品销售额 664 亿元，占农产品销售总额的 62%。1979 年，联合国召开《世界农业改革和发展大会》，以美国模式为主的家庭农场备受各国推崇，标志着美国家庭农场已经形成，并开始走向成熟。

五、家庭农场发展的成熟期

20 世纪晚期至今（1979 年至今），美国家庭农场发展进入成熟期，主要表现在三个方面：一是土地制度趋于成熟，二是农业科学技术突飞猛进，三是家庭农场数量和规模保持稳定。

土地制度趋于成熟，家庭农场保障体系日益完善。20 世纪 80 年代以后，美国农业土地产权制度已经较为成熟，未再经历大规模的产权更迭。为完善土地制度，保障农民收入，提高美国农产品竞争力，美国国会每 5 年都会制定新的农业法案。较为典型的是 1996 年、2002 年、2008 年、2012 年、2014 年、2018 年修订的农业法案，主要完善了农业土地产权制度、农产品价格保护政策和农业补贴政策等，为美国家庭农场发展提供了制度保障。同时，家庭农场保障体系日益完善。一方面，合同化农业生产、农作物商品项目和农业保险项目持续调整和完善，形成了健全的家庭农场风险管理体系。另一方面，家庭农场生产社会帮扶组织和协会完备，覆盖农业生产产前、产中和产后各个环节，有效地降低了家庭农场的经营风险和经营负担。

现代化农业技术突飞猛进。农业耕种技术、农业机械技术、节水灌溉技术和农业化学技术日趋成熟。农业生物工程技术和农业信息化技术取得突破性进展。例如，在农业生物工程技术方面，一是生物育种技术发展迅速。截至 2008 年，美国有 6 000 万公顷的土地种植转基因农作物，种植面积约占全世界转基因作物种植面积的 50%。转基因大豆和玉米的种植面积分别占美国大豆和玉米种植面积的 92% 和 80%。二是生物农药技术发展迅速。截至 2005 年，美国注册生物农药达 237 种。在农业信息化技术方面，一是遥感技术、地理信息技术和 GPS 技术深度服务农业生产，改变了传统耕作方式和管理方式。二是计算机以及互联网技术的应用，提高了农业种植和管理效率。例如，美国建立了可以覆盖 46 个州的农业计算机网络系统（Agricultural Network，AGNET），可以直接链接农场、农业部、州级农业署、农业企业和农业科研单位，方便了农业生产单位之间的联系，促进了美国家庭农场的发展。

家庭农场数量和生产规模持续稳定发展。一是家庭农场数量逐渐减少。20 世纪中期以后，美国家庭农场数量有所减少，但减少幅度逐渐缩小。1964 年，美国有 315 万个家庭农场，1992 年美国有 192 万个家庭农场，减少了 39%。进入 21 世纪，美国家庭农场数量维持在 200 万个左右。2002 年，美国家庭农场总数为 212 万个。2015—2018 年，美国家庭农场数量分别为 205 万个、205 万个、204 万个和 202 万个，家庭农场数量占比分别为 98.7%、98.8%、97.8%、97.9%。二是家庭农场生产规模保持稳定。2015—2018 年，家庭农场的农业总产值分别占美国农业总产值的 89.4%、90.4%、87.4%、87.6%，家庭农场的土地面积分别占美国农业土地总面积的 93.9%、89.7%、93.5%、88.3%。

第二节　家庭农场的经营现状

一、家庭农场的规模

（一）农场资产状况

表 10-2 报告了 2013—2019 年美国农场的收入、资产和负债状况。在收入方面，美国农场收入并不稳定，农场总收入由 2013 年的 4 841 亿美元下降至 2019 年的 4 324 亿美元，呈下降趋势。其中总支出变化较小，维持在 3 500 亿美元左右。净收入明显下降，由 2013 年的 1 237 亿美元下降至 2019 年的 837 亿美元。在资产方面，美国农场总资产稳中有升，由 2013 年的 27 678 亿美元上升至 2019 年的 30 752 亿美元。其中房地产占主要位置，占农场总资产 80% 以上，其次为机械、机动车辆和动物及产品等。在债务方面，美国农场总债务呈上升趋势，由 2013 年的 3 153 亿美元上升至 2019 年的 4 186 亿美元。在债务增加部分，房地产债务增加明显，由 2013 年的 1 852 亿美元增加至 2019 年的 2 668 亿美元。

表 10 - 2　2013—2019 年美国农场资产状况

单位：10 亿美元

类别	2013 年	2014 年	2015 年	2016 年	2017 年	2018 年	2019 年
农场收入	484.1	483.3	440.8	412.3	425.4	425.1	432.4
总支出	360.4	391.0	359.2	349.9	350.3	343.8	348.7
净收入	123.7	92.2	81.6	62.3	75.1	81.3	83.7
农场资产	2 767.8	2 930.6	2 880.0	2 914.4	3 005.9	3 026.7	3 075.2
房地产	2 242.6	2 364.5	2 365.7	2 401.4	2 472.8	2 510.2	2 546.0
动物及产品	110.8	127.8	118.2	109.0	107.1	97.1	99.2
机械和机动车辆	247.3	245.7	239.5	255.4	272.3	271.0	279.0
农场债务	315.3	345.2	356.7	374.2	390.4	402.0	418.6
房地产	185.2	196.8	208.8	226.0	236.2	245.7	266.8
非房地产	130.2	148.4	148.0	148.2	154.2	156.3	151.8

数据来源：美国农业部经济研究局，https：//www.ers.usda.gov/。

（二）农场类型

根据美国农业部经济研究局的标准划分美国农场类型，首先将农场划分为家庭和非家庭农场，其依据是看经营者是否拥有农场大部分业务；其次将家庭农场划分为小型、中型和大型家庭农场，其依据是看农场经营规模（农场现金收入 Gross Cash Farm Income，GCFI）。2018 年美国农场类型及构成如表 10 - 3 所示。由表 10 - 3 可知，2018 年美国农场以家庭农场为主，家庭农场数量占比达到近 98%。小型家庭农场最多，数量占比约 90%。在农场细分类型中，小型退休家庭农场普遍存在。退休家庭农场是指主要经营者已经退休，但仍从事小规模农业生产的农场，数量占比达 12.4%。非职业家庭农场和职业家庭农场在数量上占据主要地位。非职业家庭农场是指经营者除经营农场外有其他主要职业的农场，数量占比达 40.5%。职业家庭农场是指经营者以农业生产为主要职业的农场，数量占比达 36.8%。中型家庭农场数量占比为 5.5%，大型家庭农场数量占比为 2.5%，超大型家庭农场最少，数量占比为 0.3%。非家庭农场是指与家庭有关的经营者不拥有主要业务的农场，数量较少，占比仅为 2.1%。

表 10 - 3　2018 年美国农场类型

分类	细分	分类标准（美元）	数量（个）	占比（%）
	退休农场		250 289	12.4
小型家庭农场	非职业农场	GCFI<350 000	819 208	40.5
	职业农场		742 931	36.8
中型家庭农场	规模适中农场	350 000<GCFI<999 999	111 486	5.5
大型家庭农场	大型家庭农场	1 000 000<GCFI<4 999 999	50 034	2.5
	超大型家庭农场	GCFI>5 000 000	5 420	0.3
非家庭农场		主经营者不拥有多数业务的农场	41 550	2.1

数据来源：美国农业部经济研究局，https：//www.ers.usda.gov/。

（三）农场规模与产值

不同类型农场数量占比、土地经营占比和农产品产值占比如表 10 - 4 所示。2018 年，美国家庭农场数量占比 97.9%，土地经营面积占比 88.3%，农产品产值占比 87.6%，占据美国农业主导地位。小型家庭农场数量占比 89.7%，土地经营面积占比 47.7%，说明小型家庭农场数量仍占美国家庭农场的主要地位，但是平均土地经营面积相对较小。小型家庭农场农产品产值占比 21.1%，说明小型家庭农场生产效率相对较低，经营绩效有待提高。中型家庭农场数量占比 5.5%，土地经营占比 21.0%，农产品产值占比 20.6%，说明中型家庭农场单位面积农业产值高于小型家庭农场，即生产效率高于小型家庭农场。大型家庭农场数量占比 2.7%，土地经营占比 19.6%，农产品产值占比 45.9%，说明大型家庭农场平均土地经营面积相对较大，单位面积农产品产值相对较高，生产效率相对较高，经营绩效相对较好。非家庭农场数量占比 2.1%，土地经营占比 11.7%，农产品产值占比 12.4%，说明非家庭农场经营绩效接近美国农场平均水平。

表 10 - 4　2018 年美国农场主要指标

类型	数量占比（%）	土地经营占比（%）	农产品产值占比（%）
小型家庭农场	89.7	47.7	21.1
中型家庭农场	5.5	21.0	20.6
大型家庭农场	2.7	19.6	45.9
非家庭农场	2.1	11.7	12.4

数据来源：美国农业部经济研究局，https：//www.ers.usda.gov/。

二、家庭农场的结构

（一）农场法律组织形式

美国农场的法律组织形式决定了其缴税方式，美国家庭农场法律组织形式主要包括独资经营、合伙制经营、C公司（正规公司）和S公司。独资经营、合伙制经营和S公司的任何收益和亏损都将由主要经营者承担，并按收入水平缴纳个人所得税。C公司不仅需要缴纳公司所得税，股东的所有股息收入也需要缴纳个人所得税。2018年美国农场法律组织形式如表10-5所示。整体而言，美国家庭农场法律组织形式多样化，独资经营是美国农场主要的法律组织形式。2018年，独资经营家庭农场占美国农场数量的90.2%，占生产份额的61.0%。合伙制家庭农场数量占比5.5%，生产份额占比14.8%。C公司和S公司数量占比较少，均不足2%，但生产份额的占比较多，均超过10%。

表 10 - 5   2018 年美国农场法律组织形式

法律组织形式	数量占比（%）	生产份额占比（%）
独资经营	90.2	61.0
合伙制经营	5.5	14.8
C公司	1.3	10.3
S公司	1.9	12.7
其他	1.0	1.2

注：其他包括不动产、信托、合作社、放牧协会等。

数据来源：美国农业部经济研究局，https://www.ers.usda.gov/。

（二）农场主要农产品结构

2018年各类型农场主要农产品产值分布情况如表10-6所示。小型家庭农场主要生产家禽、蛋类和干草，产品产值占比超过一半，牛肉、生猪和谷物生产也占据重要地位，而乳制品和高价值农产品（主要是水果和蔬菜）的产值相对较低，产品占比均不足10%。说明美国小型家庭农场主要生产科技含量较低和资本投入较低的农产品。中型家庭农场农产品分布较为均匀，各类主要农产品产值占比主要为10%～35%。说明美国中型家庭农场可以适应多种类型农产品生产。大型家庭农场棉花、乳制品和高价值农产品产值占比分别达到

56.5％、69.3％和62.5％，牛肉和谷物等农产品产值占比为20％～50％，而家禽和蛋类产值仅占5.8％，一方面说明美国大型家庭农场是主要农产品的供应者，另一方面说明美国大型农场主要从事机械化程度较高和利润率较高的农产品生产，较少从事劳动要素投入较高的农产品生产。非家庭农场牛肉和高附加值农产品的产值分别达到20.6％和19.6％，说明美国非家庭农场主要从事利润率较高的农产品生产。

表 10 - 6　2018 年各类型农场主要农产品产值占比

农产品种类	小型家庭农场（％）	中型家庭农场（％）	大型家庭农场（％）	非家庭农场（％）
家禽和蛋类	56.0	33.3	5.8	4.9
干草	50.1	21.8	21.9	6.2
牛肉	22.9	10.9	45.6	20.6
生猪	20.9	25.4	39.8	13.9
谷物和大豆	21.0	32.5	40.4	6.0
棉花	11.2	25.6	56.3	6.9
乳制品	8.5	12.2	69.3	10.0
高价值农产品	7.7	10.2	62.5	19.6

数据来源：美国农业部经济研究局，https：//www.ers.usda.gov/。

（三）农场参与农作物保险情况

2018 年美国农场联邦作物保险参与、耕地及补偿金情况如表 10 - 7 所示。总体来说，农场农作物的赔偿金额与农场面积呈正相关。小型家庭农场（包括退休农场、非职业农场、低销售额和适度销售额家庭农场）参保数量相对较多，占比达 59％，收获面积约占 31％，但是赔偿比例较低，仅占 24％。中型家庭农场收获面积占比 29％，赔偿比例达 31％，收获面积与赔偿金持平。大型家庭农场（指的是大型家庭农场和超大型家庭农场）收获面积占比 34％，然而赔偿占比达 40％。中型和大型家庭农场相对容易获得保险赔偿，共获得联邦作物保险 71％的赔偿金。

表 10 - 7　2018 年美国农场联邦作物保险参与、耕地和赔偿金

农场类型	参与占比（％）	收获面积占比（％）	赔偿占比（％）
退休农场	4	2	0
非职业农场	18	8	4

（续）

农场类型	参与占比（%）	收获面积占比（%）	赔偿占比（%）
低销售额家庭农场	21	10	5
适度销售额家庭农场	16	11	15
中型家庭农场	24	29	31
大型家庭农场	12	29	36
超大型家庭农场	1	5	4
非家庭农场	3	6	4

数据来源：美国农业部经济研究局，https：//www.ers.usda.gov/。

三、家庭农场的绩效

（一）农场家庭收入

2018 年，美国家庭收入的中位数为 6.3 万美元，有自雇收入的家庭收入中位数为 8.6 万美元。2018 年美国各类型农场家庭收入中位数如表 10-8 所示。整体而言：一方面农场收入中位数达 7.2 万美元，高于所有美国家庭收入的中位数，说明美国家庭农场不是低收入家庭；另一方面，低销售额、适度销售额、中型家庭农场、大型家庭农场和超大型家庭农场户均收入中位数分别为 4.7 万美元、9.0 万美元、16.7 万美元、33.5 万美元和 74.6 万美元，说明美国家庭农场收入与农场规模呈正相关；最后，超大型家庭农场收入的中位数为 74.6 万美元，是低销售额家庭农场收入中位数的约 15.9 倍，说明美国家庭农场收入差距较大。

表 10-8　2018 年美国农场收入中位数

单位：千美元

指标	退休农场	非职业农场	低销售额家庭农场	适度销售额家庭农场	中型家庭农场	大型家庭农场	超大型家庭农场	所有农场
中位数	53	100	47	90	167	335	746	72

数据来源：美国农业部经济研究局，https：//www.ers.usda.gov/。

（二）农场家庭收入构成

美国农场家庭收入及构成如表 10-9 所示。整体而言，2018 年美国农场家庭平均收入达 11.22 万美元，其中农业收入 1.84 万美元，占比 16.4%，非农收入 9.38 万美元，占比 83.6%，说明家庭农场更加依赖非农收入，农业收入已不是美国家庭农场主要的收入来源。59.1%的农场农业收入为负，说明多数美国农场存在农业经营风险，其中小型家庭农场经营风险更为严重。对于小型家庭农场而言（包括退休农场、非职业农场、低销售额家庭农场、适度销售额家庭农场），农业平均收入小于非农业平均收入，说明小型家庭农场收入主要依赖非农业收入，农业收入不是其主要收入来源。在非职业农场和低销售额家庭农场中，平均农业收入甚至为负，说明非职业农场和低销售额家庭农场农业生产存在较大风险，甚至需要依靠非农业收入补贴农业生产。在中型家庭农场以上规模的农场中，农业收入大于非农收入，两者差距随着农场规模的扩大而扩大，说明生产规模是保障美国家庭农场农业收入的重要因素。在非农业收入中，各类型农场非农劳动收入差距不大，并没有随着农场规模的变化而发生明显变化。

表 10 - 9　2018 年美国农场家庭平均收入及构成

单位：美元

农场类型	平均总收入	农业收入		非农业收入		
		平均金额	平均收入为负值的家庭农场占比（%）	合计	劳动收入	非劳动收入
退休农场	67 144	2 865	56.1	64 279	29 818	34 461
非职业农场	131 126	−4 392	70.9	135 518	113 406	22 112
低销售额家庭农场	57 626	−4 205	61.9	61 830	28 685	33 146
适度销售额家庭农场	108 053	40 057	23.9	67 995	34 090	33 905
中型家庭农场	197 016	118 024	18.4	78 992	50 381	28 611
大型家庭农场	413 485	355 269	14.2	58 216	37 480	20 735
超大型家庭农场	1 335 135	1 290 377	16.1	44 758	21 004	23 753
所有农场	112 210	18 425	59.1	93 786	65 596	28 190

注：劳动收入包括自谋职业、工资等；非劳动收入包括利息和股息、社会保障和其他公共养老金的福利、赡养费、年金、遗产或信托的净收入、私人养老金等。

数据来源：美国农业部经济研究局，https：//www.ers.usda.gov/。

（三）家庭成员的非农就业

2018 年美国家庭农场家庭成员非农就业情况如表 10 - 10 所示。整体而言，美国家庭农场经营者普遍存在农场外的就业现象，45%的主要经营者和 45%主要经营者的配偶在农场外工作，说明美国农场主要经营者就业呈现多元化。近 2/3 的经营者或者其配偶从事农业生产是为了获取医疗保健等福利，说明美国农业从业者福利保障制度相对完善。各类型主要经营者在场外工作的占比，随着农场规模的扩大有下降趋势，而主要经营者配偶的占比有上升趋势，说明农场规模越大，主要经营者越专注于农业生产，主要经营者的配偶则倾向于从事场外工作。

表 10 - 10　2018 年美国家庭农场家庭成员非农就业情况

农场类型	在场外工作的农场经营者占比（%）		为医疗福利而从事农业的农户占比（%）	
	主要经营者	配偶	主要经营者	配偶
退休农场	20	20	39	57
非职业农场	83	62	73	68
低销售额家庭农场	17	33	29	60
适度销售额家庭农场	19	39	32	69
中型家庭农场	18	43	41	68
大型家庭农场	11	43	17	58
超大型家庭农场	3	19	1	60
所有农场	45	45	63	66

数据来源：美国农业部经济研究局，https：//www.ers.usda.gov/。

（四）农场所获政府支付

2018 年美国农场政府付款情况如表 10 - 11 所示。整体而言，2018 年美国农场政府支付的 76% 用于中等规模、中型家庭农场和大型家庭农场，其他类型农场所获政府付款的比例较小。退休农场、非职业农场和低销售额家庭农场获得的主要政府付款是保护区计划付款，约占保护区计划付款总额的 75%。适度销售额家庭农场所获各类政府付款的比例约 10%。中型家庭农场和大型家庭农场获得耕地保护费、与商品有关付款和计划作物付款均占总份额的 2/3 左右。此外，2018 年，71% 的农场未收到任何与农场相关的政府付款。

表 10 - 11　2018 年美国农场政府付款情况

农场类型	保护区计划付款（%）	耕地保护费（%）	与商品有关的付款（%）	收获面积和计划作物（%）
退休农场	26	0	1	1
非职业农场	26	8	7	5
低销售额家庭农场	23	6	6	6
适度销售额家庭农场	6	14	12	11
中型家庭农场	10	29	32	33
大型家庭农场	4	33	32	34
超大型家庭农场	1	2	5	5
非家庭农场	4	8	6	6

数据来源：美国农业部经济研究局，https：//www.ers.usda.gov/。

（五）农场利润

2018 年美国农场利润情况如表 10－12 所示。整体而言：一方面，农场经营普遍存在风险，美国农场利润率（Operating Profit Margin，OPM）呈 U 形分布，高风险农场（OPM＜10％）占比达 71.0％，中风险农场（10％＜OPM＜25％）相对较少，占比 7.9％；另一方面，家庭农场规模越大，利润率越高，经营风险越低。小型家庭农场利润率普遍较低，57.7％～80.7％的农场 OPM＜10％，可能的原因是多数小型家庭农场存在非农收入，而非农收入未计入 OPM。中型家庭农场经营风险有所降低，但数量仍然较多，OPM＜10％的农场占比 41.8％，OPM≥25％的农场数量占比升至 37.2％。大型家庭农场利润率分布情况较为均匀，经营利润率较高，OPM≥25％的农场数量占比最高，达 41.5％。此外，2015 年、2017 年和 2018 年美国农场 OPM＜10％的农场占比分别为 69％、70.2％和 71.0％，有上升趋势，OPM≥25％的农场占比分别为 19.0％、18.3％和 18.4％，有下降趋势，说明美国家庭农场的利润率呈下降趋势，而经营风险呈上升趋势。

表 10－12　2018 年农场利润率

农场类型		高风险（％） （OPM＜10）	中风险（％） （10＜OPM＜25）	低风险（％） （OPM≥25）
小型家庭农场	退休农场	61.7	4.6	28.3
	非职业农场	75.0	6.2	15.2
	职业农场（低销售额家庭农场）	80.7	5.2	12.2
	职业农场（适度销售额家庭农场）	57.7	18.9	23.4
中型家庭农场		41.8	20.9	37.2
大型家庭农场	大型家庭农场	33.3	25.2	41.5
	超大型家庭农场	36.4	26.6	37.1
非家庭农场		56.9	17.1	25.9
所有农场		71.0	7.9	18.4

注：①小型职业家庭农场分为低销售额和适度销售额职业家庭农场，低销售额职业家庭农场是指农场现金收入 GCFI＜150 000 美元，适度销售额职业家庭农场是指 150 000＜GCFI＜349 999 美元。

②不包含未计算比率的农场。

数据来源：美国农业部经济研究局，https://www.ers.usda.gov/。

第三节　家庭农场经营中的政府支持

2018 年，美国家庭农场数量占比 97.9％，土地经营面积占比 88.3％，农

产品产值占比 87.6％，已占据美国农业生产主导地位，对促进美国农业现代
化发展做出了巨大贡献。政府支持对家庭农场的发展起到了十分关键的作用。

一、保障制度建设

（一）农业法律法规建设

法律法规是家庭农场发展的基础保障，美国政府非常重视农业法律法规建
设。在涉及家庭农场的法律法规建设方面，主要包括两部分；一部分是以土地
产权为核心的法律法规建设，主要集中在美国建国之初至 1933 年美国经济危
机期间；一部分是以家庭农场支持政策为核心的法律法规建设，起源于 1933
年罗斯福新政期间颁布的《农业调整法》，于 1938 年被重新修订后，成为美国
农业法案的基础。

以土地产权为核心的法律法规建设。美国西部土地肥沃，适宜农业生产，
如何开发西部土地以及确定土地产权是建国初期美国政府关注的头等大事。19
世纪中期以前，美国政府颁布诸多土地法案，如 1784 年的《关于弗吉尼亚让
出的西部土地组建方案》、1785 年的《土地法令》、1787 年的《西北土地法
令》、1796 年修订的《土地法》等，规定美国土地属于美国公民所有，但可以
通过市场交易转移土地产权，开始确定美国土地分配方案和土地产权属性，从
而促进了美国私人所有制家庭农场的发展。但是该时期法律法规仍存在弊端，
即政府规定的土地出售面积较大，出售标准较高，导致缺乏资本的农民没有购
买能力。例如，1785 年《土地法令》规定购买者最少要购买 640 英亩土地。
1796 年，美国政府颁布《土地法》，降低了土地出售标准，但是仍然没有从根
本上解决美国西部农业土地分配问题。截至 1862 年，美国仍有大面积的肥沃
土地闲置。1862 年林肯政府颁布的《宅地法》中明确规定，美国成年公民只
需交 10 美元手续费就可获取土地 160 英亩，连续耕种 5 年就可获取该土地的
产权。这项规定意味着将土地免费分配给农民，从根本上解决了美国农业土地
分配问题，确定了美国私人所有制家庭农场。19 世纪中后期，美国联邦政府
及各州政府共颁布 3 000 多个土地法案，完善土地分配制度和产权交易方式，
分配了 10.31 亿英亩土地。

以支持政策为核心的法律法规建设。1929 年，美国爆发历史上规模最大、
历时最长、影响最深刻的经济危机。美国政府高度重视发展农业对摆脱经济危

机的重要性，于 1933 年颁布《农业调整法》，并将其视为摆脱经济危机的"左膀右臂"（另一部法为《全国工业复兴法》）。《农业调整法》目的是化解农业产能过剩，主要方式是通过政府补贴购买或销毁农业过剩产能，开启了美国政府支持农业发展的先河。然而，政府以公共资源补贴农业的方式违反了美国宪法，1936 年《农业调整法》被废除，但是保护农产品价格和农民收入的思想被保留。1938 年，美国国会颁布新的《农业调整法》，建立了农产品平仓制度，对主要农作物实行定额生产，对定额生产且遵守土壤保护法的农场给予政府补贴。1938 年美国《农业调整法》奠定了政府支持农业发展的法律基础，为美国农业发展和家庭农场发展提供了法律保障。为促进和适应农业发展，美国政府每 5 年会修订和完善农业法案。目前，美国共制定了 18 个农业法案，内容涉及农产品税收、土地产权、政府补贴、农业保险、科技支持、信贷融资等方面，其中均明确强调支持家庭农场发展，为美国家庭农场发展壮大提供了良好的制度环境和经营环境。

（二）农业保险制度建设

美国家庭农场规模庞大，但农业生产易受自然条件影响，导致家庭农场经营风险较大。因此需要降低家庭农场经营风险以保障农场主的收入，而农业保险制度起到了至关重要的作用。美国农业保险制度经历 70 年的发展，已成为世界农业保险成功的典范，为保障美国家庭农场发展做出了较大贡献。

1933 年美国颁布了《农业调整法》，为了保护农产品的价格和农场主的收入，美国政府执行了农产品差额补贴政策。农产品差额补贴政策是指当农产品市场价格高于目标价格时，农场主可根据自己的意愿卖出农产品，当农产品市场价格低于目标价格时，差额会由政府给予补贴。

农产品差额补贴政策的实施为提高农场收入提供了基本保障，标志着美国农业保险制度开始形成。1938 年，《联邦作物保险法》作为美国第一部农业保险法律被颁布，《联邦作物保险法》批准建立了实施农作物保险项目的联邦农作物保险公司（FCIC），美国农业保险制度由此开始正式建立。《联邦农作物保险法》规定农场主自愿投保，当农作物遭受自然灾害或价格波动时，政府给予农场主投保金额 50%～80% 的保险金。然而当时美国农业保险成本高，参保率较低。1980 年美国修订了《联邦作物保险法》，降低农业保险价格，农业保险参保率有所提高。1994 年美国颁布《农作物保险改革法》，提出自愿投保与强制投保相结合的保险原则。2014 年美国颁布《农业法》，提出需要坚持市场化的原则继续完善农业保险制度。农业保险制度的建立对家庭农场经营风险的降低、家庭农场收入的提高以及美国家庭农场的快速发展起着至关重要的作用。截至 2019 年，美国 2/3 的中型家庭农场和 3/4 的大型家庭农场参加了联邦作物保险。

（三）政府补贴制度

农业补贴制度是美国政府支持农场发展的主要方式。政府农业补贴的目的是提高家庭农场收入，保障农业发展。1933 年随着《农业调整法》的颁布，美国通过政府补贴的方法来保护农产品的价格和农场主的收入。1938 年美国修订的《农业调整法》，提倡对玉米、棉花、大米、烟草和小麦等主要农作物实行平价补贴制度，农业补贴制度正式形成。为适应和促进农业发展，后续历次修订的农业法案中均对政府补贴农业生产进行了修订和完善。例如，美国政府最新颁布的 2018 年农业提升法案继续完善了农产品价格损失保障制度、农业风险保障制度、援助贷款制度和贷款差价支付等。迄今为止，美国农业政府补贴的特点主要是支持性收购和差价补贴，以市场化为导向。根据 2018 年农业提升法案，2019—2028 年，美国政府计划支出 8 672 亿美元用于补贴家庭农场农业生产。

二、基础设施建设

（一）农村交通

众所周知，美国是农产品生产和销售大国，而交通运输是将生产出来的农产品销售到市场的重要环节，对家庭农场的发展具有十分重要的意义，因此美国政府非常重视农村交通基础设施的建设。

在公路建设方面，美国政府历来重视公路建设对家庭农场发展的重要作用。在历史上，为帮助西部农场主将农产品运送到东部地区，1806 年美国国会授权建设一条从坎伯兰、马里兰到达伊利诺伊州的公路，将运输时间由 8 天缩短为 3 天，有效地提高了农产品运输效率。至 20 世纪 20 年代，卡车运输的快速发展推动了公路迅速扩张。1921—1929 年，美国政府年均出资 7 500 万美元用于修筑公路。乡村公路历程从 1925 年的 52.1 万英里增加到 1945 年的

172.1 万英里，有效地提高了农产品运输效率。

在铁路建设方面，美国重视铁路基础设施建设。1830 年，美国运营铁路里程仅 23 英里，到 1860 年增加至 30 626 英里。铁路的发展极大地提高了农产品运输效率。例如，1851 年冷藏牛奶便可以通过铁路从纽约州运到波士顿，谷物也可以快速通过铁路从伊利诺伊和威斯康星运送到波士顿，并经过海洋运输至欧洲市场。至 1914 年，美国铁路共运载 2 886 亿吨英里货物，1945 年增加至 6 841 亿吨英里。如今，虽然美国农业产值占比有所下降，但农产品运输仍然依赖铁路运输。2016 年美国铁路运输行业的农产品货运量达到约 300 万车，约占美国铁路运输量的 8.6%。

（二）农村电力

电力是家庭农场生产和生活的基本保障，美国政府历来重视农村电力事业发展。美国农村最初的电力供应由私人企业经营。1923 年由商业电力企业和电力设备供应商主导的农业电力联合委员会（CREA）成立，但其目的在于盈利。由于农村地广人稀，电力基础设施投资大，收益小，商业电力企业不愿过多投资农村电力项目。截至 1935 年，美国农场通电率仅为 10%。

1933 年，罗斯福新政开始实施农村电力支持政策。为促进农场电力基础设施建设，1933 年 5 月，美国东南部组建首个非官方农村电力组织——农村电力合作社，积极游说联邦政府为农村电力基础设施建设提供贷款。美国政府积极响应，在同年的 5 月份成立了为农村电力发展提供技术、管理和贷款等服务的农村电气化管理局。两个月后，农村电气化管理局就批准了三个州的农村电力基础设施建设贷款。1936 年，美国政府颁布了《农村电气化法》，促进了美国农村电力项目的发展。1942 年，全美农村电力合作社协会成立，积极游说政府和国会继续扩大农村电力基础设施投资，调动更多资源发展农村电力，并取得了良好效果。1994 年，农村电气化管理局并入农业部农村公共设施服务局，管理职责由农村电力供应领域扩展至农村供水领域。

至今，农村电力基础设施建设仍是美国政府支持的重点。2009—2016 年，美国农业部对农村电力项目投资超过 380 亿美元。2017 年，美国农业部继续为农村 82 个电力项目提供 36 亿美元贷款，用于提高能源利用效率，建设智能电网等。在政府资金支持下，农村电力项目不再是以营利为主要目的。例如，美国公共投资的电力企业每公里供电线路用户超过 70 个，而农村电力系统每公里供电线路用户不足 10 个。

（三）水利设施

美国西部地区大多属于干旱和半干旱气候，年均降水量约 500 毫米，因此美国政府历来重视水利灌溉设施建设，以保障家庭农场生产。迄今为止，美国的灌溉面积约占耕地面积的 17.17%，灌溉面积为 2 640 万公顷。

在兴建水利设施制度保障方面，1902 年，美国政府颁布《水利垦殖法》，主要是为了管理和开发干旱地区水资源。1928 年，美国政府修订《防洪法》，开始综合治理和开发密西西比河流域。1935 年，美国政府颁布《水土保持法》，成立农业部水土保持局，加强水土资源的保护和开发工作。1936 年，美国政府颁布《防洪法案》，开始农业水利灌溉基础设施的建设。此后，《防洪法案》经过多次修订，均明确强调大力支持农业水利灌溉基础设施建设。20 世纪 30 年代，联邦政府共批准 30 多个灌溉工程。例如，1934 年开始兴建的全美灌溉工程，引水能力达每秒 430 立方米，每年引水量达 45 亿立方米；1937 年开始建设年引水量达 87.3 亿立方米的中央河谷调水工程。直至 20 世纪 70 年代，基本完成了全美灌溉工程的建设。此后，为节约水资源，美国的农业水利设施建设开始向精准灌溉和效率灌溉方向发展。

在兴建水利设施资金投入方面，作为罗斯福新政扩大内需的重要内容，美国开始大规模投资水利基础设施建设。1931—1937 年，美国政府共投入 20 亿美元兴建水利基础设施，占联邦政府"新政"总支出的 5.71%，水利灌溉面积从 1.46 万英亩增加到 1.79 万英亩，增长约 23%。1986 年，美国政府颁布《水资源开发法案》，强化支持农业水利工程建设，规定农业水利工程投资由地方政府出资 35%，联邦政府出资 65%。水利工程资金来源渠道多元化，主要包括：政府拨款、低息贷款、免税公债、特别水利基金、社会融资等。目前，美国仍在完善水利基础设施建设。2019 年美国农业部增加 1.16 亿美元资金用于建设和改善农村地区水利基础设施。

三、农业科技支持

完善农业教育培训。美国家庭农场规模化、专业化和机械化生产依赖农业科技人才，而农业教育培训是培养农业科技人才的关键，美国政府历来重视农业教育培训。19 世纪 50 年代，美国农业生产科技得到广泛应用，农业机械化蓬勃发展，农业生产效率大幅提高，农场主对农业科技人才的需求随之增加。然而，当时美国的农业教育体系尚未健全，无法满足农场主对农业科技人才的紧迫需求。1850 年，美国有 120 所高等学院，却没有一所专业的农业类高级院校。随着农场主对发展农业教育的呼声越来越高，美国政府开始重视农业职业教育培训。19 世纪 50 年代，耶鲁大学、哈佛大学、威斯康星大学等高等院校陆续建立农学院，开设农业化学、农业工程和农作物种植等相关课程，美国农业教育培训迎来飞速发展。

为加快农业教育发展，1862 年 7 月，美国政府颁布《向各州和领地捐赠公共土地用于资助农业和机械工艺学院法》，又名《莫里尔法案》，规定美国各州需在 5 年内捐赠公共土地建立至少一所农学院，用于农业科学、植物学、动物学和农业工程学等农业学科教学和科研。此后，美国建立大批农学院，也称赠地学院。例如，著名的密歇根州立农学院也在该时期成立。1890 年，美国颁布修订版《莫里尔法案》，除了继续支持北方农学院建设外，开始支持南方地区建立农学院。《莫里尔法案》对美国农业教育培训具有里程碑意义，促进了美国农业高等院校迅速发展，为美国培养大量农业科技人才，有效地推动了农业科技进步和家庭农场发展。截至 1922 年，美国已经有 69 所赠地学院。根据世界大学学术排名数据，截至 2011 年，美国排名前 150 名的大学中，有 56 所大学是赠地学院，占比达 37%。

构建农业科研体系。农业科研体系的建设不仅促进了农业科技的进步，还促进了家庭农场的规模化和专业化生产。1887 年以前，美国农业科研体系尚不健全，仅有部分院校开展农业科学研究工作。1875 年，为研究解决农场主遇到的生产经营问题，威斯康星大学开始建设农业试验站，从事农业生产科研实验工作。此后，其他农业院校也陆续建设农业试验站，但规模相对较小，无法满足家庭农场现代化和科技化发展需求。

1887 年，美国政府为了推动农业科学研究的发展，颁布了《哈奇试验站法案》，又称《哈奇法案》。《哈奇法案》要求由联邦政府和州政府共同出资支持各类农业学院建设一批进行农业基础科学相关研究的农业试验站，其中联邦政府每年出资 1.5 万美元。此后，美国农业科研体系逐步完善。1888—1906年，政府对农业试验站的拨款由 8.9 万美元增加至 71 万美元。至 19 世纪末，美国共建立了近 60 个农业试验站。为强化农业试验站资金支持，1935 年美国政府颁布《伯纳尔法》。从此以后，迅速地建立了一批农业科研机构，致使农业科研体系逐步得到完善。如今，美国农业科研机构主要包括政府农业科研部门、各类大学农学院以及私人农业研究机构，研究领域覆盖农业生产的整体产业链，农业科技进步贡献率超过 70%。

推广现代化农业科技。19 世纪 50 年代以前，美国农业科技推广主要由农业协会负责，由农场主和农业企业家构成的农业协会属于半官方机构。1852 年，近 300 家农业协会进行农业科技推广服务。为加强农业科技推广，美国国会于 1914 年通过《史密斯-利佛法》，提出多项措施推广农业科技：一是农业科技推广所需经费由联邦政府和州政府共同支付；二是联邦政府第一年拨款 60 万美元用于农业科技推广，并且按 50 万美元额度逐年增加，直至增加到 410 万美元；三是资金分配方案按照各州乡村人口比例分配；四是州政府应拨付相应比例的资金用于农业科技推广。《史密斯-利佛法》建立了农业科技推广制度，对美国农业科技进步和农业现代化发展具有重大意义。

《莫里尔法案》《哈奇法案》《史密斯-利佛法》的相继颁布，为美国农业科技发展奠定了法律基础，有效地促进了美国家庭农场发展，同时也标志着美国农业科技教育、研究和推广体系的基本建设已经完成。

第四节　美国家庭农场经营的特色与问题

一、美国家庭农场经营的特色与经验

（一）法律保障体系完善

土地产权相关法律。土地私有制是美国农场发展壮大的基础，美国政府注重保护土地私有产权。一方面，美国政府通过立法形式确定了土地私有产权，为家庭农场的发展提供了法律保障。1862 年，美国政府颁布《宅地法》，规定美国公民仅出部分手续费便可获得一部分土地，相当于将西部土地产权无偿转移给农民，彻底解决了土地产权问题，有效地促进了家庭农场发展。至今，美国家庭农场的管理及认定更加细化，包括全自耕农农场、半自耕农农场和佃农农场等，且在每一层级分类后仍可细分为多种经营类型，提高了土地管理效率，有助于促进美国家庭农场发展。另一方面，美国建立了灵活的土地交易市场，可以保障土地自由有序流转。在土地交易过程中，交易主体在法律框架内，可以按照契约规定自愿自由交易土地所有权、使用权、发展权和抵押权等。如果交易双方（土地需求者和供应者）存在争议，有专业的土地鉴定组织帮助评估土地价值及用途，并提出相关建议，保证土地交易顺利进行。除此之外，土地贷款抵押制度、土地信托制度以及土地流转发展权保障了家庭农场土地私人所有权。

政府支持相关法律。1938 年美国颁布《农业调整法》，为政府支持家庭农场发展提供了法律保障。在政府补贴方面，美国政府的农业补贴力度持续加大。2018 年农业提升法案数据显示，从 2019 年至 2028 年，美国政府计划拨款 8 672 亿美元，用以补贴家庭农场农业生产。在低息贷款方面，农业营销援助贷款和贷款差价支付政策从 1993 年被写入美国农业法案后，历经修改和完善，现已成为解决美国家庭农场融资难问题的有效政策工具。在农民福利保障方面，美国政府重视保障家庭农场主及家庭成员的医疗保障制度建设，2019年，美国超过 60％的家庭农场从事农业生产是为了获取医疗保健福利。

此外，在农业教育培训方面有《莫里尔法案》等，在农村发展方面有《农村电气化法》等，在农业科技研发方面有《哈奇法案》等，在农业科技推广方面有《史密斯-利佛法》等，完善的法律保障体系保证了农业生产资本投入和技术支持，极大地促进了美国家庭农场发展。

（二）生产规模化和专业化

家庭农场生产规模化。家庭农场的特点是规模较大，而地广人稀的美国正好适合将家庭农场规模化生产。1920 年，每个家庭农场平均耕地面积不足 50英亩。目前，美国 200 多万个家庭农场共拥有 4 亿英亩左右的耕地，每个家庭农场平均耕地面积 200 多英亩。规模化生产有助于促进家庭农场生产科技化和机械化，进而有助于提高家庭农场生产效率。目前，美国家庭农场农业耕种技术、农业机械技术、节水灌溉技术和农业化学技术十分成熟，农业生物工程技术和农业信息化技术取得突破性进展，运用广泛，有效地保障了家庭农场规模化生产。家庭农场生产规模化优势也可转化为生产率优势。2019 年，大型家庭农场土地经营面积占比仅为 19.6％，但农业产值占比高达 45.9％。

家庭农场生产专业化。美国政府根据各地区气候特征划分 10 个农业专业化生产区域，每个生产区域主要生产特定农作物。例如，威斯康星州等中心地带主要生产畜牧产品，加利福尼亚州等水果圈主要生产水果、蔬菜和畜牧产品，科罗拉多等草原区主要以棉花和牛肉为主，缅因州等北方地带主要生产乳制品，南、北卡罗来纳州等滨海带主要生产烟草和家禽，蒙大拿州等北部大平原主要生产谷物和牛肉等。此外，家庭农场生产专业化带动农业生产服务专业化。美国存在形形色色的专业化农业服务组织，与家庭农场形成互补，各司其职，形成稳定的、专业化的农产品生产和加工体系，有效地提高了农业生产效率。

（三）农业生产商业模式健全

家庭农场合同制生产。家庭农场参与合同生产较为普遍。在过去 20 年中，合同生产的农产品生产份额平均占 37%。2017 年，家庭农场生产占合同生产的 83%。在农产品种类方面，烟草和甜菜家庭农场合同生产占 90%，生猪养殖家庭农场合同生产占 63%，花生、家禽和果蔬的家庭农场合同生产均超过 50%。美国家庭农场合同生产以市场需求为导向，可以有效保障农产品价格，降低家庭农场经营风险，进而有助于提高家庭农场收入，促进美国农业发展。

农业保险市场化。美国家庭农场规模庞大，投资大，且易受自然灾害影响。而完善的农业保险体系可以提高家庭农场抗风险能力，有助于家庭农场增加收入，提高农业产业竞争力。美国农业部专门成立风险管理局负责统筹规划和管理农业保险事务，成立专门的法律《联邦农作物保险法》保障农业保险项目，形成完备的农业保险体系。截至 2017 年，美国共有 19 家保险公司，1.5 万多个代理商，5 000 多名核保专员，56 种有机农作物保险项目等，为家庭农场发展提供了有效保障。

农产品交易信息和市场。一方面，美国建立了包含农业普查、农业气象遥感、农业例行调查、农产品供需和农产品价格等数据的农产品交易信息统计和发布体系，使家庭农场的经营者方便得到信息，从而促进农业生产的发展。另一方面，美国建立成熟的农产品期货交易市场，可以有效指导家庭农场调整种植结构，安排农产品售卖时机等，可以有效提高家庭农场融资能力和套期保值能力，进而有助于提高家庭农场市场竞争能力。

（四）家庭农场收入多元化

整体而言，美国家庭农场不是低收入群体。2018 年，57% 的家庭农场收入超过整体家庭收入的中位数（63 179 美元）。美国家庭农场收入主要由农业和非农业收入这两部分构成。农业收入是指家庭农产品消费、农产品销售收入和政府转移支付等。非农业收入细分为两类，包括劳动收入和非劳动收入，劳动收入包括自谋职业收入和场外务工工资收入，非劳动收入包括利息和股息，社会保障和其他公共养老金的福利、赡养费、年金、遗产或信托的净收入、私人养老金等。在收入构成方面来看，农业收入在美国农场收入中的占比较少。2018年，美国农场平均收入112 210美元，其中农业平均收入18 425美元，占比16.4%，非农业平均收入93 786美元，占比83.6%。家庭农场非农收入主要依赖劳动收入。2018年，农场家庭平均劳动收入65 596美元，占农场家庭平均收入的58.5%，平均非劳动收入28 190美元，占农场家庭平均收入的25.1%。此外，美国农业从业人员医疗保健福利制度完善，也有利于促进家庭农场收入多元化。2018年，63%的农场主要经营者从事农业生产是为了获取医疗保健福利。

二、美国家庭农场经营存在的问题

(一) 投资大，风险高

美国家庭农场规模化经营和人工成本高的特征决定了其生产过程需要利用资本生产替代劳动力生产。每个家庭农场平均耕地面积超过200英亩，在劳动力短缺的情况下，仅依靠劳动力难以满足农业生产需求，因此需要高额的资本投入，如购买农业机器设备，更新农业生产技术等，特别是大功率高能耗农业生产设备、农药、化肥需求日益增加。以农业机械为例，2002年，美国农业机械功率为65.7亿千瓦，2016年增加至80.1亿千瓦，年均增长1.42%。家庭农场农业机械投资随之增加，2000年，美国农业机械价值为901亿美元，2015年增加至2 395亿美元，年均增长6.73%。由于农业生产易受气候等自然条件影响，高投入意味着高风险。2018年，71.0%的美国农场处于高风险状态，营业利润率（OPM）小于10%，59.1%的美国农场农业收入为负。

(二) 家庭农场生产过度资本化

美国家庭农场生产过度资本化主要表现在两个方面。一是土地资源向资本集中，大型家庭农场土地规模庞大。2018年，数量占比89.7%的小型家庭农场仅拥有耕地面积的47.7%，而数量占比8.2%的中型家庭农场和大型家庭农场却拥有耕地面积的 40.6%。二是家庭农场生产过度依赖资本生产，如大型机械、转基因技术等。例如，2016 年，美国农业机械总功率达到 80.1 亿千瓦，转基因技术普遍应用于农作物种植，如棉花、大豆等。家庭农场生产过度资本化会产生以下问题。一是加剧收入不平等。大型家庭农场可以发挥规模优势和资本优势，扩大生产规模，提高经营绩效和收入，而小型家庭农场缺乏资本实力，提高收入相对困难。2018 年，小型家庭农场和超大型家庭农场收入的中位数分别是 4.7 万美元和 74.6 万美元，小型家庭农场收入是超大型家庭农场收入的 6.3%。二是加剧农业金融风险。家庭农场生产过度资本化迫使农场主深度参与金融业务，以保证农业生产顺利开展。2019 年，美国农场现金收入总额为 4 278 亿美元，但农场债务总额高达 4 186 亿美元。农业生产易受自然灾害影响，家庭农场生产本身存在风险，过度参与金融业务加剧了农业金融风险。以史为鉴，1888—1896 年，在持续干旱影响下，美国农业生产就曾遭遇过金融危机，抵押制农场土崩瓦解，大批的家庭农场倒闭，农场主瞬间变得一无所有，严重威胁农业生产和社会稳定。

基于上述分析可以看出，美国家庭农场发展的经验主要包括以下四个方面。①在制度保障方面。美国政府始终将农业发展视为国家发展的基础，建立了完善的农业法律制度，有效地保障了农业生产，最终促成美国农业生产强国地位。②在农业生产商业模式方面。美国建立了完善的农业生产信息统计和发布机制引导家庭农场生产，通过成熟的农业生产服务组织、农业保险业务保障家庭农场生产。③在农业生产服务方面。美国政府建立了规范和快速的农业生产信息统计和发布机制、农业生产服务、农业保险服务等。④在收入方面。美国农场家庭收入呈多样化趋势，且家庭农场收入高于普通家庭收入。

第十一章 CHAPTER 11
中美农业合作 ▶▶▶

第一节　中美农业贸易合作的背景

一、历史背景

（一）农业合作概述

中美两国在世界农产品生产与贸易领域均具有重要地位，农业在两国国民经济建设和发展中呈现出战略性基础产业的地位。作为两国的基础性产业，中美两国在农业科学技术、资金、市场等方面具有很强的互补性和依赖性，进行农业领域方面的合作成为新中国成立以来中美经贸合作起步较早的领域之一。农业是中美之间最早开展合作的领域，中美农业的合作这些年来呈现非常良好的态势，包括双向的投资和双向的贸易，以及科技方面的合作。

早在 1972 年两国尚未正式建立外交关系时，美国农业企业就已经开始进入中国市场，开展饲料和育种方面的合作；从 1974 年起，美国与中国的农业科技交往开始；1978 年底，时任美国农业部长伯格兰访华，开启了中美农业科技合作的序幕；1979 年两国正式建交后，加之中国改革开放的制度红利推动，双方在平等互利基础上，农业合作进一步走向深入；1980 年，中美农业政府间联合工作组机制由中美农业科技合作联合工作组确立；1980 年，美国大陆谷物公司与泰国正大集团在中国深圳经济特区合资成立了"正大康地"公司，成为特区第一家外资企业，主要业务包括畜牧和家禽的生产加工与贸易、饲料生产与贸易以及冻肉贸易等；2003 年，中美农业合作联合委员会正式成立，中美两国农业部长签署了《农业合作谅解备忘录》；2012 年，中美两国农业部长在美国召开的第一届中美农业高层研讨会上共同签署了《中美农业战略合作规划》，开启了中美两国农业互利合作的新篇章。

在农业国际合作中，农业贸易是美国与中国进行农业领域合作的重要内容，是中美两国双边贸易的重要组成部分。两国农产品贸易合作对中美两国均有一定程度的积极意义。一方面，中国耕地资源绝对量大但人均占有量较小，从美国进口大豆、棉花等土地密集型农产品对节约中国耕地资源、缓解中国耕地紧张的局面具有积极意义。另一方面，向中国出口农产品可以使美国农民得到一定的经济利益。因此，在近 40 年的时间里，与中国进行农业贸易合作既得到了中美两国政府的有力支持，同时也是市场主体优化资源配置的自发选择。

（二）农业贸易合作进程中的重要事件

1. 《中美农业合作协议》签订与中国加入世界贸易组织

1999 年 4 月 10 日，中美两国代表在华盛顿签署《中美农业合作协议》，该协议是中美两国关于谈判中国加入世界贸易组织（WTO）的重要突破点，是中国入世的重要基础和关键一步。《中美农业合作协议》的签订，极大地促进了中美农业贸易合作，尤其增加了美国农产品对中国的出口。《中美农业合作协议》的主要内容为：①开放双方农产品市场。中国承诺取消对美国西北部7 个州带矮腥黑穗病（Tilletia Controversa Kuhn，TCK）小麦的进口限制，解除对美国 4 个州的香蕉、柑橘等水果进口禁令，并接受美国提供的肉类食品安全证书，同时美国的牛肉、猪肉和鸡肉市场向中国开放。②市场准入。中美双方逐渐建立主要以关税为基础的市场准入机制，中国取消重要农产品进口数量限制，实行在规定配额内的进口实行低关税，反之则实行高关税的关税配额制。③减税承诺。中国承诺"入世"后将立即削减关税，将农产品平均关税从40％降低到 17％，降低关税在 2004 年前完成，同时美国特别关注的农产品关税降低至 14.5％。④不提供农产品出口补贴。中国承诺不再向农产品提供出口补贴。⑤科学制定动植物检疫制度。美国要求中国建立一个科学的动植物卫生检疫系统，以解决双边农产品贸易问题。

2. 多轮"中美战略与经济对话"举办

国际金融危机爆发后，中美两国都得以重新审视彼此之间经济的依赖程度和依赖结构。2009 年 4 月，中美两国元首在英国伦敦举行的二十国集团

（G20）金融峰会进行首次会晤，并一致同意共建"21世纪积极全面合作的中美关系"。第一轮中美战略与经济对话于2009年7月在美国华盛顿举行，到2016年共举办了8轮对话。除了首轮对话外，其余7轮对话的成果清单中，都不同程度提出了两国要在粮食安全、农业科技、农业与食品领域以及双边农业贸易增长方面加强战略合作。尤其在2016年中美第8轮对话的成果清单中，农业合作方面共达成了7项成果，双方尤其注重在农产品加工领域促进两国贸易往来，加强农业贸易合作，尽快实现禽肉输美。

3. 《中美农业及相关领域合作谅解备忘录》签订

2015年9月，为了促进中美两国农业合作的全面、持续和平衡发展，两国农业部长续签了《中美农业及相关领域合作谅解备忘录》。该备忘录是双方讨论并协调两国农业领域有关事务、促进双方根据需要在农业科技、农业经济和统计、农业宣传与推广、农产品贸易、投资和能力建设等方面开展合作活动的框架。签署内容的重点是在粮食安全、农产品市场与贸易合作、涉农企业投资、食品安全与动植物卫生、农业人才交流、能力建设与推广等领域广泛开展互利合作项目，其中的农业贸易合作是谅解备忘录中中美双方关注的重点合作内容。

4. 《中美农业战略合作规划（2012—2017)》签署

2012年，中美两国农业部长在美国召开的首届中美农业高层研讨会上共同签署了《中美农业战略合作规划（2012—2017)》，进一步深化了两国之间的务实合作。该规划提出两国在互利共赢、优势互补，突出重点、分步实施和共同遵守、务实推进的原则下，加强两国农产品贸易往来，为了稳定和完善中美农业合作保障机制要积极进行沟通和协调。《中美农业战略合作规划（2012—2017)》在粮食安全、农产品市场与贸易、农业科技等8个重点合作领域及项目做出了系统部署。

5. 中美双方国事访问期间达成农业合作成果

2014年11月，中美双方达成以下共识：中美将加强以科学技术为基础的农业创新，促进粮食安全，并就扩大创新技术在农业的应用开展对话。双方均认为在过去的40年中，中美两国农业合作始终保持稳定发展势头，合作领域不断拓宽，两国在种植业、畜牧业、渔业、农业科研与教育、农产品加工与流通等多个领域，开展了成效显著的务实合作，促进了互利共赢的合作模式的发展。

2015 年 9 月，中美双方围绕农业贸易合作方面坦诚、深入地交换了意见，达成了广泛共识，取得了重要积极成果，双方达成的主要共识和成果如下：双方以"加强农业创新，促进粮食安全，推动可持续发展"为主题，就粮食安全、大数据与农业信息技术创新、农业支持以及双边合作等议题进行了对话，双方将进一步加强合作，促进两国乃至世界农业创新发展。

二、当前背景

（一）《中美第一阶段经贸协议》达成与执行

2018 年 3 月美国对中国发起贸易摩擦以来，中方始终认为只有在双方相互尊重、互利共赢的基础上，进行诚恳的对话协商，才能妥善处理经贸摩擦。为此，中美经贸团队围绕双方分歧和矛盾展开了多轮谈判，最终于 2020 年 1 月签署了《中美第一阶段经贸协议》。《中美第一阶段经贸协议》的达成，加强了中美两国在影响农业贸易问题上的互信和友好合作，奠定了解决长期关切的基础，推动农业成为双边关系的重要支柱，在紧张的经贸关系下推动了双方农业合作的发展。该协议是两国探索通过协商解决问题的重要成果，其签署和落实对于中美两国和全球经济发展具有重要意义。

根据该协议，中美双方将在农业领域进一步加强合作。美国方面将履行其逐步取消中国产品加征关税的承诺，推进加征关税由升到降的转变。中方不仅增加了对美国牛肉、大豆、水果等农产品进口，还完善了小麦、玉米、大米的关税配额管理办法，此后两年平均进口规模达到 400 亿美元。此外，美方将允许中国的熟制禽肉输美，还将允许中国产香梨、柑橘、鲜枣等农产品出口美国，美方做出的这些承诺将带给中国农业企业和农民更多市场机会。

自《中美第一阶段经贸协议》正式执行以来，尽管新冠疫情对中国经济的发展造成了严重冲击，但中国方面仍克服困难坚持执行协议内容，并随着国内疫情的有效防控而进一步加大对美国相关产品的采购力度，尤其在农产品采购方面取得了积极进展，使得协议落实得以顺利实现。

（二）中国新发展格局的提出

中国在《国民经济和社会发展第十四个五年规划和二〇三五年远景目标的

建议》中提出，要加快构建以国内大循环为主体、国内国际双循环相互促进的新发展格局。中国人口众多，消费增长空间巨大，目前已经形成了全球最大、最具潜力的消费市场，当前中国已稳居中等收入国家并不断向高收入国家行列稳步迈进，国内市场规模仍将不断扩张。在充分发挥中国超大规模市场优势的基础上，为世界其他国家提供更多的市场机会。通过强化开放合作，中国同世界经济的联系会更加紧密，国内和国际市场将更好联通，实现高质高效的可持续发展。中国始终坚持对外开放原则，鼓励在互利共赢、相互尊重的基础上同世界各国进行务实合作。这是美国同中国加强农业合作往来，进行农业合作新的发展契机。

第二节　中美农业合作的现状

一、中美农业贸易合作的现状

迄今为止关于农产品贸易的研究范围还没有统一界定，不同组织如联合国粮农组织（FAO）、世界贸易组织（WTO）以及联合国贸易发展会议（UNCTAD）等对其界定各不相同。为了使分析更为一致，结合有关国际组织、中国商务部对外贸易司以及相关研究的划分方法，将农产品范围界定为HS体系中的第1~24章、第40章下的4001、第41章下的4101~4103、第43章下的4301、第44章下的4401~4405、第45章下的4501~4502以及第50~53章[①]（表11-1）。本节数据主要来源于联合国商品贸易统计数据库（UN Comtrade Database）。

----

① HS为商品名称及编码协调制度（Harmonized Commodity Description and Coding System）的简称，是在海关合作理事会制定的《海关合作理事会税则商品分类目录》（CCCN）和联合国《国际贸易标准分类》（SITC）的基础上，由世界海关组织编制的关于国际贸易商品分类的标准目录。通过按照HS编码协调制度进行商品归类，海关可以指定海关税则和采取相应的管理措施，是国际贸易商品分类的"标准语言"，已有200多个国家和地区使用，用该方法统计的贸易量占全球贸易量的98%。HS编码共有6位，前两位为"章"，三四位为"目"，五六位为"子目"。HS协调制度于1988年实施并于1992年、1996年、2002年、2007年、2012年和2017年进行了修订。货物按其加工程度，依原材料、未加工产品、半成品和成品的顺序排列。为了分析较长时间范围内中美农业贸易合作情况，选取HS1996体系。

表 11-1　农产品分类

代码	产品类别	代码	产品类别
HS01	活动物	HS18	可可及其制品
HS02	肉及食用杂碎	HS19	谷物、粮食粉、淀粉制品，糕点
HS03	水、海产品	HS20	蔬菜、水果、坚果等制品
HS04	乳品蛋品蜂蜜及其他食用动物产品	HS21	杂项食品
HS05	其他动物产品	HS22	饮料、酒及醋
HS06	活植物及花卉	HS23	食品工业的残渣、废料，配制的动物饲料
HS07	食用蔬菜	HS24	烟草及其制品
HS08	食用水果及坚果	HS4001	天然橡胶及树胶
HS09	咖啡茶马黛茶及调味香料	HS4101～4103	生皮（毛皮除外）
HS10	谷物	HS4301	生毛皮
HS11	制粉工业产品	HS4401～4405	木材
HS12	油料、工业用或药用植物、稻草、秸秆及饲料	HS4501～4502	软木
HS13	虫胶树胶树脂及其他植物液汁	HS50	蚕丝
HS14	编织用植物材料	HS51	羊毛等动物毛
HS15	动植物油脂及其分解产品	HS52	棉花
HS16	肉类及水产品制品	HS53	其他植物纤维
HS17	糖及糖食		

数据来源：联合国商品贸易统计数据库（UN Comtrade Database）。

（一）农业贸易合作的规模

1. 总体规模

（1）美国从中国进口农产品情况。美国从中国进口的农产品贸易额如图11-1所示。2019年，美国从中国共进口农产品59.05亿美元，受到2018年起的中美贸易摩擦升级的影响，2019年较2018年的83.79亿美元下降了29.53%。因2018年美国对中国加征关税的产品中，更多针对中国的工业品，农产品涉及相对较少，因此2018年美国从中国进口的农产品仍然有8.56%的增长。

从长期变化趋势看，在中国加入WTO之前，美国从中国进口的农产品都不超过20亿美元。自2001年底中国入世后到美国2008年金融危机期间，美国从中国进口的农产品经历了较快增长，由2002年的23.09亿美元，增长至2008年的64.97亿美元，共增长近2倍。金融危机后，美国从中国进口的农产品经历短时间下降后再度恢复增长，到2012年之后基本稳定在80亿美元左右，2019 年则经历了大幅度下降。

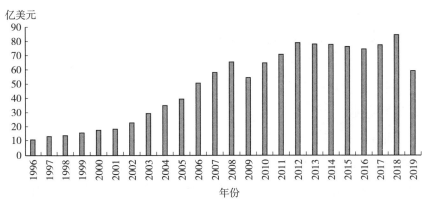

图 11-1　1996—2019 年美国从中国进口的农产品贸易额
数据来源：根据联合国 UN Comtrade Database 数据计算得出。

（2）美国对中国出口农产品情况。美国对中国出口的农产品贸易额如图 11-2 所示。2017 年到 2019 年美国对中国农产品出口额持续下降，2019 年农产品出口额（140.94 亿美元）较比 2018 年（161.94 美元）下降了 12.97%，2018 年农产品出口额较比 2017 年（240.84 亿美元）下降了 32.76%。这是因为美方对中方发起两轮加征关税措施，作为反制措施，中方对美方出口农产品也加征了关税。

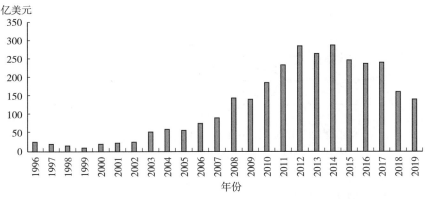

图 11-2　1996—2019 年美国对中国出口的农产品贸易额
数据来源：根据联合国 UN Comtrade Database 数据计算得出。

从长期变化趋势看，在中国加入 WTO 之前，美国对中国出口的农产品贸易额同样在低位徘徊，常年在 20 亿美元左右波动。中国 2001 年入世后到 2018 年中美贸易摩擦升级期间，可以从下面两个时间段来看：2002—2012 年，受中国入世后大幅度降低关税的影响，美国对中国出口的农产品经历了快速增长，由 2002 年的 21.87 亿美元，增长至 2012 年的历史最高值 287.24 亿美元，增长了 12 倍多；2013—2017 年，在这期间美国对中国的农产品出口贸易额呈现出缓慢的波动下降趋势，年均降幅约为 3.18%。2017 年美国对中国的农产品出口额仅为 240.84 亿美元，这可能是受到了中国"一带一路"倡议以及中国农产品进口多元化的影响。

2. 贸易差额

整体而言，20 多年来，除个别年份外美国对中国的农产品贸易长期处于顺差地位（图 11-3），其中 1996—2002 年顺差地位并不明显，顺差额不超过 10 亿美元。因中国入世，从 2003 年起美国对中国的农产品贸易顺差逐步扩大，2007 年后增长尤为显著，特别是 2008—2014 年年均增长 36.12%，2014 年达到历史最高值为 209.91 亿美元。2014 年之后，美国对中国的农产品贸易顺差额逐年下降，2018 年中美贸易摩擦不断升级导致美国对中国的农产品贸易顺差加速收窄。2019 年美国对中国的农产品贸易顺差额达到 81.89 亿美元，仅为 2014 年贸易顺差额的 39%。

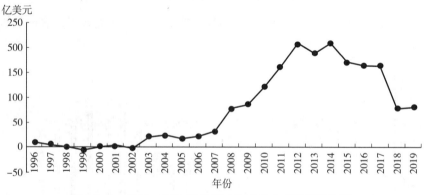

图 11-3 1996—2019 年美国对中国的农产品贸易差额
数据来源：根据联合国 UN Comtrade Database 数据计算得出。

（二）农业贸易合作的产品结构

1. 美国从中国进口农产品结构

从表 11-2 可以看出，2000 年以来，美国从中国进口的农产品贸易额排名前十位的产品，占美国从中国进口农产品总额的 80% 以上。

从进口产品的结构看，HS 编码第 03 类（水、海产品）、第 20 类（蔬菜、水果、坚果等制品）、第 16 类（肉类及水产品制品）这三类主要是美国从中国进口的农产品，2005 年以来基本均位列美国自中国进口农产品贸易额的前三位，总占比多年来维持在 50％ 左右。其中第 03 类（水、海产品）是美国从中国进口的最主要农产品。

从美国自中国农产品进口的结构演变看，HS 编码第 52 类（棉花）、第 05 类（其他动物产品）在 2005 年前均位列美国自中国进口农产品贸易额的前五位，到 2019 年已经跌出前五位，尤其是第 52 类（棉花），已经不再是美国自中国进口的前十位农产品。与此同时，HS 编码第 07 类（食用蔬菜）自 2010 年起进入前五位，成为美国从中国进口的主要农产品之一。

表 11 - 2　2000—2019 年美国从中国进口的农产品结构

单位：亿美元，%

排名	2000 年			2005 年			2010 年			2015 年			2019 年		
	编码	金额	比重	编码	金额	比重	编码	金额	比重	编码	金额	比重	编码	金额	比重
1	03	5.56	30.57	03	11.59	29.03	03	19.11	29.66	03	19.91	26.29	03	15.54	26.32
2	05	1.96	10.76	20	6.18	15.48	20	11.22	17.42	20	11.61	15.34	20	7.36	12.47
3	52	1.95	10.73	16	3.75	9.39	16	5.88	9.12	16	7.03	9.28	21	4.60	7.79
4	20	1.78	9.78	05	2.92	7.31	07	3.92	6.08	07	4.51	5.96	16	4.31	7.30
5	12	0.82	4.53	52	2.08	5.20	05	3.41	5.29	05	4.38	5.78	07	3.52	5.96
6	07	0.64	3.53	21	1.96	4.92	23	3.16	4.90	12	3.59	4.74	09	2.85	4.83
7	16	0.63	3.46	12	1.35	3.38	52	2.77	4.30	23	3.09	4.08	13	2.83	4.80
8	50	0.60	3.30	08	1.17	2.92	09	2.19	3.40	09	2.97	3.93	05	2.65	4.49
9	09	0.52	2.87	09	1.07	2.67	12	1.91	2.96	52	2.86	3.78	23	2.34	3.96
10	13	0.51	2.80	17	0.99	2.49	21	1.64	2.54	21	2.57	3.39	19	2.16	3.66
合计		14.97	82.31		33.05	82.79		55.19	85.68		62.52	82.57		48.17	81.57

数据来源：根据联合国 UN Comtrade Database 数据计算得出。

2. 美国对中国出口农产品结构

从表 11 - 3 可以看出，2000 年以来，美国对中国出口的农产品贸易额排名前十位的产品，在绝大多数年份中在美国对中国出口农产品总额的占比可达到 90％ 以上，排名前三位产品的占比约可达到 70％。

从具体的出口产品结构看，美国对中国出口的农产品种类主要集中在 HS 编码第 12 类（油料、工业用或药用植物、稻草、秸秆及饲料）、第 03 类（水、海产品）以及第 41 类（生皮）这三类产品上，2005 年以来基本均位列美国对中国出口农产品贸易额的前三位，总占比多年来维持在 50％ 以上。尤其是第 12 类（油料、工业用或药用植物、稻草、秸秆及饲料），多年来基本占美国对中国出口农产品总额的比重达一半以上，始终位列第一，是美国对中国出口的最主要农产品。

从美国对中国出口农产品的结构演变看，HS 编码第 02 类（肉及食用杂碎）在 2000 年和 2005 年均位列前五位，到 2010 年和 2015 年跌落至第九位，但在 2019 年恢复至美国对中国出口的第二大农产品；HS 编码第 08 类（食用水果及坚果）在 2019 年前并没有进入前五位，2019 年排名第四，占美国对中国出口农产品的近 5%，成为美国出口中国的主要农产品之一；HS 编码第 44 类（木材）也同样是 2019 年美国出口中国的重要农产品，排名第五，但在 2000 年没有进入前十位；HS 编码第 23 类（食品工业的残渣、废料，配制的动物饲料）也是美国对中国出口的重要农产品，在 2000 年、2010 年和 2015 年均位列前五位，2019 年受到中美贸易摩擦的影响位列第八位；HS 编码第 52 类（棉花）在 2005 和 2010 年曾位居美国对中国出口的第二大农产品，2010 和 2019 年有所下降，但也排在第六位。

表 11-3 2000—2019 年美国对中国出口的农产品结构

单位：亿美元，%

排名	2000 年			2005 年			2010 年			2015 年			2019 年		
	编码	金额	比重	编码	金额	比重	编码	金额	比重	编码	金额	比重	编码	金额	比重
1	12	10.46	54.40	12	22.89	39.70	12	109.94	59.07	12	110.91	44.99	12	78.80	55.91
2	41	2.33	12.11	52	14.11	24.47	52	21.11	11.34	10	24.66	10.00	02	10.95	7.77
3	03	1.37	7.14	41	5.84	10.13	23	8.30	4.46	23	20.79	8.43	03	7.95	5.64
4	23	0.72	3.74	03	3.46	6.01	41	8.19	4.40	41	11.44	4.64	08	6.72	4.77
5	02	0.65	3.39	02	1.98	3.43	03	7.31	3.93	03	10.08	4.09	44	6.62	4.69
6	52	0.53	2.78	44	1.67	2.90	44	6.45	3.47	52	9.70	3.94	52	6.56	4.65
7	05	0.38	1.97	08	1.38	2.40	15	4.49	2.41	44	8.83	3.58	41	3.77	2.68
8	21	0.35	1.83	21	0.81	1.41	10	3.36	1.81	08	3.50	1.42	23	3.14	2.23
9	08	0.31	1.61	10	0.81	1.41	02	3.19	1.71	02	3.36	1.36	10	2.82	2.00
10	10	0.29	1.49	23	0.71	1.22	08	2.45	1.32	04	2.94	1.19	21	2.80	1.99
合计		17.39	90.47		53.68	93.09		174.79	93.91		206.20	83.64		130.13	92.33

数据来源：根据联合国 UN Comtrade Database 数据计算得出。

（三）农业贸易合作的国际市场地位

1. 中国市场在美国农业贸易的地位

（1）中国市场在美国农业贸易整体中的地位。近五年来美国农产品主要出口目的地及进口来源地如表 11-4 所示，可以发现，不管是在美国的出口目的地还是进口来源地中，中国在近五年一直位列前五位。其中在美国的农产品出口目的地中，除 2018 年和 2019 年受中美贸易摩擦影响导致中国地位下降至第四和第三位之外，2015—2017 年，中国成为美国农产品出口的第二大市场，仅次于加拿大，甚至比与美国接壤、与美国签署了自由贸易协定的墨西哥排名靠前，这三年占美国出口总额的 15％左右，与第一位加拿大仅仅相差大致 3 个百分点。中美贸易摩擦升级给中国市场在美国农业出口中的地位以较大打击，导致 2018 和 2019 年两年中国市场在美国农业出口中的比重下降到 10％以下。在美国的农产品进口来源地中，中国一直是美国农产品重要的进口来源地，仅位列加拿大和墨西哥之后排名第三，但是 2019 年因中美贸易摩擦中国跌落至第四位。

表 11-4　2015—2019 年美国农产品主要出口目的地及进口来源地

	排名	2015 年	2016 年	2017 年	2018 年	2019 年
美国农产品 出口目的地	1	加拿大	加拿大	加拿大	加拿大	加拿大
	2	中国	中国	中国	墨西哥	墨西哥
	3	墨西哥	墨西哥	墨西哥	日本	中国
	4	日本	日本	日本	中国	日本
	5	韩国	韩国	韩国	韩国	韩国
	6	中国香港	中国香港	中国香港	中国香港	荷兰
	7	荷兰	荷兰	荷兰	荷兰	中国香港
	8	英国	印度尼西亚	印度尼西亚	印度尼西亚	菲律宾
	9	德国	菲律宾	菲律宾	菲律宾	印度尼西亚
	10	菲律宾	英国	哥伦比亚	哥伦比亚	哥伦比亚
美国农产品 进口来源地	1	加拿大	加拿大	墨西哥	墨西哥	墨西哥
	2	墨西哥	墨西哥	加拿大	加拿大	加拿大
	3	中国	中国	中国	中国	法国
	4	法国	法国	法国	法国	中国
	5	智利	智利	印度尼西亚	智利	意大利
	6	意大利	意大利	智利	意大利	智利
	7	印度尼西亚	印度尼西亚	意大利	印度尼西亚	印度
	8	澳大利亚	泰国	印度	印度	印度尼西亚
	9	印度	印度	泰国	泰国	泰国
	10	巴西	巴西	巴西	巴西	巴西

注：表 11-4 中的中国指中国大陆地区，下文同。

数据来源：根据联合国 UN Comtrade Database 数据计算得出。

（2）中国市场在美国主要农产品贸易中的地位。

①美国从世界进口的主要农产品。由表 11-5 看出，近 20 年来，美国从世界进口的农产品排在前三位的是非常稳定的 HS 编码第 22 类（饮料、酒及醋）、第 03 类（水、海产品）、第 08 类（食用水果及坚果）这三类产品。除此以外，在选取的五个时间节点中，HS 编码第 07 类（食用蔬菜）和第 02 类（肉及食用杂碎）分别在选取的四个和三个时间节点上位列美国从世界进口农产品的前五位，也是美国进口的重要农产品种类。因此从近 20 年来的趋势看，饮料、酒及醋、水和海产品、食用水果及坚果、食用蔬菜、肉及食用杂碎这五类产品是美国最主要的进口农产品，常年占据美国农产品总进口额的 50% 左右。以下将主要分析美国这几类农产品进口的国际市场构成及中国市场地位，因 HS 编码第 20 类（蔬菜、水果、坚果等制品）在 2019 年进入前五位，也将一并纳入分析。

表 11-5　2000—2019 年美国从世界进口的主要农产品

单位：亿美元，%

排名	2000 年			2005 年			2010 年			2015 年			2019 年		
	编码	金额	比重	编码	金额	比重	编码	金额	比重	编码	金额	比重	编码	金额	比重
1	22	87.95	14.86	22	138.12	16.84	22	164.95	15.33	22	222.01	15.22	22	275.55	16.28
2	03	85.93	14.52	03	99.29	12.11	03	118.25	10.99	03	154.98	10.62	08	195.47	11.55
3	08	47.10	7.96	08	67.03	8.17	08	100.17	9.31	08	154.28	10.57	03	185.01	10.93
4	02	35.51	6.00	02	52.95	6.46	07	69.93	6.50	02	93.61	6.42	07	114.88	6.79
5	09	33.46	5.65	07	47.36	5.77	09	59.43	5.52	07	92.84	6.36	20	89.82	5.31
6	07	29.65	5.01	20	43.01	5.24	20	59.25	5.50	09	81.77	5.60	19	88.00	5.21
7	20	29.48	4.98	09	36.41	4.44	02	47.18	4.38	20	77.22	5.29	02	87.64	5.18
8	16	22.85	3.86	16	34.14	4.16	19	46.21	4.29	19	62.92	4.31	21	85.71	5.06
9	52	22.15	3.74	15	32.41	3.95	15	45.49	4.23	15	60.18	4.13	09	80.55	4.76
10	01	19.76	3.34	18	29.06	3.54	18	44.11	4.10	18	49.84	3.42	15	64.59	3.82
合计		413.85	69.93		579.78	70.70		755.01	70.15		1 049.65	71.95		1 267.33	74.89

数据来源：根据联合国 UN Comtrade Database 数据计算得出。

②美国进口的主要农产品中中国市场的地位。图 11-4 列出 2019 年美国主要农产品进口的国际市场构成，可以发现美国进口的六大重点农产品中，进口额最大的 HS 编码第 22 类（饮料、酒及醋）农产品的进口来源市场，排在前十位的主要以墨西哥、加拿大等美洲国家以及法国、意大利等在 22 类产品有比较优势的欧洲国家为主，中国仅仅排在第 27 位，占比不到 0.3%。2019

年美国对第08类（食用水果及坚果）农产品的进口市场非常集中，美洲国家占据前十位中的九位，中国没有排进前十，排在第14位，占比不到1%。2019年美国对第02类（肉及食用杂碎）农产品的进口，以加拿大、澳大利亚、墨西哥和新西兰为主，这四个国家共计占比达到85%，其余国家占比很低，中国排在第19位，占比约为0.1%。

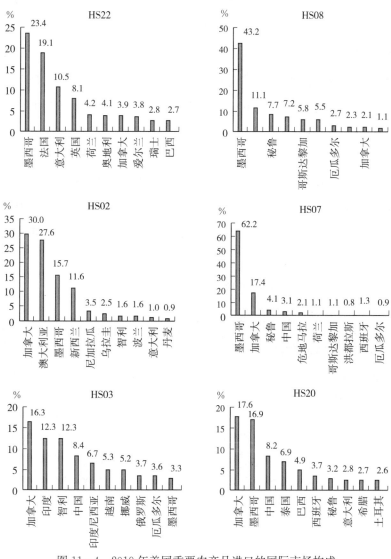

图 11-4 2019年美国重要农产品进口的国际市场构成

数据来源：根据联合国 UN Comtrade Database 数据计算得出。

中国在美国进口的 HS 编码第03类（水、海产品）、第07类（食用蔬菜）以及第20类（蔬菜、水果、坚果等制品）这三类农产品中占据相对重要的地

位。图 11-4 显示，2019 年中国排在美国水和海产品进口的第 4 位，占比
8.4%；排在美国蔬菜、水果、坚果等制品进口的第 3 位，占比 8.2%；美国
食用蔬菜的进口以墨西哥和加拿大为主，两国合计占比近 80%，中国虽然在
美国蔬菜进口的第 4 位，但占比仅 3.1%。

因此总体看来，美国主要农产品的进口市场中，中国在水和海产品以及蔬
菜、水果、坚果等制品这两类产品占有重要地位。尤其是历年来排在美国进口
前三位的水和海产品，中国是美国非常重要的进口来源国。

③美国对世界出口的主要农产品。表 11-6 显示了近 20 年来选取的五个
时间节点上，美国对世界出口排在前十位的主要农产品，可以发现美国对世界
出口的农产品始终排在前四位的是 HS 编码第 12 类（油料、工业用或药用植
物、稻草、秸秆及饲料）、第 02 类（肉及食用杂碎）、第 10 类（谷物）和第 08
类（食用水果及坚果）、第 23 类（食品工业的残渣、废料，配制的动物饲料）
在 2010 年、2015 年和 2019 年也进入美国对世界出口的前五位。这五类农产
品，常年占据美国农产品总出口额的 50% 左右，到近十年来甚至接近 60%。
第 21 类（杂项食品）多年排在美国农产品出口额的第六位，以下将主要分析
美国这六类农产品出口的国际市场构成及中国市场地位。

表 11-6 2000—2019 年美国对世界出口的主要农产品

单位：亿美元，%

排名	2000 年			2005 年			2010 年			2015 年			2019 年		
	编码	金额	比重	编码	金额	比重	编码	金额	比重	编码	金额	比重	编码	金额	比重
1	10	97.33	15.27	10	113.64	15.44	12	218.92	17.03	12	236.19	15.75	12	238.92	15.54
2	02	70.63	11.08	12	84.05	11.42	10	200.84	15.62	10	188.00	12.54	02	176.62	11.49
3	12	68.30	10.72	08	63.88	8.68	02	120.61	9.38	08	144.59	9.64	10	168.81	10.98
4	24	52.69	8.27	02	60.52	8.22	08	101.36	7.88	02	142.78	9.52	08	150.90	9.82
5	08	39.80	6.24	52	59.02	8.02	23	83.34	6.48	23	112.63	7.51	23	104.30	6.79
6	52	37.85	5.94	21	37.98	5.16	52	75.55	5.88	21	82.40	5.49	21	93.74	6.10
7	23	36.88	5.79	23	36.78	5.00	21	55.23	4.30	22	75.62	5.04	22	82.76	5.38
8	03	26.63	4.18	08	36.69	4.98	22	47.19	3.67	52	58.73	3.92	52	79.06	5.14
9	21	25.64	4.02	07	24.21	3.29	15	46.47	3.61	20	54.25	3.62	04	49.68	3.23
10	20	22.17	3.48	20	24.09	3.27	03	40.18	3.13	03	50.88	3.39	20	49.65	3.23
合计		477.93	74.98		540.86	73.48		989.70	76.98		1 146.08	76.43		1 194.45	77.71

数据来源：根据联合国 UN Comtrade Database 数据计算得出。

④美国出口的主要农产品中国市场的地位。从图 11-5 中可以看出，近

些年美国农产品的出口国际市场构成中 HS 编码第 12 类（油料、工业用或药用植物、稻草、秸秆及饲料）占比最大，即便在中美贸易摩擦的不利影响下，仍然是中国排在第 1 位，在美国 HS 编码第 12 类（油料、工业用或药用植物、稻草、秸秆及饲料）农产品总出口额中占比 35.7％，该产品在美国出口中具有非常重要的地位。除此以外，HS 编码第 02 类（肉及食用杂碎）、第 21 类（杂项食品）产品的出口国际市场中，中国均排在第 5 位，分别占 6.7％和3.2％。实际上，除了日韩两国以及与美国签订了自由贸易协定的加拿大和墨西哥外，中国也是美国重要的肉类产品和杂项食品的出口市场。

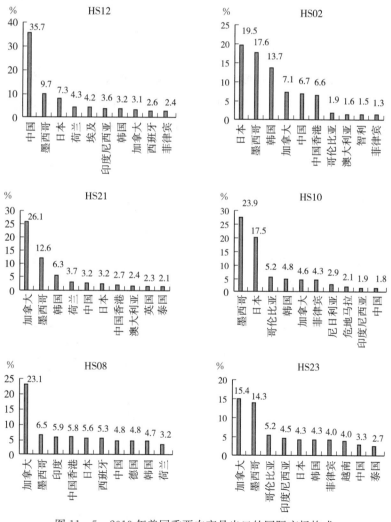

图 11-5　2019 年美国重要农产品出口的国际市场构成

数据来源：根据联合国 UN Comtrade Database 数据计算得出。

对于 HS 编码第 10 类（谷物）、第 08 类（食用水果及坚果）和第 23 类（食品工业的残渣、废料，配制的动物饲料）这三类农产品，中国分别排在美国 2019 年出口国际市场的第 10 位、第 7 位和第 9 位，占比分别为 1.8%、4.8% 和 3.3%。可以看出，尽管中国在美国这三类农产品的出口市场中排进前十，但占比较低。

总体看来，即便在中美贸易摩擦的不利影响下，对于历年来均是美国出口金额最大的第 12 类（油料、工业用或药用植物、稻草、秸秆及饲料）农产品，中国仍是美国最重要的出口市场，占有绝对优势地位。此外，美国肉及食用杂碎的出口中，中国市场也占据较为重要的位置。对于其他美国主要农产品出口的国际市场构成，中国地位的重要性相对并不那么突出。

2. 美国市场在中国农业贸易中的地位

（1）美国市场在中国农业贸易整体中的地位。近五年来中国农产品主要出口目的地及进口来源地如表 11-7 所示。因地缘优势和签署了相关自由贸易协定，中国农产品的前十位出口目的地中，绝大多数都集中在中国香港及日本、越南、韩国和泰国等亚洲市场。美国是唯一排进前五名的美洲国家，是中国农产品重要出口目的地，2015—2018 年均位列第三，占中国农产品出口总额的比重为 8.5% 左右，2019 年因中美贸易摩擦影响跌落至第四位，占比下降到 7% 以下。与出口相比，中国的农产品进口来源地则主要集中在美国、巴西、加拿大、阿根廷等美洲国家以及澳大利亚、新西兰等大洋洲国家，泰国、越南、印度尼西亚等东南亚国家因农业资源丰富也是中国重要的农产品进口来源

表 11-7　2015—2019 年中国农产品主要出口目的地及进口来源地

	排名	2015 年	2016 年	2017 年	2018 年	2019 年
	1	中国香港	中国香港	中国香港	中国香港	日本
	2	日本	日本	日本	日本	中国香港
	3	美国	美国	美国	美国	越南
	4	越南	越南	越南	越南	美国
中国农产品	5	韩国	韩国	韩国	韩国	韩国
出口目的地	6	泰国	泰国	菲律宾	泰国	泰国
	7	马来西亚	菲律宾	泰国	菲律宾	印度尼西亚
	8	菲律宾	马来西亚	印度尼西亚	印度尼西亚	马来西亚
	9	印度尼西亚	印度尼西亚	马来西亚	马来西亚	菲律宾
	10	德国	德国	德国	俄罗斯	德国

（续）

排名	2015 年	2016 年	2017 年	2018 年	2019 年
1	美国	美国	美国	巴西	巴西
2	巴西	巴西	巴西	美国	美国
3	澳大利亚	澳大利亚	澳大利亚	澳大利亚	澳大利亚
4	泰国	泰国	新西兰	新西兰	新西兰
5	加拿大	新西兰	泰国	加拿大	泰国
6	新西兰	加拿大	加拿大	泰国	加拿大
7	越南	越南	印度尼西亚	越南	越南
8	阿根廷	印度尼西亚	越南	印度尼西亚	阿根廷
9	印度尼西亚	阿根廷	法国	俄罗斯联邦	印度尼西亚
10	法国	法国	阿根廷	法国	法国

（中国农产品进口来源地）

数据来源：根据联合国 UN Comtrade Database 数据计算得出。

地。表 11-7 显示，美国多年来都是中国农产品进口的第一大国，2015—2017年，中国从美国进口的农产品贸易额占中国农产品进口总额的近 20%。自2018 年起，美国成为中国农产品进口的第二大国，2018 年和 2019 年两年中国自美国进口的农产品占比降为 10%左右，与排在第一位的巴西有近十个百分点的差距。

（2）美国市场在中国主要农产品贸易中的地位。

①中国从世界进口的主要农产品。中国从全球进口的主要农产品如表 11-8 所示。近 20 年来，中国进口额占比最高的农产品为 HS 编码第 12 类（油料、工业用或药用植物、稻草、秸秆及饲料），占比最高达 30%，多年来一直在进口农产品中位居首位。除此以外，HS 编码第 44 类（木材）也均排在中国农产品进口额的前五位。选取的五个时间节点中，除 2019 年以外在四个节点上HS 编码第 52 类（棉花）都排在中国农产品进口额的前五位，HS 编码第 15类（动植物油脂及其分解产品）在选取的五个时间节点中有三年均排在前五位。2019 年，中国第 02 类（肉及食用杂碎）农产品的进口额跃升至第二位，共进口 188.36 亿美元，占比 11.03%，目前也是中国重要的进口农产品，此外第 03 类（水、海产品）和第 08 类（食用水果及坚果）也同样排在前五位。因此总的来看，当前第 12 类、02 类、03 类、44 类、08 类、52 类和第 15 类是中国最主要的进口农产品。以下将主要分析中国这几类农产品进口的国际市场构成及美国市场地位。

表 11-8 2000—2019 年中国从世界进口的主要农产品

单位：亿美元，%

排名	2000 年			2005 年			2010 年			2015 年			2019 年		
	编码	金额	比重	编码	金额	比重	编码	金额	比重	编码	金额	比重	编码	金额	比重
1	12	30.72	17.69	12	81.59	21.05	12	270.40	30.05	12	398.17	28.91	12	401.58	23.52
2	52	27.89	16.06	52	70.78	18.26	52	106.17	11.80	52	102.56	7.45	02	188.36	11.03
3	51	18.31	10.55	44	33.79	8.72	15	88.84	9.87	44	97.94	7.11	03	154.11	9.03
4	44	16.81	9.68	15	33.11	8.54	44	67.69	7.52	10	93.50	6.79	44	119.32	6.99
5	03	12.12	6.98	03	28.79	7.43	4 001	56.68	6.30	15	78.95	5.73	08	116.63	6.83
6	15	10.23	5.89	51	21.47	5.54	03	43.71	4.86	02	67.98	4.94	15	99.36	5.82
7	23	9.07	5.22	4 001	18.55	4.79	23	32.31	3.59	03	63.36	4.60	52	92.31	5.41
8	02	6.37	3.67	10	13.94	3.60	51	28.27	3.14	08	60.10	4.36	19	72.10	4.22
9	4 001	5.84	3.37	41	13.24	3.42	02	22.24	2.47	23	44.27	3.21	04	63.52	3.72
10	10	5.74	3.31	23	13.05	3.37	08	21.37	2.38	22	42.81	3.11	22	58.28	3.41
合计		143.10	82.42		328.31	84.72		737.69	81.98		1 049.64	76.21		1 365.58	79.98

数据来源：根据联合国 UN Comtrade Database 数据计算得出。

②中国进口的主要农产品中美国市场的地位。图 11-6 列出 2019 年中国主要农产品进口的国际市场构成，发现中国七大类主要农产品的进口来源中，除了 HS 编码第 15 类（动植物油脂及其分解产品）农产品没有排进前十位以外，美国市场在中国其他六类农产品进口中均能位列前十。尤其是中国历年来进口额最大的 HS 编码第 12 类（油料、工业用或药用植物、稻草、秸秆及饲料）农产品，在中美贸易摩擦的不利影响下仍然位列第二，占中国第 12 类农产品进口额的 18%。此外，中国 2019 年进口 HS 编码第 08 类（食用水果及坚果）产品的市场来源中，美国排第三，仅次于泰国和智利，占比 8.3%。美国还是中国重要的 HS 编码第 52 类（棉花）和第 44 类（木材）的重要进口国，2019 年均位列第五。中国 HS 编码第 03 类（水、海产品）和第 02 类（肉及食用杂碎）这两类产品的进口来源中，美国分别排在第六和第八位。

因此总体看来，中国重点农产品的进口市场中，美国主要在第 12 类（油料、工业用或药用植物、稻草、秸秆及饲料）、第 08 类（食用水果及坚果）、第 52 类（棉花）和第 44 类（木材）这四类产品占有重要地位。尽管美国在中国 HS 编码第 03 类（水、海产品）和第 02 类（肉及食用杂碎）农产品的进口市场中排名位置较为靠后，但在一些具体农产品上，美国仍是中国重要的进口市场。

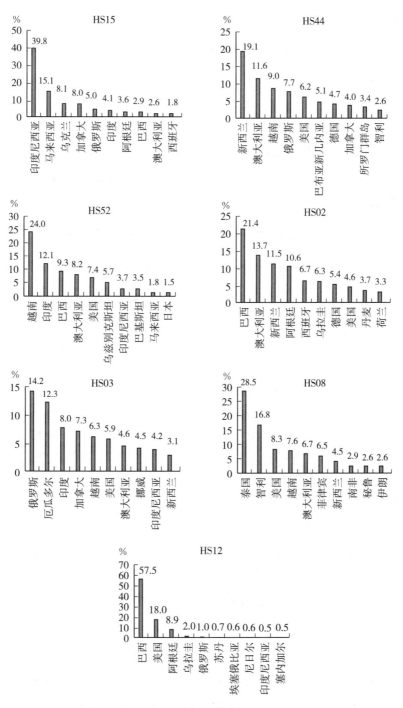

图 11 - 6　2019 年中国重要农产品进口的国际市场构成

数据来源：根据联合国 UN Comtrade Database 数据计算得出。

③中国对世界出口的主要农产品。表 11-9 显示了近 20 年来选取的五个时间节点上，中国对世界出口的主要农产品，可以发现自 2005 年以来，中国对世界出口的 HS 编码第 52 类（棉花）、第 03 类（水、海产品）、第 07 类（食用蔬菜）、第 16 类（肉类及水产品制品）以及第 20 类（蔬菜、水果、坚果等制品）这五类农产品非常稳定。除了上述五大产品，还发现 HS 编码第 08 类（食用水果及坚果）也成为近年来中国出口的重要农产品，近些年始终排在第六位。上述六大类农产品在中国农产品出口总额中总占比比较高，约为 70% 左右，接下来将着重分析上述六类农产品出口的国际市场构成及美国市场在这六类农产品中的地位。

表 11-9 2000—2019 年中国对世界出口的主要农产品

单位：亿美元，%

排名	2000 年			2005 年			2010 年			2015 年			2019 年		
	编码	金额	比重	编码	金额	比重	编码	金额	比重	编码	金额	比重	编码	金额	比重
1	52	37.30	17.41	52	74.38	19.65	52	130.70	19.89	52	158.07	17.69	52	141.43	14.72
2	03	22.70	10.59	16	43.64	11.53	03	88.14	13.41	03	133.25	14.92	03	124.71	12.98
3	16	18.83	8.79	03	43.50	11.49	07	74.78	11.38	07	90.26	10.10	07	103.28	10.75
4	10	16.43	7.67	20	30.94	8.18	16	58.67	8.93	16	80.08	8.96	16	92.41	9.62
5	07	15.44	7.21	07	30.52	8.06	20	55.46	8.44	20	73.90	8.27	20	78.39	8.16
6	20	13.15	6.14	51	18.45	4.88	08	26.80	4.08	08	52.10	5.83	08	62.29	6.48
7	51	12.03	5.61	10	14.12	3.73	51	23.61	3.59	21	29.81	3.34	21	39.76	4.14
8	50	9.28	4.33	12	13.83	3.66	12	20.49	3.12	12	29.00	3.25	09	36.40	3.79
9	12	8.77	4.09	50	13.36	3.53	23	19.55	2.97	23	26.64	2.98	12	28.76	2.99
10	05	7.57	3.53	08	10.67	2.82	09	16.57	2.52	09	25.37	2.84	23	28.10	2.92
合计		161.49	75.38		293.43	77.53		514.76	78.32		698.48	78.19		735.52	76.54

数据来源：根据联合国 UN Comtrade Database 数据计算得出。

④中国出口的主要农产品中美国市场的地位。图 11-7 列出了 2019 年中国主要农产品出口的国际市场构成，发现中国对 HS 编码第 08 类（食用水果及坚果）以及第 52 类（棉花）农产品的出口市场主要集中在越南、泰国、印度尼西亚以及孟加拉国等东南亚和南亚国家或地区，美国没有进入前十位，分别排在第 11 和第 13 位。对于 HS 编码第 07 类（食用蔬菜）农产品，中国的出口也主要集中在亚洲国家或地区，仅美国和巴西两个美洲国家进入前十，但分别排在第八和第十位，占比分别为 4.9% 和 1.1%。

美国是中国 HS 编码第 16 类（肉类及水产品制品）、第 03 类（水、海产品）和第 20 类（蔬菜、水果、坚果等制品）这三类农产品出口的重要市场。2019 年中国对美国这三类农产品的出口额分别占中国该类农产品出口额的 11.7％、10.9％和 10.1％，分别排在第 2、第 3 和第 2 位。

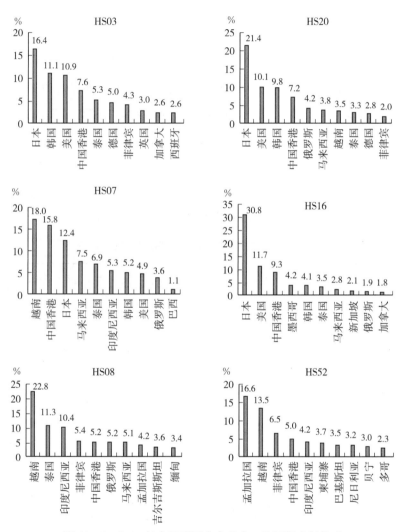

图 11-7 2019 年中国重要农产品出口的国际市场构成

数据来源：根据联合国 UN Comtrade Database 数据计算得出。

除了上述已经讨论的大类农产品，在一些细化的农产品（如大蒜、虾类产品等）分类中，对于中国而言，美国市场仍占据了重要的地位。总的说来，美国是中国水和海产品、肉类及水产品制品以及蔬菜、水果、坚果等制品在美洲地区的最重要出口市场。

(四) 农业贸易合作的特点

1. 双方农产品贸易互补性强

结合前文对美国从世界进口及中国向世界出口的主要农产品种类分析发现，中国的优势农产品可以归结为两大类：水产品类（HS03、HS16）和蔬菜水果类（HS07、HS08 和 HS20），2019 年这两类优势农产品出口总额在中国农产品出口总额中占比 50%，因此可以看出中国的劳动密集型农产品具有一定的出口优势。如表 11-10 所示，在表中六大类美国从世界进口的农产品中，HS 编码第 03 类（水、海产品）、第 07 类（食用蔬菜）、第 08 类（食用水果及坚果）以及第 20 类（蔬菜、水果、坚果等制品）这四类农产品是中国具有出口优势和美国进口需求较大的农产品。例如 2019 年，美国进口水、海产品共计达 185.01 亿美元，占美国农产品进口总额的 10.93%，进口食用水果及坚果共计达 195.47 亿美元，占美国农产品进口总额的 11.55%。

表 11-10　美国农产品与中国农产品贸易种类的互补性

美国农产品进口与中国农产品出口的互补性				美国农产品出口与中国农产品进口的互补性			
美国从世界进口的主要农产品		中国对世界出口的主要农产品		美国对世界出口的主要农产品		中国从世界进口的主要农产品	
编码	产品类别	编码	产品类别	编码	产品类别	编码	产品类别
03	水、海产品	03	水、海产品	02	肉及食用杂碎	02	肉及食用杂碎
07	食用蔬菜	07	食用蔬菜	08	食用水果及坚果	08	食用水果及坚果
20	蔬菜、水果、坚果等制品	20	蔬菜、水果、坚果等制品	12	油料、工业用或药用植物、稻草、秸秆及饲料	12	油料、工业用或药用植物、稻草、秸秆及饲料
08	食用水果及坚果	08	食用水果及坚果	52	棉花	52	棉花
22	饮料、酒及醋	52	棉花	10	谷物	44	木材
02	肉及食用杂碎	16	肉类及水产品制品	23	食品工业的残渣、废料，配制的动物饲料	15	动植物油脂及其分解产品
				21	杂项食品	03	水、海产品

数据来源：根据联合国 UN Comtrade Database 数据计算整理得到。

结合前文可以发现，谷物类、油料类、肉类和饲料类等土地密集型和资源密集型农产品属于美国的优势农产品。如表 11-10 所示，在表中六大类美国对世界出口的主要农产品中，HS 编码第 02 类（肉及食用杂碎）、第 12 类（油料、工业用或药用植物、稻草、秸秆及饲料）、第 08 类（食用水果及坚果）以及第 52 类（棉花）这四类农产品同样是中国向世界进口的主要农产品。这几类农产品是美国具有出口优势和中国进口需求较大的农产品。例如 2019 年，中国进口 HS 编码第 12 类（油料、工业用或药用植物、稻草、秸秆及饲料）的进口总额达到 401.58 亿美元，在中国农产品进口总额中占比 23.52%，进口 HS 编码第 02 类（肉及食用杂碎）的进口总额为 188.36 亿美元，在中国农产品进口总额中占比 11.03%。

中美两国农产品具有很强的贸易互补性。中国的优势出口农产品主要是劳动密集型农产品；而美国的优势出口农产品主要是土地密集型和资源密集型农产品。中国土地、水等农业资源稀缺，而美国土地等农业资源十分丰富，通过与中国的农产品贸易，美国丰富的自然资源优势和农业科技优势得以利用，劳动力短缺和劳动成本高昂的不利影响得到弥补。

2. 合作存在长期贸易失衡

如前文所述（图 11-3），近 20 多年来美国对中国的农产品贸易基本都处于顺差地位，美国与中国的农业贸易合作长期存在失衡现象。在中国 2001 年底加入世界贸易组织之前，两国农业贸易合作的失衡现象并不严重，美国对中国的农产品贸易顺差额不超过 10 亿美元。但自从中国入世以来，美国对中国农产品的贸易顺差额持续增长，尤其在 2007 年后增长更为显著，2014 年达到创纪录的 209.19 亿美元。中美两国农产品贸易合作存在长期失衡的问题，美国农产品常年供大于求而中国农产品供不应求。

美国与中国农业贸易合作的失衡现象在 2014 年后有所缓解，自 2018 年开始的中美贸易摩擦也一定程度上收窄了美国对中国的农产品贸易顺差。美国对中国的农产品贸易顺差额的历史最高值为 2014 年的 209.91 亿美元，到 2019 年，贸易顺差额缩减为 81.89 亿美元，不到历史最高值的 40%。

3. 合作产品种类较为单一

尽管美国和中国在部分农产品种类上具有一定互补性，但是真正具有规模、重要性突出的合作农产品种类较为单一。

根据前文数据分析，从美国进口方面看 HS 编码第 22 类（饮料、酒及醋）、第 03 类（水、海产品）、第 08 类（食用水果及坚果）、第 07 类（食用蔬菜）、第 02 类（肉及食用杂碎）以及第 20 类（蔬菜、水果、坚果等制品）这六类产品是美国最主要的进口农产品，中国虽然在其中的第 03 类、第 07 类、第 08 类以及第 20 类这四类农产品上与美国农产品具有互补性，但实际上在

2019 年，中国只有第 03 类、第 20 类这两类产品排进了美国农产品进口的前十位，但中国市场在美国这两类农产品进口额中的比重均不到 10%，仅分别占比 8.4% 和 8.2%，2019 年美国从中国进口第 20 类农产品的进口额为 7.36 亿美元。

从美国出口方面看，HS 编码第 12 类（油料、工业用或药用植物、稻草、秸秆及饲料）、第 02 类（肉及食用杂碎）、第 10 类（谷物）、第 08 类（食用水果及坚果）、第 23 类（食品工业的残渣、废料，配制的动物饲料）以及第 21 类（杂项食品）是美国最主要的出口农产品。在美国的农产品出口市场结构中，2019 年只有对中国第 12 类农产品的出口占比达到 35.7%，共对中国出口 85.41 亿美元，排出口市场第一位，其他互补性产品的出口中中国市场占比均不足 10%，可以看出美国同中国互补的农产品出口贸易规模并不大。

由此可见，在美国与中国具有互补性的农产品贸易中，目前看来真正实现较大规模合作的仅仅有 HS 编码第 03 类（水、海产品）、第 02 类（肉及食用杂碎）以及第 12 类（油料、工业用或药用植物、稻草、秸秆及饲料），两国仅仅在这三类农产品的贸易合作金额超过 10 亿美元，总体而言合作的种类较为单一。

4. 跨国公司作用增强

在过去几十年中，中国积极优化农业发展结构，美国跨国公司纷纷来华投资农业，在充分利用中国有关原料产品、相对廉价的劳动力以及广阔市场的同时，也促进了中美之间的农产品贸易合作。

早在 20 世纪 80 年代初，以孟山都公司、杜邦公司、先锋公司为首的美国农业跨国公司就开始在中国上海、广州和北京等地设立办事处，进入中国农业市场。加入 WTO 后，中国承诺通过削减关税、降低补贴等措施，积极向世界开放市场。2000—2016 年中国农、林、牧、渔业实际利用外商直接投资额增长了 12.22 亿美元。并且，孟山都公司、杜邦公司、先锋公司以及 ADM 公司、邦基公司、嘉吉公司等美国农业跨国公司也抓紧对中国农业市场的布局，其对华农业投资领域涉及从种子研发、畜禽养殖、粮食种植、农药农机、农产品加工到流通和销售等农业产业的各个环节，经营范围几乎遍布中国所有省份和自治区。例如 2020 年，美国嘉吉公司在中国东北地区投资的嘉吉松原工厂玉米深加工项目将正式投产，成为嘉吉公司在全亚洲最大、全球第三大的单体玉米深加工基地。

此外，在积极吸引外资的同时，中国涉农企业也积极"走出去"对外投资，2007 年中国农、林、牧、渔业对外直接投资净额为 2.72 亿美元，到 2016 年增长为 32.87 亿美元，十年间增长了 11 倍。中国企业如中国粮油食品进出口公司、青岛啤酒有限公司等在美国也设有各自的批发零售网络，助推中国相关农产品出口美国，产品受到美国消费者的青睐。

根据跨国公司理论，中国和美国相互在对方的农业跨国投资多属于市场寻求型以及效率寻求型投资，因而可以在一定程度上促进双方的农产品贸易合作。

二、中美农业科技合作的现状

（一）农业科技合作的内容

2002 年，中美双方进入农业科技合作的友好发展阶段。在 14 年间，中美两国政府建立了长效合作机制，在农业科技合作方面发挥了积极的引导作用；科研人员作为中美农业科技合作的主体，锐意进取促使合作呈现多元化态势；双方取得了一大批务实性、突破性的成果，部分成果已进入产业化阶段。中美农业科技合作取得了一些重大成就：建立了联合工作组机制、确定了七大优先合作领域（包括自然资源管理、农业生物技术、农业节水技术、农产品加工、食品安全、乳品生产与加工和生物燃料）、成立了九个联合研究中心、执行了五十余项国际科技合作项目、联合培养了百余名科研人员、召开了一系列国际学术交流会议，极大地促进了中美两国在农业科技领域的交流和合作。

（二）农业科技合作的模式

1. 互补型双边农业科技合作模式

互补型双边农业科技合作模式，是指中美双方的农业科研主体（包括科研院所、高等院校、企业等），为了共同的科研目标或任务，进行科学技术和学术资源的交流和合作，实现各取所长、资源互补、共同协商、互惠互利。该合作模式的主要特点是中美双方地位平等。该模式有较为紧密的空间组织结构，中美双方在农业科技合作过程中，通过互派科研人员的方式，针对共同的科研目标或任务进行科研交流与合作。美方提供一定的资金、先进技术和实验设备，中方提供大量的生物科研资源和科研人员，双方在实验室围绕共同的科研目标或任务展开相关的科研工作，最终研究成果由合作双方共享。

2. 分布式多边农业科技合作模式

分布式多边农业科技合作模式，是指在农业科技合作过程中，中美双方针对某一国际农业科研目标或任务，依托世界各国（地区）的科研机构及科研人员，有组织、有分工、有协作、相对分散地开展农业科技合作，在合作过程中，合作双方利用本国自身资源优势，依托本国科研人员及科研条件，独自完成一部分目标任务，再将科研成果合理组合，最终完成实现科研任务的总体目标。与互补型双边农业科技合作模式相比，分布式多边农业科技合作模式的组织结构较为分散。在分布式多边农业科技合作过程中不进行国家（地区）间农业科技资源的整合，合作双方借助本国科研资源，以本国科研机构及人员为依托，独立完成科研任务或者目标的一部分，然后将合作各方科研成果进行汇总，实现总体目标。分布式多边农业科技合作模式的特点是分散性，以国际机构为统一组织，合作各国凭借本国科研实力，独自完成相关科研任务，在合作各国完成科研任务后，共享科研成果。

3. 矩阵式农业科技合作模式

矩阵式农业科技合作模式，是指在农业科技合作中，中美双方针对某一项农业科技项目或任务，运用双方的科研主体（包括科研人员、科研机构、企业及大专院校等），有效整合双方的科研资源，共同完成农业科技项目或任务。矩阵式农业科技合作模式的关键问题是建立联合实验室。中美双方根据自身农业发展与长期合作的需要，综合考虑其可行性，有效整合双方的科技资源，以联合实验室的建立为载体，实现科研成果共享。矩阵式农业科技合作模式一般适用于大型农业科学研究项目，其特点是一方面具有长期性和稳定性，联合实验室起到联系中美双方的桥梁与纽带作用，促进双方合作关系的稳定；另一方面，联合实验室的建立可以加快双方科研进度，并同时有效降低双方科研风险。矩阵式农业科技合作模式能够有效整合中美双方的科研资源，开展联合研究，实现科研风险共担，降低科研风险，加快科研进度。但矩阵式农业科技合作模式同时具有一定的局限性，中美双方可能由于科研目的的不同会导致在农业科技合作过程中出现一定的利益冲突。

4. 虚拟合作模式

随着互联网技术和现代信息技术的飞速发展，虚拟合作模式应运而生。虚拟合作模式是指在农业科技合作中，中美双方依托不同国家（地区）间的科研主体（包括科研人员、科研机构、企业及大专院校等），为了完成某一项科研项目或任务，以互联网通信技术为手段，建立农业科研信息、资料、方法等资源共享平台，从而实现科研资源的实时交流和资源共享。该合作模式的特点是，它打破了传统农业科技合作模式的组织结构，不存在传统农业科技合作模式中出现的地域限制，利用互联网技术和设备等虚拟资源，实现更高效、更深入、更广泛的合作。此外，该合作模式具有实时性，科研机构、大专院校或企业等科研机构可以通过互联网技术和设备实现农业科研资源共享，实现中美双方及时获取彼此农业科技信息资源的可能性，促进中美双方合作的便捷性。但该模式也具有一定的风险隐患，如信息泄露和安全问题等是值得关注和亟待解决的关键问题。

（三）农业科技合作的特点

1. 科技交流渠道畅通，合作规模稳定

中方访美团组和美方访华团组次数不断增加，同时，两国的科研院校、行业协会、公司企业等组织也不断扩大交流和合作，中美政府的合作有力地推动了大专院校、科研机构等的直接交流与合作。

2. 科技交流内容广泛

中美两国相关政府部门根据本国农业生产和科研中的需要对交流计划进行商讨并执行，交流的领域包括农、林、牧、水、土、病虫害防治、环境保护和农业经济等农业领域的诸多方面。中国更重视学习美国先进的管理经验和科学技术，培养领导干部开阔的思维、更新的观念，为以后的长远合作奠定坚实的基础；美国重视获得中国农业相关统计数据、专项科研、生产保护技术等，特别是中国的生物资源。交流领域呈现平等互利、各取所需、多学科齐头并进的态势。

3. 科技交流形式多样

中美政府间的农业科技交流主要以短期考察和中长期合作研究形式展现。通过短期考察，中美双方可以看到进行中长期合作研究的潜在可能性；通过中长期合作研究，中美双方可以进一步加深和巩固短期考察的成果。除短期考察和中长期合作研究外，学者访问、互派进修生、举办科技培训班和研讨会、互换科技资料等多种交流方式并存。

4. 科技交流成果显著

（1）建立长效合作机制，形成稳定有效的协调体系。2012 年，《中国科技部与美国农业部农业旗舰项目合作议定书》的签署，促进了政府间农业科技合作项目的开展，中美双方在农业生物技术、节水技术和基因库采集技术等领域交流合作不断加深，通过合作研究、人才交流、学术研讨、设立联合研究中心等方式不断开展农业科技合作。《中国科技部与美国农业部农业科技研究合作谅解备忘录》的签署进一步拓展了中美两国农业合作的领域，通过建立联合工作组、执行组、定期工作报告制度等方式，调整和监督项目实施重点，确保农业旗舰项目的顺利实施。通过科技交流，中国农业考察组对美国倡导持续农业的背景进行了深入了解，厘清开展持续农业的基本理论和实践，学习借鉴美国政府在鼓励持续农业过程中的相关政策，并进一步探讨在持续农业领域开展中长期合作的可能性。

（2）政府积极引导，重点支持关键农业科技合作攻关。两国政府针对重大农业科技问题，瞄准突破口和主攻方向，给予大量资金进行引导和支持。2012年至今，中美双方在提高旱区作物水分利用效率、农业生物技术、节水技术、基因库采集技术与实践领域加强合作研究，并取得丰硕的成果。

（3）建立国际农业科技创新平台，整合国内外优势资源。形成了科研院所、大专院校和企业等科研主体共同参与，产学研相结合的产业技术联盟的合作模式，中美两国以科学研究为基础，不断推进科研成果的转化，实现两国农业科技的长远合作。

（4）拓宽科技交流深度和广度，实现中美双方科研人员交流互访。中美双方以中美农业科技合作联合研究中心平台为依托，建立和完善科研合作和交流互访机制，邀请双方专家学者开展学术交流、学术讲座等，并进行专家学者互访实现学术交流。

（5）深化改革创新，形成了与产业衔接的项目实施、管理和评价机制。在项目实施方面，以农业实际需要为基础，通过顶层设计形成科研专家团队，进行产学研用推一体化实施的实施机制。在项目管理和评价方面，形成了更有针对性、多元化的管理和评价机制。

三、中美农业投资合作

（一）农业投资合作的规模

自 1976 年以来，美国对中国农业投资不断发展，除一些知名企业，如邦基、嘉吉、泰森等，美国农业各产业链与中国农业呈现深度嵌入的态势，美国对中国的农业投资持续增长，主要涉及育种、化肥、农机等领域。美国企业在中国的农业投资已累计超过百亿美元，主要在种植、养殖、农产品加工以及农产品贸易等方面。

中国对美国的农业投资规模总体较小，且主要集中在贸易领域。中国对美投资的农业企业，不仅投资规模较小，而且经营规模也较小。总体上，中国在美投资平均规模为 184 万美元，仍属于小微企业规模。2015 年，中国在农林牧渔业领域对美国的直接投资流量资金达 8 651 万美元，占中国农林牧渔业对外直接投资流量的 1.1%，占中国对美直接投资流量的 1.08%；中国在农林牧渔业领域对美国的直接投资存量资金为 2 212 万美元，占中国农林牧渔业对外直接投资存量的 0.5%，占中国对美直接投资存量的 0.54%。投资领域方面，贸易是大多数对美农业投资企业的主营业务，其中，50% 左右的企业开展贸易业务，部分企业除开展贸易业务外，还从事一些实体性经济活动，如林业砍伐、作物育种、渔业捕捞和加工、物流等。

（二）农业投资合作的主体

美国对中国农业投资合作的主体不仅包括邦基、嘉吉、泰森等一些知名企业，还包括美国农业各产业链的参与主体。

中国对美国农业投资是以民营企业为主，大型国有企业也参与其中。其中，民营企业中大多数是私人企业，也有股份制企业对美国农业投资。例如，上市公司隆平高科旗下的全资子公司安徽隆平公司在美国进行农业投资成立了隆平美国公司；双汇集团并购史密斯菲尔德虽然是经过国际资本运作实现的，但这一事件的决策者是民营公司的创始人；一些大型国企，如中粮集团、中纺集团同样在美国也有农业投资项目。其中，中粮集团通过荷兰粮食贸易商，实现了间接控制美国密西西比河沿岸的两个港口。还有一些外国投资的在华企业实现了对美国再投资。如阿联酋在中国投资的莒县华腾有机生姜有限公司，在美国洛杉矶注册了分公司。

（三）农业投资合作的模式

中国对美国农业投资方式大多采用"绿地投资"模式，即新注册公司。目前采用这种模式赴美农业投资的企业占总数的 70%；其余 30% 采取"并购投资"模式,即通过收购部分或全部股权的方式实现在美农业投资,但一些企业在并购完成后很快放弃并购项目,重新注册企业。在并购投资模式中,并购对象一般都是与中国国内企业有过贸易或技术合作的企业。通过贸易流通带动投资加工和物流的实现,也是中国企业在美农业投资的重要模式。这种模式以九三油脂、北大荒商贸集团、北大荒马铃薯集团等为代表。主要做法是先成立境外机构、再进行投资活动,贸易活动在先、投资活动在后。

农产品生产和贸易是事关国民经济发展的重要问题,各国均对农产品贸易重视且敏感。中美两国在农产品贸易中也难免出现分歧并导致摩擦,主要表现在关税壁垒问题、农产品质量问题、人民币汇率问题和外交关系问题四个方面。在关税壁垒问题方面主要表现在传统关税壁垒、以绿色贸易壁垒和技术性贸易壁垒为代表的非关税壁垒上;在农产品质量问题方面,中国农产品自身存在的质量问题和美国农产品转基因问题,是中美两国农产品贸易出现屡次纠纷的重要原因;在人民币汇率问题方面,倘若人民币升值,将使得中国产品在美国变得相对昂贵,而美国产品在中国变得相对便宜,结果是会抑制美国对中国农产品的进口,而提高美国对中国农产品的出口;在外交关系问题方面,当中美在重大国际性事务和双边关系敏感性议题上存在分歧时,美国可能会通过对中国施加经贸关系上的压力(特别是农产品贸易)以施加影响。

未来,中美农业合作前景呈现以下特征。一是农业贸易逆差有再度扩大的可能,主要是因为美国农产品较中国农产品存在较大比较优势。同时,人民币汇率存在升值预期和《中美第一阶段经贸协议》的签署执行也是关键的决定因素。二是随着中国居民消费升级以及生猪养殖行业恢复,中美农业贸易合作的种类有望扩展。三是随着农产品贸易摩擦升级和农产品市场博弈加剧,中美双方农产品贸易摩擦可能将长期存在,周期性变化将成为中美农产品贸易的常态。四是鉴于中美两国在农业方面互补性较强,两国农业合作将不断深化,在粮食安全、食品安全、农业科技和农业可持续发展等领域的合作存在较大空间。

第十二章 CHAPTER 12
经验及启示 ▶▶▶

========= 第一节 美国现代农业的经验 =========

一、统筹利用有效市场和有为政府，保障农业农村健康稳定发展

1. 美国建立了全球农产品供需监测体系，发达的农产品市场信息使农业人把握住市场脉搏

该体系以美国农业部为主导，对全球的农业生产进行监测、信息收集处理、分析预测和信息发布等。每月向全球发布《全球农产品供需报告》，该报告成为全球贸易商、生产商和政策决策者的重要参考资料，并且对全球粮食价格具有重要影响。

2. 政府以立法的形式确保农业发展

美国用立法的方式来保护农业的发展，这是美国得以成为最发达农业国家的制度基础，并且根据经济形势的发展不断地进行调整和完善。

3. 家庭农场和合作社有效推动了农业市场化的发展

培育家庭农场就是发展农业市场化的基础，生产经营与市场紧密联系，农场主按市场要求以销定产，保证农产品质量，在生产全过程中加强成本核算，农场成员参与生产，实现利润最大化，使客户、农场主、供应商之间各关系环节及时高效。农业合作社把分散的农民整合成有竞争力的市场主体，为其提供加工、供应、销售、信贷等服务，是农村市场重要的组织形式。微观主体以市场为中心从事农业运行的全过程，推进了农业市场化发展。

4. 投资农业农村基础设施是政府宏观调控的重要抓手

农业方面主要包括市场营销服务、农业技术推广、农业科研和粮食安全储

备支出等。农村方面包括改善农村地区健康状况、宽带建设、电气化、废水废物处理计划等，以此来解决农业农村发展过程中，以市场调节为主导所带来的负面影响。

二、利用大数据物联网等高新技术，防范规避农业风险集中暴发

（1）由政府主导信息化平台的建设，为农业参与者提供数据信息支持。美国农业部建立了先进的信息系统。在政府逐渐开放数据库的同时，各地开始使用卫星定位系统，以便获取信息，为数字化农业的发展提供必要的数据支持，为农业参与者提供及时有效的农情信息和防灾减灾依据，促进精准作业和高效生产管理。

（2）由私人企业对数据深度挖掘。例如美国气候公司（Climate Corporation）分析了国家气象服务数据，从而进一步掌握了全国的热量与降水类型的特点，并据此来判断农作物的生长状况。公司还向农民销售天气保险，以帮助农民降低农业生产的风险。

三、健全完备的农业科技推广体系，为农业发展插上了科技翅膀

（1）建立联邦政府、州和县农业技术推广站、赠地学院的"四级联动"农业科技推广体系对接农户农场。联邦农业技术推广局不仅要监督农业法律法规的实施情况，还要把握国家的农业科技发展方向。赠地学院农学院的教学、研究和推广是美国农业生产的智力支持和技术保障。为了进一步加强农业科学原理的研究和试验，州农业技术推广站与赠地学院农学院一起建立了农业试验站。县农业技术推广站通过与州农业技术推广站合作推广，对基层农场、农户提供农业技术、信息服务，以诊断生产经营情况及提供解决方案。

（2）联邦和州政府是科研经费投入的主体，逐年增加的经费投入为美国科技创新实践提供了有力支撑。美国农业公共科研机构经费来自联邦和州政府预算，同时也接受私人企业资助，私人研究机构经费来自各农业企业及私人捐赠。美国政府对农业科技投资额的年增长率保持在8％以上，在2018年《农业法》中有机农业研究和推广倡议的资金有所增加，2019财政年度的强制性资金为2 000万美元，2021财政年度为2 500万美元，2022财政年度为3 000

万美元，之后每年的强制性资金均为 5 000 万美元。

（3）公立机构研究重点在于解决长远问题，私人机构侧重商业化解决短期问题，两者各有侧重，但遵循实用原则，共同推动长期农业生产力发展。私人机构的侧重是研究实用的技术。公共部门的侧重点是能够造福整个社会的基础农业研发和应用农业研发。例如美国农业高级研究和发展局（AGARDA）试点机构，专注于私营企业不太可能进行的研发，通过对粮食和农业面临的长期和高风险挑战进行高级研究。

（4）"教学、科研、推广"三位一体模式支撑美国科技创新良性发展。教学是科研和推广的基础，科研是教学和推广的纽带，推广则是教学和科研的成果转化路径。教师在农学院开展科研教学，将直接经验传授给学生，学生在推广机构开展实践，以推广的实际需要做科研，科研结果由推广机构以现代化手段推广至企业，企业再反馈至农学院，形成良性循环，推动农业科技的发展。

（5）通过创新立法不断适应现代化要求，为科技创新体系提供保障，促进创新体系可持续发展。例如在拨款管理方面，此前的立法规定州级实体部门可能需要自行支付间接成本（或间接费用），根据 2018 年农业法案：若无特殊规定，通过有机农业研究和推广倡议以及特种作物研究倡议获得资金的机构，可以从联邦资金中获得间接成本报销，其额度从 22％增加到 30％。

四、不断完善农业支持政策体系，保护农民农业生产的积极性

1. 不断提高对农业补贴补偿力度，强化风险管理，保障农民收入和农业生产

2018 年的农业法案农业预算共支出 8 672 亿美元，较 2014 年的法案增加 10.23％，通过农业预算的不断增加可以看出补贴力度在不断增强。以价格损失保障（PLC）和农业风险保障（ARC）补偿农产品价格下跌带来的损失和因自然风险导致的收入损失，保障了农民收入。以营销援助贷款和贷款差价支付补贴缓解融资困难，为农民留有足够的生产流动资金，保障农民正常进行生产。

2. 强调对农业保险补贴和动态调整，对农民进行风险培训

近年来联邦政府虽然受财政赤字和众多降低保险补贴的呼声影响，但农业保险补贴并没有因此下调，地位并没在 2018 年农业法案中下降。相反根据新

的发展形势，不断扩大农业风险投资计划的覆盖范围，帮助农民分散风险和获得更高的保费补贴。同时还通过国家食物和农业研究所对农民进行风险教育和保险培训，提高农民保险意识和风险抵抗能力。

3. 结合传统和非传统贷款市场，提高贷款额度，放宽贷款限制

2018 年农业法案提高了农业服务机构规定的直接贷款和贷款担保限额，强调向进入传统贷款市场有困难的农民、新手、收入有限的农民和退伍军人提供帮助。农业所有权贷款、直接贷款中的营运贷款、所有直接的和有担保的农业贷款项目的贷款授权水平均有所提高。

4. 从政府导向、政策、项目计划三个层面促进农产品贸易发展

政府合作层面努力推动其他国家开放市场；政策层面通过出口信贷和推广等政策，加大农产品的出口力度；项目层面通过实施海外市场开发计划和海外市场准入计划，扶持农产品行业协会和企业开拓海外市场。美国农业部海外农业局有专门的出口促销预算，还大量派驻农业外交官，负责收集各国农业相关信息，协调贸易政策，促进农产品出口。

5. 以立法的形式，构建农业资源和环境保护项目体系，对农业资源环境进行保护

主要包括以下几类，一是休耕类，根据生态脆弱程度，有计划地进行休耕或退耕，并种植保护性覆盖作物，代表性的是保护储备计划（CRP）。二是耕地保护和管理项目类，即管理和保护农业土地，代表性的是环境质量改进项目（EQIP）。三是地役权类，通过签订合同获得土地长期使用权，对土地进行保护，代表性的有农业保护地役权计划（ACEP）。四是技术援助类，为人们提供一定的技术支持，代表性的是技术援助项目（CTA）。

6. 通过不断完善法律中资源环境保护项目，增加拨款，促进农业可持续发展

2019—2023 年，将对环境保护项目的强制性拨款增加约 2%；增加休耕保育的面积并提高补贴的限度；资源保护管理计划（CSP）中用资金上限取代面积上限，并为其提供强制性资金；环境质量激励计划（EQIP）通过高资源环境收益、高奖励支付的方式，提倡使用高收益率的资源保护方法；农业保护地役权计划（ACEP）强调农地的农业用途和价值，进一步限制非农用途；区域保护伙伴计划（RCPP）为合作伙伴提供援助，以解决区域或流域范围内的问题。

五、完备产业体系和丰富产业业态，增强美国农业市场的竞争力

1. 基于家庭农场的基本经营主体，建立了现代农业产业体系，促进农业企业化发展

1862 年《宅地法》是家庭农场制的制度基础，通过土地确权让农民获得且自由使用支配土地资源，家庭农场在美国迅速扩张。由于生产成本过高、农场规模扩大、农场数量减少，农场主们联合起来组成农业合作社的新模式。随着商品化规模的不断扩大，合作社逐渐转变为以股份公司为主体的经营单位，促进农业企业化发展。

2. 政府对休闲农业进行宏观指导和调控，结合理论研究和人才培养，推动创新发展

各级政府及有关组织颁布一系列法规，对乡村旅游项目的建设及土地所有者的行为进行规范。美国农业部通过设立多项针对乡村旅游的基金，调研并公示乡村旅游市场信息，对乡村旅游的发展从宏观层面进行指导管控。

3. 政府支持城市、室内和其他替代农业生产方式的研究

设立了一个新的城市农业和创新生产办公室，授权赠款以支持研究、教育和推广活动，促进城市、室内和其他新兴农业生产方法。设立城市农业和创新生产咨询委员会，就相关政策和外联活动向秘书提供咨询意见，并评价正在进行的研究和推广活动。由此可见，美国都市农业的实践已经发展到将农业提升至城市空间公共政策的层面，致力于将农业与城市综合事务整合在一起。

4. 有机农业强调进口有机认证，加强数据管理，发挥资源环境保护带头作用

有机农产品进口实行电子化有机进口证书制度，通过建立追踪有机进口证书的系统，完善了现有的农产品进口信息跟踪系统。推进有机农产品生产和市场数据倡议，提供资金专门用于技术升级，以改善有机农产品进口的跟踪和核查。美国农业部指出有机农业必须整合各种做法，以促进资源循环，促进生态平衡，保护生物多样性，发挥有机示范作用。

第二节　美国现代农业的问题

一、农业劳动力老龄化严重后继乏人

20世纪90年代以后，美国的劳动力短缺问题逐渐凸显出来，对其经济发展产生了很大的影响。近些年来，由于城市化规模过大、城市病突出，造成大量城市居民选择向农村回流，虽略有上升，在剔除季节原因变动后，美国农业雇工数量是在不断下降的。一方面是由于随着工资率不断上升，对农业雇工的需求数量不断下降；另一方面是由于城市化的扩张，造成劳动力的机会成本增加，农民选择在农村打工所放弃的城市打工收入不断增加，造成了农村雇工的工资率在上升，从而导致雇工的数量不断降低。而且，农业现代化程度提高节省了大量的劳动力，他们到城市迁移，造成了农村劳动力总量下降，因此，也造成了农村雇工数量的下降。根据2017年美国农业普查报告，美国农民的平均年龄已增至57.5岁，35岁以下的青年农民占比约为8.3%，55岁及以上的农民占比约为62%，75岁及以上的农民约占11.7%。对比2012年的普查报告，55岁及以上的农民增加了约5%，75岁及以上的农民增加了约1.8%。此外，据2020年美国多样化的家庭农场报告，17%的现从业者计划在未来5年内退休，但在计划退休的人中，有53%的人没有继任计划，9%的人没有确定继任人。这反映了美国农业劳动力面临人口老龄化问题，青年农民后备不足，农业生产后继乏人。

二、大规模家庭农场垄断生产和销售

美国家庭农场两极分化问题严重，数量和规模占比不均。根据2020年美国多样化的家庭农场报告，小规模家庭农场数量占总数的89.6%，经营的土地面积占总面积的48.8%，产值却仅占总产值的21.5%。大规模农场尽管只占农场总数的2.7%，却是全美农产品市场的主要提供者，占据着20.7%的土地经营面积，农产品供应量占据43.8%的市场份额。可见美国大规模家庭农场占据着全国农业生产的主导地位，并呈现出规模越大、机械化水平越高、区域化与产业化相结合的特征。

在财务方面，农场大规模化生产有利于农业收益的提升，通常表现为农场规模越大，农场的财务绩效越佳。从家庭农场收入低于美国所有家庭平均收入的百分比来看，小规模家庭农场中，低销售额和一般销售额的农场分别为67.1%和36.6%，大规模和超大规模的家庭农场分别为16.3%和11.9%。在农场经营风险方面，大规模农场的经营风险较小。在农业政策方面，转向大规模农场。以经营利润率的高风险为例，小规模农场中低销售额和一般销售额的农场分别为80.9%和62.5%，大规模农场和超大规模农场分别为37.5%和36%。保育储备计划拨款的大部分流向小规模农场，工作地点保育费、商品相关、土地收获和规划作物的拨款大部分流向了中等销售量、中等规模和大规模的家庭农场（超大规模农场除外）。由此可见大规模农场集中在保障水平高、政策支持力度大或高附加值领域，而小规模农场则集中于相反领域，因而许多中小农场经营艰难。从经营形式看，家庭或独资农场数量和规模在减少，而公司农场和其他合作形式的农场在增加。在市场中大农场同样占有优势，而且由农业综合企业经营的大农场逐渐成为更有竞争力的经营形式。家庭农场又是美国农业主要的农业经营形式，这种发展趋势会进一步导致社会经济问题，如农业劳动力流失，缺乏对年轻劳动力的吸引及导致经济衰退。

三、农业专业化的潜在风险不断加剧

大面积的单一种植是美国农业一直以来的主要种植方式，美国农业的现代化和专业化使得农业生产往往只有几种或几类农业品种。政府基于区域资源禀赋差异和农作物生长特性，将全美划分为不同的农业产业带来从事农业生产，产业集聚效应十分显著。每个产业带专业化种植1～2种农产品，以便充分利用该区域自然条件、大规模应用农业机械设备，促成美国农业生产的高度区域化和产品专业化。在此基础上，不同区域内的家庭农场相应地也只生产1～2种农产品，借助完善的社会化服务体系，实现了生产经营的专业化和商品化。种植业方面，以大豆为例，美国是世界上最大的大豆生产国和第二大出口国，生产主要集中在中西部地区，少数分布在北部和南部，这些地区生产了美国80%的大豆。畜牧业方面，如美国北部、东北部、中部的乳用畜牧业带生产了全美70%的奶。无论是在种植业还是畜牧业，这种生产方式都存在着潜在的风险。这种做法虽然保证了良种优良性状的传递，提高了农业生产率和农业产值，但也导致了减产、生物物种数量的减少以及物种遗传多样性的减少。如果发生大面积的病虫害或者瘟疫，药物对一些病虫害无法发生作用，其损害程度将很难遏制，这对于美国农业将会是一场巨大灾难。

四、农业发展中资源与环境破坏严重

19世纪随着人口西迁，过度开垦开发土地和过度放牧导致了土壤大量流失。20世纪30年代的大干旱和频繁而又大强度的"沙尘暴"搜刮了农业区肥沃的表土，再加上反复翻耕播种带走了土壤中大量营养元素，造成了肥力下降、土地不同程度退化和荒漠化。二战后，农业生产技术水平提高，大量施用以石油制品为原料的化肥农药等化学药剂，造成地下水污染及土壤再污染、耕地板结、有机质丧失、微生物活性减弱等问题。美国农业在19世纪的传统粗放式开发和进入20世纪后通过高度使用化石能源和现代技术，大大提高了农业的生产效率，实现了传统农业向现代农业的改造，成为世界名副其实的农业强国。但这种粗放开发、高投入高产出、高度依赖化肥、农药和能源的生产方式导致美国农业资源、生态和环境问题日益严重。美国先后经历了三次农业资源保护运动，通过不断制定法律和完善管理机构，慢慢步入法治化直至科学化的治理保护轨道，其间采取一系列干预和调节措施，才使资源环境恶化得到一定的缓解。美国生态环境恶化的历史对于中国的发展模式具有借鉴意义，只着眼发展经济，而不考虑生态环境，这种做法无疑是急功近利的，不仅会给长远发展带来危害，而且会影响到国家的经济转型和产业升级战略的实施。所以我们绝不能走先污染后治理的老路，要妥善处理发展与环境、眼前利益和长远利益、经济效益和社会效益的关系，实现农业的可持续发展。

第三节 美国现代农业的启示

一、巩固和加强农业在国民经济中的基础地位

从美国传统农业，到大规模发展家庭农场，再延伸到休闲农业；从传统农耕方式到现代智慧农业，尽管美国农业对其GDP的贡献日益减少（仅占1%左右），但农业为其他产业和经济发展提供了有力支撑。

对中国来讲，需要正确认识农业作为国民经济的基础地位，特别是需要重视与农业相关产业的贡献。第一，不能把工业化看作是工业部门的孤立事件，误以为工业产值只要占整个国民经济的 70%，工业化便可实现。第二，农业是现代工业的基础。第三，完成农业现代化才是工业化的最后目标。第四，社会财富需要在工农业之间正确分配。

在农业发展的新阶段，中国需要不断地巩固农业的地位和作用。一是农业产出品具有不可替代性，农业是保障基本民生的产业，国家对农业的支持就是对基本民生的基础保障；二是农业提供食物安全的重要性将不断增强；三是农业从生产向生活和生态的功能不断延伸；四是以农业供给侧改革为主线，需要不断地提高农业供给质量。

二、发展农业产业集群，转移农村剩余劳动力

农业产业集群的根基是农业生产活动，需要相当一部分劳动力留在农业生产第一线，因此吸纳农村劳动力直接从事农业劳动就是发展农业产业集群的第一个作用。农业产业集群式发展，这些集群本质上是劳动力与其他生产要素的结合，需要与之配套的农业生产服务业，于是一部分农村劳动力便会从农业生产领域分离出来，从事非农产业。吸纳农村劳动力从事非农产业是发展农业产业集群的第二个作用。具体体现为，第一，以传统农耕为核心的农业产业集群，吸纳了熟悉农耕文化的中老年劳动力为主的就业；第二，以现代科技为核心打造出的农业产业集群，吸纳了文化素质相对较高的农村青年劳动力转移就业；第三，以资本为纽带形成的种植、养殖产业集群，主要吸引农村留守劳动力转移就业。在产业集群的作用下，与之配套的服务业随之发展起来。由此可见产业集群会增加对农业劳动力的需求，从而解决农村剩余劳动力的问题。

1. 充分发挥地区自然资源禀赋优势，发展特色资源农业产业和特色农业产业集群

资源禀赋是发展特色农业产业集群的先决自然条件，其生产依赖于土壤、水源、气候等自然条件，形成农产品长期竞争力的来源和动力。美国小麦区分布在中央大平原的中部和北部，其地势平坦，土壤肥沃，雨热同期，水源充足。中部冬季气温相对较高，能够满足冬小麦越冬。北部冬季长、气温低，只适合春小麦种植。以中国北部内蒙古地区的春小麦产业为例，应充分利用积温

高，光照条件强，农田水利灌溉条件好的地方特色，发展小麦产业集群。

2. 充分发挥政府在农业产业集群中的宏观调控作用，提供基本公共服务和发展保障

美国政府对农业产业进行定位和规划布局，形成了大豆、玉米、棉花、花生等农业产业带。针对产前、产中、产后各环节实行分工合作和专业化生产，如播种、病虫害防治、收获、加工等不同环节由不同的企业或部门执行，同时促进了公共基础设施建设。在现有政策法规框架下，以联邦农业法为主体，各层次的法律规范予以配合，并推出了一系列的优惠政策，在区域规划、资金、市场环境、税收、保险等方面均有良好的政策引导及相关的法律支持促进农业产业集群的发展。中国有着相对落后的农业产业集群，因此政府需要对农业地区的功能优势进行定位和规划布局，为农业产业集群成长提供激励和扶持财税、金融等优惠政策和制度保障。

3. 技术创新驱动农业产业集群发展

产学研机构在技术方面为美国葡萄产业集群的发展提供了支撑，在美国加利福尼亚州，议会酒业委员会、葡萄及葡萄酒科研院所和部分大学如加州大学戴维斯分校、加州理工州立大学等，为葡萄种植及酿造等提供理论、人才、技术支撑。中国可以借鉴此经验，加强产学研体系建设，促进科技院所与农企的交流，提高农业科技成果转化率，提升农产品的科技含量，发展高值农业。

4. 实施区域品牌发展战略提高竞争力

美国加州的葡萄种植和葡萄酒酿造产业、中部和西部地区的玉米加工产业在世界上形成了强大的区域品牌影响力，吸引了众多的行业相关企业向其聚集，可见农业产业集群的发展与区域农产品品牌的创立壮大具有互相促进的作用，区域农产品品牌是区域内富有竞争力的重要标志。由于品牌的形成过程具有公共品的特质，需要政府制定有效的专利保护与侵权管理制度，农业企业加强品牌塑造的同时进行申请保护，避免出现"搭便车"等市场失灵现象，打造农业区域品牌，促进相关企业围绕知名品牌集聚，进一步壮大该区域农业集群发展。

5. 发挥农业合作组织对农业产业集群的服务功能

美国农业产业集群的发展，离不开其农业产业集群内拥有大量具备现代企业制度运营的农业合作组织的支持。其为产业集群内的企业成员提供了基础设施、资金信贷资助、市场信息援助、技术推广等服务，降低了企业经营风险。

中国的农业企业中小规模居多且分散，应对风险能力有限，大部分的农业合作组织是在政府的领导下运行的，所提供的公共服务并不完善。为此中国农业产业集群的发展，需要一个将农户和企业与市场相连的市场化运作的中介组织，对产业集群内的企业实施帮扶，从而促进现代农业产业集群的发展。

三、加强对教育和科技的投入，提高农产品品质

美国农民教育与培训体系为农业发展提供人才支持、科学技术支持和技术服务支持，为美国的几次农业革命注入了强大的动力，为农业生产提供了人才保障，为农业现代化做出了巨大的贡献。美国通过政府支持立法和不断完善的农业法案保障农业农民教育的实施，持续的政府拨款支持农业农民教育发展，完善的学历教育体系、技能培训体系、科研推广体系、社会化服务体系提供教育培训以及其他方面指导。

改革开放以来，中国一直在普及发展九年义务教育，但是农村地区村民的整体文化水平较低。第六次人口普查显示中国农村的小学和初中文化程度人口约占总人口的89％，文化程度较低的农民很难满足现代化农业发展、经济产业结构升级的需要。在中国中高等教育方面，农业专业属于冷门专业，只有少数人愿意进行农业专业的学习和毕业后从事相关工作，可见农民并不是一个有吸引力的职业。培养人才是乡村振兴的关键。中国应加强对农民和农业方面宣传，转变传统观念，提高社会对农业教育在农业发展中重要作用的认识。增加资金投入，从多种渠道为教育经费提供保障。健全农业教育法律法规，明确用于农民教育的经费来源和用途，明确农业培训资质、资金制度、方式等内容。大力发展乡村的义务教育及职业农民教育，提高义务教育普及率，并对农村一二三产业劳动者进行职业教育，满足未来农业和非农产业发展对人力资本的需求。注重实践性，在培训前对农业情况和农民实际需求进行调研，不仅注重知识技能教学，还要注重思想道德法律等方面教育。丰富教学模式，可以采用乡村精英带动、现场教学、项目推动、"互联网＋"等模式。注重教育可持续性，可通过继续教育、在职培训等，实现农业教育终身化与可持续化。

在科技方面，美国农业数字化水平遥遥领先于其他国家，其政府不断加大经费投入为科技创新提供支撑；通过公共和私人部门各有侧重的研究，提供技术支持；利用科技创新与推广体系，推动科技成果转化。

中国提出创新驱动发展战略，在各个方面努力创新，坚持走中国特色科技创新道路。党的十九大提出的乡村振兴战略，需要农业科技在前沿领头创新，通过农业科技创新，提高农业生产水平和农产品质量，走质量兴农之路。相对于第二、第三产业来说，中国目前农业技术的科技发展明显是落后的，并且面临农业科研投入不足、农业科学成果转化效率低、缺少农业创新人才等问题。应由政府进行宏观调控，破除不合理不完善的体制，实现体制创新。加大农业科技创新投入力度，鼓励投资主体多元化，注重农业科技基础设施如农业农村大数据中心、重点农产品大数据中心等建设，大数据物联网等数据体系建设。建立产、学、研融合的农业科技创新体系，使农业生产、农业科研之间紧密结合，根据地区农业生产存在的实际问题，有针对性地开发高新技术，并加强技术转化、推广、应用力度，真正打通农业技术推广"最后一公里"。培养创新人才，以便不断提高农业生产能力、农业产品质量效益。

四、加强对农业发展的宏观调控，加大对农业的政策、制度和法律支持

1. 实行政策法制化，完善农业立法，实现法律对农业农村支持保护的长效机制

美国在推进农业农村发展的过程中，形成了以《农业法》为主体的法律法规体系，其法律覆盖农业农村生产生活全过程，实现政策项目的制定以立法的形式来规范，保证了政策对农业的长效支持。针对现阶段乡村振兴发展战略，围绕农业全面升级、农村全面进步、农民全面发展的主题，要从全局性角度做好乡村振兴的顶层设计，加快乡村振兴的立法，并将政策项目纳入其中，使法制化政策长效支持农业农村发展。

2. 针对阶段性矛盾，积极调整农业政策

美国通过不断调整农业政策，适应国际国内社会市场经济环境的变化，例如，当世界农产品贸易自由、政府财政赤字时，减少农业补贴，推进农业市场化改革。中国从质量第一、效益优先、绿色引领、市场导向四个方面制定农业政策。

3. 更加注重农民利益和农业生产

完善农业补贴制度，明确补贴的农业用途，将补贴对象由作物转为收入，

减少对农户决策的影响。强化农业保险作用，通过政府引导市场化运作，丰富保险产品，扩大保险范围，加强对农民的保险知识培训，满足不同经营主体需求，稳定农户收入。强调科技创新对农业生产力的促进作用，强化公共部门的基础研究，完善私人企业的知识产权保护，使企业成为科技创新的主体，注重生物、数字、装备科技研发和"产、学、研"结合，促进成果转化，提高农业生产力。

五、积极促进农业绿色化和智慧化发展

美国发展绿色化生产，是在粗放式发展引起生态报复后，才逐渐意识到农业生态环境的重要性，转变生产方式。中国在过去的发展中，同样经历了一段牺牲环境换取发展的过程。现阶段中国发展绿色农业，一方面是因为城乡居民对农产品的质量安全的关注度和要求不断提高，市场需求的变化使农业生产向绿色化调整。另一方面，随着农业可持续发展机制的逐步完善，粗放式农业发展模式将得到转变。同时，国家对农产品的质量安全的监管力度不断加大，这些变化将推动农业生产方式绿色化。

发展绿色农业，第一，要宣传树牢"绿水青山就是金山银山"的发展理念。为此，一方面在从业者思想上落实，另一方面要以绿色发展理念为指导，从数量和质量上落实农业绿色生产。第二，发挥政府宏观调控作用。制定绿色农业生产标准，进行质量安全监督；优化政府财政投资结构，在基础设施和公共服务平台建设、科技成果研发和转化、税收优惠和补贴等方面合理设置分配比例；对水土资源实行监察和保护，减少化学品对土地的替代，加大对农业面源污染、禽畜粪污和其他污染源的整治，加强耕地土壤污染管控和修复，健全耕地轮作休耕制度，严守耕地红线。第三，依靠绿色农业科技。注重对有机农业以及生态农业先进技术的研发、吸收和成果转化效率。借鉴和吸取世界农业标准化经验，对绿色农业技术生产规程予以规范，实现生产全过程绿色化。第四，培训教育新型经营主体，普及绿色产业模式。

在智慧农业方面，美国实现了生产及经营环节借助于农业物联网及大数据分析，农产品全生命周期和全生产流程的数据共享及智能决策，流通环节借助农业电子商务不断升级。美国政府起到推手的作用，通过法律政策引导和财政支持提高了智慧农业的发展水平和速度。美国的信息化和机械化为智慧农业提

供了数字基础和物质载体，完善的科技创新推广体系实现了智慧农业的科技成果与市场需求相结合，将科技成果转化普及。其主要内容包括：智能机械化、生物信息平台与育种技术、人工智能与大数据应用、机器人与传统农业的结合应用、区块链技术与物流供应链管理的结合应用、信息共享平台应用、室内农业与物联网的应用、新技术与传统农业结合的应用。

党的十九届五中全会明确提出建设智慧农业。第一，加强基础设施建设和农业机械化发展力度。基础设施是发展智慧农业的前提，基础设施包括数字网络、农村地区物流、农业基础设施。大数据、物联网、农业农村大数据中心和信息化平台等新型基础设施为智慧农业提供数据支撑。第二，促进产、学、研深度结合，解决实际问题。充分发挥政府、高校、科研院所及企业科技力量各自优势并充分合作。增强农业企业和其他农业科研机构合作研究，为中国不同地区提供智慧农业解决方案。第三，加强智慧农业人才培养。高素质的职业农民和智慧农业人才是发展智慧农业的重要组成部分，创新农民专业技术知识培训方式，注重理论性和实践性，实现传统农民向新型农民的转变。鼓励高校实施智慧农业人才培养计划，促进各高校、企业、科研机构之间协同教育。

六、保护农业资源环境，走农业可持续发展之路

美国农业是典型的高效农业，是由其资源禀赋和人口资源决定的，为全球粮食生产做出了积极贡献。同时我们也应看到其规模化、集约化、单一化的种植模式和重用轻养、重产出轻保护的发展模式带来的负面影响。19世纪美国政府制定了农业资源环境的相关法律来开展农业资源利用和环境保护项目，例如退耕休耕方面的"耕地保护储备项目"和"湿地保护储备项目"、农业用地保护方面的"环境保护鼓励项目"和"保护管理项目"、农业用地限制方面的"农用地权利转移项目"和"草地储备项目"、技术支持方面则比较广泛、流域保护方面的紧急流域保护项目和资源调查方面的资源清单计划，并通过税收、补贴、资金方面支持资源环境保护。

农业资源环境事关粮食安全，高品质、高产量粮食的获取必须依托良性生态环境。第一，应加强观念教育，增强资源环境保护意识。要筑牢绿水青山就是金山银山的理念，采用多样化宣传手段，让这一理念成为全社会共识，鼓励全社会参与其中。第二，提高从业人员素质，对农业生产进行科学规划和管理

创新。高素质从业人员、科学规划并用以指导农业生产，能够转变传统的农业生产方式，减少种植养殖偏差和失误，合理开发农业资源，发展循环农业，达到提质增效的目的。第三，加强农业资源环境保护法治建设，对农业资源环境公共品实施管控。对农业生态外部影响做出补贴或惩罚，防止出现公地悲剧，将社会效益与生态效益融入生态农业经济中。构建完善的税收体系，开征环保税和资源税。第四，加快农业科技人才培养，农业资源保护离不开育种肥料等生物技术，农业发展必须由依靠要素投入为主向依靠科技创新、管理创新为主转变，由单纯追求产量向追求数量、质量和效益并重转变。

七、培养新型农业经营主体，构建现代农业经营体系

以高度机械化和家庭农场为主体的农业产业经营体系推动了美国农业现代化的发展，在此基础上形成了农业生产区域化、规模化、专业化、智慧化。中国受城乡二元分割的结构体制影响，中国农业产业经营体系以家庭经营为主，存在大量小农户分散经营，小农户的生产技术水平、抵御风险能力等均较低下，面临自然、质量和市场的"三重风险"。农业生产过程专业化、标准化、规模化和集约化的农业现代化并不能满足现代农业的发展需要。因此培育新型农业经营主体是很重要的。

1. 建立政策制度体系

目前中国没有具体针对新型经营主体的法案，只有一系列培育发展政策，应结合土地法、合作社法等基本条例出台新型经营主体的独立法案，确保弱势群体规范化运作，对新型经营主体申报、评定标准、审议、政策支持等进一步明确。

2. 推进土地流转

完善土地确权办证，规范土地流转政策环境，鼓励农民在政府各项政策下，在农村土地"三权分置"的基础上，按照"依法、自愿、有偿"的原则合理流转土地。建立土地流转监管服务平台，向农民宣传土地流转的政策内容和重大意义，监督土地流转的合法性，对土地流转的全过程中出现的问题给予服务。

3. 加强资金支持

一方面是在土地确权和流转过程中，对农户的土地流转给予补贴，对乡村闲置用地应给予合理的补偿价格。另一方面是在新型经营主体形成过程中出现

的资金短缺等问题给予帮扶。由于新型经营主体在融资需求方面有以下特点：一是融资需求意愿强烈，但向正规金融机构贷款的积极性不高、动力不足。二是不同类型的新型农业经营主体资金需求规模差异较大。三是申请贷款的获批成功率低，贷款额度满足率不高。四是获得政府信贷担保支持率较低，基本未能享受到政府的信贷担保支持。因此，在金融支持新型经营主体发展时，要强化金融支农的责任；因地制宜创新与农村金融市场相匹配的农村信贷担保方式，提高金融支持的可获得性和效率；鼓励规模化新型农业经营主体参加农业保险，提高财政对新型农业经营主体的保费补贴力度。

4. 完善基础设施建设

政府加大投资改善农村水、电、路、气、房、讯等必要设施条件，村民自治组织也应致力于向新型农业经营主体供给基本的农资农具、生产咨询和服务设施等。唯有实现政府部门与村民组织的有效契合，才能更加有效地满足新型农业经营主体培育发展所需的基本设施。

5. 培养一批有文化、懂技术、会经营的新型职业农民

一是加强农户向新型职业农民转变。二是吸引大学生和外地务工人员返乡创业。通过创造良好创业环境、发放下乡补贴、实施下乡创业优惠政策等方式引进新型经营性人才。三是政府加强新型职业农民资质认证，可以通过购买服务的方式，使有资质的主体进行农业培训。四是鼓励高等院校和职业院校培养潜在新农人。

参考文献

References

陈大夫，2020. 美国的农业生产与资源、环境保护 [J]. 中国农村经济 (4)：77 - 80.

陈潇，2019. 美国农业现代化发展的经验及启示 [J]. 经济体制改革 (6)：157 - 162.

丹尼尔·A. 萨姆纳，王哲，2016. 扩张中的美国农场：规模、生产率与政策选择 [J]. 经济社会体制比较 (4)：132 - 142.

丁存振，肖海峰，2019. 中美双边农产品出口三元边际测度及关税效应研究 [J]. 农业技术经济 (3)：118 - 131.

冯涛，2007. 农业政策国际比较研究 [M]. 北京：经济科学出版社：248 - 260.

高海，2016. 美国家庭农场的认定、组织制度及其启示 [J]. 农业经济问题，37 (9)：103 - 109，112.

辜胜阻，徐进，郑凌云，2002. 美国西部开发中的人口迁移与城镇化及其借鉴 [J]. 中国人口科学 (1)：27 - 33.

国家发展和改革委员会产业发展研究所美国、巴西城镇化考察团，2004. 美国、巴西城市化和小城镇发展的经验及启示 [J]. 中国农村经济 (1)：70 - 75.

韩啸，周云，2016. 中美农业合作空间研究——基于农业互补性分析 [J]. 西北工业大学学报·社会科学版 (36)：28 - 34.

洪民荣，2005. 美国农场家庭收入：经验、问题与政策 [J]. 中国农村经济 (8)：73 - 80.

洪仁彪，张忠明，2013. 农民职业化的国际经验与启示 [J]. 农业经济问题 (5)：88 - 92，112.

李典军，2004. 美国农政道路研究 [M]. 北京：中国农业出版社：53 - 176.

李国祥，杨正周，2013. 美国培养新型职业农民政策及启示 [J]. 农业经济问题 (5)：93 - 97，112.

梁立赫，孙冬临，2009. 美国现代农业技术 [M]. 北京：中国社会出版社：15 - 137.

廖成东，李建军，2015. 莫里尔法案对美国国家农业创新体系建设的影响 [J]. 科学管理研究，33 (2)：113 - 116.

廖少云，1998. 从美国农业现代化存在的问题看世界农业的未来 [J]. 中国农村经济 (5)：75 - 81.

刘健，2019. 贸易自由化进程中的农产品贸易壁垒：演进与发展 ［J］. 农村经济 (8)：111 - 118.

刘岩，于左，2008. 美国利用期货市场进行农产品价格风险管理的经验及借鉴 ［J］. 中国农村经济 (5)：6.

刘志扬，2003. 美国农业新经济 ［M］. 青岛：青岛出版社：175 - 189.

农发行美国农业政策性金融研究课题组，李振仲，郭峰，2019. 美国商品信贷公司发展历程及启示 ［J］. 农业发展与金融 (3)：93 - 97.

农发行美国农业政策性金融研究课题组，李振仲，郭峰，2019. 美国商品信贷公司发展历程及启示 ［J］. 农业发展与金融 (4)：81 - 84.

覃诚，刘合光，周珂，等，2018. 中美农产品贸易发展演变与展望 ［J］. 世界农业 (12)：37 - 44.

田伟，谢丹，肖融，2016. 国外家庭农场支持政策研究 ［J］. 世界农业 (9)：86 - 93.

汪发元，2014. 中外新型农业经营主体发展现状比较及政策建议 ［J］. 农业经济问题，35 (10)：26 - 32，110.

王月，程景民，2020. 贸易摩擦、中国农产品市场引力效应与伙伴国贸易前景——基于随机模型及 15 国数据的实证研究 ［J］. 农业经济问题 (5)：133 - 144.

魏晓莎，2014. 美国推动农业生产经营规模化的做法及启示 ［J］. 经济纵横 (12)：73 - 76.

吴建寨，张晶，彭华，徐微维，沈辰，2017. 美国农业保险的近期动向与未来展望 ［J］. 世界农业 (11)：122 - 126.

夏益国，孙群，刘艳华，2015. 美国农场的耕地集中：现状、动因及影响 ［J］. 中国农村经济 (4)：81 - 96.

徐更生，2007. 美国农业政策 ［M］. 北京：经济管理出版社：81 - 257.

杨春华，杨洁梅，彭超，2017. 美国 2014 农业法案的主要特点与启示 ［J］. 农业经济问题，38 (3)：105 - 109.

尹伟华，2019. 中美农业双边贸易分解和潜力分析 ［J］. 上海经济研究 (8)：118 - 128.

詹姆斯·皮斯，王宇，2019. 自由贸易，贸易保护与美国农业政策 ［J］. 金融发展研究 (11)：58 - 62.

张金艳，2009. 美国农业基础建设的经验及启示 ［J］. 国际经贸探索，25 (2)：72 - 76.

张玉娥，曹历娟，魏艳骄，2016. 农产品贸易研究中农产品范围的界定和分类 ［J］. 世界农业 (5)：4 - 11.

周士跃，2014. 美国农业跨国公司在华投资战略 ［J］. 国际研究参考 (6)：11 - 14.

Adam B，David K，Rod H，2011. Transitioning to Renewable Energy：Development Opportunities and Concerns for Rural America ［R］. RUPRI Rural Futures Lab Foundation Paper No. 2.

Adam B，Rod H，David K，2013. Transitioning to Renewable Energy：Development Opportunities and Concerns for Rural New York [J]. NYSBA Government, Law and Policy Journal, 15 (1): 35 – 41.

American Wind Energy Association, 2001. Wind Power and Economic Development: Building Sustainable Jobs and Communities [R]. PA/UWIG/NWPPA Wind Workshop.

Carolyn D, Abebayehu T, Phil R K U. S. , 2003. Fresh Produce Markets: Marketing Channels, Trade Practices, and Retail Pricing Behavior [R]. Agricultural Economic Report No. 825.

Charles R H et al, 2000. Evolving Marketing Channels Reveal Dynamic U. S. Produce Industry [J]. Food Review, 23 (2): 14 – 20.

Dawn L, 2003. Harnessing the Wind [EB/OL]. Stanford Report, http://web. stanford. edu/de-pt/news/news/2003/may21/wind-521. html.

Energy Information Administration, 2011. Direct Federal Financial Interventions and Subsidies in Energy in Fiscal Year 2010 [R].

Geothermal Energy Association, 2013. Annual U. S. Geothermal Power Production and Development Report [R].

Harris A, Stefanson B, Fulton M E, 1996. New Generation Cooperatives and Cooperative Theory [J]. Journal of Cooperatives, 11: 15 – 28.

Irene M, Xiarchos, Rian V, 2011. Solar Energy Use in U. S. [R]. Agriculture Overview and Policy Issues.

James B, 2003. The Circle of Responsibilities for Co-op Boards [R].

Jolm M A, 1995. Choice and Efficiency in Food Safety Policy [M]. Washington D. C. : The AEL Press.

Joy H, et al, 1999. Managing Risk in Farming: Concepts, Research and Analysis [R], Agricultural Economic Report No. 774.

J. T. 施莱贝克尔, 1981. 美国农业史（1607—1972 年）——我们是怎样兴旺起来的 [M]. 北京：农业出版社.

Keith O F, Paul W H, 2007. Economic Returns to Public Agriculture Research [R]. Economic Brief No. 10.

Keith W, NOEL G, 2006. Agricultural Resources and Environmental Indicators [R]. ERS Economic Information Bulletin 16.

Kimberly A Z, Robert C, 2004. Cooperatives: Principles and Practices in the 21 Century [R]. University of Wisconsin-Extension, Cooperative Extension.

May P, Suchada L, Paul W, 2009. Agricultural Commodity Price Spikes in the 1970s and 1990s: Valuable Lessons Today [J]. Amberwaves, 7: 16 – 23.

National Research Council, 2003. Frontiers in Agricultural Research: Food, Health, Environment, and Communities [M]. Committee on Opportunities in Agricultural, Washington, DC: National Academies Press.

Phil K, John P, 2011. Theme Overview: Critical Issues for Agricultural Cooperatives [J]. Choices: The Magazine of Food, Farm, and Resource Issues, 26 (3).

Robert P K, et al, 2010. Comparing the Structure, Size, and Performance of Local and Mainstream Food Supply Chains [R]. Economic Research Report No. 99.

Ronald T, 2008. Fluctuating Food Commodity Price: A Complex Issue with no Easy Answers [J]. Amberwaves, 6: 10 - 17.

Ruben N L, et al, 2006. Major Uses of Land in U. S. [R]. ERS Economic Information Bulletin Number 14.

Samuel V B, et al, 2011. Renewable Power Opportunities for Rural Communities [R] .

Steve W M, The U. S. , 2007. Food Marketing System: Recent Developments, 1997 – 2006 [R]. Economic Research Report Number 42.

Thomas W G, Charles A Kraenzle, U. S. , 2002. Department of Agriculture, Rural Development Rural Business-Cooperative Service [R]. Research Report 192.

Turcotte, D L, Schubert, G, 2002. Geodynamics [M]. Cambridge, England, U. K. : Cambridge University Press.

Union of Concerned Scientists, 2012. How Geothermal Energy Works [EB/OL]. http: // www. UC-Susa. org/clean _ energy/our-energy-choices/renewable-energy/how-geothermal-energy-works. html.

USDA, U S. , 2014. Environmental Protection Agency, USDE. Biogas Opportunities Roadmap: Voluntary Actions to Reduce Methane Emissions and Increase Energy Independence [R].

USDA, 2011. Advancing Renewable Energy and Energy Efficiency [R].

USDA, 2013. Agriculture Secretary Announces Record Sales, Income and Assets for Agriculture and Fishery Cooperatives in 2012 [R].

USDA, 1997. An Introduction to Cooperatives [R].

USDA, 2005. Biomass as Feedstock for a Bioenergy and Bioproducts Industry: The Technical Feasibility of a Billion-Ton Annual Supply [R].

USDA, 2011. Solar Energy Use in U. S. Agriculture: Overview and Policy Issues [R].

USDA, 2009. Summary Report: 2007 National Resources Inventory [R/OL]. http: // www. nrcs. usda. gov/technical/NRI/2007/2007 _ NRI _ Summary. pdf.

USDA, 2013. Summary Report: 2010 National Resources Inventory [R/OL]. http: // www. nrcs. us-da. gov/Internet/FSE _ DOCUMENTS/stelprdb1167354. pdf.

USDA, 2012. The Rural Energy for America Program's Impact on Promoting Energy Efficiency and Renewable Energy [R].

USDA，2011. USDA's 2009 on-Farm Energy Production Survey [R].

Whitt，Christine E. & Todd，Jessica E. & MacDonald，James M，2020. America's Diverse Family Farms：2020 Edition-EIB-220 [J]. Amber Waves：The Economics of Food，Farming，Natural Resources，and Rural America，United States Department of Agriculture，Economic Research Service，Vol. December.

William F. L，2008. Farm-based Anaerobic Digesters as an Energy and Odor Control Technology：Background and Policy Issues [R].

图书在版编目（CIP）数据

美国农业 / 张广胜主编 . —北京：中国农业出版社，2021.12
（当代世界农业丛书）
ISBN 978-7-109-28986-4

Ⅰ．①美… Ⅱ．①张… Ⅲ．①农业经济发展－研究－美国 Ⅳ．①F371.23

中国版本图书馆 CIP 数据核字（2021）第 253429 号

美国农业
MEIGUO NONGYE

中国农业出版社出版
地址：北京市朝阳区麦子店街 18 号楼
邮编：100125
出版人：陈邦勋
策划统筹：胡乐鸣　苑　荣　赵　刚　徐　晖　张丽四　闫保荣
责任编辑：闫保荣
版式设计：王　晨　责任校对：沙凯霖
印刷：北京通州皇家印刷厂
版次：2021 年 12 月第 1 版
印次：2021 年 12 月北京第 1 次印刷
发行：新华书店北京发行所
开本：787mm×1092mm　1/16
印张：22.5
字数：376 千字
定价：116.00 元